Sentimento e Forma

Coleção Estudos
Dirigida por J. Guinsburg

Equipe de realização – Tradução: Ana M. Goldberger Coelho e J. Guinsburg; Produção:
Ricardo W. Neves, Sergio Kon e Gabriel V. Lazzari.

Susanne K. Langer

SENTIMENTO E FORMA
UMA TEORIA DA ARTE DESENVOLVIDA A
PARTIR DE *FILOSOFIA EM NOVA CHAVE*

PERSPECTIVA

Título do original
Feeling and Form

Copyright © 1953, by Charles Scribner's Sons

Dados Internacionais de Catalogação na Publicação (CIP)
(Câmara Brasileira do Livro, SP, Brasil)

Langer, Susanne K., 1895–.
Sentimento e forma : uma teoria da arte desenvolvida a partir de filosofia em nova chave / Susanne K. Langer ; [tradução Ana M. Goldberger Coelho, J. Guinsburg]. – São Paulo : Perspectiva, 2011. – (Coleção estudos ; 44 / dirigida por J. Guinsburg)

Título original: Feeling and form
3ª reimpr. da 1. ed. de 1980
Bibliografia.
ISBN 978-85-273-0445-0

1. Arte – Teoria 2. Filosofia 3. Simbolismo 4. Estética
I. Guinsburg, J. II. Título. III. Série.

06-4737   CDD-701

Índices para catálogo sistemático:
1. Sentimento e forma : Teoria e filosofia da arte 701

1ª edição – 3ª reimpressão
[PPD]

Direitos reservados em língua portuguesa à
EDITORA PERSPECTIVA LTDA.
Av. Brigadeiro Luís Antônio, 3025
01401-000 São Paulo SP Brasil
Telefax: (011) 3885-8388
www.editoraperspectiva.com.br

2019

Sumário

Introdução XI

Parte I: O SÍMBOLO DA ARTE

1. A Medida das Ideias 3
   Filosofia, o estudo de conceitos básicos – doutrinas rivais, um sinal de conceitos inadequados – a teoria da arte, cheia de confusões – seus problemas básicos, não formulados – "falácia da
   abstração óbvia" – metodologia e método – generalidades e generalizações – requisitos do pensamento filosófico – princípio de
   generalização – princípio de fecundidade – função de um problema
   central – problema da criação artística – emergência sistemática
   de conceitos gerais e problemas especiais – dificuldades e promessas deste empreendimento.

2. Paradoxos 13
   Ideias-chave na estética, heterogêneas – cada uma dá origem a um
   tipo especial de teoria – complicação posterior devida a dois pontos
   de vista – expressão e impressão – tendência das teorias a serem
   paradoxais – "polaridade" de sentimento e forma – sentimentos
   na arte, não senti-tidos – paradoxo do "sentimento objetivo" –
   Baensch, e o sentimento como qualidade – suas distinções – a
   velha questão da "Forma Significante".

3. O Símbolo do Sentimento 25
   Vários sentidos de "expressão" – todos os tipos encontrados na
   arte – a maioria de tais tipos, não peculiares à arte – sumário da
   teoria especial da música em *Filosofia em Nova Chave* – música,
   uma expressão simbólica do sentimento – sumário da teoria se-

mântica – formas articuladas – import vital – significado de "forma significante" em música – Clive Bell e a arte plástica – Bell, e a "emoção estética" – "atitude estética" – fonte do conceito – supostas dificuldades da atitude – crítica da abordagem psicológica – o símbolo da arte – técnica – definição de "arte".

Parte II: A ELABORAÇÃO DO SÍMBOLO

4. Semelhança 47

"Atitude estética" provocada pela obra – ilusão – imagens – o caráter virtual destas – semelhança – Schiller, e a função de *Schein* – abstração da forma – forma e conteúdo – significação, como o conteúdo das formas artísticas – Prall, e as formas sensoriais – sobre o sentimento na arte – limitação de seus princípios – criação de formas virtuais – a intenção como lógica da visão artística – relação com o sentimento – movimento e crescimento – "forma viva" – criação.

5. Espaço Virtual 73

Motivos – não obras, mas engenhos – formatos sugestivos – forma e representação – a pura decoração expressiva – representação como motivo – articulação visual, o objetivo de toda arte plástica – conformação do espaço – espaço real e espaço virtual – ilusão primária da arte plástica – seu caráter autônomo – Hildebrand, e o "espaço perceptivo" – "processo arquitetônico" – o plano da pintura – terceira dimensão – "forma real" e "forma perceptiva" – unidade do espaço perceptivo – valores visuais – imitação e criação – o espaço tornado visível – "vida" em obras de arte – expressão de sentimento vital – natureza da "expressividade" – ilusão primária, a criação básica – elementos e materiais – modos.

6. Os Modos do Espaço Virtual 91

"Cena" virtual – falsa a generalização de Hildebrand – forma orgânica da escultura – "volume cinético" – espaço subjetivo objetificado – arquitetura e espaço virtual – arranjo e criação – "domínio étnico" – articulação orgânica do lugar – relação entre escultura e arquitetura – autonomia e unidade das artes.

7. A Imagem de Tempo 111

Interesse nos materiais – teorias do som e audição – não teoria musical – respostas nervosas – vibrações – elementos musicais são formas audíveis – ilusório, seu movimento – ilusão primária é o tempo virtual – diferença do "tempo do relógio" – não unidimensional – a passagem, não uma sucessão de "estados" – tensões incomensuráveis – tempo musical e pura duração – a falha de Bergson – música e a *durée réelle* de Bergson – músicos, seus críticos realmente construtivos – sem fundamento o temor da "espacialização" – "espaço musical" – paralelos com concepções de espaço plásticas – outros problemas.

8. A Matriz Musical 127

Composição e apresentação – todo orgânico, a concepção essencial – "forma dominante" e composição – não a mesma coisa que a *Urlinie* – princípios da arte e principais recursos – muitos tipos de música – definição de ritmo – maior ritmo, a "forma dominante" – objetividade da matriz musical.

9. A Obra Viva 139
Ambiguidade de *"a peça"* – audição interior e audição física – poesia e música não comparáveis em termos simples – fatores essenciais na audição física – na audição interior – composição incompleta – execução, seu acabamento – controlado pela matriz musical – ato de expressar – expressão artística e autoexpressão – sentimento real pela peça – pathos da voz – formalização – ima-g i n a ç ã o   m u s i c a l   *v e r s u s* "mera técnica" – poder de ouvir – desenvolvido pela prática – rádio e discos – vantagens e perigos.

10. O Princípio de Assimilação 155
Palavras e música – teoria e prática frequentemente em desacordo – palavras tornam-se elementos musicais – mas não meros sons – "superfície estética", não a forma perceptiva – a forma "incorpora" materiais estranhos – formas poéticas cindidas – música incorpora o teatro – Staiger, sobre Wagner e Gluck – música sugestiva – princípios hermenêuticos como motivos – irrelevância das associações – o devaneio "incorpora" a música – é possível que outras artes façam o mesmo.

11. Poderes Virtuais 177
A estética da dança apresenta dificuldades especiais – a dança como uma arte musical – opiniões e evidência em contrário – a dança como arte independente – Noverre – como arte dramática – objeções – a dança, uma arte independente – o gesto, sua abstração básica – natureza complexa do gesto – subjetivo e objetivo – gestos reais como material – gesto virtual – forças vitais – forças da dança como poderes virtuais – os dançarinos e a autoexpressão – a prática desmente a teoria – sentimento imaginado – semelhança de autoexpressão – confusão de aspectos reais e virtuais – personagens da dança como seres virtuais – *Scheingefühle* – análise dos problemas envolvidos – afirmações míticas resolvidas – valor da teoria.

12. O Círculo Mágico... 197
Concepção primitiva dos Poderes – o Mundo do Espírito – Cassirer e a "consciência mítica" – senso de poder objetificado na dança – evolução pré-histórica da dança – Curt Sachs e tipos de mente – formas naturais como motivos – o que é criado – ilusão de libertação de forças reais – balé – a dança como aparição – o dançarino e seu "mundo" – a música como elemento da dança – espaço e tempo balético – efeito da audiência passiva – efeitos da secularização – entretenimento – efeito da dança na música – confusão de pensamento e clareza de intuição nos dançarinos – a dança como arte pura.

13. Poesis.. 217
A literatura chamada de arte mas tratada como afirmação – discurso, seu material – maneiras de dizer coisas – crítica e paráfrase – L A. Richards e compreender a poesia – dizer e criar – a ilusão poética feita pelo discurso – vida virtual – toda arte literária, poética – dois sentidos de "vida" – semelhança de eventos – forma subjetiva – eventos, a abstração básica – filosofia na poesia – ficção e fato – dialeto – Tillyard e a poesia "direta" e "oblíqua" – falácia dos "significados mais profundos" – poesia nenhuma é afirmação – legítimos os temas morais – leis da lógica e da imaginação – arte e vida.

14. Vida e Sua Imagem.. 245
A imaginação como desvio da razão – Cassirer, a linguagem e a imaginação – Barfield e a linguagem e mito – Freud e os símbolos não discursivos – "significados" psicanalíticos, não significação artística – significação artística não escondida – o estudo de Freud sobre a "lógica" não discursiva – princípio da sobredeterminação – da ambivalência – da ausência de negativas – da condensação – "obra de sonho" e obra de arte – escolas e recursos poéticos – o ideal da "poesia pura" – a poesia definida como uma experiência – como um tipo de linguagem – impropriedade de tais tratamentos – a poesia como semelhança de eventos admite todas as obras poéticas – toda poesia boa é "pura" – a realidade de sua significação – fontes na vida real – nenhum tema é tabu – transformação de fato – prosa, uma forma poética.

15. Memória Virtual 269
Poesia lírica, o caso mais patente de linguagem criativa – não uma arte de destaque – o tempo presente da lírica – narrativa, um dos principais recursos literários – mudança para o tempo perfeito – forma fechada do passado – memória virtual – caprichos aparentes de tempo têm funções criativas – tempos misturados nas baladas – mito e lenda, materiais literários – nenhuma composições sem autoria pessoal – poesia, não necessariamente oral – capacidade de ler e escrever e as artes poéticas.

16. As Grandes Formas Literárias 291
Convenções poéticas – formas literárias originam-se de recursos especiais – nenhum "valor" literário absoluto – técnicas e propósitos criativos – meios vigorosos tornam outros supérfluos – técnica da balada – romance – o verso torna-se dispensável – ficção em prosa – novela, uma forma recente – frequentemente encarada como comentário, não como arte – ilusão de "vida sentida" – estória e contador de estórias – criação de personagens – Clive Bell e Proust – ilusões secundárias na literatura – o fato como o "modelo" – não ficção como arte aplicada – exploração da forma discursiva como motivo – especialização de formas – o épico como matriz de todas as formas literárias.

17. A Ilusão Dramática... 319

Drama é poesia, mas não "literatura" – abstração básica, o ato – modo da memória e modo do Destino – futuro virtual – Morgan e a "forma em suspenso" – inteireza da ação dramática – forma orgânica á – situação – "localização" *versus* "ambiente" – drama, uma arte de colaboração – o poeta fornece os discursos – discurso como a culminação da ação – deve ser *representada* – sentimento real e fictício – teoria do faz-de-conta dramático – Bullough e a "Distância psíquica" – o drama como ritual – como divertimento – como obra-de-todas-as-artes – teoria hindu – desmentida pelas práticas teatrais hindus – o drama como dança – o drama "incorpora" a dança – *Rasa* – o drama oriental representa objetos físicos – todos os elementos do drama são poéticos.

18. As Grandes Formas Dramáticas: O Ritmo Cômico 339

Moralismo na teoria dramática – comédia como crítica social – trágico e cômico como pontos de vista – na realidade, estruturas diferentes – senso universal de vida – vida e morte – o ritmo cômico – o destino como Fortuna – o ritmo trágico – o destino como Fado – a comédia séria – a "Divina Comédia" – a *Nataka* – peças heroicas – comédia e humor – teorias do riso – todas ignoram a "Distância psíquica" – o humor, um elemento estrutural da comédia – o bufão – o humor como esplendor do drama – muitas fontes da comédia – resposta da audiência, não um riso comum – o ritmo da vida universal.

19. As Grandes Formas Dramáticas: O Ritmo Trágico...................... 365

O ritmo trágico – potencialidade e realização – a vida com uma ação total – Fado – tragédia não é conhecida em todas as partes – "forma dominante" da ação – vida condensada – o "erro trágico" – a tragédia não ilustra o Fado, mas cria sua imagem – elementos cômicos – subestrutura cômica – função do espetáculo – mero espetáculo – o drama, não uma arte híbrida – sua real relação com a vida.

Parte III: O PODER DO SÍMBOLO

20. Expressividade.. 383

Símbolo da arte, não um simbolismo – questões centrais na filosofia da arte – projeções não-temporais do sentimento – vida de sentimento – todos os padrões vitais são orgânicos – ideias associadas podem variar – intuitiva a percepção da significação – Bergson e a intuição – Croce e a intuição e expressão – consequências de sua teoria – Cassirer e a abstração e *insight* – o símbolo de arte não "faz referências" ou "comunica" – Collingwood e a arte como "linguagem" – e a sinceridade e corrupção – e a irrelevância da técnica – crítica de seu livro – temor da teoria do símbolo – perigos e vigor de tal teoria – arte e ofício – arte e personalidade – o empreendimento do artista.

21. A Obra e Seu Público 407

Artista e público – objetividade – o espectador ideal – problemas da percepção da arte – significação artística, não comentário – sempre sustentada no símbolo – relação de quem percebe não com o artista, mas com a obra – natureza real da "emoção estética" – beleza – primazia da responsividade – liberdade e frustração da resposta – antecipação de forma – efeito da arte na vida – educação do sentimento – arte e religião – efeitos da secularização – entretenimento – não o mesmo que divertimento – crítica de arte – talento e gênio – "temperamento artístico" – a arte como herança cultural.

Apêndice
Uma Nota Sobre o Filme 427
Filme não é teatro – não é pantomima – não é uma arte plástica – "incorpora" todos os materiais – é um modo poético separado – "presente virtual", o modo do sonho – abstração básica é o "caráter de ser dado" – câmara móvel – caráter criativo do filme.

Bibliografia 433

Introdução

Em *Filosofia em Nova Chave** foi dito que a teoria do simbolismo ali desenvolvida deveria levar a uma crítica da arte tão séria e de alcance tão amplo quanto a crítica da ciência que se origina da análise do simbolismo discursivo. *Sentimento e Forma* propõe-se realizar essa promessa, ser essa crítica da arte.

Uma vez que essa filosofia da arte apoia-se diretamente na teoria semântica acima mencionada, o presente livro não pode senão pressupor o conhecimento do anterior pelo leitor; ele tem, de fato, a natureza de uma continuação. Preferiria tê-lo feito independente do primeiro, mas seu próprio tema é tão vasto – apesar da forma esquematizada que assumiu algumas vezes – que, para repetir os tópicos relevantes ou, mesmo, os mais essenciais do livro anterior, seriam necessários dois volumes, sendo que o primeiro, é claro, teria praticamente repetido o trabalho que já existe. Assim, devo pedir ao leitor que considere *Sentimento e Forma* como, efetivamente, o segundo volume do estudo sobre simbolismo que se iniciou com *Filosofia em Nova Chave*.

Um livro, tal como um ser humano, não pode fazer tudo; não pode responder, numas poucas centenas de páginas, todas as perguntas que o Filhote de Elefante, em sua curiosidade in-

---

* Publicado por esta editora, na coleção Debates, nº 33.

saciável, poderia resolver fazer. Assim, posso muito bem afirmar imediatamente o que este livro não tenta fazer. Não oferece critérios para julgar "obras-primas", nem mesmo para julgar obras menores de um certo sucesso em comparação com obras menores mal sucedidas – pinturas, poemas, peças musicais, danças, ou quaisquer outras. Não estabelece cânones de gosto. Não prediz o que é possível ou impossível dentro dos limites de qualquer arte, quais os materiais que podem ser empregados nela, quais os temas que lhe serão adequados etc. Não auxiliará ninguém a ter uma concepção artística, nem o ensinará como concretizá-la em meio algum. Todas essas normas e regras parecem-me estar fora do campo do filósofo. O próprio da filosofia é esclarecer e organizar conceitos, dar significados definidos e satisfatórios aos termos que empregamos ao falar de qualquer assunto (neste caso, de arte); é como disse Charles Peirce, "tornar claras nossas ideias".

Este livro tampouco coordena teorias da arte com perspectivas metafísicas, "hipóteses mundiais" no dizer de Stephen Pepper. Essa meta não está fora da filosofia, mas está além do alcance de meu presente estudo filosófico. Dentro dos limites por mim traçados, posso desenvolver apenas uma teoria da arte, e não construir a "hipótese mundial" que poderia abrangê-la – sem falar de comparar um sistema conceitual assim tão vasto com qualquer outro sistema alternativo.

Além do mais, existem limitações que tenho de aceitar simplesmente com o fim de que minhas próprias ideias e sua apresentação continuem manejáveis. A primeira limitação é não rebater explicitamente as muitas teorias, clássicas ou correntes, que contradizem a minha em pontos cruciais. Se eu fosse seguir toda refutação de outras doutrinas que implica minha linha de argumentação, esta ficaria perdida num emaranhado de controvérsias. Consequentemente, evitei as polêmicas tanto quanto possível (embora não de todo, evidentemente) e apresentei para discussão principalmente aquelas ideias de meus colegas e predecessores, baseada na quais posso construir algo, dirigindo críticas contra o que me parecem ser suas limitações ou erros. Além disso, tanto quanto foi possível, releguei os materiais comparativos às notas de rodapé. Isso provoca muitas anotações (especialmente nos capítulos sobre poesia, ficção e teatro, assuntos tradicionalmente estudados por eruditos, de forma que a literatura crítica sobre eles é enorme), mas permite que o texto prossiga, sem embaraços de quaisquer arabescos de saber eclético, e tão diretamente quanto possível, com o desenvolvimento de

INTRODUÇÃO   XIII

seu próprio tema principal. As notas de rodapé tornaram-se assim mais do que meras referências a citações corroborativas do afirmado, e são destinadas ao leitor comum, bem como ao estudioso especializado; abandonei, portanto, o costume estrito de deixar as citações de autores estrangeiros na língua original e traduzi todas essas passagens para o inglês, tanto nas notas quanto no texto. Portanto, quando não se menciona nenhum tradutor de um trabalho com título em outra língua, a tradução é minha.

Finalmente, nada neste livro é tratado exaustivamente. Todo assunto, nele, exige posterior análise, pesquisa, invenção. Isso ocorre porque é essencialmente um trabalho de exploração, que – como Whitehead uma vez disse, referindo-se ao pragmatismo de William James – "levanta principalmente uma porção de lebres para que as pessoas cacem".

O que *Sentimento e Forma* propõe-se fazer é especificar os significados das palavras: expressão, criação, símbolo, significação (*import*), intuição, vitalidade, e forma orgânica, de tal modo que possamos entender, em seus termos, a natureza da arte e sua relação com o sentimento, a autonomia relativa das várias artes e sua unidade fundamental na própria "Arte", as funções do tema e do meio, os problemas epistemológicos da "verdade" e "comunicação" artísticas. Muitos outros problemas – por exemplo, se o desempenho é "criação", "recriação" ou "mera habilidade", se o teatro é "literatura" ou não, por que a dança muitas vezes alcança o zênite de seu desenvolvimento no estádio primitivo de uma cultura onde outras artes estão apenas surgindo em seu horizonte étnico, para mencionar apenas alguns – decorrem dos problemas centrais e, como estes, assumem uma forma que permite respondê-los. O propósito principal do livro, portanto, pode ser descrito como sendo a construção de uma infraestrutura intelectual para estudos filosóficos, gerais ou detalhados, relacionados com a arte.

Há certas dificuldades peculiares a este empreendimento, algumas das quais de natureza prática e outras de natureza semântica. Em primeiro lugar, a filosofia da arte deveria, creio, começar no estúdio, não na galeria, auditório ou biblioteca. Da mesma forma como a filosofia da ciência exigiu, para seu desenvolvimento adequado, o ponto de vista dos cientistas, não o de homens como Comte, Buechner, Spencer e Haeckel, que viam a "ciência" como um todo, mas sem nenhuma concepção de seus problemas reais e conceitos operacionais, assim a filosofia da arte exige o ponto de vista do artista para pôr à prova a força de seus conceitos e evitar generalizações vazias ou ingênuas. O filósofo deve conhecer as artes, por assim dizer, "de dentro". Mas ninguém pode conhecer todas as artes dessa forma. Isso acarreta uma quantidade árdua de estudo não acadêmico. Seus professores, além do mais, são artistas, e estes falam sua própria linguagem, que resiste amplamente a uma tradução para o vocabulário mais cuidadoso, literal, da filosofia. É provável que isso deixe impaciente o filósofo. Mas, de fato, é impossível falar sobre arte sem adotar, numa certa medida, a linguagem dos artistas. A razão pela qual eles falam como o fazem não é inteiramente (embora seja parcialmente) porque careçam de um treinamento no discurso e sejam populares em sua fala; nem eles aceitam, desencaminhados por "maus hábitos de fala", uma visão do homem do tipo "fantasma na máquina", como sustenta Gilbert Ryle. Seu vocabulário é metafórico porque precisa ter plasticidade e força a fim de permitir-lhes exprimir seus pensamentos sérios e frequentemente difíceis. Não podem encarar a arte como sendo "meramente" este ou aquele fenômeno facilmente compreensível; estão por demais interessados nela para fazerem concessões à linguagem. O crítico que despreza sua fala poética provavelmente estará sendo superficial ao examiná-la, e lhes atribuirá ideias que não defendem, em vez de descobrir o que realmente pensam e conhecem.

Mas não basta aprender a linguagem dos estúdios; sua tarefa como filósofo, afinal, é empregar o que sabe para construir uma teoria, não um "mito operacional". E, quando ele se dirige a seus próprios colegas, encontra uma nova dificuldade semântica: em vez de interpretar as metáforas dos artistas, agora tem de lutar contra as excentricidades do uso profissional. Palavras empregadas por ele com toda sobriedade e exatidão podem ser usadas em sentidos inteiramente diferentes por escritores tão sérios quanto ele. Considere-se, por exemplo, uma palavra em torno da qual todo este livro está construído: "símbolo". Cecil Day Lewis, em seu excelente livro *The Poetic Image*, atribui-lhe sempre o significado daquilo que chamei de "símbolo atribuído", um signo com um significado literal fixado por convenção; Collingwood vai ainda mais longe e limita o termo a signos *escolhidos propositalmente*, tais como os símbolos da lógica simbólica. Depois ele estende o termo "linguagem" a fim de cobrir tudo o que eu chamaria de "símbolos", incluindo ícones religiosos, ritos e obras de arte[1]. Albert Cook, por outro lado,

---

1. Uma discussão bastante completa do trabalho de Collingwood é apresentada mais adiante, no Cap. 20.

INTRODUÇÃO XV

opõe "símbolo" a "conceito"; por este, entende o que Day Lewis significa com "símbolo", *mais* tudo o que ele (Cook) condena como "mecânico", tal como a comédia de Rabelais. Fala da "infinita sugestividade do símbolo"[2]. Evidentemente, "símbolo" significa algo vagamente honroso, mas não sei o quê. David Daiches tem ainda outro uso e, de fato, uma definição: "Como usado aqui", diz ele em *A Study of Literature*, "ele ('símbolo') simplesmente significa uma expressão que sugere mais do que diz"[3]. Mas logo depois restringe seu sentido de maneira muito radical: "Um símbolo é algo em que os homens sensíveis reconhecem seu destino potencial... "[4]. Aqui o significado de "símbolo" pode ser ou não o mesmo que Cook tem em mente.

Tudo o que os pobres filósofos podem fazer é definir suas palavras e confiar em que o leitor tenha a definição em mente. Frequentemente, entretanto, o leitor não está pronto para aceitar uma definição – especialmente se esta, de algum modo, for pouco usual – até ver o que o autor pretende com ela, até ver por que a palavra deve ser assim definida; e pode ser que isso ocorra quando a leitura do livro já esteja bem adiantada. Minha própria definição de "símbolo" ocorre, exatamente por essa razão, no Cap. 20; e como ele se acha realmente muito longe, talvez seja melhor expô-la aqui, com a promessa de que o livro a elucidará e justificará: Símbolo é qualquer artifício graças ao qual podemos fazer uma abstração.

Quase todas as palavras-chave num discurso filosófico sofrem da ampla variedade de significados que lhes foram atribuídos na literatura anterior. Assim, Eisenstein, em *The Film Sense*, usa "representação" para o que geralmente chamamos de "imagem", e "imagem" para algo não necessariamente concreto – o que eu chamaria de "impressão". Porém sua palavra "imagem" tem algo em comum com "imagem poética" de Day Lewis; além disso, cumpre dizer o seguinte em seu favor: ambos sabiam, e nos dão a saber, o que querem dizer com ela.

Um termo mais difícil, e de fundamental importância neste livro, é "ilusão". Ele é geralmente confundido com "delusão", motivo pelo qual fazer-lhe menção em conexão com a arte geralmente desperta protestos imediatos, como se a gente houvesse sugerido que a arte é "mera delusão". Mas a ilusão como ocorre na arte nada tem a ver com a delusão, nem mesmo com o autoengano ou com a simulação.

2. *The Dark Voyage and the Golden Mean*, p. 173.
3. *Ibid.*, p. 36.
4. Loc. *cit.*, *infra*.

Além das dificuldades apresentadas para a teoria da arte em geral pela boa ou má reputação de palavras, o que interfere com o significado estrito delas, e até mesmo pela variedade de seus significados definidos na literatura, cada arte tem seu incubo especial de ideias erradas naturais. A música sofre mais do que qualquer outra arte pelo fato de ter marcantes efeitos somáticos que, com frequência excessiva, são tomados por sua virtude essencial. A aflição da literatura é sua relação com o fato, com a verdade da proposição; do teatro, sua proximidade com as questões morais; da dança, o elemento pessoal, o interesse sensual; da pintura e escultura, o pseudoproblema da "imitação"; da arquitetura, o fato óbvio de sua utilidade. Lutei contra todos esses aspectos o melhor que pude; no fim, entretanto, espero que não sejam as refutações diretas, mas sim a própria teoria, a ideia sistemática inteira que irá dispersar os preconceitos especiais, bem como os gerais.

Pelo final do livro, poder-se-ia muito bem esperar que as ideias desenvolvidas em relação a alguma arte considerada isolamente fossem generalizadas e transportadas para as outras artes. Muitas vezes o leitor poderá fazê-lo, e ficará pensando por que deixei de fazê-lo. A razão é que, quando eu efetuar um relacionamento entre as artes e demonstrar sua unidade fundamental, fá-la-ei de maneira sistemática; será um outro livro.

Nada neste ensaio, portanto, está terminado, nem poderia a teoria da arte jamais estar terminada. Pode ser que haja novas artes no futuro; poderá haver com certeza novos modos de qualquer arte; nossa própria época assistiu ao nascimento do cinema, que não é apenas um novo meio, mas é um novo modo (ver o apêndice, "Uma Nota sobre o Filme"). Mas, assim como *Filosofia em Nova Chave* era uma promessa de uma filosofia da arte, este livro, espero confiantemente, é um começo de algo passível de continuações infinitas.

Provavelmente não seria nem um começo – não seria absolutamente nada – não fosse o apoio constante de vários amigos que me auxiliaram. Por quase quatro anos gozei, graças ao patrocínio da Universidade de Columbia, do auxílio da Fundação Rockefeller, que aliviou minha carga de ensino, de modo que pudesse dedicar-me à pesquisa e que me deu, também, parte do tempo, um assistente inestimável. Agradeço a ambas, à Fundação e à Universidade, de todo coração. Os agradecimentos que devo àquele assistente, Eugene T. Gadol, não podem ser dados facilmente; além de colocar à minha disposição seus conhecimentos especializados sobre o teatro, ele esteve associado com o trabalho

INTRODUÇÃO   XVII

quase que constantemente e, de fato, foi minha mão direita. Além do mais, quero expressar minha gratidão especial a Helen Sewell, que me deu o ponto de vista do artista a respeito muitas coisas, e leu e releu o manuscrito; à luz de suas críticas vigorosas e francas, o Cap. 5 foi quase que totalmente reescrito, e os defeitos que ainda retém devem-se ao fato de que ela não o escreveu. Também devo agradecer a Katrina Fischer pela assistência à pesquisa que me proporcionou no Cap. 18 e à minha irmã, Ilse Dunbar, pelo auxílio com as muitas traduções de fontes francesas e alemãs; a Alice Dunbar pelos conselhos de escultor e por sua ajuda de última hora a fim de preparar o manuscrito para o prelo; e a Kurt Appelbaum por ler quase que o trabalho inteiro e por beneficiar-me com as bem ponderadas reflexões de um músico. Meu débito para com vários de meus antigos alunos está, penso, suficientemente claro no texto. Mas devo acrescentar uma palavra de apreço ao espírito de cooperação com que o pessoal de Charles Scribner's Sons, especialmente o Sr. Burroughs Mitchell, permitiu que este volume tomasse forma de acordo com as minhas esperanças.

Um livro que entra no mundo com uma carga tão pesada de gratidão é quase um empreendimento comunitário. Espero que a comunidade de artistas, amantes da arte e estudiosos o receba com interesse contínuo e o mantenha vivo através de críticas sérias.

S. K. L.
Hurley, N. Y.

Parte I

O Símbolo da Arte

1. A Medida das Ideias

A filosofia é uma textura de ideias. Não é, como a ciência, um corpo de proposições gerais que expressam fatos descobertos, nem um conjunto de "verdades morais" aprendidas por algum meio que não o da descoberta fatual. A filosofia é um levantamento das ideias em cujos termos se exprimem fatos e leis, crenças, máximas e hipóteses – é, em suma, o estudo da estrutura conceitual em que são feitas todas as nossas proposições, verdadeiras ou falsas. Lida fundamentalmente com significados – com o sentido do que dizemos. Se os termos de nosso discurso forem incompatíveis ou confusos, toda a especulação intelectual a que pertencem fica invalidada, e neste caso nossas supostas crenças não são falsas, mas sim espúrias.

O indício comum de confusão em nossas ideias básicas referentes a qualquer tópico é a persistência de doutrinas rivais, todas muitas vezes refutadas, porém ainda não abandonadas. Num sistema de pensamento que é fundamentalmente claro, mesmo que não o seja inteiramente, as novas teorias geralmente tornam obsoletas as antigas. Num campo onde os conceitos básicos não são claros, enfoques e terminologias conflitantes continuam, lado a lado, a recrutar adesões.

Este é notoriamente o caso no campo da crítica de arte. Todo juízo cuidadosamente elaborado baseia-se, evidentemente, em algum tipo de base teórica, porém os maiores conhecedores deste campo na verdade não conseguem desenvolver uma teoria interessante que preste contas de suas descobertas. As reflexões filosóficas sobre a arte constituem uma literatura vasta e fascinante que abrange desde tratados eruditos até as belas-letras em seu estado mais puro – ensaios, aforismos, memórias, até mesmo poesia. Assentou-se, neste saber acumulado, uma profusão de doutrinas, constituindo algumas o melhor de uma longa tradição, enquanto outras, *insights* (introvisões) geniais, são bem novas, assistemáticas porém profundas, todas numa exuberância confusa que obscurece as conexões naturais de uma com as outras, com a história e com a vida real das artes criativas.

As próprias artes, entretanto, demonstram uma unidade e uma lógica notáveis, e parecem apresentar um bom campo para o pensamento sistemático. Por que a confusão? Por que as teorias desconexas, o perigo constantemente alegado de perder-se contatos com a realidade, os numerosos primeiros passos filosóficos que ainda deixam de tornar-se estruturas intelectuais orgânicas? Uma teoria da arte verdadeiramente esclarecedora deveria erigir-se a partir de importantes introvisões artísticas e desenvolver-se de modo natural por etapas, tal como os grandes edifícios do pensamento – matemática, lógica, ciência, teologia, direito, história – evoluem de raízes perenes até níveis cada vez mais elevados de suas próprias implicações. Por que não há uma teoria sistemática similar para a arte?

Penso que a explicação para isso está em que os pontos centrais na apreciação e compreensão da arte, por mais claros que possam ser na prática, não foram filosoficamente analisados e reconhecidos como aquilo que eles realmente são. Uma disciplina sistemática torna-se organizada apenas à medida que seus problemas-chave são formulados, e frequentemente esses problemas, cuja solução iria requerer e gerar uma terminologia eficiente e um princípio operacional, são obscurecidos pela ocorrência de perguntas *óbvias*, colocadas imediatamente pelo bom senso e consideradas "básicas" por serem óbvias. Tais perguntas são: Quais são os materiais da arte? O que é mais importante, forma ou conteúdo? O que é o Belo? Quais são os cânones de composição? Como uma grande obra de arte afeta o contemplador? Muitas delas têm sido debatidas por centenas de anos, mas no momento em que chegamos a uma conclusão quanto às respostas, a teoria não avança mais. Adotamos uma posição e detemo-nos nela.

Todas essas perguntas são bastante legítimas, e o propósito de uma filosofia da arte é respondê-las. Mas como pontos de partida de uma teoria elas são nocivas, porque são produtos do "bom senso" e consequentemente impingem em nosso pensamento o vocabulário e toda a estrutura conceitual do bom senso. E com esse instrumental não podemos pensar além do lugar-comum.

Há certos mal-entendidos a respeito do pensamento filosófico que se originaram, bastante estranhamente, da própria preocupação de filósofos modernos com o método, da aceitação de princípios e ideais que soam impecáveis quando os aprovamos em conferências e simpósios. Um desses princípios é que a filosofia *trata de noções gerais*. Essa máxima é repetida quase que em todos os textos introdutórios, e proclamada em relação a uma ou outra coisa em todo congresso filosófico. A ênfase é sempre sobre as "noções gerais"; porém o interessante é que confessamos lidar com elas, e que esse trato é filosofia.

O efeito imediato desse princípio é fazer com que as pessoas iniciem suas pesquisas com a atenção voltada para as generalidades: belo, valor, cultura, e assim por diante. Tais conceitos, entretanto, não têm nenhuma virtude sistemática; não são termos descritivos, como o são os conceitos científicos, por exemplo os de massa, tempo, situação etc. Não têm unidade e não podem ser combinados em proporções definidas. São "qualidades abstratas" tal como os conceitos elementares da filosofia grega da natureza – umidade e secura, calor e frio, leveza e peso. E, assim como nenhuma física jamais resultou da classificação das coisas de acordo com tais atributos, da mesma forma nenhuma teoria da arte emerge da contemplação de "valores estéticos". O desejo de tratar com ideias gerais desde o início, por supor-se que esse seja o trabalho dos filósofos, leva-nos ao que pode ser chamado de "a falácia da abstração óbvia": a abstração e esquematização das propriedades mais óbvias ao bom senso, tradicionalmente reconhecidas e incorporadas no "modo material" da linguagem.

Em vez de reiterar constantemente que a filosofia lida com ideias gerais, ou com "coisas em geral", deve-se considerar o que ela faz em relação às noções gerais. Penso que ela, propriamente, as constrói. A partir do quê? A partir das noções mais específicas que usamos ao formular nosso conhecimento especial e particularizado – o conhecimento prático, científico, social ou puramente sensível. Seu trabalho é um constante processo de generalização. Esse processo requer uma técnica lógica, imaginação e engenhosidade; não é alcançado se se principia com generalidades do tipo: "Arte é expressão" ou "Beleza é harmonia". Proposições desta espécie deveriam ocorrer ao final de uma indagação filosófica, não em seu ponto de partida. Ao final da indagação, elas são sumários de ideias explícitas e organizadas que lhes atribui um significado, porém como ponto de partida prejulgam demasiado e não fornecem termos para sua própria elucidação.

Outro produto infeliz de nossa autocrítica profissional é o dogma de que a filosofia, na verdade, nunca pode alcançar sua meta, uma visão completamente sintética da vida. Pode apenas aproximar-se de seu objetivo. Ora, mesmo que haja um limite ideal para nossa compreensão progressiva (o que pode ser posto em dúvida, pois um *insight* sinótico desse tipo cheira a uma "totalidade ilegítima"), tal limite não proporciona nenhuma medida de realização efetiva. Pelo contrário: quando todos estão devidamente impressionados com a impossibilidade de realmente estar à altura de um desafio, pode-se exigir indulgência em demasia; todo fracasso pode ser desculpado como sendo "mera aproximação". Em consequência disto, hoje praticamente não há um padrão de trabalho filosófico. As publicações profissionais estão cheias de argumentos ultrapassados que não fazem progredir seus tópicos de modo nenhum, e os congressos deixam suas profundas sugestões tão irrespondidas e irrespondíveis como antes. A espécie de esforço e engenhosidade utilizados na solução de problemas científicos ou históricos analisariam e eliminariam de imediato as dúvidas, substituindo-as por outras mais importantes e sugestivas e a seguir inventando meios de encontrarem-se respostas reais. Quando há recompensas para respostas definitivas, as pessoas gastam uma boa parcela de tempo e trabalho na procura de artifícios intelectuais para a manipulação de questões difíceis. Os cientistas raramente falam sobre o método científico, mas frequentemente encontram os mais elaborados e tortuosos modos de revirar uma questão a fim de torná-la acessível a *algum* método de investigação que possibilitará uma solução. É o problema que orienta a abordagem. Por outro lado, os filósofos normalmente decidem sobre uma abordagem dos problemas filosóficos em geral e a seguir entregam-se às questões seculares – tão tradicionalmente mastigadas que já têm nomes com maiúsculas: o Problema do Ser, o Problema do Mal etc. – tal como foram formuladas por Platão ou por seu mestre, Parmênides.

Não obstante, a filosofia é uma especulação ativa, e as questões filosóficas não são, por sua própria natureza, insolúveis. Na verdade, são radicalmente diferentes das questões científicas, porque dizem respeito às implicações e outras inter-relações de ideias, e não à ordem dos eventos físicos; suas respostas são mais interpretações do que relatórios fatuais, e sua função não é aumentar nosso conhecimento da natureza, mas sim nossa compreensão daquilo que sabemos. Na verdade, o desenvolvimento da conceituação, que é a meta da filosofia, tem uma influência direta sobre nossa capacidade de observação dos fatos, uma vez que é a conceituação sistemática que torna alguns fatos importantes e outros triviais. Lineu, pioneiro nas ciências naturais com suas abstrações qualitativas óbvias, classificou as plantas de acordo com as cores de suas flores; uma conceituação morfológica da botânica, que relaciona toda e qualquer parte de uma planta ao organismo inteiro e que, mais, combina a vida vegetal com a vida animal num esquema biológico, faz com que a cor das flores seja um fator sem importância.

Há uma filosofia da natureza, gradualmente desenvolvida por homens como o Poincaré, Russell, Lenzen, Weyl, que é subjacente a nossas ciências naturais; e ainda que possa estar muito aquém do ideal "sinótico", um trabalho filosófico como, por exemplo, o que Whitehead efetuou no campo, esclarece nossos conceitos de ordem física, de existência orgânica, de mentalidade e conhecimento. De forma semelhante, a filosofia da matemática fez dessa antiga disciplina um paradigma de clareza intelectual e de operacionalidade. Os pensadores que construíram esses sistemas conceituais deixaram de lado todas as doutrinas rivais do Ser, Valor e Mente, e partiram de problemas bem especiais – o significado de "simultaneidade" em observações astronômicas, ou o significado de $(-2)^{\frac{1}{2}}$ na série dos números, ou de "ponto sem dimensão" em mensuração física. Observe-se que estas são todas questões filosóficas – todos, problemas de significado; mas, por serem questões especiais, os significados a serem interpretados devem satisfazer exigências definidas e bastante complexas. A definição de "simultaneidade" cósmica, por exemplo, precisou de uma completa reconstrução das noções de espaço e tempo. A interpretação de $(-2)^{\frac{1}{2}}$ exigiu uma teoria de séries matemáticas para justificar o uso muito conveniente desse enigmático símbolo. O conceito de ponto sem dimensão, ou pura locação, levou à teoria de Whitehead sobre a "abstração extensiva" – uma noção filosófica muito importante.

Geralmente, tais ideias acabam por demonstrar que têm uma aplicação tanto geral como particular – ou seja, descobre-se que são capazes de *generalização*, uma vez que tenham sido formuladas em pormenor para seus propósitos especiais. A colocação dessas ideias em sua forma especial implica muitas outras proposições colocáveis nos mesmos termos, e sugere ulteriores definições. E, à medida que se desenvolve a análise filosófica dos conceitos básicos, o assunto torna-se mais e mais sistemático; a partir do foco central dos problemas reais que se esclareceram, formas similares apresentam-se em todas as direções até que possa resultar toda uma cosmologia, ontologia ou epistemologia. Uma tal filosofia é elaborada através do princípio da generalização. Perfaz um todo único, e no entanto não pode ser resumida na afirmação de uma única *crença* e escolhida ou rejeitada como sendo "isto-ou-aquilo-ismo"; tampouco pode ser simplesmente "aplicada" na interpretação da experiência como um todo. Os princípios da construção lógica habilitam-nos a lidar eficientemente com a experiência, mas não nos oferecem construções já prontas.

Evidentemente, "o método científico em filosofia" tem sido discutido desde que Bertrand Russell, quando jovem, lançou seu vigoroso ataque contra a metafísica tradicional. No entanto, método científico não é a mesma coisa que método filosófico. Hipóteses e experimentos não ocupam lugar de honra na filosofia, como o fazem na ciência; os fatos e as conexões entre os fatos são, para a filosofia, pontos de partida, ao invés de descobertas. As descobertas são ideias – o significado do que dizemos, não apenas sobre os fatos naturais, mas sobre todos os assuntos de interesse humano, sejam quais forem: arte, religião, razão, o absurdo, liberdade ou o cálculo. Somente uma estrutura de ulteriores significados atribui um valor real a tais palavras gerais.

A elaboração de uma teoria – "a arquitetura de ideias", no dizer de Charles Peirce – envolve mais considerações lógicas do que as pessoas geralmente percebem quando discutem metodologia. Não basta examinar o campo de estudo, dividi-lo no que parecem ser seus elementos constituintes mais simples e descrevê-lo como um padrão destes "dados". Tal padrão é ordenado como um índice alfabético dentro do qual tudo o que é conhecido pode ser localizado, mas não fornece pistas para coisas desconhecidas. Para construir uma teoria, devemos começar com proposições que tenham *implicações*; o pensamento teórico é a ampliação das consequências destas implicações. Portanto, nem toda afirmação verdadeira sobre a ciência, arte, vida ou moral é uma "abordagem" do estudo sistemático do tópico em questão; a afirmação deve conter ideias que possam ser manipuladas, definidas, modificadas e usadas em combinações; deve ser tão interessante quanto verdadeira. Esta exigência lógica pode ser chamada de *princípio de fecundidade*.

A MEDIDA DAS IDEIAS

Considere-se, como um bom exemplo de pensamento construtivo, a reinterpretação dos fatos físicos que Newton propôs em seus *Principia mathematica* sob a designação absolutamente correta de "filosofia natural". A lenda diz que o primeiro fato que ele descreveu em termos novos foi a queda de uma maçã. A queda de uma maçã na terra sempre foi um fato comum, mas o fato de a maçã ser *atraída* pela Terra expressa uma grande ideia. O que a torna grande, em primeiro lugar, é que ela é passível de generalização. Está claro que podemos *também* generalizar a "queda" da maçã e dizer: "todas as coisas tendem a cair para a Terra", mas essa regra tem exceções. A lua não cai, nem as nuvens. Mas "todas as massas atraem-se" não tem exceções. "A maçã é atraída pela Terra" serve tanto para descrever com precisão a mesma observação como a frase "a maçã cai", porém é verdadeira mesmo quando a maçã fica pendurada, e continua a sê-lo quando a maçã está apodrecendo no chão. Pode-se dizer também a mesma coisa da lua, embora a lua nunca "caia" (ou seja, nunca chega à Terra) e das nuvens que flutuam indefinidamente, e até mesmo do sol.

A segunda característica que valoriza a interpretação de Newton é sua fecundidade, pois o conceito de "atração" requer um elemento dinâmico que esteve ausente de toda a física matemática anterior. Todos os sistemas puramente geométricos exigiam a suposição de algum agente especial, fora do mundo, que a este fornecesse seu movimento. Mas a atração era uma força e, portanto, uma fonte de movimento dentro do sistema físico. Além do mais, ela podia ser medida, e sua medida provou ser proporcional às condições mais familiares de massa e distância. Quase que no mesmo momento em que "a nova filosofia natural" foi proposta, deu ela origem a uma ciência da física.

A crítica de arte não é ciência, porque não está preocupada com a descrição e previsão de fatos. Mesmo que suas premissas fossem claras e coerentes, e eficientes os seus termos, ela permaneceria uma disciplina filosófica, pois todo seu objetivo é a compreensão. Mas os princípios de generalização e fecundidade não são, essencialmente, princípios da ciência; são princípios do pensamento filosófico, e é apenas na medida em que a ciência é uma formulação intelectual que ela os compartilha. Talvez seja por isso que os defensores do "método científico" para a filosofia negligenciaram amplamente esses princípios. Só onde foi feito um verdadeiro trabalho filosófico – por exemplo, ao estabelecerem-se, as bases da ciência, jurisprudência e teologia medievais – é que tais princípios receberam uma aceitação tácita.

É especialmente nos domínios indefinidos e assistemáticos do pensamento que um único problema, cuja solução é perseguida obstinadamente, pode trazer à tona um novo vocabulário lógico, isto é, um novo conjunto de ideias que vai além do problema em si e que força uma concepção mais operacional de todo o campo. Levar tal problema para o foco de nosso interesse é começar um trabalho sério com o assunto em questão. É isso que me proponho fazer com a filosofia da arte. Parece-me que, dentre todas as especulações dos estetas e as conversas de estúdio dos artistas, não devidamente refletidas porém significativas, um ponto crucial nunca chega a ser encarado de frente, sendo sempre rodeado com uma espécie de reverência intelectual ou tratado emocionalmente sem que se faça nenhuma exigência quanto à questão do significado: é o problema da criação artística. A obra de um artista é realmente um processo de criação? O que, na verdade, é criado? Haverá uma justificativa para o conceito bastante popular de que se deve falar, antes, em *recriação* do que na criação de coisas na arte? Ou será sentimentalismo toda a ideia de "trabalho criativo"?

Todas essas perguntas, e várias outras, apresentam aspectos distintos de um mesmo problema. A solução desse problema responde-as a todas com igual exatidão. Mas ela requer uma certa reorientação entre as ideias familiares da filosofia e da crítica de arte. Essa solução exige um tratamento mais rígido do termo "expressão", e dá um sentido único e não misterioso à "intuição". Acima de tudo, tal solução acarreta uma formulação especial de quase todos os grandes problemas relativos à arte, notadamente aquele sobre a unidade das várias artes, face ao fato frequentemente negado, mas patente, de sua divisão real; o do paradoxo da abstração numa moda supostamente caracterizada pela concretude; o da significação do estilo, o do poder da técnica. Uma vez respondida a pergunta: "O que a arte cria?", todas as perguntas posteriores de por que e como, de personalidade, talento e gênio etc., parecem emergir da tese central sob uma nova luz. Isso quer dizer, simplesmente, que a tese *é* central, e que o problema que a originou é fecundo e, em última análise, geral.

À medida que o assunto se organiza, as ideias que foram aventadas no passado assumem uma nova significação, e descobre-se que neste campo já foi feito um número surpreendente de bons trabalhos. A literatura da teoria da arte, que parece tão incoerente e tão atravancada com "abordagens" infelizes, na

A MEDIDA DAS IDEIAS

verdade é rica em pensamentos vitais e descobertas valiosas, eruditas.

Não é preciso começar com uma *tabula rasa* e trabalhar desafiando escolas; as sementes da teoria filosófica, e muitas vezes suas raízes substanciais, estão por toda parte. De uma certa forma, isso complica o trabalho: as literaturas combinadas de todas as artes, bem como uma grande parcela da filosofia e psicologia, formam um pano de fundo intelectual tão vasto, e as contribuições importantes ao conhecimento acham-se tão profundamente enterradas, que uma verdadeira erudição num domínio tão amplo e fértil assim é humanamente inatingível. Os primeiros passos de qualquer nova teoria que se proponha iniciar pela própria arte, onde "arte" compreende música, literatura e dança, bem como a expressão plástica, são inevitavelmente débeis e casuais. Mas uma filosofia não é feita por uma única pessoa; o corpo total de uma disciplina não pode estar contido nos horizontes de pessoa alguma individualmente considerada. Só se pode reunir dados suficientes para cada propósito imediato – no caso presente – para substanciar o tratamento de um assunto altamente importante, porém especial, que é o problema da criação artística. Se esse tratamento realmente possibilitar uma visão da teoria da arte em geral, a literatura anterior a nós (conhecida ou não por qualquer pensador em especial) e as questões ainda à nossa frente devem assumir, nessa perspectiva, suas formas e lugares adequados, onde quer que as encontremos no desenvolvimento do pensamento filosófico.

2. Paradoxos

Nos últimos duzentos anos – isto é, desde os dias de Winckelmann e Herder – os filósofos têm continuamente ponderado sobre a significação e motivação das artes. O problema da arte tem até sido honrado como um departamento especial da filosofia sob o nome de "estética", definida de várias formas como "a ciência do belo", "a teoria ou filosofia do gosto", "a ciência das belas-artes", ou, ultimamente, (na frase de Croce) "a ciência da expressão". Todas essas definições abordam o problema de maneira mais ou menos torta. Um interesse filosófico num determinado assunto, tal como gosto, ou belo, ou mesmo o grande tópico da "expressão", não funda uma ciência; se "o belo" é o campo da estética, esse campo é mais amplo do que o das belas-artes; da mesma forma é o âmbito da "expressão". Gosto, por outro lado, é apenas um dos fenômenos relacionados ao belo (tanto na arte quanto em outros setores) e ele está relacionado não menos ao decoro e à moda. Talvez seja melhor não mapear antecipadamente um continente desconhecido, mas simplesmente estudar sejam quais forem os problemas filosóficos apresentados pelas artes e confiar em que qualquer análise cuidadosa e manipulação construtiva de até mesmo questões bem especiais (por exemplo, "O que é expresso na arquitetura?", "O desempenho musical é um ato criativo?" ou "O gosto está relacionado com o talento?") mostrará logo suas inter-relações e definirá o campo geral de sua relevância.

Enquanto isso, mesmo nos confins vagos e arbitrários de uma pseudociência, tem sido feito uma grande quantidade de reflexões, ora em íntima conexão com a filosofia em geral, ora como uma incursão teórica a partir da crítica. No curso dessa séria reflexão sobre as artes, emergiram certas ideias dominantes que se constituem numa espécie de vocabulário intelectual da estética contemporânea. Elas estão todas relacionadas, ao menos indiretamente, umas com as outras, porém os relacionamentos não são nada claros e simples e são, efetivamente, muitas vezes antinômicos. Algumas das próprias ideias dominantes parecem acarretar dificuldades lógicas.

Em linhas gerais, essas ideias, que ocorrem repetidas vezes sob diversas formas e combinações, são: Gosto, Emoção, Forma, Representação, Imediatidade e Ilusão[1]. Cada uma delas é um forte *Leitmotiv* na filosofia da arte, porém as teorias nelas baseadas, respectivamente, têm uma maneira peculiar de ou entrar abertamente em choque umas com as outras ou deixar ao menos um tópico completamente fora de consideração. Assim, as teorias da arte como satisfação sensual, isto é, apelo ao gosto, precisam negociar mui cuidadosamente com a emoção e traçar estritamente os limites da representação. As numerosas teorias com base na emoção só podem fazer do gosto e, o que é pior, da forma, um tópico de pouca importância. Aquelas que dão supremacia à forma em geral vetam qualquer apelo à emoção e, frequentemente, consideram a representação um anátema ao invés de uma vantagem; aquelas que se baseiam principalmente no conceito de representação dão-se bem com a ilusão, e até com a emoção, mas não podem tratar da forma como um valor independente e reduzem a função do gosto a um mero ofício de censura. A imediatidade, que é uma virtude metafísica da realidade pura, ou da individualidade concreta, acarreta a ideia de *intuição* como uma percepção direta de tudo o que há para conhecer sobre uma obra de arte. Encaixa-se bem nas teorias do gosto, e é ao menos compatível com a maioria das teorias baseadas na emoção e com os tratamentos mais sutis da representação; mas não, como se supõe comumente, com a noção de arte enquanto forma. É impossível de estabelecer logicamente a unicidade de uma forma. Nenhuma forma é *necessariamente* única e, à falta

---

1. Qualquer antologia de estética fornecerá exemplo: *A Modern Book of Aesthetics*, de Melvin Bader, por exemplo, classifica as teorias como "Teorias Emocionais", "Teorias da Forma" etc.

disso, o caráter de unicidade não poderia servir para conferir-lhe um *status* metafísico. Quanto ao motivo da ilusão, geralmente está unido a seu oposto, a realidade, e serve mais para levantar dificuldades do que para resolvê-las. Frequentemente essa é a *bête noire* a ser explicada e afastada do caminho.

A desordem geral de nossos recursos intelectuais no campo da estética agrava-se ainda mais pelo fato de haver duas perspectivas opostas a partir das quais toda obra de arte deve ser vista: a do autor e a dos espectadores (ou ouvintes, ou leitores, conforme o caso). Uma perspectiva apresenta-a como uma expressão, a outra como uma impressão. Partindo do primeiro ponto de vista, pergunta-se naturalmente: "O que induz um artista a compor seu trabalho, o que faz parte deste, o que o artista quer dizer (se quiser dizer algo) com ele?" Partindo do segundo, por outro lado, a pergunta imediata é: "O que fazem, ou significam, as obras de arte em relação a nós?" Esta pergunta é a mais usual, mesmo no pensamento teórico sério, porque mais pessoas são mais espectadoras do que fautoras de arte, e isso aplica-se a filósofos, bem como a qualquer público não selecionado. A maioria dos estetas pode tratar com mais autoridade o problema da impressão artística do que a questão da expressão; quando falam a respeito de estado de espírito e inspirações de artistas, ou tecem especulações quanto às fontes e motivos de qualquer obra determinada, abandonam o caminho estreito e reto da consciência intelectual e frequentemente deixam à solta uma fantasia bastante irresponsável.

Porém as teorias da expressão, embora mais difíceis de serem manipuladas por um leigo nas artes, são mais férteis do que os estudos analíticos da impressão. Exatamente da mesma forma que a mais interessante filosofia da ciência foi elaborada a fim de ir ao encontro dos problemas lógicos do laboratório, assim os tópicos mais vitais da filosofias da arte surgem do estúdio.

As ideias dominantes ocorrem nos dois tipos de teoria, mas parecem diferentes quando encaradas de tais pontos de vista diversos. Essa circunstância soma-se à aparente confusão das noções estéticas. Aquilo que, na perspectiva impressionista, figura como gosto, isto é, como uma reação agradável ou desagradável à estimulação sensorial, aparece, "do ângulo oposto", como o princípio de seleção, o chamado "ideal de beleza" que supostamente guia um artista em sua escolha de cores, tons, palavras etc. A emoção tanto pode ser considerada como o efeito de uma obra no espectador, como a fonte da qual surgiu a concepção do seu autor, e as teorias resultantes parecerão tratar de todo o assunto da emoção de maneira inteiramente diferente (uma tenderá para o tipo de psicologia de laboratório que procura princípios estéticos nas reações tabuladas de crianças de escola, pais, estudantes universitários ou audiências de rádio; a outra, para um estudo psicanalítico dos artistas). A contemplação da forma do ponto de vista da impressão fornece noções como Lei Universal, Simetria Dinâmica, Forma Significante; do ponto de vista da expressão, ela nos envolve nos problemas da abstração. A representação pode ser considerada como Platão e Aristóteles a consideraram – isto é, como a função social da pintura ou estátua, poema ou teatro – a função de dirigir a mente de quem percebe para algo além da obra de arte, a saber, o objeto ou ação representado: ou pode ser considerada como o motivo que o artista tem para criar a obra – um registro de coisas que o fascinam, pessoas ou coisas que ele deseja imortalizar. Ele pode pintar sua amante, sua lembrança do Taiti ou, mais sutilmente, seu estado de espírito. Mas, para o espectador a pintura fornece uma mulher, um aspecto dos Mares do Sul ou um símbolo da libido. De forma semelhante, o problema da ilusão é tratado do ponto de vista do crítico como uma exigência feita à nossa credulidade, nossa disposição em "fazer de conta"; do ponto de vista do estúdio, é tratado como um jogo, "fuga", ou sonho do artista.

Esse inventário não é de forma alguma exaustivo quanto à riqueza de ideias a serem encontradas na estética contemporânea. Mas mesmo um apanhado tão ligeiro dá-nos uma ideia da emaranhada profusão e da incomensurabilidade geral dos conceitos proeminentes uns em relação aos outros. Um esteta fala em termos de "Forma Significante" e outro, em termos de sonho. Um diz que a função da arte é registrar a cena contemporânea, e outro sustenta que sons puros em "certas combinações", ou cores em disposição espacial harmoniosa, dão-lhe a "emoção estética", que é tanto o objetivo como o critério da arte. Um artista alega pintar seus sentimentos pessoais, e o seguinte, expressar verdades pitagóricas sobre o universo astronômico.

Mas essa peculiar irrelevância mútua das noções principais não é o único aspecto desconcertante da atual teoria da arte; uma dificuldade mais radical é a tendência que aquelas têm para o paradoxo. A maioria das ideias dominantes, mesmo tomadas isoladamente, trazem consigo algum perigo de autoanulação. No momento em que as desenvolvemos, vemo-nos às voltas com conceitos dialéticos. Temos a Forma Significante à qual não se deve, a nenhum preço, permitir que signifique nada – ilusão, que é a mais elevada verdade – espontaneidade disciplinada – estruturas ideais concretas, – sentimentos impessoais, "prazer objetivado" – e o sonho público.

Essas extravagâncias não devem simplesmente ser postas de lado como autocontraditórias[2]. Há uma diferença entre a mera inconsistência e o paradoxo. Ideias inconsistentes geralmente desaparecem de circulação tão logo seus defeitos fatais são revelados e, se querem estar à altura das exigências, ainda que seja por pouco tempo, seus defeitos devem ser escondidos de alguma forma. Um termo absurdo ou proposição autocontraditória que continua a funcionar no pensamento sério, sistemático, embora seja patente o escândalo lógico, é paradoxal. As ideias inconsistentes nele envolvidas entram em conflito entre si porque na verdade sofrem uma distorção. Formuladas adequadamente, elas não seriam mutuamente contraditórias. São mal-entendidas e, consequentemente, sua união é mal-entendida, mas ela é motivada por uma sensação sólida de sua importância e conexão lógica. A palavra "paradoxo" evidencia essa condição peculiar; ambos os elementos contraditórios são "doutrinas", isto é, são realmente aceitos e a conjunção deles é admitida, embora não seja compreendida.

Onde quer que o "lodo rico das vagas concepções", que é o lugar de desova da razão humana, forneça um paradoxo genuíno, tal como "verdade fictícia" ou "símbolos autorrepresentativos" ou "sentimentos impessoais", deparamo-nos com um desafio filosófico direto. O paradoxo é um sintoma de concepções erradas; e concepções coerentes, sistemáticas, isto é, o processo de extrair um sentido da experiência é filosofia. Portanto, uma ideia paradoxal não é para ser descartada, mas sim resolvida. Onde ambos os elementos de óbvia antinomia mantêm sua aparência de verdade, sua virtude pragmática, e ambos podem alegar originar-se de certas premissas aceitas, a causa do conflito provavelmente está naquelas próprias premissas. É o pecado original. As premissas, por sua vez, frequentemente são pressuposições tácitas, de maneira que o desafio real feito ao filósofo é expor, analisar e corrigir *a elas*. Se tiver êxito, se descobrirá estar implícito um novo esquema das ideias dominantes sem os conceitos paradoxais da antiga perspectiva.

Mas um tal procedimento filosófico é muito radical. Geralmente, portanto, faz-se uma primeira tentativa de reconciliar as ideias opostas, tratando-as como "princípios" no sentido clás-

---

2. Ainda menos como impostura ou pomposa bobagem, tal como Ducasse imputou a Clive Bell, numa tirada veemente, para não dizer vitriólica, contra a noção de "Forma Significante" (Apêndice a *The Philosophy of Art*).

sico, características antitéticas que podem ser possuídas em proporções variáveis, polos opostos com um ponto de equilíbrio perfeito entre eles. Esse esquema está tão bem estabelecido no pensamento filosófico – remontando, como remonta, pelo menos, até Empédocles – que mesmo um leigo não tem dificuldades com ele. É o esquema da ciência antiga e medieval: esta e aquela medida do princípio de calor com esta e aquela medida do princípio de frio realiza uma temperatura dada, este e aquele tanto de movimento e este e aquele tanto de repouso fornecem uma velocidade particular etc. Calor e frio, movimento e repouso, ação e paixão, vida e morte são extremos que se contrabalançam mutuamente em sejam quais forem os fenômenos que governam, mas sempre numa proporção característica.

O uso mais célebre dessa polaridade de "princípios" opostos é a graduação feita por Nietzsche de todas as obras de arte entre os extremos do puro sentimento e da pura forma, e a sua classificação em dionisíacas ou apolíneas segundo a preponderância de um ou outro princípio. Efetivamente, esse tratamento de uma antítese básica na teoria da arte absorveu toda uma classe de "polaridades" relacionadas: emoção-razão, liberdade-restrição, personalidade-tradição, instinto-intelecto, e assim por diante. O "grande ritmo", de Curt Sachs, entre os polos do *ethos* e do *pathos* é a mesma espécie de ajustamento às oposições familiares na teoria da arte.

Mas não se remedia o caráter paradoxal da estética lançando-se mão da "polaridade". A polaridade de sentimento e forma é, em si mesma, um problema; pois a relação dos dois "polos" não é realmente uma relação "polar", isto é, uma relação de positivo e negativo, uma vez que sentimento e forma não são complementos lógicos. Eles estão simplesmente associados, respectivamente, com as negativas um do outro. O sentimento está associado com a espontaneidade, a espontaneidade com a informalidade ou a indiferença à forma, e, assim, (por raciocínio desmazelado) com a *ausência* de forma. Por outro lado, a forma conota formalidade, regras, portanto repressão do sentimento e (através do mesmo desmazelamento) ausência de sentimento. A concepção de polaridade, embora possa ser fascinante, na verdade é uma metáfora infeliz pela qual uma confusão lógica é elevada à dignidade de um princípio fundamental. É claro que a alteração das fases de *ethos* e *pathos* na história da arte é um fato observável, e deve ter algum significado; mas tratá-la como a revelação de um "princípio" dualístico (no sentido medieval) e achar que ela explica a natureza da arte não é resolver um paradoxo, e sim aceitá-lo como fundamental[3]. Por meio disso, toma-se uma posição filosófica final exatamente onde a indagação filosófica deve começar.

Além do mais, a antiga divisão entre as duas perspectivas, a do artista e a do espectador – arte como expressão contra arte como impressão – não é superada pela aceitação de uma eterna luta pela supremacia entre os "polos" opostos, a forma prescrita e o conteúdo emocional. Até mesmo um "campo de força" espiritual parece diferente, de acordo com os dois diferentes pontos de vista. Para o artista, que supostamente deve expressar-se face aos ditames técnicos e tabus, as forças em combate são suas emoções contra os cânones da inteligibilidade, composição e perfeição de formas. Para o crítico, que deve encontrar beleza sensual nas formas, olhá-las a uma "distância psíquica" adequada e com equilíbrio mental enquanto é por elas excitado na direção de sentimentos empáticos, os "polos" são a qualidade estética *versus o* estímulo emocional.

Em termos práticos, as próprias duas perspectivas alternativas oferecem-nos uma difícil opção. Devemos julgar uma obra de arte como uma forma de expressão, dando vazão aos sentimentos de seu autor, ou como um estímulo, produzindo sentimentos no espectador? É óbvio que qualquer objeto de arte pode ser ambas as coisas; mas ele pode ser perfeitamente adequado enquanto expressão e não o ser enquanto incentivo à emoção ou, ao contrário, pode deixar o artista ainda frustrado, porém produzir reações das mais fortes nos espectadores. Se a autoexpressão for o objetivo da arte, então apenas o próprio artista pode julgar o valor de seus produtos. Se o propósito dela for excitar a emoção, ele deve estudar seu público e deixar que suas descobertas psicológicas guiem seu trabalho, como o fazem os propagandistas.

Ambas as hipóteses soam pouco ortodoxas, para dizer o mínimo; para falar sem peias, ambas são tolas. A relação da arte com o sentimento é evidentemente algo mais sutil do que a pura catarse ou incitação. Com efeito, os críticos mais experientes tendem a descontar ambos esses elementos subjetivos e a tratar

---

3. Sachs considera o paralelismo das flutuações *ethos-pathos* nas várias artes como uma prova de que todas as artes são uma só. A lógica dessa "prova" é obscura, uma vez que qualquer influência externa pode causar uma flutuação, sempre simultaneamente, em campos bem distintos; efetivamente, suas próprias observações posteriores de que as modas na vestimenta, maneiras e costumes seguem o mesmo padrão rítmico, fazem com que seu princípio não prove nada ou prove demais – a saber, que tais fenômenos também são "Arte" e que na verdade não se pode distingui-los da pintura, música ou literatura.

do aspecto emotivo de uma obra de arte como algo que lhe é integral, algo tão objetivo quanto a forma física, cor, ritmo sonoro do próprio texto verbal.

Mas o sentimento que não é subjetivo apresenta um novo paradoxo. Têm havido várias tentativas de descrever, se não de explicar, tal fenômeno. Santayana considerava o belo como o "prazer objetivado" – o prazer do espectador "projetado" no objeto que o causou. Como e por que ocorre a projeção não fica claro; não é uma imputação, pois não imputamos prazer ao Partenon ou pensamos que o Cristo crucificado, o Discípulo e a Mãe desfalecente embaixo da cruz, ou a própria cruz, de Dürer, estão "tendo" nosso alegado prazer na pintura. O que a pintura "tem" é beleza, que é nosso prazer projetado, isto é, objetivado. Mas por que não basta o prazer subjetivo? Por que o objetivamos e projetamos em formas visuais ou auditivas como "beleza", enquanto nos contentamos em senti-lo diretamente, como deleite, em caramelos, perfume e assentos estofados?

Uma manipulação mais radical do sentimento como algo objetivo pode ser encontrada num pequeno artigo de Otto Baensch, intitulado "Kunst und Gefühl", publicado em *Logos* em 1923. Ali o paradoxo dos "sentimentos objetivos" é francamente aceito como um fato inegável, embora incompreensível. Através deste recurso fornecido pelo desespero, o problema é forçado a sofrer uma crise que torna iminente sua solução; o cenário intelectual está montado para ele, os documentos necessários estão todos presentes. O próprio Baensch aproxima-se tanto da posição lógica vantajosa da qual o inteiro emaranhado de "expressão" artística parece repentinamente deslindar-se e colocar-se em ordem e, nesse processo, resolver um número assombroso de outros paradoxos, que a melhor introdução ao que considero como a ideia chave (embora ele tenha deixado escapar completamente a solução) é, talvez, citar, algo demoradamente, seu pequeno e sugestivo ensaio.

Nas reflexões seguintes [diz ele no início] espero provar que a arte, como a ciência, é uma atividade mental pela qual trazemos certos aspectos do mundo para o campo da cognição objetivamente válida; e que, além do mais, é a função especial da arte fazê-lo em relação aos aspectos emocionais do mundo. De acordo com esse ponto de vista, portanto, a função da arte não é dar, a quem percebe, alguma espécie de prazer, por mais nobre que ele possa ser, mas dar-lhe o conhecimento de algo que não conhecia antes. A arte, exatamente como a ciência, tem por objetivo primário ser "entendida", [...] Mas, uma vez que aquilo de que ela nos dá consciência é sempre de caráter emotivo, normalmente faz surgir, de maneira mais ou menos imperativa, uma reação de prazer ou desprazer no sujeito da percepção. Isso explica bem rapidamente como surgiu a opinião errônea de que o deleite e o assentimento de quem percebe são os critérios da arte.

O estado de espírito de uma paisagem parece-nos ser dado objetivamente com ela como um de seus atributos, pertencendo-lhe exatamente como qualquer outro atributo que percebemos nela. [...] Jamais pensamos em considerar a paisagem como um ser sensível cujo aspecto exterior "expressa" o estado de espírito que contém subjetivamente. A paisagem não expressa o estado de espírito, mas o *tem*; o estado de espírito a rodeia, preenche-a e penetra nela, como a luz que a ilumina ou o odor que exala; o estado de espírito faz parte de nossa impressão total da paisagem e pode apenas ser distinguido como um de seus componentes através de um processo de abstração.

Supõe-se então que aqui encontremos, como um aspecto real do mundo, um sentimento que não está sendo sentido. Ele não está sendo exprimido por sujeito algum; está apenas presente objetivamente. Baensch tem na verdade tanta consciência dessa qualidade distinta que habilmente supera a confusão através de sentimentos que são expressos sintomaticamente .

O semblante e a atitude de uma pessoa triste podem "expressar" tristeza, de forma que nos pareça perceber diretamente, na aparência da pessoa, a mágoa que a possui internamente; contudo, o sentimento objetivo que pertence a uma pintura de uma pessoa assim triste não precisa em si mesmo ser tristeza.

A pintura, por exemplo, pode ser cômica; pode ser bem-humorada, até mesmo alegre. Portanto, ressalta o autor:

O sentimento que parece estar expresso numa pintura representativa pode ser o mesmo que o sentimento objetivo que é inerente à própria obra, mas isso não é necessário, absolutamente; de fato, longe disso, os dois frequentemente achar-se-ão numa relação de acentuado contraste.

Há, então, "sentimentos objetivos" dados a [...] nossa consciência, sentimentos que existem de maneira bem objetiva e distintos de nós, sem que sejam estados interiores de um ser animado. Deve-se admitir que tais sentimentos objetivos não ocorrem, por si mesmos, em um estado independente; são sempre engastados e inerentes a objetos dos quais não podem, na verdade, ser separados, mas apenas distinguidos através da abstração; sentimentos objetivos são sempre partes dependentes de objetos.

A observação notável seguinte é a semelhança de tais sentimentos com qualidades sensoriais, embora não tenha um caráter sensorial.

Eles, por certo, não pertencem [diz ele] à forma do objeto, não são relações, mas pertencem ao conteúdo. [...] Partilham do caráter não sensorial das formas relacionais, mas possuem também algo em comum com o conteúdo sensorial, a saber, o fato de que são conteúdos qualitativos temporais [...] cuja variedade e riqueza prontamente se combinam com a prodigalidade do campo sensorial.

Mas é apenas até esse ponto que vão os paralelos com os ingredientes familiares, forma e conteúdo, relações e qualidades. Como sentimentos podem ser "inerentes" a objetos sem vida é uma questão que constitui um desafio ao pensamento analítico. A tentativa de explicá-la não tem um êxito completo, porém é tão circunspecta e tão bem dirigida que serve certamente para esclarecer a questão, se não para decidi-la. Sempre que os sentimentos objetivos são "inerentes" a objetos concretos, diz ele,

a maneira de sua inerência é tal que a analogia com a condição de qualidade de sentido é rompida. Pois estas acham-se *em* relações umas com as outras, são combinadas e compostas, a fim de produzir, conjuntamente, a aparência do objeto. Qualidades não sensoriais, por outro lado, rodeiam e permeiam toda essa estrutura em fluida onipresença e não se pode fazer nenhum correlacionamento explícito com seus elementos componentes. Eles estão contidos nas qualidades sensoriais bem como nos aspectos formais e, apesar de toda sua própria variedade e contrastes, fundem-se e se combinam numa impressão global que é muito difícil de analisar.

Todos os sentimentos, sustenta Baensch, são qualidades não sensoriais; os subjetivos são contidos em um Eu; os objetivos, em coisas impessoais. A grande dificuldade é pensar neles como apartados de qualquer hospedeiro, concebê-los como conteúdos independentes do mundo.

Certamente – diz – os sentimentos enquanto qualidades experimentadas não são absolutamente vagos ou indefinidos e, sim, têm um caráter muito concreto e particular. Mas quanto ao tratamento conceitual, são recalcitrantes desde o momento em que tentamos ir além das designações gerais mais grosseiras: Não há nenhum esquema sistemático que seja sutil o bastante, em suas operações lógicas, para capturar e transmitir suas propriedades.

Portanto, na vida e no pensamento científico, nada nos serve a não ser abordá-los indiretamente, correlacionando-os com os eventos descritíveis, internos e externos a nós, que os contêm e, assim, transmitem-nos, na esperança de que qualquer pessoa que relembre tais eventos será assim levada de alguma forma a sentir as qualidades emotivas, também, para as quais queremos chamar sua atenção[4].

Aqui, o problema crucial obviamente é apresentar os sentimentos não para o deleite (mesmo no sentido empregado por Alexander), mas para a concepção; não é a experiência de sen-

---

4. "Kunst and Gefühl", *Logos*, II, p. 5 e 6.

PARADOXOS

timentos (que está pressuposta no apelo à memória), mas o *conhecimento sobre eles* que é difícil de alcançar.

> Uma vez que são qualidades não sensoriais, nossa apercepção deles também é de uma espécie não sensorial. [...] Não há nenhuma apercepção tão cega quanto a apercepção não sensorial dos sentimentos.
> [...] Como podemos captar, reter e manipular sentimentos, de forma que seu conteúdo possa ser tornado concebível e ser apresentado à nossa consciência sob uma forma universal, sem que sejam entendidos no sentido estrito, isto é, por meio de conceitos? A resposta é: Podemos fazê-lo criando objetos nos quais os sentimentos que procuramos reter estejam incorporados tão definitivamente que qualquer sujeito, quando confrontado com tais objetos e disposto enfaticamente em relação a eles, não pode deixar de experimentar uma apercepção não sensorial dos sentimentos em questão. Tais objetos são chamados "obras de arte", e por "arte" designamos a atividade que os produz.[5]

Quase todos os parágrafos do artigo de Baensch são relevantes para a teoria que estou prestes a propor e desenvolver. Fica-se tentado a prosseguir indefinidamente com as citações, e eu voltarei livremente à tarefa em ocasião ulterior. Mas o que ficou acima talvez sirva para mostrar o dilema a que chegou a filosofia da arte, sob todos seus aspectos: expressão e impressão, forma e emoção, significação e sensação. Aqui, na versão mais recente, as obras de arte *contêm* sentimentos, mas não os sentem. Encontramos os sentimentos nelas e reagimos à sua apercepção com prazer ou desprazer, os quais são nossos próprios sentimentos, os que temos no momento. Mas a condição dos sentimentos não sentidos que são inerentes aos objetos de arte é ontologicamente obscura, e sua apercepção não sensorial, numa obra que deveria, como se supõe geralmente, ser dada direta e inteiramente à percepção sensorial, é epistemológica e igualmente difícil.

Penso que a resposta aguarda uma ideia que, em si, não é estranha à teoria estética, mas que jamais foi usada em sua mais elevada capacidade e para seus verdadeiros fins. É a mais poderosa ideia geradora no pensamento humanista, hoje, razão pela qual a chamei, em outro lugar, de "nova chave" na filosofia. Da maneira como Baensch deixou o problema do sentimento na arte, o problema pelo menos está pronto a ser transposto para a nova chave que fará com que ele alcance harmonias inesperadas. Mais do que pronto, com efeito; a modulação está quase completa quando Baensch propõe que a função da arte, como a da ciência, é fazer com que o espectador conheça algo que não co-

5. *Ibid.*, p. 14.

nhecia antes. Aqui, a ideia do agente simbólico está tão próxima da expressão franca que pode ser claramente vislumbrada nas entrelinhas. Mas sua verdadeira tarefa aqui não tem nada a ver com as funções iconográficas usualmente atribuídas aos símbolos na arte. O símbolo artístico, enquanto artístico, lida com *insights*, não com referências; não se baseia na convenção, mas motiva e dita convenções. É mais profundo do que qualquer semântica de sinais aceitos e seus referentes, mais essencial do que qualquer diagrama que possa ser lido heurísticamente.

As muitas ideias dominantes em teoria estética que são correntes hoje, cada uma das quais tentando traçar um caminho diferente através dos mistérios da experiência artística e cada uma constantemente fugindo ou aceitando pela força algum posto paradoxal, convergem todas, na verdade, para o mesmo problema: O que é a "significação" na arte? O que, em outras palavras, quer dizer "Forma Significante"?

Acredito que a resposta a esse problema acarrete a solução de todos os paradoxos relacionados mas estranhamente incomensuráveis, e, mais diretamente, do problema envolvido na noção de Baensch de sentimentos objetivos, qualidades não sensoriais vistas invisivelmente. E a proposta dessa resposta é nosso primeiro movimento inicial.

3. O Símbolo do Sentimento

No livro do qual este é continuação há um capítulo intitulado "Da Significação na Música". A teoria da significação ali desenvolvida é uma teoria especial, que não pretende ter nenhuma outra aplicação além daquela feita nesse campo original, a saber, a música. Contudo, quanto mais a gente reflete sobre a significação da arte em geral, tanto mais certamente surge por si mesma a hipótese de que a unidade fundamental das artes, frequentemente afirmada, reside não tanto nos paralelos entre seus respectivos elementos ou nas analogias entre suas técnicas, quanto na singularidade de sua importância característica, o significado da significação em relação a cada uma e a qualquer delas. A "Forma Significante" (que realmente tem significação) é a essência de toda arte; é isso que queremos dizer ao chamarmos qualquer coisa de "artística".

Se a direção proposta não nos trair, temos aqui um princípio de análise que pode ser aplicado dentro de cada gênero artístico distinto ao explicar-se sua escolha determinada e seu uso de materiais; um critério do que é ou não relevante ao julgar-se obras de arte em qualquer campo; uma exposição direta da unidade de todas as artes (sem que seja necessário lançar-se mão de "origens" numa história duvidosa, fragmentária, e numa pré-história ainda mais questionável); e a elaboração de uma teoria da arte verdadeiramente geral, como tal, em que se pode distinguir bem como interligar as várias artes, e quase que quaisquer problemas filosóficos que elas apresentem – problemas dos seus valores relativos, seus poderes ou limitações especiais, sua função social, seu relacionamento com o sonho e a fantasia ou com a realidade etc. etc. – podem ser atacados com alguma esperança de chegar-se a uma decisão. A maneira adequada de construir uma teoria geral é através da generalização de uma teoria especial; e creio que a análise da significação musical em *Filosofia em Nova Chave* é capaz de tal generalização e é capaz de fornecer uma teoria válida da significação para todo o Parnaso.

O estudo da significação musical originou-se de uma reflexão filosófica anterior sobre o significado do termo muito popular, "expressão". Na literatura da estética essa palavra ocupa um lugar preeminente; ou, antes, ela ocupa lugares preeminentes, pois é empregada em mais de um sentido e, consequentemente, muda de significado de um livro para outro e algumas vezes até de passagem para passagem em uma única obra. Algumas vezes escritores que na verdade estão em íntimo acordo usam-na de formas incompatíveis e contradizem literalmente as afirmações uns dos outros, mas na realidade, não tomam consciência desse fato porque cada um lerá a palavra como o outro a pretendeu usar, não como aquele realmente a usou onde ela aparece. Assim, Roger Fry tentou elucidar a frase célebre mas misteriosa de Clive Bell, "Forma Significante", identificando-a com a "expressão da Ideia" de Flaubert; e Bell provavelmente aceita inteiramente a exegese de Fry, até onde ela vai (que, como observa Fry, infelizmente não é muito longe, uma vez que a "Ideia" é o obstáculo seguinte). Porém o próprio Bell, tentando explicar seu significado, diz: "É inútil ir a uma galeria de arte à procura da expressão; deve-se ir à procura da Forma Significante". É claro que, aqui, Bell está pensando em "expressão" com um sentido inteiramente diverso. Talvez queira dizer que não se deve procurar a *auto*expressão do artista, isto é, um registro de suas emoções. Essa interpretação, porém, é duvidosa, pois, em outro lugar do mesmo livro, ele diz: "Parece-me possível, embora não seja de forma alguma certo, que a forma criada nos comove tão profundamente porque ela expressa a emoção de seu criador". Então, é a emoção do criador a "Ideia", no sentido empregado por Flaubert, ou não é? Ou a mesma obra tem, talvez, duas funções expressivas diferentes? E o que dizer sobre a espécie que *não* devemos procurar numa galeria de arte?

Podemos, evidentemente, procurar qualquer espécie de expressão que queiramos, e até existe uma boa possibilidade de

O SÍMBOLO DO SENTIMENTO

que, seja ela qual for, nós a encontremos. Uma obra de arte frequentemente é uma expressão espontânea do sentimento, isto é, um sintoma do estado de espírito do artista. Se representar seres humanos, provavelmente também reproduzirá algum tipo de expressão facial que sugira os sentimentos supostamente nutridos por aqueles seres. Além disso, pode-se dizer que ela "expressa", em outro sentido, a vida da sociedade da qual se origina, a saber, para *indicar* costumes, vestimentas, comportamento, e para refletir confusão ou decoro, violência ou paz. E, além de todas essas coisas, ela expressa com certeza os pesadelos e desejos inconscientes de seu autor. Tudo isso pode ser encontrado em museus e galerias, se quisermos notá-lo.

Mas elas também podem ser encontradas em cestos de lixo e nas margens de livros escolares. Isso não quer dizer que alguém descartou uma obra de arte ou produziu alguma quando estava entediado com a operação de divisão. Quer dizer simplesmente que todos os desenhos, afirmações, gestos ou registros pessoais de qualquer tipo expressam sentimentos, opiniões condições sociais e neuroses interessantes; a "expressão", em qualquer desses sentidos, não é peculiar à arte e, consequentemente, não é o que promove valor artístico.

A significação artística, ou "expressão da Ideia", é "expressão" num sentido ainda diferente e, de fato, num sentido radicalmente diferente. Em todos os contextos acima mencionados, a obra de arte ou outro objeto funcionavam como um *signo* que apontava para algo de fato – como alguém se sentia, no que acreditava, quando e onde vivia, ou o que atormentava seus sonhos. Mas *expressão de uma ideia*, mesmo no uso comum, em que "ideia" não tem I maiúsculo, não se refere à função signífica, isto é, à indicação de um fato por algum sintoma natural ou sinal inventado. Refere-se geralmente ao propósito primeiro da linguagem, que é o discurso, a apresentação de simples ideias. Quando dizemos que algo está bem expresso, não achamos necessariamente que a ideia expressada se refere à nossa situação presente ou, até, que seja verdadeira, mas apenas achamos que ela é dada clara e objetivamente à contemplação. Tal expressão é a função dos símbolos: articulação e apresentação de *conceitos*. Nisto os símbolos diferem radicalmente dos sinais[1]. Um sinal é compreendido se serve para fazer-nos notar o objeto ou

---

1. Em *Filosofia em Nova Chave* (citada daqui em diante como *Nova Chave*), a principal distinção foi traçada entre "signos" e "símbolos"; Charles W. Morris, em *Signs, Language and Behavior*, faz distinções entre "sinais" e "símbolos". Isso parece-me ser um melhor uso das palavras, uma vez que deixa "signo" para cobrir tanto "sinal" quanto "símbolo", enquanto que minha utilização anterior deixou-me sem termo genérico al-

situação que indica. Um símbolo é compreendido quando podemos conceber a ideia que ele apresenta.

A diferença lógica entre sinais e símbolos está suficientemente explicada, acredito, em *Filosofia em Nova Chave*, não sendo necessário repeti-la aqui, embora se pudesse dizer muito mais sobre ela do que tentou fazer aquele pequeno tratado bem geral. Aqui, como lá, passarei a um consequente dos estudos lógicos, uma teoria da significação que ressalta o contraste entre as funções da arte e do discurso respectivamente; mas desta vez com referência a todas as artes, não apenas à não verbal e essencialmente não representativa arte da música.

A teoria da música, entretanto, é nosso ponto de partida, e portanto ela pode ser brevemente recapitulada aqui da maneira como ficou estabelecida no final do livro anterior:

As estruturas tonais a que chamamos de música têm uma íntima semelhança lógica com as formas dos sentimentos humanos – formas de crescimento e atenuação, fluência e estagnação, conflito e decisão, rapidez, parada, violenta excitação, calma, ou ativação sutil e lapsos sonhadores – não alegria e dor, talvez, mas a pungência de cada uma e de ambas – a grandeza e brevidade e o passar eterno de tudo o que é sentido de maneira vital. É esse o padrão, ou forma lógica, da "senciência"*; e o padrão da música é essa mesma forma elaborada em sons medidos, puros, e silêncio. A música é um análogo tonal da vida emotiva.

Essa analogia formal, ou congruência de estruturas lógicas, é o requisito primário para a relação entre um símbolo e seja o que for que ele signifique. O símbolo e o objeto simbolizado precisam ter alguma forma lógica em comum.

Mas, com base puramente na analogia formal, não haveria meios de se dizer qual de duas estruturas congruentes seria o símbolo e qual o significado, uma vez que a relação de congruência, de semelhança formal, é simétrica, isto é, funciona nos dois sentidos. (Se John parece-se tanto com James que não se pode distingui-lo de James, então tampouco se pode diferençar James de John.) Deve haver um motivo para que se escolha, como entre duas entidades ou dois sistemas, um como sendo símbolo do outro. Geralmente a razão decisiva é ser um deles mais fácil de perceber e manipular do que o outro. Ora, é muito mais fácil

---

gum. Adotei, portanto, essa prática, apesar do fato de ela produzir uma discrepância na terminologia de dois livros que na verdade são uma coisa só.

* Passamos a empregar o neologismo para designar aquilo que é senciente, isto é, substantivamente, o que sente ou é sensível (N. dos T.)

O SÍMBOLO DO SENTIMENTO 29

produzir, combinar, perceber e identificar sons do que sentimentos. Formas de senciência ocorrem apenas no curso da natureza, mas formas musicais podem ser inventadas e entoadas à vontade. Seu padrão geral pode ser reencarnado vezes sem conta pela repetição da execução. Na verdade, o efeito jamais é exatamente o mesmo, embora a repetição física possa ser exata, como na música gravada, porque o grau exato de nossa familiaridade com uma passagem afeta a experiência que se tem dela, e esse fator não pode jamais ser tornado permanente. Dentro de uma gama bastante ampla, porém, tais variações são, felizmente, pouco importantes. Para algumas formas musicais, até alterações muito menos sutis não chegam a ser realmente perturbadoras; por exemplo, certas diferenças de instrumentação e mesmo, dentro de limites, de tom ou tempo. Para outras, são fatais. Mas, em linhas gerais, o som é um meio maleável, capaz de repetição e composição voluntária, enquanto que o sentimento não o é; essa característica recomenda o emprego de estruturas tonais para propósitos simbólicos.

Além do mais, um símbolo é usado para articular ideias de algo sobre o qual desejamos pensar e, até termos um simbolismo razoavelmente adequado, não podemos pensar nele. Portanto, o *interesse* sempre desempenha um papel importante ao tornar uma coisa, ou esfera de coisas, o significado de alguma outra coisa, o símbolo ou sistema de símbolos .

O som, como um fator puramente sensorial na experiência, pode ser tranquilizante ou excitante, agradável ou torturado; mas assim também são os fatores de gosto, olfato e tato. Selecionar e explorar tais influências somáticas é satisfazer os próprios apetites, coisa muito diversa da arte. Uma sociedade esclarecida conta em geral com alguns meios, públicos ou particulares, para sustentar seus artistas, porque o trabalho deles é considerado um triunfo espiritual e uma reivindicação de grandeza para toda a tribo. Mas meros epicuristas dificilmente alcançariam tal fama. Nem mesmo mestres-cuca, perfumistas e tapeceiros, que produzem os meios do prazer sensorial para outros, são classificados como porta-archotes à altura da cultura e criadores inspirados. Só os próprias anúncios é que lhes atribuem tais títulos. Se a música, o som modelado, não tivesse outra função além de estimular e acalmar nossos nervos, agradando a nossos ouvidos, assim como comidas bem combinadas agradam a nosso paladar, ela poderia ser altamente popular, mas jamais culturalmente importante. Seu desenvolvimento histórico seria um assunto trivial em demasia para engajar muitas pessoas num estudo que dura toda a vida, embora umas poucas teses desesperadas de douto-ramento pudessem ser extraídas de seu passado anedótico sob a rubrica de "história social". E os conservatórios musicais seriam de maneira apropriada classificados exatamente como escolas de arte culinária.

Nosso interesse na música origina-se de sua íntima relação com a vida sumamente importante dos sentimentos, seja qual for essa relação. Depois de muitos debates em torno das teorias atuais, chegou-se, em *Filosofia em Nova Chave*, à conclusão de que a função da música não é a estimulação de sentimentos, mas a expressão deles; e, além do mais, não a expressão sintomática de sentimentos que acossam o compositor, mas uma expressão simbólica das formas de sensibilidade senciente da maneira como este as entende. Ela indica como ele imagina os sentimen-tos, mais do que seu próprio estado emocional, e expressa aquilo que ele *sabe sobre* a chamada "vida interior"; e isso pode ir além de seu caso pessoal, porque a música é, para ele, uma forma simbólica, através da qual pode aprender bem como exprimir ideias sobre a sensibilidade (*sensibility*) humana.

Há muitas dificuldades envolvidas na suposição de que a música é um símbolo, porque estamos tão profundamente im-pressionados com o protótipo da forma simbólica, a saber, a linguagem, que transportamos naturalmente as características desta para nossas concepções e expectativas de qualquer outro modo de forma simbólica. A música, porém, não é uma espécie de linguagem. Sua significação é, na realidade, algo diverso da-quilo que é tradicional e adequadamente chamado de "signifi-cado". Talvez os lógicos e filósofos positivistas que levantaram objeções ao termo "significado implícito", sob a alegação de que "significado" propriamente dito é sempre explicável, definível e traduzível, sejam impelidos por um desejo perfeitamente ra-cional de manter um termo tão difícil livre de quaisquer outro embaraços e fontes de confusão; e, se isso puder ser feito sem excluir o próprio conceito que designei como "significado im-plícito", certamente parece ser sensato aceitar tais críticas.

Provavelmente a forma mais rápida de compreender a na-tureza precisa da simbolização musical é tomar as característi-cas da linguagem e depois, por comparação e contraste, notar a estrutura diferente da música e as consequentes diferenças e semelhanças entre as funções respectivas dessas duas formas lógicas. Por ser o discurso o propósito primeiro da linguagem, a estrutura conceitual que se desenvolveu sob sua influência é conhecida como "razão discursiva". Geralmente, quando se fala

O SÍMBOLO DO SENTIMENTO 31

de alguma forma em "razão", presume-se tacitamente seu padrão discursivo. Mas, num sentido mais amplo, qualquer apreciação de forma, qualquer percepção de padrões na experiência, é "razão"; e o discurso, com todos os seus refinamentos (por exemplo: simbolismo matemático, que é uma extensão da linguagem) é apenas um dos padrões possíveis. Para a comunicação prática, conhecimentos científicos e pensamento filosófico, é o único instrumento que temos. Mas, justamente por esse motivo, há domínios inteiros da experiência que os filósofos julgam "inefáveis". Se tais domínios parecem a alguém como sendo de suma importância, essa pessoa terá uma inclinação natural para condenar a filosofia e a ciência como estéreis e falsas. Há justificativas para uma tal avaliação; não as há, entretanto, para pretender um melhor caminho para a verdade filosófica através do instinto, intuição, sentimento, ou o que se quiser. A intuição é o processo básico de toda a compreensão, sendo exatamente tão operacional no pensamento discursivo quanto na clara percepção sensorial e no juízo imediato; haverá mais a dizer sobre essa questão posteriormente. Mas ela não é um substituto para a lógica discursiva na elaboração de qualquer teoria, contingente ou transcendental.

A diferença entre formas lógicas discursivas e não discursivas, suas respectivas vantagens e limitações e seus consequentes usos simbólicos já foram discutidos no livro anterior, mas, tendo em vista que a teoria da música, lá desenvolvida como forma simbólica, é nosso ponto de partida, aqui, para toda uma filosofia da arte, os princípios semânticos subjacentes talvez devam ser primeiro explicitamente relembrados.

Na linguagem, que é o mais espantoso sistema simbólico que a humanidade inventou, palavras separadas são consignadas a itens da experiência concebidos separadamente, com base em correlações simples, de um para um. Uma palavra que não for composta (formada de dois ou mais vocábulos independentemente significativos, tal como "onipotente", "composto") pode receber a atribuição de significar qualquer objeto *tomado como um só*. Podemos até, por extensão, tomar uma palavra como "onipotente" e, considerando-a como uma só, designar-lhe uma conotação que não é composta, por exemplo ao chamar um cavalo de corrida de "Onipotente". Assim, Praisegod Barbon ("Bare-bones")* era um ser indivisível embora seu nome seja uma palavra composta. Ele tinha um irmão chamado de "If-Christ-had-not-come-into-the-world-thou-wouldst-have-been-

---

* Louvadeus Barbon ("Ossosnus")

-damned"*. A simples correlação entre um nome e seu portador mantida aqui entre uma sentença inteira tomada como uma palavra e um objeto ao qual ela foi arbitrariamente atribuída. Qualquer símbolo que nomeia algo é "tomado como um só"; e assim o é o objeto. Uma "multidão" é uma porção de pessoas, mas *tomada como uma porção*, isto é, como uma multidão.

Enquanto relacionamos símbolos e conceitos dessa maneira simples, temos a liberdade de pareá-los como queiramos. Uma palavra ou sinal usado arbitrariamente para denotar ou conotar algo pode ser chamado de símbolo associativo, pois seu significado depende inteiramente da associação. No momento, entretanto, em que palavras tomadas para denotar coisas diversas são usadas em combinação, algo é exprimido pela forma em que são combinadas. O complexo inteiro é um símbolo, porque a combinação de palavras reúne irresistivelmente suas conotações também num complexo, e esse complexo de ideias é análogo ao complexo-palavra. Para qualquer pessoa que conheça os significados de todas as palavras constitutivas do nome do irmão de Praisegod, é provável que o nome soe absurdo, porque é uma sentença. Os conceitos associados com as palavras formam um conceito complexo, cujas partes estão relacionadas num padrão análogo ao padrão-palavra. Significados-palavras e formas gramaticais, ou regras de emprego de palavras, podem ser atribuídos livremente; mas uma vez aceitos, automaticamente emergem proposições como significados de sentenças. Pode-se dizer que os elementos de proposições são *nomeados* por palavras, mas as próprias proposições são *articuladas* por sentenças.

Um símbolo complexo, tal como uma sentença ou um mapa (cujos contornos correspondem formalmente aos contornos vastamente maiores de um país) ou um gráfico (análogo, talvez, a condições invisíveis, o aumento e queda de preços, os avanços de uma epidemia), é uma *forma articulada*. Sua função simbólica característica é o que chamo de *expressão lógica*. Expressa relações; e pode "significar" – conotar ou denotar – qualquer complexo de elementos que seja da mesma forma articulada que o símbolo, da forma que o símbolo "expressa".

A música, como a linguagem, é uma forma articulada. Suas partes não apenas se fundem para fornecer uma entidade maior, mas, ao fazê-lo, mantêm algum grau de existência separada, e o caráter sensual de cada elemento é afetado por sua função no

---

* "Se-Cristo-não-tivesse-vindo-ao-mundo-terias-sido-condenado-ao-inferno"

O SÍMBOLO DO SENTIMENTO

todo complexo. Isso quer dizer que a entidade maior que chamamos de composição não é simplesmente produzida pela mistura, como uma nova cor feita da mistura de tintas, mas é *articulada*, isto é, sua estrutura interna é dada à nossa percepção.

Por que, então, não é ela uma *linguagem* de sentimento, como tem sido chamada frequentemente? Porque seus elementos não são palavras – símbolos associativos independentes com uma referência fixada pela convenção. Apenas enquanto forma articulada é que ela se encaixa em algo; e como não há nenhum significado atribuído a nenhuma de suas partes, falta-lhe uma das características básicas da linguagem – associação fixada e, com isso, uma referência única, inequívoca. Temos sempre a liberdade de preencher suas formas articuladas sutis com qualquer significado que nelas se encaixe; isto é, ela pode transmitir uma ideia de qualquer coisa concebível em sua imagem lógica. Assim, embora a recebamos como uma forma significante e compreendamos os processos de vida e senciência através de seu padrão audível, dinâmico, ela não é uma linguagem, porque não tem vocabulário.

Talvez, no mesmo espírito de estrita nomenclatura, tampouco se devesse na realidade fazer referência a seu conteúdo como "significado". Assim como a música é chamada, apenas sem rigor e exatidão, de linguagem, da mesma forma sua função simbólica é apenas imprecisamente chamada de significado, porque lhe falta o fator da referência convencional. Em *Filosofia em Nova Chave*, a música era chamada de símbolo "inconsumado"[2]. Mas o significado, no sentido usual reconhecido pela semântica, inclui a condição da referência convencional, ou consumação do relacionamento simbólico. A música tem importe*, e esse importe é o padrão da senciência – o padrão da própria vida, como é sentida e conhecida diretamente. Chamemos, então, a significação da música de "importe vital" ao invés de "significado", usando "vital" não como um vago termo laudatório, mas como um adjetivo qualificativo que restringe a relevância do "importe" ao dinamismo da experiência subjetiva.

---

2. Na edição da Harvard University Press, p. 240; na da New American Library (Menor), p. 195; na da Perspectiva, p. 228.

* Na impossibilidade de encontrar um termo que corresponda exatamente à palavra inglesa *import*, que em lógica significa "conjunto das ideias ou dos sentimentos que uma palavra ou uma expressão desperta em um meio social dado além do que esta palavra ou expressão designa literalmente", (*Dic. Lalande*), optamos pelo vocábulo "importe", sinônimo de "importância" e que por este lado se aproxima do significado da palavra original (N. dos T.)

É o suficiente com relação à teoria da música; a música é "forma significante", e sua significação é a de um símbolo, um objeto sensorial altamente articulado que, em virtude de sua estrutura dinâmica, pode expressar as formas da experiência vital que a linguagem é especialmente inadequada para transmitir. Sentimento, vida, movimento e emoção constituem seu importe.

Aqui, num esboço grosseiro, está a teoria especial da música que pode, acredito, ser generalizada para fornecer uma teoria da arte enquanto tal. O conceito básico é a forma articulada mas não discursiva que tem importe sem referência convencional e, portanto, que se apresenta não como um símbolo, no sentido ordinário, mas como "forma significante", em que o fator de significação não é discriminado logicamente, mas é sentido como uma qualidade, mais do que reconhecido como uma função. Se esse conceito básico puder ser aplicado a todos os produtos daquilo que chamamos de "as artes", isto é, se todas as obras de arte puderem ser consideradas como formas significantes exatamente no mesmo sentido que as obras musicais, então todas as proposições essenciais na teoria da música podem ser estendidas às outras artes, pois todas elas definem ou elucidam a natureza do símbolo e seu importe.

Essa generalização crucial já é dada puramente pelas circunstâncias: pois o próprio termo "forma significante" foi originalmente introduzido em conexão com outras artes que não a música, no desenvolvimento de outra teoria especial; supunha-se que tudo quanto até agora foi escrito a seu respeito aplicava-se primordialmente, se não unicamente, às artes visuais. Clive Bell, quem cunhou a frase, é um crítico de arte e (por suas próprias declarações) não um músico. Sua própria introdução ao termo é feita nas seguintes palavras:

> Todos falam de "arte", fazendo uma classificação mental pela qual distinguem a classe "obras de arte" de todas as outras classes. Qual é a justificativa dessa classificação? [...] Deve haver alguma qualidade única sem a qual uma obra de arte não pode existir; com a qual, no grau mais baixo, nenhuma obra é totalmente sem valor. O que é essa qualidade? Que qualidade é partilhada por todos os objetos que provocam nossas emoções estéticas? Que qualidade é comum à Santa Sofia e aos vitrais de Chartres, à escultura mexicana, a um jarro persa, a tapetes chineses, aos afrescos de Giotto em Pádua, e às obras-primas de Poussin, Piero della Francesca e Cézanne? Apenas uma resposta parece possível – a forma significante. Em cada uma, linhas e cores combinadas de uma determinada maneira, certas formas e relações de formas, excitam nossas emoções estéticas. A essas relações e combinações de linhas e cores, a essas formas esteticamente comoventes, chamo de "Forma Signifi-

O SÍMBOLO DO SENTIMENTO

cante"; e a "Forma Significante" é a qualidade única comum a todas as obras de arte visual[3].

Bell está convicto de que a função da estética é contemplar a emoção estética e seu objeto, a obra de arte, e que a razão pela qual certos objetos nos comovem como o fazem está além dos limites da estética[4]. Se fosse assim, haveria pouca coisa de interesse a contemplar. Parece-me que a *razão* para o nosso reconhecimento imediato da "forma significante" é o âmago do problema estético; e o próprio Bell deu várias sugestões para uma solução, embora seu temor, perfeitamente justificado, das teorias heurísticas da arte o tenha impedido de levar adiante suas próprias observações. Mas, à luz da teoria da música, que culmina no conceito de "forma significante", talvez bastem as indicações em sua teoria da arte.

Antes de sentirmos uma emoção estética por uma combinação de formas,

diz ele (apenas para subtrair-se rapidamente, antes mesmo do fim do parágrafo, de qualquer compromisso filosófico),

não percebemos intelectualmente o acerto e necessidade da combinação? Se o fazemos, isso explicaria o fato de que, passando rapidamente por uma sala, reconheçamos que uma pintura é boa, embora não possamos dizer que ela haja provocado muita emoção. Parecemos ter reconhecido intelectualmente o acerto de suas formas sem que nos detivéssemos para fixar nossa atenção e recolher, por assim dizer, sua significação emocional. Se fosse assim, seria permissível perguntar se foram as próprias formas ou a nossa percepção de seu acerto e necessidade que causou a emoção estética[5].

"Justeza e necessidade" são, certamente, propriedades com implicações filosóficas, e sua percepção é mais um incidente revelador do que uma emoção inexplicável. Reconhecer que algo é justo e necessário é um ato racional, não importando quão espontâneo e imediato possa ser o reconhecimento; indica um princípio intelectual no julgamento artístico e uma base racional para o sentimento que Bell chama de "a emoção estética". Penso que essa emoção seja um resultado da percepção artística, como ele sugeriu na passagem acima citada; é uma reação pessoal à descoberta da "justeza e necessidade" nas formas sensuais que a evocam. Sempre que a sentimos, estamos na presença da Arte,

3. *Ibid.*, p. 8.
4. *Ibid.*, p. 10.
5. *Ibid.*, p. 26.

isto é, da "forma significante". Ele mesmo a identificou como sendo a mesma experiência, tanto na apreciação da arte quanto na pura audição de música, embora diga que raramente a alcançou musicalmente. Mas se é comum às artes visuais e tonais e se, de fato, evidencia o valor artístico de seu objeto, ela oferece outro ponto de apoio para a teoria de que a forma significante é a essência de toda arte.

Isso, entretanto, é aproximadamente tudo o que ela oferece. A afirmação de Bell de que toda teoria da arte deve iniciar-se pela contemplação da "emoção estética" e que, efetivamente, nenhuma outra coisa é na realidade o próprio da estética[6], parece-me inteiramente errada. Demorar-se no nosso estado de espírito em presença de uma obra não adianta nossa compreensão da obra e seu valor. A questão relativa ao que nos provoca a emoção é exatamente a questão relativa ao que torna o objeto artístico; e aí, a meu ver, é onde principia a teoria filosófica da arte.

A mesma crítica aplica-se a todas as teorias que começam com uma análise da "atitude estética": não vão além dela. Schopenhauer, que é o principal responsável pela noção de um estado, completamente sem desejos, de discriminação pura, sensual, como sendo a atitude adequada para com as obras de arte, não fez dela o ponto de partida de seu sistema, mas uma consequência. Por que, então, tem ela sido empregada com tanta insistência, em especial ultimamente, como o principal dado da experiência artística?

Provavelmente sob a pressão das correntes psicológicas que têm apresentado a tendência, ao menos nos últimos cinquenta anos, de confinar à força todos os problemas filosóficos da arte dentro dos limites do behaviorismo e do pragmatismo, onde aqueles não encontram nem desenvolvimento nem solução, mas são consignados a vagas esferas de "valor" e "interesse", nas quais nada de grande valor ou interesse tem sido feito. A existência da arte é explicada, seu valor admitido e se lhe dá um fim. Mas as questões que realmente desafiam o esteta – por exemplo, a exata natureza e o grau de inter-relacionamento entre as artes, o significado de "essencial" e "não essencial", o problema de tradutibilidade, ou transponibilidade, de ideias artísticas –, ou não podem surgir num contexto filosófico ou são respondidas, sem uma verdadeira investigação, tomando-se por base alguma premissa geral que parece abrangê-las. Todo o teor da filosofia moderna, especialmente nos EUA, é inadequado a especulações

---

6. Ver a referência acima, p. 35, nota 4.

O SÍMBOLO DO SENTIMENTO 37

sérias sobre o significado, dificuldade e seriedade das obras de arte. O enfoque pragmático, porém, unido como está à ciência natural, mantém um tal poder sobre nós que nenhuma discussão acadêmica consegue resistir a seus conceitos orientadores, magnéticos; seu psicologismo básico é subjacente a toda doutrina que parece realmente respeitável.

Ora, o lema dessa doutrina estabelecida é "experiência". Se os filósofos de destaque publicam ensaios variados com títulos como *Freedom and Experience*[7], ou centralizam seu discurso sistemático em torno de *Experience and Nature*[8], de forma que também em sua estética apresentam-se nos *The Aesthetic Experience*[9] e *Art as Experience*[10], é bastante natural que os artistas, que são amadores em filosofia, tentem tratar de seu assunto com a mesma veia e escrevam: *Experiencing American Pictures*[11] ou *Dance – A Creative Art Experience*[12], Tanto quanto possível, esses escritores, que mais ou menos tateiam à procura de princípios de análise intelectual, adotam a terminologia corrente e, com isso, comprometem-se com a voga de pensamento predominante.

Dado que essa moda cresceu sob a tutela das ciências naturais, ela traz consigo não apenas os grandes ideais do empirismo, a saber, a observação, a análise e a verificação, mas também certas hipóteses apreciadas, principalmente dentre as menos perfeitas e menos bem sucedidas das ciências, a psicologia e a sociologia. A suposição principal que determina todo o procedimento da filosofia pragmática é a de que todos os interesses do homem são manifestações diretas ou oblíquas de "impulsos" motivados pelas necessidades animais. Essa premissa limita a classe dos interesses humanos admissíveis àqueles que podem, através de um ou outro artifício, ser interpretados em termos de psicologia animal. Uma parte espantosamente grande do comportamento humano pode realmente sofrer uma tal interpretação sem que esta seja forçada; e os pragmáticos, até agora, não admitem que haja ponto algum em que o princípio definitivamente falha e onde seu uso falsifica nossas descobertas empíricas.

O efeito da premissa genética na teoria da arte é que os valores estéticos devem ser tratados ou como satisfações diretas, isto é, prazeres, ou como valores instrumentais, o que quer dizer,

7. *Essays in Honor of Horace M. Kallen* (1947).
8. John Dewey (1925).
9. Laurence Buermeyer (1924).
10. John Dewey (1934)
11. Ralph M. Pearson (1943).
12. Margaret H'Doubler (1940).

meios de satisfazer necessidades biológicas. Trata-se ou de interesse de lazer, como esportes e *hobbies*, ou de valor para prosseguir no trabalho do mundo – reforçar a moral, integrar grupos sociais ou ventilar perigosos sentimentos reprimidos através de uma catarse emocional inofensiva. Mas, em qualquer dos casos, a experiência artística não é essencialmente diferente da experiência ordinária física, prática e social[13].

Os verdadeiros conhecedores da arte, entretanto, sentem de imediato que tratar a grande arte como uma fonte de experiências não essencialmente diferente das experiências da vida quotidiana – um estímulo aos sentimentos ativos da pessoa e talvez um meio de comunicação entre pessoas ou grupos, promovendo a apreciação mútua – é deixar de ver a própria essência dela, a coisa que torna a arte tão importante quanto a ciência e até a religião, mas que a distingue como uma função criativa, autônoma, de uma mente tipicamente humana. Se eles, então, se sentem constrangidos, pela tradição acadêmica dominante, a analisar sua experiência, atitude, resposta ou fruição, podem apenas começar dizendo que a experiência estética é diferente de qualquer outra, que a atitude em relação às obras de arte é uma atitude altamente especial, que a resposta característica é uma emoção inteiramente à parte, algo mais do que a fruição comum – não relacionada aos prazeres ou desprazeres fornecidos pelo ambiente real da pessoa e, portanto, perturbada por estes mais do que integrada na cena contemporânea.

Essa convicção não brota de uma preocupação sentimental com o *glamour* e a dignidade das artes, como o sugere Dewey[14]; ela surge do fato de que, quando as pessoas, em quem a apre-

---

13. Cf. John Dewey, *Art as Experience*, p. 10: "[...] as forças que criam o abismo entre produtor e consumidor na sociedade moderna operam para criar também uma cisão entre a experiência comum e a estética. Aceitamos por fim, como registro dessa cisão, como se fossem normais as filosofias da arte que a localizam numa região habitada por nenhuma outra criatura, e que dão ênfase, além de toda razão, ao caráter meramente contemplativo do estético".

Também I. A. Richards, *Principles of Literary Criticism*, p. 16-17: "Quando olhamos para uma pintura, lemos um poema ou ouvimos música, não estamos fazendo algo muito diverso do que estávamos fazendo ao ir para a Galeria ou ao nos vestirmos de manhã. A maneira pela qual a experiência é em nós causada é diferente e, como regra, a experiência é mais complexa e, se tivermos êxito, mais unificada. Mas nossa atividade não é de uma espécie fundamentalmente diferente."

Laurence Buermeyer, em *The Aesthetic Experience*, p. 79, acompanha sua explicação da expressão artística com a afirmação: "Isso não quer dizer, uma vez mais, que o que o artista tem a dizer seja diferente em espécie do que é dito na vida real, ou que a esfera da arte esteja, em algum aspecto essencial, divorciada da esfera da realidade".

14. Falando da separação entre arte e vida "que muitos teóricos e críticos se orgulham de sustentar e até de elaborar", ele a atribui ao desejo de manter a arte como "espiritual", e diz, à guisa de explicação: "Para muitas pessoas uma aura mista de reverência e irrealidade circunda o 'espiritual' e o 'ideal', enquanto que a 'matéria' se tornou

O SÍMBOLO DO SENTIMENTO

ciação de alguma arte – seja ela pintura, música, teatro ou qualquer outra – é espontânea e marcante, são induzidas por uma moda psicologística a refletir sobre sua atitude para com as obras que apreciam, elas descobrem que essa atitude não se compara em absoluto com a atitude que têm em relação a um novo automóvel, a uma pessoa amada ou a uma manhã radiosa. Elas sentem uma emoção diferente, e de uma maneira diferente. Uma vez que a arte é encarada como um tipo especial de "experiência", inacessível, àqueles que não podem entrar no estado de espírito adequado, desenvolveu-se um verdadeiro culto da "atitude estética" entre os patronos da galeria de arte e da sala de concertos.

Mas a atitude estética, que supostamente evidencia a experiência da arte na presença de objetos adequados (o que os torna adequados parece ser uma questão de somenos importância, relegada para uma época em que a "ciência" estiver pronta para respondê-la), é difícil de alcançar, mais difícil de manter, e raramente é completa. H. S. Langfeld, que escreveu sobre ela um livro inteiro, descreveu-a como uma atitude

que para a maioria dos indivíduos precisa ser cultivada, se é que se quer que ela exista em geral em meio às influências contrárias e, portanto, perturbadoras que estão sempre presentes[15].

E David Prall, em sua excelente *Aesthetic Analysis*, observa:

Mesmo um jovem fanático por música durante um concerto de sua música favorita tem uma ligeira atenção de sobra para o conforto de seu corpo e sua postura, algum vago sentido da direção das saídas, um grau de atenção levado à notoriedade, com a maior facilidade, por qualquer interferência em seu conforto pelos movimentos de seu vizinho, ou ruídos acidentais vindos de outra parte, sejam estes indicadores de perigo de fogo ou de alguma razão menos forte para empreender alguma ação. O absorvimento estético completo, estritamente voltado para um objeto, é, pelo menos, raro; o mundo enquanto superfície exclusivamente estética raramente é, se é que chega a sê-lo alguma vez, o objetivo único de nossa atenção[16].

Poucos ouvintes ou espectadores, efetivamente, chegam alguma vez a alcançar o estado que Roger Fry descreveu, em *Vision and Design*, como "intensidade desinteressada de contempla-

[...] algo que deve ser explicado e removido do caminho ou sobre o que se deve pedir desculpa". John Dewey, *op. cit.*, p. 6.

15. *The Aesthetic Attitude*, p. 65.
16. *Aesthetic Analysis*, p. 7-8.

ção"[17] – o único estado em que se pode realmente ter a percepção de uma obra de arte e sentir a emoção estética. A maioria das pessoas está ocupada demais ou é demasiadamente preguiçosa para desligar a mente de todos os seus interesses usuais antes de olhar para uma pintura ou um vaso. Isso explica, presumivelmente, aquilo que ele observou um pouco antes no mesmo ensaio:

> Na proporção em que a arte se torna mais pura, decresce o número de pessoas a quem ela atrai. Isso extirpa todas as implicações românticas que constituem a isca usual pela qual os homens são induzidos a aceitar uma obra de arte. Ela apela apenas para a sensibilidade estética, e esta, na maioria dos homens, é relativamente fraca[18].

Se a base de toda genuína experiência artística for realmente uma atitude tão sofisticada, rara e artificial, deve-se considerar como uma espécie de milagre que o mundo chegue a reconhecer as obras de arte como tesouros públicos. E o fato de que os povos primitivos, desde os habitantes das cavernas de Altamira até os gregos antigos, tenham sabido, sem dúvida alguma, o que era belo, torna-se um absurdo total.

Há algo a dizer, pelo menos, em favor dos pragmáticos: eles reconhecem o interesse na arte como algo natural e robusto, não como uma frágil flor de estufa, reservada para os iniciados e muito cultos. Mas o pequeno alcance dos interesses humanos possíveis, permitido por suas premissas biológicas, impede-os de ver o fato de que uma atividade muito espontânea, mesmo primitiva, pode, não obstante, ser peculiarmente humana e pode exigir longos estudos em seus próprios termos antes de que se tornem claras suas relações com o resto de nosso comportamento. Dizer, como o faz I. A. Richards, que, se soubéssemos mais sobre o sistema nervoso e suas respostas a "certos estímulos" (note-se que "certos", quando aplicado a dados hipotéticos, significa "incertos", uma vez que os dados não podem ser designados com exatidão), descobriríamos

> que as diferenças imprevisíveis e milagrosas [...] nas respostas totais, que são produzidas por ligeiras alterações no arranjo dos estímulos, podem ser inteiramente explicadas em termos da sensibilidade do sistema nervoso; e os mistérios das "formas" são meramente uma consequência de nossa ignorância atual dos detalhes de sua ação[19],

17. *Vision and Design*, p. 29.
18. *Ibid.*, p. 15.
19. *Op. cit.*, p. 172.

O SÍMBOLO DO SENTIMENTO

não é apenas uma pretensão absurda (pois como sabemos quais os fatos que descobriríamos e o que haveriam de ser suas implicações antes de os termos descobertos?), mas uma hipótese vazia, porque não existe sucesso elementar algum que indique a direção em que poderia desenvolver-se a estética neurológica. Se houvesse um ponto de partida teórico, poder-se-ia imaginar uma extensão do mesmo procedimento para descrever a experiência artística em termos de reflexos condicionados, impulsos rudimentares ou talvez vibrações cerebrais; mas, até o momento, os dados fornecidos por galvanômetros e encefalógrafos não se relacionam com problemas artísticos, sequer a ponto de explicar as simples e óbvias diferenças de efeito entre uma escala principal e seu paralelo menor. A proposição de que, se conhecêssemos os fatos, descobriríamos que eles são assim e assim, é simplesmente uma profissão de fé inocente, pseudocientífica.

A abordagem psicológica, ditada pela tendência empirista geral na filosofia, não nos colocou no âmbito de quaisquer problemas genuínos da arte. Assim, em vez de estudar as "ligeiras alterações de estímulos" que causam "alterações imprevisíveis e milagrosas" em nossas respostas nervosas, seria melhor que considerássemos o objeto de arte pomo algo de direito próprio, com propriedades independentes de nossas reações preparadas – propriedades que comandam nossas reações e tornam a arte o fator autônomo e essencial que existe em toda cultura humana.

O conceito de forma significante como uma expressão articulada do sentimento, refletindo as verbalmente inefáveis e portanto desconhecidas formas de sensibilidade, oferece pelo menos um ponto de partida para tais investigações. Toda articulação é difícil, minuciosa e engenhosa; o fazimento de um símbolo exige habilidade tão verdadeira quanto a feitura de um vaso adequado ou de um remo eficiente, e as técnicas de expressão são tradições sociais ainda mais importantes do que as habilidades de auto-preservação, as quais um ser inteligente pode desenvolver por si mesmo, ao menos de maneira rudimentar, para ir ao encontro de uma situação dada. A técnica fundamental da expressão – a linguagem – é algo que todos nós temos de aprender através de exemplos e prática, isto é, através de treinamento consciente ou inconsciente[20]. As pessoas cujo adestramento para a fala foi muito casual são menos sensíveis àquilo que é exato e adequado para a expressão de uma ideia do que as possuidoras de hábitos cultivados; não apenas no tocante às regras arbitrárias de uso, mas também no que se refere à *justeza e necessidade* lógicas da

20. Cf. *Nova Chave*, Cap. 5, "Linguagem".

expressão, isto é, dizer o que querem dizer e não outra coisa. De modo semelhante, acredito, toda elaboração de forma expressiva é um ofício. Portanto, a evolução normal da arte está em íntima associação com as habilidades práticas – construção cerâmica, tecelagem, entalho, e práticas mágicas cujas importância a pessoa civilizada média não mais conhece[21]; e portanto também é provável que a sensibilidade à justeza e necessidade das formas visuais ou musicais seja mais pronunciada e segura em pessoas com algum adestramento artístico do que naquelas que conhecem as artes apenas de vista. A técnica é o meio para a criação da forma expressiva, o símbolo, exercício da senciência; o processo da arte é a aplicação de alguma habilidade humana para esse propósito essencial.

Neste ponto, tomarei a liberdade de apresentar uma definição da arte, que serve para distinguir uma "obra de arte" de qualquer outra coisa no mundo e, ao mesmo tempo, para mostrar por que, e como, um objeto utilitário pode *também* ser uma obra de arte; e como uma obra da chamada arte "pura" pode deixar de atingir seu propósito e ser simplesmente ruim, exatamente da mesma forma como um sapato que não pode ser usado é simplesmente ruim por não atingir seu propósito. Serve, além disso, para estabelecer a relação entre arte e habilidade física, ou fazimento, por um lado, e entre sentimento e expressão, por outro. Eis a definição tentativa, sobre a qual foram construídos os capítulos que se seguem: Arte é a criação de formas simbólicas do sentimento humano.

A palavra "criação" é introduzida aqui com plena consciência de seu caráter problemático. Existe uma razão definida para dizer que um artesão *produz* mercadorias, mas *cria* uma coisa bela; que um construtor *erige* uma casa, mas *cria* um edifício se o prédio for uma verdadeira obra de arquitetura, embora modesta. Um artefato enquanto tal é simplesmente uma combinação de partes materiais, ou uma modificação de um objeto natural a fim de servir aos propósitos humanos. Não é uma criação, mas um arranjo de fatores dados. Uma obra de arte, por outro lado, é mais do que um "arranjo" de coisas dadas – mesmo de coisas qualitativas. Emerge, do arranjo de tons e cores, algo que não estava ali antes, e isso, mais do que o material arranjado, é o símbolo da senciência.

---

21. Um interesse mágico difundido foi, provavelmente, o vínculo natural entre a adequação prática e a expressividade nos artefatos primitivos. Veja *Nova Chave*, Cap. 9, "A Gênese da Importância Artística".

A feitura dessa forma expressiva é o processo criativo que alista a suprema habilidade técnica do homem no serviço de seu supremo poder conceitual, a imaginação. Não é a invenção de novos aspectos originais, não é a adoção de temas novos, que merece a palavra "criativo", mas sim a elaboração de qualquer obra simbólica de sentimento, ainda que no contexto e no modo mais canônicos. Mil pessoas podem ter usado cada dispositivo e convenção desta, anteriormente. Um vaso grego era quase sempre uma criação, embora sua forma fosse tradicional e sua decoração pouco se desviasse da de seus inúmeros predecessores. O princípio criativo, não obstante, estava provavelmente ativo nele desde a primeira torneada da argila.

Expor esse princípio, e desenvolvê-lo em cada campo autônomo da arte, é a única maneira de justificar a definição, que na realidade é uma teoria filosófica da arte em miniatura.

Parte II

A Elaboração do Símbolo

4. Semelhança

É curioso que as pessoas que passam a vida em contato mais íntimo com as artes – os artistas, para quem a apreciação do belo é certamente uma experiência contínua e "imediata" – não assumam e cultivem a "atitude estética". Para elas, o valor artístico de uma obra é a propriedade mais óbvia desta. Elas o veem de modo natural e constante; para elas, o mundo não tem de, em primeiro lugar, passar despercebido. A percepção dos aspectos práticos pode estar presente, numa posição secundária, como acontece com qualquer pessoa absorvida por uma conversa ou por acontecimentos interessantes; se a percepção se torna insistente demais para ser ignorada, elas podem ficar bastante irritadas. Mas normalmente a atração do objeto é maior do que as distrações que com ela concorrem. Não é quem percebe que põe de lado o ambiente circundante, mas a obra de arte que, se tiver êxito, destaca-se do resto do mundo; aquele simplesmente a vê como ela se lhe apresenta.

Toda verdadeira obra de arte tem tendência de aparecer assim dissociada de seu ambiente mundano. A impressão mais imediata que cria é a de "alteridade" quanto a realidade – a impressão de uma ilusão a envolver a coisa, ação, afirmação ou fluxo de som que constitui a obra. Mesmo onde está ausente o elemento de representação, onde nada é imitado ou fingido – num atraente tecido, num vaso, num edifício, numa sonata –, esse ar de ilusão, de ser pura imagem, existe tão forçosamente quanto na pintura mais enganosa ou na narrativa mais plausível. Onde um perito na determinada arte em questão percebe imediatamente uma "justeza e necessidade" de formas, o espectador não versado, mas sensível, percebe apenas um ar peculiar de "alteridade", que tem sido descrito de várias maneiras como "estranheza", "semelhança", "ilusão", "transparência", "autonomia" ou "autossuficiência".

Esse desligamento da realidade, essa "outridade" que dá, até mesmo a um produto genuíno como um edifício ou um vaso, uma certa aura de ilusão, é um fator crucial, indicativo da própria natureza da arte. Não foi nem o acaso nem o capricho que induziu os estetas a levar isso em consideração (e, num período dominado pela perspectiva psicologista, procurar a explicação num estado de espírito). No elemento de "irrealidade", que alternadamente os perturba e delicia, está a chave de um problema muito profundo e essencial: o problema da criatividade.

O que é "criado" numa obra de arte? Mais do que as pessoas geralmente percebem quando falam de "ser criativo" ou quando se referem às personagens de um romance como sendo "criações" do autor. Mais do que uma deliciosa combinação de elementos sensoriais; muito mais do que qualquer reflexão ou "interpretação" de objetos, pessoas, acontecimentos – invenções que os artistas *usam* em seu trabalho demiúrgico e que levaram alguns estetas a se referirem a tal trabalho como "recriação" antes do que criação genuína. Mas um objeto que já existe – um vaso de flores, um pessoa viva – não pode ser recriado. Teria de ser destruído para ser recriado. Além disso, uma pintura não é nem uma pessoa nem um vaso de flores. É uma imagem, criada pela primeira vez a partir de coisas que não são imaginárias, mas bem reais – tela ou papel, e pinturas ou carvão ou tinta.

É bastante natural, talvez, que a reflexão ingênua se centraliza antes de mais nada em torno do relacionamento entre uma imagem e seu objeto; e é igualmente natural tratar uma pintura, estátua ou descrição gráfica como uma imitação da realidade. O fato surpreendente é que bem depois da teoria da arte ter ultrapassado o estádio ingênuo e de todo pensador sério ter percebido que a imitação não era nem o objetivo nem a medida da criação estética, o tráfico da imagem com seu modelo manteve seu lugar central entre os problemas filosóficos da arte. Tem figurado como a questão de forma e conteúdo, de interpretação, de idealização, de crer e fazer de conta, de impressão e expressão A ideia de copiar a natureza, porém, não é nem sequer aplicável a todas as artes. O que é que um edifício copia? Em que objeto dado a gente modela uma melodia?

Um problema que não morrerá depois que os filósofos o condenaram como irrelevante tem ainda uma função irritante no mundo intelectual. Sua significação simplesmente é maior, de fato, do que qualquer de suas formulações. Assim: a questão filosófica que é geralmente concebida em termos de imagem e objeto, na realidade preocupa-se com a natureza da imagem enquanto tal e sua diferença essencial das realidades. A diferença é funcional; consequentemente, objetos reais, funcionando de uma maneira que seja normal para as imagens, podem assumir um *status* puramente imaginal*. É por isso que o caráter de ilusão pode aderir a obras de arte que não representam coisa alguma. A imitação de outras coisas não é o poder essencial das imagens, embora seja um poder muito importante em virtude do qual todo o problema do fato e da ficção foi levado originalmente ao âmbito de nosso pensamento filosófico. Mas o verdadeiro poder da imagem está no fato de que é uma abstração, um símbolo, o portador de uma ideia.

Como pode uma obra de arte que não representa coisa alguma – um edifício, um vaso, um padrão de tecido – ser chamada de imagem? Ela se torna uma imagem quando se apresenta puramente à nossa visão, isto é, enquanto pura forma visual em vez de um objeto relacionado local e praticamente. Se a recebemos como uma coisa completamente visual, abstraímos sua aparência de sua existência material. O que vemos dessa maneira torna-se simplesmente um objeto de visão – uma forma, uma imagem. Destaca-se de seu cenário real e adquire um contexto diferente.

Uma imagem nesse sentido, algo que existe apenas para a percepção, abstraído da ordem física e causal, é a criação do artista. A imagem apresentada numa tela não é uma nova "coisa" em meio às coisas do estúdio. A tela estava ali, as tintas estavam ali; o pintor não lhes acrescentou nada. Alguns críticos excelentes, e também pintores, falam do "arranjo" de formas e cores e consideram a obra resultante fundamentalmente como um "arranjo". Parece que Whistler pensou nesses termos a respeito de suas pinturas. Mas mesmo as formas não são fenômenos na ordem das coisas reais, como o são as manchas numa toalha de mesa; as formas num desenho – não importa quão abstratas sejam – têm uma *vida* que não faz parte de simples manchas. Algo

---

* Recorremos ao neologismo, pela imprecisão que envolve o adjetivo "imaginário". (N. dos T.)

50 SENTIMENTO E FORMA

surge do processo de arranjar as cores numa superfície, algo que é criado, não apenas juntado e disposto em ordem diferente: isso é a imagem. Ela emerge repentinamente da disposição dos pigmentos e, com seu advento, a própria existência da tela e da pintura "arranjada" nela parece ser ab-rogada; aqueles objetos reais tornam-se difíceis de serem percebidos por si mesmos. Uma nova aparência suplantou seu aspecto natural.

Uma imagem é, efetivamente, um "objeto" puramente virtual. Sua importância reside no fato de que não a usamos para orientar-nos em direção a algo tangível e prático, mas tratamo-la como uma entidade completa com relações e atributos unicamente visuais. Ela não tem outros; seu caráter visível é seu ser inteiro.

Os objetos virtuais mais notáveis no mundo natural são ópticos – "coisas" visíveis perfeitamente definidas que se mostram intangíveis, tais como arco-íris e miragens. Muitas pessoas, portanto, consideram uma imagem ou ilusão como algo necessariamente visual. Essa limitação conceitual levou, até, alguns críticos literários, que reconhecem o caráter essencialmente imaginai da poesia, a supor que os poetas devem ser pessoas de propensão visual e a julgar que as figuras do discurso que não conjuram imagens visuais não são verdadeiramente poéticas[1]. F. C. Prescott, com uma coerência que chega às raias do heroico, considera a frase "A qualidade da compaixão não é forçada" como apoética porque não sugere nada visível[2]. Mas a imagem poética, na realidade, não é absolutamente uma imagem de pintor. A diferença exata, que é grande e tem longo alcance, será discutida nos capítulos seguintes; o que nos interessa precisamente aqui é o significado mais amplo de "imagem" que responde pelo caráter genuinamente artístico das artes não visuais sem qualquer referência à pintura por palavras ou outro substituto para espalhar pigmentos numa superfície a fim de fazer com que as pessoas vejam quadros.

A palavra "imagem" está quase que inseparavelmente ligada ao sentido da visão porque nosso exemplo clássico dela é o mundo do espelho, que nos dá uma cópia visível das coisas à sua frente sem fornecer uma réplica tátil ou referente a algum outro sentido. Mas algumas das palavras alternativas que têm sido usadas para denotar o caráter virtual dos assim chamados

1. Veja, por exemplo, Remy de Gourmont, *Le problème du style*, especialmente a p. 47, onde o autor declara que as únicas pessoas que podem "escrever" são as que têm pensamento visual.

2. *The Poetic Mind*, p. 49.

"objetos estéticos" foge a essa associação. Carl Gustav Jung, por exemplo, fala, a este propósito, em "semelhança". Seu caso exemplar de ilusão não é a imagem refletida, mas o sonho; e, num sonho, existem sons, cheiros, sentimentos, acontecimentos, intenções, perigos – toda espécie de elementos invisíveis – bem como vistas, sendo todos, igualmente irreais quando medidos pelos fatos públicos. Os sonhos não consistem inteiramente de imagens, mas tudo neles é imaginário. A música ouvida num sonho vem de um piano virtual sob as mãos de um músico aparente; toda a experiência é uma semelhante de acontecimento. Pode ser tão vívida quanto qualquer realidade, contudo é aquilo que Schiller chamava de *Schein*.

Schiller foi o primeiro pensador que divisou aquilo que, na realidade, torna o *Schein*, ou a aparência, importante para a arte: o fato de que libera a percepção – e, com ela, o poder de concepção – de todas as finalidades práticas e deixa que a mente habite na pura aparência de coisas. A função da ilusão artística não é "fazer crer" como presumem muitos filósofos e psicólogos, mas exatamente o oposto, ou seja, a de desligamento da crença – a contemplação de qualidades sensoriais sem seus significados usuais de "Aqui está essa cadeira", "Aquele é meu telefone", "Estes números devem somar o que veio no extrato do banco" etc. Saber que o que está à nossa frente não tem significação prática no mundo é o que nos permite dar atenção à sua aparência como tal.

Tudo tem um aspecto de aparência, bem como de importância casual. Mesmo uma coisa tão não sensorial quanto um fato ou uma possibilidade *aparece* de uma forma para uma pessoa e de outra forma para outra pessoa. É essa sua "semelhança", pela qual pode "assemelhar-se" a outras coisas, e – quando a semelhança é usada para induzir a um julgamento errado sobre suas propriedades causais – em virtude da qual se diz que ela "dessemelha" sua natureza. Quando sabemos que um "objeto" consiste inteiramente em sua semelhança; que, afora sua aparência, não tem coesão e unidade – como um arco-íris ou uma sombra – chamamo-lo de objeto meramente virtual, ou ilusão. Neste sentido literal, uma pintura é uma ilusão; vemos um rosto, uma flor, uma paisagem marinha ou campestre etc., e sabemos que, se levarmos a mão até ela, tocaremos uma superfície manchada de tinta.

O objeto visto é dado apenas ao sentido da visão. É esse o propósito principal da pintura "imitativa", ou "objetiva". Apresentar coisas à visão, das quais se sabe que são uma ilusão, é uma maneira rápida (embora de forma alguma necessária) de *abstrair* formas visíveis de seu contexto usual.

Normalmente, é claro, a semelhança não é desorientadora; uma coisa é aquilo que parece ser. Mas, mesmo quando não há o intuito de enganar, pode acontecer que um objeto – um vaso, por exemplo, ou um edifício – prenda um dos sentidos com tanta exclusividade que parece ser dado apenas àquele sentido, e todas as suas outras propriedades tornam-se irrelevantes. O objeto está ali francamente, mas é *importante* apenas por (digamos) seu caráter visual. Tendemos então a aceitá-lo como uma visão; existe uma tal concentração na aparência, que se tem a sensação de ver puras aparências – isto é, uma sensação de ilusão (ver Fig. 1).

Nisto está a "irrealidade" da arte, que tinge até objetos perfeitamente reais como jarros, tecidos e templos. Quer tratemos com ilusões verdadeiras ou com aquelas quase-ilusões produzidas por ênfase artística, o que se apresenta é, em qualquer dos casos, exatamente aquilo que Schiller chamou de *Schein*; e uma semelhança pura, ou *Schein*, entre as vigorosas realidades substanciais do mundo natural, é um estranho convidado. Estranheza, separação, alteridade – chamem-no do que quiserem – é seu destino óbvio.

A semelhança de uma coisa, assim posta em relevo, é sua direta qualidade estética. De acordo com vários críticos eminentes, é isso que o artista tenta revelar sem outro interesse. Mas a ênfase na qualidade, ou essência, na realidade é apenas um estádio na concepção artística. É a elaboração de um elemento rarificado que serve, por sua vez, para a elaboração de outra coisa – a própria obra de arte imaginária. E essa forma é o símbolo não discursivo, mas o símbolo articulado do sentimento.

Acredito que aqui esteja a clara afirmação do que foi tratado por Clive Bell de uma maneira bastante confusa numa passagem que identificava "forma significante" (não, porém, significante de coisa alguma) com "qualidade estética". A demonstração de qualidade pura, ou semelhança, cria uma nova dimensão, distinta do mundo familiar. É essa sua função. Nessa dimensão, todas as formas artísticas são concebidas e apresentadas. Uma vez que sua substância é ilusão ou *Schein*, elas são, do ponto de vista da realidade prática, *meras* formas; existem apenas para o sentido ou a imaginação que as percebe – como uma miragem ou a estrutura elaborada, improvável, dos eventos em nossos sonhos. A função da "semelhança" é dar às formas uma nova corporificação em ocasiões puramente qualitativas, irreais, libertando-as

SEMELHANÇA 53

de sua corporificação normal nas coisas reais, de forma que elas possam ser reconhecidas por si mesmas e que possam ser livremente concebidas e compostas tendo em vista o alvo fundamental do artista – a significação, ou a expressão lógica.

Todas as formas na arte, então, são formas abstraídas; seu conteúdo é apenas uma semelhança, uma pura aparência, cuja função é torná-las, também, aparentes – mais livre e inteiramente aparentes do que poderiam ser se fossem exemplificadas num contexto de circunstâncias reais e de interesses carregados de ansiedade. É nesse sentido elementar que toda arte é abstraía. Sua própria substância, qualidade sem significação prática, é uma abstração da existência material; e a exemplificação nesse meio ilusório ou quase-ilusório faz com que as formas das coisas (não apenas formatos, mas formas lógicas[3], a saber, proporções entre graus de importância em acontecimentos, ou diferentes velocidades nos movimentos) apresentem-se *in abstracto*. Essa qualidade fundamental à abstração pertence tão forçosamente aos murais mais ilustrativos e às peças mais realistas, desde que sejam boas em seu próprio gênero, quanto às mais deliberadas abstrações que são remotas representações ou desenhos inteiramente não representativos.

Mas a forma abstrata como tal não é um ideal artístico. Levar a abstração até onde for possível e alcançar a forma pura no meio conceitual mais simples é tarefa dos lógicos, não de um pintor ou de um poeta. Na arte, as formas são abstraídas apenas para tornarem-se claramente manifestas, e são libertadas de seus usos comuns apenas para serem colocadas em novos usos: agir como símbolos, tornar-se expressivas do sentimento humano.

Um símbolo artístico é uma coisa muito mais intricada do que aquilo que geralmente pensamos como sendo uma forma, porque ele envolve *todos* os relacionamentos de cada um de seus elementos com os outros, todas as semelhanças e diferenças de qualidade, não apenas relações geométricas ou outras relações familiares. É por isso que as qualidades entram diretamente na própria forma, não como conteúdos desta, mas como elementos constitutivos dela. Nossa convenção científica de abstrair formas matemáticas, que não envolvem qualidade, e de compará-las com a experiência, sempre torna os fatores qualitativos um "conteúdo"; e como as convenções científicas governam nosso pen-

---

3. I. A. Richards, em seu *Principles of Literary Criticism*, afirma que, quando as pessoas falam de "forma lógica", elas não sabem exatamente o que querem dizer. Talvez ele não saiba, mas eu sei; e se ele realmente se interessar em saber, encontrará uma explicação elementar, mas sistemática, do Cap. I de minha *Introduction to Symbolic Logic*.

samento acadêmico, tem-se considerado como sendo certo que na compreensão da arte também se deve pensar na forma como oposta ao "conteúdo" qualitativo. Mas, baseado nessa suposição acrítica, toda a concepção de forma e conteúdo fica prejudicada, e a análise termina na afirmação confusa de que a arte é "conteúdo enformado", que forma e conteúdo são uma só coisa[4]. A solução desse paradoxo é que uma obra de arte é uma estrutura cujos elementos inter-relacionados frequentemente são qualidades ou propriedades de qualidades, tais como graus de intensidade destas; que as qualidades entram na forma e, dessa maneira, tornam-se tanto uma só coisa com esta quanto as relações que elas, e apenas elas, têm; e que falar delas como "conteúdo", do qual se poderia abstrair logicamente a forma, é tolice. A forma é construída a partir das relações peculiares àquelas; são elementos formais na estrutura, não conteúdos.

As formas, porém, são ou abstrações vazias, ou têm um conteúdo; e as formas artísticas têm um conteúdo, muito especial, a saber, seu *importe*. São formas logicamente expressivas, ou significantes. São símbolos para a articulação do sentimento e transmitem o padrão fugidio, no entanto familiar, da senciência. E, enquanto formas essencialmente simbólicas, residem numa dimensão diferente da dos objetos físicos enquanto tais. Elas pertencem à mesma categoria da linguagem, embora sua forma lógica seja diferente, e do mito e sonho, embora sua função não seja a mesma.

Nisso reside a "estranheza" ou "alteridade" que caracteriza um objeto artístico. A forma é dada imediatamente à percepção, porém ela vai além de si mesma; é semelhança, mas parece estar carregada de realidade. Tal como a fala, que não é nada fisicamente além de pequenos sons zumbidos, ela está preenchida por seu significado, e seu significado é uma realidade. Num símbolo articulado, a significação simbólica permeia toda a estrutura, porque cada articulação dessa estrutura é uma articulação da ideia que ela transmite; o significado (ou, falando com exatidão, de um símbolo não discursivo, o importe vital) é o conteúdo da forma simbólica dado, como que junto com ela, à percepção[5].

---

4. Morris Weitz, em sua *Philosophy of the Arts*, oferece uma análise exaustiva do problema forma-e-conteúdo, que mostra a confusão conceitual em que ele se encontra. Ver Cap. III, p. 35 a 41.

5. No caso da linguagem, essa latência da forma fisicamente trivial com um importe conceitual chega às raias do milagroso. Como disse Bernard Bosanquet, "a linguagem é tão transparente que ela desaparece, por assim dizer, dentro de seu próprio significado, e somos deixados sem meio característico algum". (*Three Lectures on Aesthetics*, p. 64.)

SEMELHANÇA

Como que para evidenciar a natureza simbólica da arte sua "estranheza" peculiar tem sido algumas vezes chamada de "transparência". Essa transparência é o que nos é obscurecido se nosso interesse é distraído pelos significados dos objetos imitados; neste caso, a obra de arte assume um significado literal e *evoca* sentimentos, que obscurecem o conteúdo emocional da forma, os sentimentos que são logicamente apresentados. É esse, por certo, o perigo da representação, no qual se incorre sempre que tal recurso vai muito além das necessidades de sua função primária. Ele tem também funções secundárias, na criação da forma artística (falaremos mais a respeito disso), motivo pelo qual muitos grandes artistas usaram profusamente seus poderes imitativos; mas na obra feita por mão de mestre a forma expressiva é tão dominante, a transparência é tão clara, que não é possível que alguém que já tenha descoberto o fenômeno do importe artístico deixe de percebê-lo ali. O problema é que muitas pessoas jamais chegaram a senti-lo porque vivem dentro de um manicômio de arte em demasia, em que obras de grande envergadura estão misturadas com uma enorme quantidade de obras perniciosamente más, em vez de salientarem-se como cimos a partir do nível de uma tradição boa, modesta, de desenho e artesanato. A própria percepção da forma tem sido embotada por experiências dolorosas, em vez de ser exercitada através de constantes convites de exemplos simples, graciosos, como ocorre em culturas menos confusas e menos ecléticas. Tillyard observou que a melhor preparação para ler a grande poesia é ler muitos versos bons. De maneira semelhante, o treinamento mais seguro para a percepção de grandes pinturas é viver rodeado de formas visuais boas no plano modesto dos desenhos de tecidos e utensílios domésticos, e jarras, potes e vasos decorados com boas formas, portas e janelas bem proporcionadas, bons entalhes e bordados – em vez de "esta erupção eczêmica do padrão em todas as superfícies" da qual se queixava Roger Fry – e boas ilustrações nos livros, especialmente nos livros infantis. Numa cultura que tenha um fundamento e uma tradição, desenvolvem-se certas formas básicas que se aplicam a sentimentos simples e, portanto, são compreendidas por aqueles que, não tendo imaginação criativa, adotam as ideias correntes e aplicam aquilo que aprenderam. Mas numa sociedade sem entraves, empanturrada de influências, nada é inviolável por tempo bastante para ser governado por um sentimento claro e para ser realmente expressão dela. Não há formas significantes simples a seguir, e para compor repentinamente, por um lampejo de imaginação, em grandes criações, que são, ainda, coerentes com os princípios familiares que elas transcendem. Um posto de gasolina imita o estilo do Taj Mahal, o seguinte se adapta ao ambiente colonial que o cerca, um terceiro é um tímido pagode e, ao seu lado, as bombas de gasolina perfilam-se solenemente frente a um chalé suíço. E vamos indo, "gostando" disto e não daquilo, e achando que *devemos* "gostar" do quinto exemplo, um arco de vidro e concreto colocado funcionalmente, porque é americano, moderno, "nossa tradição" etc. etc.

Somente uma sensibilidade excepcional para a forma pode sobreviver a este emaranhado de linhas históricas, que terminam todas na confusão à qual chamamos de civilização. O instinto pictórico ou musical médio fica confuso a ponto de ver-se em frustração completa; e a defesa natural é abandonar totalmente a linguagem da forma plástica, ou da música, ou da poesia, e depender inteiramente das leituras padronizadas da experiência sensorial que Coleridge chamava "imaginação primária". Assim, o poder representacional da arte torna-se um refúgio, uma garantia de significado no modo familiar da realidade; e o homem médio – bem como muitos críticos – acredita realmente que os artistas "recriam" frutas, flores, mulheres e locais de veraneio para que ele os possua em seus devaneios. Como diz Ortega:

> A maioria das pessoas é incapaz de ajustar sua atenção ao vidro e à transparência que é a obra de arte; em vez disso, penetram através dela para chafurdar apaixonadamente na realidade humana à qual se refere a obra de arte. Se as convidarmos a largar sua presa e fixar sua atenção na obra de arte em si, dirão que não veem nada nela porque, efetivamente, não veem ali realidade humana alguma, mas apenas transparências artísticas, puras essências.[6]

Não somos afligidos tanto com o mau gosto quanto com o *nenhum* gosto. As pessoas toleram o que é bom e o que é ruim porque não veem em absoluto a forma expressiva abstraída, o símbolo do sentimento.

É por isso que o papel do sentimento na arte tornou-se um enigma. As pessoas que chegam a redescobrir a forma perceptiva, e percebem que ela é o fator verdadeiramente essencial, em geral tornam-se de importância suprema, excluindo todo o seu comércio com algum "significado" de qualquer espécie. Assim, elas rejeitam o sentimento, juntamente com vários

---

6. José Ortega y Gasset, *The Dehumanization of Art*, citado em *A Modern Book of Aesthetics* de Rader.

"conteúdos" associados. O que sobra é um mosaico "excitante" de qualidades, que nos excita para nada, um objeto genuinamente "estético", um beco sem saída experiencial, pura essência. É forma e qualidade; forma em qualidade; forma da qualidade.

Mas as pessoas de discernimento artístico (e apenas elas poderiam achar que a forma perceptiva é excitante) sabem que o sentimento é de alguma maneira inerente a toda forma imaginária. Se, então, elas se apegarem lealmente a sua pura esfera de qualidades, uma qualidade deve existir. Assim, temos aqui as curiosas descobertas fenomenológicas de Baensch, e as conclusões muito semelhantes de David Prall em sua *Aesthetic Analysis*.

O tratamento dado por Prall é particularmente interessante porque surge da mais séria e sistemática análise jamais feita, que eu saiba, do elemento sensorial nas artes, que ele chama de "superfície estética". Cada arte, de acordo com Prall, tem uma esfera sensorial limitada, definida pela seletividade de um sentido especializado, dentro da qual se encontra sua existência inteira. É essa sua "superfície estética", que jamais pode ser rompida sem que se rompa a própria obra com que está relacionada, porque é o universo dentro do qual a forma artística está articulada. A gama inteira das cores constitui uma de tais esferas, e a dos tons forma outra. Em qualquer dos casos, a "superfície estética" é algo dado pela natureza; assim também são dadas as regras básicas de estrutura, que surge da natureza do material, tal como a escala diatônica, por exemplo, origina-se dos tons parciais que se encontram em qualquer fundamental* de tonalidade definida. As várias artes, por conseguinte, são governadas pelos departamentos naturais dos sentidos, cada um dando ao artista uma determinada ordem de elementos com os quais ele pode fazer combinações e desenhos até os limites de seus poderes de invenção. A abordagem filosófica que Prall faz da arte é claramente técnica e guiada por um sólido senso artístico em vários domínios. Ele trata toda obra de arte como uma estrutura, cujo propósito é deixar-nos apreender formas sensuais de uma maneira lógica.

A diferença entre perceber claramente e compreender distintamente, diz, não é a grande diferença que algumas vezes somos levados a pensar.[7]

---

* Fundamental: nota primária da série harmônica (N. dos T.)

7. *Aesthetic Analysis*, p. 39.

E, mais além:

Qualquer conteúdo consciente é tomado como inteligível apenas até onde é compreendido como forma ou estrutura. Isso quer dizer, é claro, que é formado de elementos em relacionamentos em virtude dos quais eles na realidade se juntam [...] Pois elementos não ordenados originariamente por uma relação de algum tipo não chegarão em absoluto a formar estruturas, para nós, nem elementos intrinsecamente relacionados firmarão estruturas para nós, a menos que nos tenhamos tornado conscientes dos tipos de relacionamentos envolvidos. Não se pode fazer um todo espacial, exceto com elementos cuja própria natureza e ser seja a extensão espacial. Não se pode fazer estruturas melódicas exceto com elementos que estão originariamente ordenados por um relacionamento intrínseco de tonalidade, da qual eles não podem ser retirados [...] Os elementos precisam estar numa ordem natural a seu próprio ser, uma ordem compreendida por nós como constituída por uma relação. Chamamos as estruturas de inteligíveis [...] na medida em que se nos apresentam passíveis de análise naqueles elementos assim relacionados.[8]

Em outras palavras, as estruturas, ou *formas*, no sentido mais amplo, devem estar em alguma dimensão intelectual a fim de serem percebidas. As obras de arte são feitas de elementos sensoriais, mas nem todos os elementos sensoriais servem; pois apenas são *componíveis* os dados localizados num contínuo ideal – por exemplo, as cores numa escala de tonalidades, onde cada intervalo entre duas cores dadas pode ser preenchido com outros elementos fornecidos implicitamente, ou tons numa escala contínua de sons que não apresente "furos" para os quais não se pode determinar tom algum.

O método de Prall parece-me impecável: estudar a obra de arte em si em vez de nossas reações e sentimentos em relação a ela, e encontrar algum princípio de sua organização que explique suas funções características, suas exigências físicas e seus apelos à nossa apreciação. Se eu, então, parto de uma premissa diferente, não é porque desaprove as afirmações de Prall – quase todas são aceitáveis – mas porque me parece que certas limitações de sua teoria encontram-se na própria concepção básica e desaparecem quando se toma por base uma hipótese algo diferente. Deparamos com uma dessas limitações na análise da poesia, onde apenas um dos ingredientes – o padrão temporal do som, ou "métrica" – oferece algo que se assemelha a uma verdadeira "superfície estética", com elementos mensuráveis a serem deslocados em relacionamentos formais, e esse ingrediente, embora seja importante, não é preeminente. Na prosa, ele é livre demais para que possa ser examinado. Fica a sensação, porém,

8. *Ibid.*, p. 41-42.

de que o verdadeiro princípio formal, pelo qual a literatura é construída, deve ser tão evidente e dominante num gênero quanto no outro, e características tais como o padrão da métrica poética são meramente meios especializados de realizá-lo; e cada forma literária distinta deve ter algum desses meios próprios, mas não um novo princípio, para tornar-se literatura.

Surge outra dificuldade se voltamos nossa atenção à arte da dança. Prall não submeteu essa arte à análise, mas mencionou superficialmente que a trataria como uma forma espaço-temporal e, evidentemente, seus elementos constitutivos – os movimentos – são mensuráveis e proporcionais tanto em termos de espaço quanto de tempo. Mas uma tal concepção de suas formas básicas a insere inteira e perfeitamente dentro da mesma categoria que a escultura móbile; embora pudessem ser apresentadas algumas características que distinguem essas duas artes espaço-temporais, elas permaneceriam intimamente relacionadas. Na verdade, entretanto, elas se relacionam apenas remotamente; a escultura móbile não tem mais relações com a dança do que a escultura estática. Ela é *inteiramente escultura*, e a dança é inteiramente alguma outra coisa.

A arte de representar torna-se ainda mais difícil de analisar do que a dança, uma vez que o contínuo sensorial de espaço e tempo, cor e ritmo, é complicado ainda mais por elementos sonoros, a saber, as palavras. O fato é que a teoria de Prall é claramente aplicável apenas às artes puramente visuais ou puramente auditivas – pintura e música – e sua extensão a outros campos, mesmo a poesia, é uma projeção, mais do que uma consequência natural.

Em suma, a limitação inerente à teoria de Prall é sua sujeição àquelas mesmas "ordens básicas" às quais ela se aplica tão bem que praticamente tudo o que ela diz a respeito de suas funções artísticas é verdade. O princípio da "superfície estética", seguido coerentemente, na verdade leva àquela crítica purista que tem de condenar a ópera como sendo uma arte híbrida, tolera o teatro apenas enquanto o assimila à literatura, e tende a tratar temas religiosos ou históricos na pintura como acidentes embaraçosos de um desenho puro. Não leva a introvisão alguma sobre as distinções e conexões das artes, pois as distinções básicas que faz entre as ordens sensoriais são óbvias. Consequentemente, as conexões que ela permite – por exemplo, entre música e poesia, ou música e dança, em virtude de seus ingredientes temporais – são também óbvias; óbvias, mas algumas vezes enganosas.

A limitação não é em si uma razão para rejeitar uma teoria. Prall conhecia as limitações de sua indagação e não enfrentou os problemas que se encontravam fora de seu alcance. A única desculpa para descartar um princípio fundamental é que se tem uma ideia mais vigorosa, que realizará facilmente a obra construtiva da ideia anterior, e fará algo mais. O ponto fraco da estética de Prall reside, creio, numa ideia errada das dimensões subjacentes às várias artes e, portanto, dos princípios fundamentais de organização. A nova ideia de estruturas artísticas, que me parece mais radical e, contudo, mais elástica do que a hipótese de Prall de escalas e ordens espaço-temporais, provoca uma certa mudança de foco na filosofia da arte; em vez de procurar elementos de sentimento entre os conteúdos sensoriais, ou *qualia*, contidos literalmente no objeto de arte, somos levados diretamente ao problema da forma criada (que nem sempre é sensorial) e sua significação, a fenomenologia do sentimento. O problema da criatividade, que Prall jamais teve ocasião de mencionar, é, aqui, central; pois os próprios elementos, e os conjunto dentro dos quais eles têm sua existência elementar distinta, são criados, não adotados[9].

Uma obra de arte difere de todas as outras coisas belas pelo fato de ser "um espelho e uma transparência" – não, de alguma maneira relevante, uma *coisa*, em absoluto, mas um símbolo. Todo bom filósofo ou crítico de arte percebe, é claro, que de alguma forma o *sentimento* é expresso na arte; mas enquanto uma obra de arte é vista fundamentalmente como um "arranjo" de elementos sensoriais tendo em vista alguma inexplicável satisfação estética, o problema da expressividade é realmente uma questão estranha. Prall luta com ela durante um capítulo psicológico cuidadosamente argumentado e, embora sua psicologia seja clara e excelente, ela nos deixa com uma sensação de paradoxo; pois o elemento emotivo na arte parece de alguma forma ser mais essencial do que a própria experiência "estética" estrita, e parece ser dado de uma maneira diferente; no entanto, a obra de arte está afastada da emoção real e só pode sofrer danos em qualquer comércio com associações sentimentais. Em certo sentido, então, o sentimento deve estar na obra; da mesma maneira como uma boa obra de arte esclarece e exibe as formas e cores que o pintor viu, distinguiu e apreciou melhor do que os demais homens poderiam fazê-lo sem ajuda, do mesmo modo ela esclarece e apresenta os sentimentos próprios àquelas formas e cores.

---

9. Não as escalas e geometrias, pois estas são lógicas; mas os contínuos exemplificados de existência, os espaços, durações e campos de força.

O sentimento "expresso" na arte é "o sentimento ou emoção apresentado como o caráter qualitativo de conteúdo imaginal"[10].

Aqui temos, essencialmente, o mesmo tratamento do sentimento que se encontra no ensaio de Baensch, "Kunst und Gefühl", exceto que Baensch chegou à conclusão de que não se poderia sequer dizer que o sentimento se encontra inteiramente na esfera sensorial que se poderia considerar como "conteúdo", mas que ele permeava os elementos formais, bem como os estéticos, de qualquer obra de arte. Ambos os escritores, entretanto, procuram a salvação no mesmo *tour de force* que consiste em simplesmente tratar os elementos emotivos como qualidades de um objeto concreto, algo que esse objeto inanimado, e não quem o percebe, de alguma forma "tem"; e ambos sabem que a "expressão" de sentimentos humanos reais por um objeto não humano, que pode ser analisado, sem relações espaçotemporais, apresenta um paradoxo, e sabem que seu artifício filosófico é um recurso desesperado.

Se se perguntar como um conteúdo imaginário qualitativo pode apresentar sentimentos, diz Prall, como pode ser um sentimento real que a arte expressa, chegamos ao suposto milagre que tão frequentemente se diz que a arte é: a incorporação do espírito na matéria. Mas o pensar não pode ter relação alguma com o milagre. E, uma vez que o mais simples pensar verifica que as obras de arte expressam de fato sentimentos, somos forçados, pelo caráter óbvio de nossos dados, a procurar sentimentos dentro do conteúdo apresentado, como sendo um aspecto dele, isto é, como parte integrante de seu caráter realmente presente, ou como sua natureza qualitativa unitária enquanto um todo.[11]

Penso que a solução da dificuldade esteja no reconhecimento de que o que a arte expressa *não* é um sentimento real, mas ideias de sentimento; da mesma forma que a linguagem não expressa coisas e acontecimentos reais, mas ideias a seu respeito. A arte é totalmente expressiva – cada linha, cada som, cada gesto; e, portanto, é cem por cento simbólica. Ela não é sensorialmente agradável e *também* simbólica; a qualidade sensorial está a serviço de seu importe vital. Uma obra de arte é muito mais simbólica do que uma palavra, que pode ser aprendida e mesmo empregada sem qualquer conhecimento de seu significado; pois um símbolo pura e totalmente articulado *apresenta* sua signifi-

10. *Ibid.*, p. 145.
11. *Loc. cit.*, *infra.*

SENTIMENTO E FORMA

cação diretamente a qualquer espectador que chegue a ser sensível às formas articuladas no meio dado[12].

Uma forma articulada, entretanto, deve ser claramente dada e compreendida antes de poder transmitir qualquer importe, especialmente lá onde não há nenhuma referência convencional pela qual o importe é consignado à forma como sendo seu significado inequívoco; a congruência, porém, da forma simbólica e da forma de alguma experiência vital deve ser percebida diretamente apenas pela força da *Gestalt* só. Daí a importância suprema de *abstrair a forma*, eliminando todas as irrelevâncias que possam obscurecer sua lógica e especialmente despojando-a de todos os seus significados usuais de modo que possa estar aberta aos novos significados. O primeiro passo é aliená-la da realidade, dar-lhe "alteridade", "autossuficiência"; isso é feito criando-se uma esfera de ilusão em que ela funciona como *Schein*, mera semelhança, livre de funções mundanas. O segundo passo é torná-la plástica, de modo que possa ser manipulada de acordo com os interesses da expressão em vez dos da significação prática. Isso é realizado pelo mesmo meio – desligá-la da vida prática, abstraí-la como livre invenção conceitual. Apenas tais formas podem ser plásticas, sujeitas a torsão, modificação e composição deliberadas tendo em vista a expressividade. E, finalmente, ela deve tornar-se "transparente" – o que acontece quando um *insight* da realidade a ser expressada, a *Gestalt* da experiência vivida guia seu autor ao criá-la.

Sempre que a habilidade artesanal é arte, estes princípios – abstração, liberdade plástica, expressividade – são totalmente exemplificados, mesmo nas obras mais inferiores. Alguns teóricos atribuem valores diferentes às várias manifestações da arte (por exemplo, desenho puro, ilustração, pintura de cavalete), classificando-as como tipos "inferiores" e "superiores", dos quais apenas os "superiores" são expressivos, e os "inferiores" meramente decorativos, dando um prazer sensorial sem nenhum im-

---

12. Prall chegou tão perto dessa compreensão que o fato de evitar usar o termo "símbolo" para uma obra de arte parece ser premeditado. Evidentemente ele preferiu a teoria especiosa que supõe que os sentimentos estão contidos nas qualidades sensoriais, a uma teoria semântica da arte que o teria deixado exposto à acusação de intelectualismo ou iconicismo. Assim, sustenta que um sentimento está *numa* pintura, e que nós o "temos" quando olhamos para a obra. Compare-se, por exemplo, a seguinte passagem com o que acabou de ser dito sobre um símbolo apresentativo aperfeiçoado: "O propósito da pintura, seu ser efetivo, é justamente esse sentimento incorporado que temos se, com olhos abertos, sensíveis, olharmos para ela e deixarmos que seu caráter torne-se o conteúdo de nossa própria vida afetiva consciente no momento." (*Ibid.*, p. 163.)

porte maior[13]. Uma distinção desse tipo, porém, lança confusão em qualquer teoria da arte. Se "arte" significa algo, sua aplicação deve basear-se em um critério essencial, não em vários critérios desvinculados – expressividade, agradabilidade, utilidade, valor sentimental, e assim em diante. Se a arte é "a criação de formas expressivas do sentimento humano", então a gratificação dos sentidos deve ou servir esse propósito, ou ser irrelevante; e eu concordo plenamente com Thomas Mann em que não há artes superiores e inferiores, parciais e suplementares, mas, como ele o expressou:

> A arte é inteira e completa em cada uma de suas formas e manifestações; não precisamos somar as diferentes espécies para formar um todo.[14]

O desenho puro, portanto, é um caso probatório, uma pedra de toque do conceito de arte desenvolvido neste livro, e merece, aqui, um exame mais detalhado. Pois é um fenômeno básico; no mundo inteiro encontram-se certos elementos de expressão gráfica, padrões de cor em superfícies naturalmente vazias – paredes, tecidos, cerâmica, placas de madeira ou metal ou pedra – destinados apenas à visão, e muito agradáveis a esse sentido. Algumas vezes servem como símbolos mágicos, outras como substitutos ou lembretes de objetos naturais; mas, com ou sem tais funções, sempre preenchem uma finalidade à qual estão preeminentemente adaptados – decoração.

O que, então, é "decoração"? Os sinônimos óbvios são "ornamentação", "embelezamento"; mas, como a maioria dos sinônimos, não são bastante precisos. "Decoração" refere-se não simplesmente à beleza, como "embelezamento", nem sugere a adição de um ornamento independente. "Decoração" é cognata da palavra "decoro"; ela conota adequação, formalização. Mas o que é adequado e formalizado?

Uma superfície visível. O efeito imediato da boa decoração é tornar a superfície, de alguma forma, *mais visível*; um belo remate num tecido não apenas enfatiza a beirada, mas realça as pregas simples, e um padrão regular que cobre tudo, se for boa, unifica mais do que diversifica a superfície. Em qualquer caso,

---

13. Eugéne Véron é o mais conhecido expoente dessa concepção (ver sua *Aesthetics*, especialmente o Cap. VII). Mas compare-se também a opinião multo mais recente de Henry Varnum Poor, de que "a decoração perseguida enquanto decoração pode chegar a ser tão superficial e limitada" que ela exige alguma combinação com a "pintura realista" para estimular a Imaginação (*Magazine of Art*, agosto, 1940).

14. *Freud, Goethe, Wagner* (1937), p. 139

até o desenho mais elementar serve para concentrar e reter o olhar no espaço que ele adorna (cf. Figs. 2 e 3) .

A similaridade de formas na pintura puramente decorativa e no desenho linear, como a que encontramos em vasos e mantas, remos e velas e corpos tatuados, nos cantos mais desconexos do mundo, é tão notável que André Malraux sugeriu uma unidade pré-histórica da cultura para explica-la[15]. A ideia não é absurda, mesmo no que se refere aos desenhos mais fundamentais; mas ela oferece uma tal dificuldade histórica que se tende a procurar algo mais simples. Parece pelo menos possível que aquelas formas elementares – linhas paralelas e ziguezagues, triângulos, círculos e arabescos – tenham uma base instintiva nos princípios de percepção; que, nelas, o impulso para alguma espécie de organização do campo visual vem a ser expresso tão diretamente que praticamente não sofre nenhuma influência cultural distorcente, mas gera um registro da experiência visual em seus termos mais inferiores. Albert Barnes, já falecido, encarava o desenho puro dessa forma quando escreveu:

> O atrativo de tal beleza decorativa explica-se, provavelmente, por ela satisfazer nossa necessidade geral de percepção livre e agradável. Todos os nossos sentidos anseiam pela estimulação adequada, sem levar em conta aquilo que os estimula [...] A decoração vai ao encontro dessa necessidade de empregar nossas faculdades de maneira apropriada para nós, e a satisfaz.[16]

Essa libertação dos sentidos é, de fato, um aspecto da percepção artística; há certas formas que são "congeniais" à visão – linhas contínuas que levam o olhar de um lugar a outro sem obstrução, e as formas simples que os psicólogos da *Gestalt* descobriram ser os padrões naturais do julgamento perceptivo[17]. Mas compreensibilidade, clareza lógica, não basta para criar um objeto virtual e separá-lo da realidade. Círculos e triângulos, considerados em si mesmos, não são obras de arte, como o são os desenhos decorativos. Numa parte inicial de *The Art in Painting*, Barnes faz uma distinção entre valores decorativos e expressivos[18], que me parece espúria; a decoração é

15. Ver seu *The Psychology of Art*, vol. II: *The Creative Act*, p 122-123. Com relação a Altamira e à arte bosquimana, sua hipótese é, de fato, altamente plausível, e Já foi levantada antes pelo antropólogo William J. Sollas, em seu *Ancient Hunters and Their Modern Representatives* (1924).

16. *The Art in Painting*, p. 29.

17. Ver Walfgang Köhler, *Gestalt Psycholoçy* (1929), especialmente o Cap. V, "Sensory Organization".

18. Op. *cit.*, p. 30-31.

Fig. 1
Vaso de Faiança

"Há uma tal concentração na aparência que se tem a sensação de ver meras aparências."

Colcha

"Até mesmo o desenho mais elementar serve para concentrar e atrair a visão para a superfície que ele adorna."

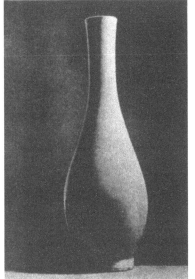

Fig. 2

Fig. 3
Homem Maori

"O efeito imediato da boa decoração é tornar a superfície mais *visível*."

"O ponto interessante é que, em cada uma destas invenções, a forma é, de modo tão inequívoco, uma flor."

Fig. 4

Assírio

Indonésio

expressiva[19], não "estimulação adequada" mas uma forma artística básica com um importe emocional, como todas as formas criadas Sua função não é apenas ser agradável à percepção mas impregná-la e transformá-la. É a educação da imaginação plástica. O desenho decorativo oferece a quem percebe – sem qualquer regra ou explicação, puramente através de exemplificação – uma lógica da visão. Esse fato já foi notado anteriormente; mas o que não foi notado é o fato posterior, e crucial, de que essa lógica não é a lógica conceitual de relações espaciais que leva à geometria (toda e qualquer geometria)[20]. Os princípios de visão que se tornam aparentes na estrutura das formas decorativas são princípios de *visão artística*, pelos quais os elementos visuais são extraídos do caos sensorial amorfo para conformar-se, não com nomes e predicações, como os dados da cognição prática, mas com o sentimento biológico e sua eflorescência emocional, "vida" no nível humano. Eles são, *ab initio*, diferentes dos elementos que se conformam ao pensamento discursivo; mas sua função na construção da consciência humana é, provavelmente, tão importante e profunda. A arte, como o discurso, é em toda parte a marca do homem. Tal como a linguagem, sempre que ocorre, divide-se em palavras e adquire convenções para misturar os padrões dessas palavras semi-independentes a fim de expressar proposições, do mesmo modo a gramática da visão artística desenvolve formas plásticas para a expressão de ritmos vitais básicos. Talvez seja por isso que certos artifícios decorativos sejam quase universais; talvez seja a convergência, mais do que a divergência, que explique os espantosos paralelos de desenho que podem ser encontrados em produtos culturais tão desvinculados entre si como bordados chineses, potes mexicanos, decorações corpóreas dos negros, e flores de gravadores ingleses.

O desenho decorativo puro é uma projeção direta do sentimento vital para a forma visível e a cor. A decoração pode ser altamente diversificada, ou pode ser muito simples; mas sempre tem aquilo que a forma geométrica, por exemplo, uma ilustração em Euclides, não tem – movimento e repouso, unidade rítmica, totalidade. Em vez de forma matemática, o desenho tem – ou, antes, ele *é* – forma "viva", embora não seja necessário que re-

---

19. Numa passagem posterior, ele admite isso e, efetivamente, chega à mesma conclusão que eu; mas ele jamais chega a justificar ou a retratar-se de sua afirmação anterior.

20. O fato de deixar de reconhecer essa distinção é que fez do ambicioso trabalho de Birkhoff, *Aesthetic Measure*, a especulação curiosa, inaplicável, sobre arte, que é.

presente nenhuma coisa viva, nem mesmo vinhas ou pervincas. Áreas e linhas decorativas expressam vitalidade naquilo que elas mesmas parecem "fazer"; quando retratam alguma criatura que poderia realmente fazer algo – um crocodilo, um pássaro, um peixe – essa criatura pode tanto (e em algumas tradições ainda mais) estar em repouso quanto em movimento. Mas o próprio desenho expressa vida. Linhas que se cortam num ponto central, "emanam" desse centro, embora, na realidade, nunca mudem sua relação com ele. Elementos similares ou congruentes "repetem-se", cores "equilibram-se, embora não possuam peso físico etc. Todos esses termos metafóricos denotam relacionamentos que pertencem ao objeto virtual, à ilusão criada, e são tão aplicáveis ao desenho mais simples sobre um remo ou um avental, se o desenho for artisticamente bom, quanto a uma pintura de cavalete ou uma pintura mural.

Num pequeno manual sobre desenho decorativo, encontrei esta afirmação ingênua, normativa, acerca de beiradas ornamentais: "As beiradas devem mover-se para a frente e crescer enquanto se movem."[21] O que significam as palavras "mover" e "crescer" nesse contexto? A beirada está fixada na superfície em que é pintada, impressa, bordada ou esculpida, e seria difícil dizer, em relação a uma toalha de mesa ou a uma página de rosto, qual direção é "para a frente". O "movimento" da beirada não é realmente um movimento no sentido científico, que é mudança de lugar; é a semelhança de ritmo, e "para a frente" é a direção em que os elementos repetidos do desenho parecem comprimidos. Muitas beiradas movem-se em ambas as direções, conforme quisermos "lê-las", mas algumas dão uma forte sensação de movimento num sentido só. Tais efeitos surgem diretamente do desenho, e de nada mais; o movimento de um desenho, para a frente, para trás, para fora, é inerente à sua construção. Ora, em segundo lugar, o que se quer dizer com "crescer"? Uma beirada não pode crescer e ficar maior do que a margem que ela adorna, e nem seria desejável uma tal maravilha. Não, mas a série de suas repetições parece crescer e tornar-se mais comprida por uma lei própria que faz com que ela continua. Isso, mais uma vez, é ritmo semelhança de vida (a definição de ritmo, que permite a aplicação literal do termo a formas espaciais bem como a formas temporais e, em algumas ocasiões, a outros arranjos diversos das séries, não pode ser dada aqui, mas é discutida no Cap. 7). *Todo movimento em arte*

---

21. Adolfo Best-Mangard, *A Method for Creative Design*, p. 10.

Vêneto

Mexicano

Chinês

Mexicano

Fig. 5

"Círculos tornam-se olhos... e espirais, caudas, caracóis, orelhas, galhos, ondas que rebentam."

Mexicano

Chinês

Chinês

é crescimento – não crescimento de algo retratado, como uma árvore, mas de linhas e espaços.

Existe uma tendência para essa ilusão em nossa "imaginação primária", nosso uso prático da visão. Linhas e movimento estão intimamente relacionados em termos de ideia, como também estão linhas e crescimento. Um camundongo correndo pelo piso descreve um caminho, uma linha ideal que cresce com o seu avanço. Dizemos que o camundongo *correu* para baixo do sofá e ao longo da parede; também podemos dizer que seu caminho *percorre* esse curso. Uma pessoa "escrevendo no ar" faz com que letras apareçam em nossa imaginação, linhas invisíveis que crescem à nossa frente embora nossos olhos vejam apenas sua mão que se move.

Numa beirada ornamental, não existe absolutamente nada que se mova, nenhum camundongo ou mão encabeçando a linha que avança. A própria beirada *percorre* a borda da toalha de mesa ou as margens de uma página. Uma espiral é uma linha que avança, mas o que realmente parece crescer é um espaço, a área bidimensional que ela define.

A explicação clássica de tais efeitos dinâmicos daquilo que, afinal, são marcas perfeitamente estáticas sobre um fundo, é que sua forte "persuasão do olho" faz com que esse órgão verdadeira e literalmente se movimente e a sensação nos músculos oculares faz com que nós, na realidade, sintamos o movimento[22]. Na vida quotidiana, porém, nossos olhos passam de uma coisa a outra com esforços musculares muito maiores, e as coisas num quarto não parecem estar correndo por ali. Uma pequena parte de uma beirada como a que vemos aqui

é apreendida num só olhar, praticamente sem movimento ocular. Na verdade nada se move o bastante para dar-nos uma *sensação* de movimento. O desenho, contudo, é uma forma simbólica que abstrai a continuidade, direiteza e energia do movimento, e transmite a ideia desses caracteres abstraídos exatamente como qualquer símbolo transmite seu significado. De fato, ele apresenta algo mais complexo do que a essência de movimento, o que poderia fazer se meramente *conotasse* mo-

---

22. Essa hipótese foi levantada por Theodor Lipps, em sua *Aesthetic* e outros escritos, e foi defendida por Violet Paget (Vernon Lee), especialmente em seu bem conhecido pequeno livro, *The Beautiful*.

vimento ao estimular diminutos movimentos em nossos olhos: a saber, a ideia de crescimento.

Compreender como uma linha que avança gera a ilusão de crescimento envolve-nos realmente em toda a questão de aparência criada; e a pergunta posterior: por que as beiradas que se "movem" *devem* "crescer", levanta a questão final da forma e do sentimento em arte. Vejamos que luz pode ser lançada sobre o problema e qual a solução oferecida pela teoria da semelhança e do importe simbólico.

Em certos desenhos lineares, que, evidentemente, em termos físicos estão perfeitamente imóveis sobre um fundo, parece existir movimento, embora nada esteja mudando de lugar. Por outro lado, onde o movimento realmente ocorre, ele define uma linha conceitual duradoura mesmo quando não deixa vestígio algum. O camundongo que corre parece cobrir um caminho que está no piso, e a linha imóvel, pintada, parece correr. A razão disso é que ambos incorporam o princípio abstrato de *direção*, em virtude do qual eles são bastante congruentes logicamente para serem símbolos um do outro; e no uso quotidiano, inteligente, da visão, deixamos que um substitua o outro todo o tempo, embora não o saibamos. Não é uma função que é primeiramente concebida discursivamente e depois atribuída a um símbolo possível, mas é percebida e exibida não discursivamente bem antes de ser reconhecida num dispositivo científico (como o é na linguagem da física, em que os vetores são indicados convencionalmente por flechas). O movimento, portanto, está relacionado logicamente à forma linear, e onde uma linha é ininterrupta, e formas de apoio tendem a dar-lhe direção, sua simples percepção está carregada com a ideia de movimento, que brilha através de nossa impressão do dado sensorial real e funde-se com ele na apercepção. O resultado é uma ilusão artística muito elementar (não uma delusão, pois, ao contrário da delusão, ela sobrevive à análise), que chamamos de "forma viva".

Esse termo, novamente, justifica-se por uma conexão lógica existente entre o dado semi-ilusório e o conceito de vida, pela qual o primeiro é um símbolo natural do último; pois "forma viva" exibe diretamente o que é a essência de vida – mudança incessante, ou processo, a articular uma forma permanente.

O caminho de um movimento físico é uma linha ideal. Numa linha que "tem movimento", há um movimento ideal. No fenômeno que chamamos de "vida", existem realmente tanto a mudança contínua quanto a forma permanente; mas a forma é feita e mantida por disposições complicadas de influências mútuas

Giotto, *A Saudação*

"Do começo ao fim, cada pincelada é composição."

Fig. 7   Fig. 6

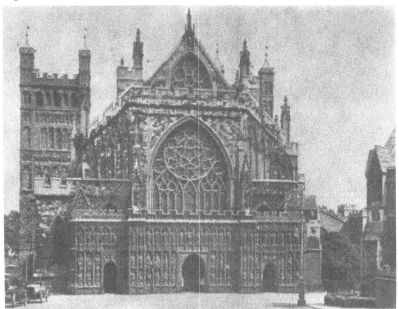

Catedral de Exeter, face oeste

"As grandes catedrais abrigam um grande número de estátuas diretamente relacionadas com a criação arquitetônica, mas que *não criam arquitetura*."

Stonehenge

"O templo realmente formou o maior mundo espacial dos homens... Podia-se ver os corpos celestes surgindo e se pondo na moldura que o templo definia."

Fig. 9   Fig. 8

Matisse, *Interior em Nice*

"O arranjo total de meu quadro é expressivo."

entre as unidades físicas (átomos, moléculas, depois células, depois órgãos), com o que as mudanças tendem sempre a ocorrer de certas maneiras preeminentes. Em vez de uma simples lei de transformação, como a que encontramos em transformações inorgânicas, as coisas vivas por um processo cumulativo, elas assimilam elementos do meio que as rodeia e esses elementos enquadram-se dentro da lei de modificação que é a forma orgânica da "vida". Essa assimilação de fatores não pertencentes originalmente ao organismo, pela qual aqueles entram na vida deste, é o princípio de crescimento. Uma coisa que cresce não precisa na realidade tornar-se maior; uma vez que a ação metabólica não para quando uma substância não viva foi assimilada e tornou-se viva, mas é um processo contínuo de oxidação, os elementos separados também renunciam ao padrão orgânico; eles se dividem novamente em estruturas inorgânicas, isto é, morrem. Quando o crescimento é mais vigoroso que a decomposição, a forma viva torna-se maior; quando estão equilibrados, ela se autoperpetua; quando a decomposição ocorre com maior rapidez do que o crescimento, o organismo está em decadência. Num determinado ponto, o processo metabólico para repentinamente, e a vida findou.

A permanência da forma, então, é o alvo constante da matéria viva; não o objetivo final (pois é o que, no final, falha), mas a coisa que está perpetuamente sendo realizada *é* sempre, a cada momento, uma realização, porque depende inteiramente da atividade de "viver". Mas o próprio "viver" é um processo, uma contínua modificação; se se imobiliza, a forma desintegra-se – pois *a permanência é um padrão de modificações*.

Nada, portanto, é tão fundamental na estrutura de nosso sentimento quanto a sensação de permanência e mudança e unidade íntima entre ambas. Aquilo que chamamos de "movimento" na arte não é necessariamente mudança de lugar, mas é a *mudança tornada perceptível*, isto é, *imaginável*, de alguma maneira. Qualquer coisa que simbolize a mudança de modo que a nós nos pareça está-la observando, é o que os artistas, com mais intuição do que convenção, chamam de elemento "dinâmico". Pode ser um "acento dinâmico" na música, fisicamente nada além de sonoridade acentuada, ou uma palavra carregada, mais do que outras, de emoção, ou uma cor que é "excitante" lá onde ela se acha, isto é, fisicamente estimulante.

Uma forma que *exemplifica* a permanência, tal como uma linha fixada ou um espaço delimitado (os esteios mais permanentes da visão), *simboliza*, todavia, o movimento, traz consigo

76   SENTIMENTO E FORMA

o conceito de crescimento, porque o crescimento é a operação normal daqueles dois princípios conjugados em mútua dependência. Consequentemente, a afirmação metafórica: "As beiradas devem avançar para a frente, e crescer à medida que avançam" é perfeitamente racional se considerarmos que, e por que, elas *parecem* fazer tais coisas. Mas por que "devem" elas ser desenhadas a fim de que o pareçam? Porque essa ilusão, esse parecer, é o símbolo real do sentimento. O padrão elementar de sentimento expresso em tais formas mundialmente aceitas como símbolos de "crescimento" é a *sensação de vida*, a "realização" mais primitiva; e não é refletida nas linhas materiais, mas na coisa criada, no "movimento" que têm. A dinâmica, que é na realidade uma ilusão, é que copia a forma do sentimento vital. É com a finalidade de serem expressivas que as beiradas precisam movimentar-se e crescer.

O "movimento" de um desenho, porém, reside sempre numa infraestrutura de estabilidade sentida; pois, ao contrário do movimento real, não está envolvido com mudanças. A única pessoa, pelo que eu sei, que reconheceu claramente essa característica do espaço plástico não é um pintor, mas sim um músico, Roger Sessions. Num curto ensaio, notavelmente perspicaz, "The Composer and His Message"[23] (ao qual provavelmente voltarei mais de uma vez), Sessions escreveu:

> As artes visuais governam um mundo de espaços, e parece-me que talvez a sensação mais profunda que derivamos do espaço não é tanto uma sensação de extensão, quanto de permanência. No nível mais primitivo, sentimos que o espaço é algo permanente, fundamentalmente inalterável; quando o movimento é apreendido através do olho, ele ocorre, por assim dizer, dentro da infraestrutura estática, e o impacto psicológico dessa infraestrutura é muito mais poderoso do que aquele das vibrações que ocorrem dentro de seus limites.

Essa dualidade de movimento-na-permanência é, de fato, o que efetua a abstração do dinamismo puro e cria a semelhança de vida, ou a atividade que mantém sua forma.

"Expressão", no sentido lógico – apresentação de uma ideia por meio de um símbolo articulado – é o poder dominante e o propósito da arte. E o símbolo é, do começo ao fim, algo criado. A ilusão, que constitui a obra de arte, não é um mero arranjo de materiais dados num padrão esteticamente agradável; ela é o que resulta do arranjo, e é literalmente algo que o artista faz, não algo que ele encontra. Ela vem junto com sua obra e extingue-se com sua destruição.

---

23. Em *The Intent of the Artist*, editado por Augusto Centeno. Ver p. 106.

Produzir e manter a ilusão essencial, destacá-la claramente do mundo circunvizinho da realidade e articular sua forma a ponto de ela coincidir inequivocamente com formas de sentimento e de vida, é a tarefa do artista. Para tais fins, ele usa quaisquer materiais que se prestem ao tratamento técnico – tons, cores, substâncias plásticas, palavras, gestos ou qualquer outro meio físico[24]. O fazimento da "semelhança" e a articulação da forma vital dentro de sua armação é, portanto, o nosso tema condutor, do qual todos os outros problemas da arte – os modos de imaginação, a natureza da abstração, os fenômenos do talento e do gênio etc. – receberão a luz que a ideia central pode lançar por implicação, o que constitui a força filosófica e o valor pragmático dos conceitos.

---

24. A proposição frequentemente feita de que a pintura não pode incorporar nada além da cor, a música nada além do tom etc., não é, penso, incondicionalmente verdadeira. Esse é um problema que a teoria da forma criada está mais apta a resolver do que qualquer teoria baseada no meio artístico (Alexander, Prall, Pry), porque ela admite o *princípio de assimilação* discutido no Cap. 10.

5. Espaço Virtual

As formas fundamentais que ocorrem nas artes decorativas de todas as épocas e raças – por exemplo, o círculo, o triângulo, a espiral, a paralela – são conhecidas como *motivos* de desenho. Elas não são "obras" de arte, nem mesmo ornamentos, elas mesmas, mas prestam-se à composição e são, portanto, incentivos à criação artística. A palavra "motivo" evidencia essa função: motivos são recursos de organização que dão à imaginação do artista um impulso e, assim, "motivam" a obra, num sentido perfeitamente ingênuo. Eles a impulsionam para a frente, e guiam seu progresso.

Algumas dessas formas básicas sugerem formatos de coisas familiares. Um círculo com um centro marcado e um desenho a emanar do centro sugere uma flor, e essa insinuação é capaz de guiar a composição do artista. Repentinamente, surge um novo efeito, há uma nova criação – uma representação, a ilusão de um objeto.

A roseta floral é um dos mais antigos e mais amplamente difundidos desses desenhos ornamentais com referência representativa óbvia. Encontramo-la em vestes assírias, em entalhes peruanos, em peitorais romanos, vasos chineses, instrumentos dos índios do Noroeste, mobília e cerâmica camponesas de toda a Europa; e nas rosáceas das catedrais góticas. O tratamento frequentemente é muito formal, bastante fantástico em termos botânicos; o centro pode ser uma espiral; as pétalas, simples linhas radiais, ou círculos à volta de um anel central, ou circundados por um grande círculo, ou podem ser ovais ou triângulos ou mesmo linhas convexas formando aros concêntricos. O ponto interessante é que em cada uma dessas invenções a forma seja tão inequivocamente uma flor (cf. Fig. 4). De repente, o elemento de representação está não apenas presente, mas parece ser o elemento dominante. De costume não pensamos em tais desenhos como sendo formas geométricas interpretadas pictoricamente, mas como figuras convencionalizadas de flores. É uma suposição comum que as pessoas primeiramente copiaram a aparência de flores reais e depois, por nenhuma razão muito evidente, "abstraíram" todas essas formas estranhas do retrato fiel. Acredito que, na verdade, um estudo comparativo da arte decorativa e da primitiva arte representativa sugere forçosamente que *a forma vem em primeiro lugar* e que a função representativa é a ela acrescida[1]. Gradualmente, as formas decorativas são cada vez mais modificadas a fim de retratar todo tipo de objetos – folhas, vinhas, as formas curiosas da vida marinha, voos de pássaros, animais, pessoas, coisas. Mas os motivos básicos permanecem: aros tornam-se olhos sem sofrer qualquer modificação, triângulos tornam-se barbas, e espirais, cachos, orelhas, ramos, ondas que se quebram (cf. Fig. 5) . O ziguezague pode decorar uma serpente do mesmo modo como decora as bordas de uma jarra, ou pode representar a serpente diretamente. Gradualmente as formas elementares são cada vez mais sintetizadas em figuras representativas, até parecerem desaparecer; mas, muitas vezes, um pouco de atenção revela-as mesmo no tratamento representacional avançado e, onde quer que as encontremos, sua função principal é a função primitiva de desenho decorativo.

Uma alteração semelhante ocorre no desenvolvimento da cor. A princípio, as cores primárias são as únicas presentes e parecem ter apenas funções ornamentais. Na genuína arte popular, cervos pretos com olhos azuis e cervos azuis com olhos pretos podem alternar-se em redor de um vaso, e guerreiros, bem como palmeiras, vêm em todas as cores. Depois a convenção fixa cores que têm alguma relação com as cores reais da natureza, mas que não denotam nenhum esforço a fim de copiar efeitos específicos. Assim, nas pinturas egípcias, os homens apresentam a cor de

---

1. Isso não é uma "lei", considerada universalmente verdadeira, porque pode haver formas de arte que partem diretamente de fetiches, signos etc., isto é, de representações. Mas a fonte mais natural e potente de *estilos* é, acredito, a forma decorativa, e mesmo criações de origem mais prática provavelmente desenvolvem-se sob sua influência.

terracota e as mulheres, branco ou marrom-claro; nos saltérios medievais, muitas vezes os anjos têm literalmente cabelos dourados e, na arte camponesa, bigodes escarlates e tranças amarelo-canário estão na ordem do dia. O uso da cor, como o de formas, é *primeiramente* ornamental e posteriormente representativo de atributos naturais.

A decoração, baseada em formas quase geométricas que são "congeniais" à nossa intuição espacial, e guiada pelo interesse em continuidades, ritmos e dinâmica emocional sentidas, é uma ordem simples, mas pura e abstrata, da forma expressiva. Quando os desenhos incluem elementos pictóricos – cães, baleias, rostos humanos – essas imagens são simplificadas e distorcidas com plena liberdade a fim de ajustarem-se ao resto do padrão. Sua representação gráfica nunca é uma cópia de impressões visuais diretas mas, sim uma formulação, uma modelação, uma definição das próprias impressões de acordo com os princípios da expressividade, ou forma vital; é simbolização desde o início. Mas, uma vez que a sugestão de objetos foi seguida, o interesse representativo faz com que a arte transcenda seus motivos elementares; surge um novo método de organização – a adaptação dos antigos recursos decorativos à descrição sistemática de objetos[2].

A importância desse princípio aumenta à medida que as formas tornam-se mais complicadas, assimétricas e sutis, criadas não apenas por meios óbvios como contornos e cores puras, mas também por ilusões de espaço retrocedente e pela orientação das unidades do desenho umas em direção às outras. A interpretação de tais unidades como formas de objetos é um auxílio inestimável na criação de novos relacionamentos espaciais, na distribuição de centros de interesse e na composição destes numa unidade visual. Por séculos, na Europa e na Ásia, o desenho e a pintura evoluíram principalmente seguindo linhas de orientação representacionais; e, assim como no desenho decorativo falamos de ziguezagues e círculos como sendo "motivos", agora também aplicamos o "motivo" àquilo que é retratado pelas linhas e formas.

Mas, não importa quantas possibilidades estejam abertas à imaginação artística pelo poder de representar coisas, a imitação

---

2. Leonardo, em seu *Tratado sobre Pintura*, aconselha os estudantes a olharem para formas casuais como rachaduras no reboque e nós nas tábuas e a tentar transformá-las em figuras, isto é, a atribuir-lhes formas de pessoas e coisas. Isso, diz ele, é muito bom para a imaginação do pintor. Parece tolice; mas era Leonardo um tolo? Ou será que ele também sentia que a "realidade" visual é composta pelas formas que expressam a vida interior de um homem?

jamais é o principal dispositivo na organização. O propósito de toda arte plástica é articular formas visuais e apresentar tais formas – tão imediatamente expressivas do sentimento humano que parece estar carregada de sentimento – como o único ou, pelo menos, o supremo objeto da percepção. Isso quer dizer que para o espectador a obra de arte deve ser não apenas uma forma no espaço, mas uma informação *do* espaço – de todo o espaço que lhe é dado. Quando investigamos sistematicamente tudo o que está envolvido nessa proposição, somos levados perpetuamente a questões cada vez mais profundas, culminando no problema da criação: O que é criado, e como é criado algo, pelo processo de desdobrar cores sobre um fundo?

O espaço, como o conhecemos no mundo prático, não tem forma. Mesmo na ciência, não a tem, embora tenha "forma lógica". Há relações espaciais, mas não há nenhuma totalidade concreta do espaço. O próprio espaço é amorfo em nossas vidas ativas e puramente abstrato no pensamento científico. É um substrato de toda nossa experiência, descoberto gradualmente pela colaboração de nossos vários sentidos – ora visto, ora sentido, ora percebido como um fator em nossos movimentos e ações –, um limite a nossa audição, um desafio àquilo que podemos alcançar. Quando a experiência espacial da vida quotidiana é refinada pela precisão e artifício da ciência, o espaço torna-se uma coordenada nas funções matemáticas. Jamais é uma entidade. Como, então pode ele ser "organizado", '"modelado" ou "articulado"? Deparamo-nos com todos esses termos nas mais sérias obras de estética.

Penso que a resposta é que o espaço em que vivemos e agimos não é, em absoluto, aquilo que é tratado na arte. O espaço harmoniosamente organizado numa pintura não é o espaço experimental, conhecido pela vista e pelo tato, pelo movimento livre e pelos obstáculos, por sons próximos ou longínquos, vozes perdidas ou reecoadas. É uma questão inteiramente visual; para o tato, a audição e a ação muscular, ele não existe. Para eles, existe uma tela chata, relativamente pequena, ou uma fria parede vazia, onde, para o olho, há um espaço profundo, cheio de formas. Esse espaço puramente visual é uma ilusão, pois nossas experiências sensoriais não concordam a seu respeito na informação. O espaço pictórico é organizado não apenas por meio da cor (incluindo branco e preto e toda a gama de cinzas entre elas), ele é criado; sem as formas organizadoras, simplesmente não está presente. Como o espaço "atrás" da superfície de um espelho, ele é aquilo que os físicos chamam de "espaço virtual" – uma imagem intangível.

O espaço virtual é a ilusão primária de toda arte plástica. Cada elemento do desenho, cada uso da cor e semelhança de forma, serve para produzir, manter e desenvolver o espaço da pintura que existe apenas para a visão. Sendo unicamente visual, esse espaço não tem continuidade com o espaço em que vivemos; ele é limitado pela moldura, ou pelos vazios que o circundam, ou outras coisas incongruentes que o isolam. Mas não se pode nem mesmo dizer que seus limites o *dividam* do espaço prático; pois uma fronteira que divide coisas também, sempre, liga-as, e entre o espaço da pintura e qualquer outro espaço não há ligação. O espaço virtual criado é inteiramente contido em si mesmo e independente.

O primeiro teórico da arte que reconheceu a natureza puramente visual e, de outra maneira, ilusória do espaço pictórico, e que compreendeu sua suprema importância para os objetivos e práticas dos pintores, foi Adolf Hildebrand. Num pequeno, mas muito sério livro, *The Problem of Form in Painting and Sculpture*, ele analisou o processo da representação pictórica do ponto de vista da criação do espaço, que denominou de processo "arquitetônico". O termo não é completamente feliz, uma vez que sugere "arquitetural", que não é seu sentido. Ele pretendia simplesmente conotar que a obra do artista é uma *construção* do espaço para apenas um sentido, a saber, a visão. Chamou essa imagem virtual de "espaço perceptivo", com o significado "visual"; e por "método arquitetônico" queria dizer a construção sistemática de formas quc deveriam apresentar e articular tal espaço.

Tudo o que é relevante e artisticamente válido numa pintura deve ser visual; e tudo o que é visual serve a finalidades arquitetônicas. Onde, na vida prática, empregamos outras faculdades além da visão a fim de completar nossas experiências visuais fragmentárias – por exemplo, a memória, medidas registradas, crenças sobre a constituição física das coisas, conhecimento de suas relações no espaço mesmo quando elas estão atrás de nós ou bloqueadas por outras coisas –, no espaço virtual de uma pintura não há tais dados de apoio. Tudo o que é, de alguma forma, dado, é dado à visão; consequentemente, precisamos ter *substitutos visuais* para as coisas que normalmente são conhecidas pelo tato, pelo movimento ou pela inferência. Daí por que uma cópia direta do que vemos não basta. A cópia de coisas vistas necessitaria a mesma suplementação a partir de fontes não visuais exigidas pela percepção original. Os substitutos visuais

78 SENTIMENTO E FORMA

para os ingredientes não visíveis na experiência do espaço constituem a grande diferença entre a representação fotográfica e a
representação criativa; esta última é necessariamente um desvio
da imitação direta, porque é uma construção de entidades espaciais apenas através da cor (talvez apenas de matizes variados
de uma cor), através de todos os tipos de dispositivos a fim de
apresentar imediatamente com completa autoridade, a ilusão primária de um espaço total perfeitamente visível e perfeitamente
inteligível.

> O material obtido através de um estudo direto da natureza, diz Hildebrand,
> é, pelo processo arquitetônico, transformado numa unidade artística. Quando
> falamos do aspecto imitativo da arte, referimo-nos ao material que ainda não
> foi desenvolvido dessa maneira [...]
> Revendo a produção artística de épocas antigas, descobrimos que a es-
> trutura arquitetônica de uma obra de arte destaca-se em toda parte como o
> fator supremo, enquanto que a mera imitação é uma coisa que se desenvolveu
> apenas gradualmente.[3]

Se comparamos essa observação com descobertas na esfera
da arte popular, a coincidência é espantosa. O processo arquitetural, como é concebido por Hildebrand, é *a construção e ordenamento de formas no espaço de tal modo que elas definam e
organizem o espaço*. Mas um espaço perceptualmente definido
é uma forma: portanto, a modelagem completa de um campo
visual dado é uma obra de arte pictórica.

O conceito central da estética de Hildebrand é o conceito do
campo visual, ou plano da pintura. Toda sua crítica de arte, de
fato, é baseada em valores pictóricos – idiossincrasia curiosa
num escultor! Mas, dentro de seus limites, a saber, a projeção
gráfica efetuada pela pintura, desenho, incisão ou trabalho em
baixo-relevo, sua análise do espaço criado é tão direta e esclarecedora que merece ser exposta.

O processo arquitetônico, diz ele, sempre trata os elementos
da visão como estando espalhados num plano oposto ao olho
perceptor. As formas elementares a partir das quais os pintores
primitivos faziam suas representações estavam exclusivamente
contidas num tal plano. Mas, na verdade, nossos olhos têm a
capacidade de focalizar em diferentes profundidades, dando à
visão um poder de penetrar por maiores distâncias. Não obstante,
com qualquer mudança de distância, *a visão é aperfeiçoada
apenas quando encontra um novo plano*. Organizar a visão no-

---

3. *The Problem of Form in Painting and Sculpture*, p. 11-12.

vamente numa profundidade diferente requer a determinação de um novo plano ideal.

A experiência no espaço composto e amorfo da percepção comum ensinou-nos a interpretar certas linhas como "escorçadas", isto é, como sinais de coisas estendendo-se numa direção perpendicular a nosso campo de visão. Na arte gráfica, entretanto, tais linhas servem apenas de mediação entre os vários planos, ou camadas de desenho, num espaço visual complexo. No momento em que nos preocupamos em construir aquilo que se prolonga na direção oposta a nós, não estamos mais lidando com formas visuais, mas com coisas e com a história delas. Em termos artísticos, coisas e acontecimentos são apenas motivos dos quais são feitas as formas, e através dos quais as formas são relacionadas, a fim de definir o espaço visual e exibir o caráter deste.

Ao relegar a imitação e seus modelos naturais a seus devidos lugares, Hildebrand enfrenta abertamente o problema da realidade e da ilusão. Com inocência filosófica, ele chama de "forma real" o caráter das coisas, como as vimos, sentimos, ou construímos pelo trabalho conjunto de todos os nossos sentidos. Além de qualquer ingênua crença ontológica que possa transmitir, "real" não é um mau termo, pois se refere às características de coisas que são aprendidas e avaliadas na esfera de nossas ações. Essa "forma real" é aquilo *com* que o artista trabalha; aquilo *para* que ele trabalha, por outro lado, é para esclarecer a "forma perceptiva", ou aparência visível desta forma. Tudo o que é importante para ele é o que contribui para a forma perceptiva.

Essa forma é uma semelhança de coisas, e os planos de visão, escalonados um atrás do outro face ao olho que percebe, são uma semelhança de espaço. Pertencem àquele espaço virtual que, acredito, é a primeira criação na arte plástica – a ilusão primária em que todas as formas harmoniosas existem como ilusões secundárias, símbolos criados para a expressão de sentimento e emoção.

O espaço virtual, sendo inteiramente independente e não uma área local num espaço real, é um sistema total, autossuficiente. Quer seja bi ou tridimensional, ele é contínuo em todas as suas possíveis direções, e é infinitamente plástico. Em qualquer obra de arte, a dimensionalidade de seu espaço e o caráter contínuo deste acham-se sempre implicitamente assegurados. As formas perceptivas são extraídas dele e devem parecer ainda estar relacionadas a ele apesar de seus limites bem definidos. Hildebrand encerra essa ideia com uma parábola que provavelmente é o que melhor a explica.

SENTIMENTO E FORMA

Imaginemos o espaço total – diz ele – como um corpo de água em que podemos imergir certos recipientes e, assim, conseguimos definir volumes individuais de água sem, entretanto, destruir a ideia de uma massa contínua de água circundando tudo.

A apresentação pictórica tem por finalidade esse despertar da ideia de espaço, e isso exclusivamente pelos fatores que o artista apresenta.[4]

Se, por conseguinte, o artista apresenta semelhanças de objetos, pessoas, paisagens etc., é por seus valores visuais enquanto porções do espaço perceptual. Ao contrário da maioria dos escritores de estética, Hildebrand define este importante conceito:

Por valores visuais do espaço queremos dizer aqueles valores de um objeto que resultam apenas em percepções puramente espaciais tendentes à concepção geral de um segmento de espaço. Por relações puramente espaciais queremos dizer percepções independentes da organização ou funcionamento do objeto envolvido. Tomemos uma forma à qual é dada expressão visual por contrastes de luz e sombra. Através de suas relações particulares e posições respectivas, esses diferentes graus de luminosidade e escuridão afetam o espectador como se estivessem realmente modelando o objeto – produz-se um efeito combinado existente apenas para o olho, por fatores que, de outro modo, não estão necessariamente ligados.[5]

A representação, em outras palavras, tem a finalidade de criar formas individuais em relação visível umas com as outras. Ela faz com que a imaginação ajude a visão a estabelecer proporções virtuais, ligações e pontos focais. A sugestão dos objetos familiares, usados dessa maneira, é essencialmente um recurso para construir volumes, distâncias, planos de visão e o espaço entre eles; e, como tal, é um fator genuinamente artístico. Mais uma vez a ilustração concreta de Hildebrand é provavelmente a melhor glosa a nosso texto:

Para dar o exemplo mais simples, pense-se num plano. É evidente que um plano é percebido com maior clareza quando algo é colocado sobre ele, por exemplo, uma árvore – uma vertical. Com alguma coisa em pé sobre ele, a porção horizontal da superfície expressa-se imediatamente: pode-se dizer que ela se torna espacialmente ativa. A árvore é afetada da mesma maneira. A tendência vertical de sua forma é acentuada pela superfície horizontal da qual surge [...] Umas poucas nuvens no horizonte atraem nosso olhar, e passamos do plano frontal vertical para o plano de fundo, destarte experimentando, efetivamente, pelo mais simples dos meios, todas as dimensões do espaço ao mesmo tempo.[6]

Árvores, nuvens, horizontes, construções e navios, pessoas em muitas posições, rostos em várias luzes, todas produzem sú-

4. *Ibid.*, p. 53-55.
5. *Loc. cit.*
6. *Op. cit.*, p. 50-51.

bitas revelações de forma expressiva para uma pessoa visualmente criativa. Todos podem ser representados na esfera virtual de intervalos e formas puramente aparentes. Mas não é, como disseram nomeadamente Croce e Bergson, a existência real do objeto a ser retratado, que o artista compreende melhor do que as outras pessoas. É a semelhança, a sua aparência e o importe emocional de sua forma, que ele percebe, enquanto que outros apenas "leem o rótulo" de sua natureza real e repisam a realidade.

O problema da "imitação", ou reprodução da aparência de um modelo, tem incomodado os filósofos desde que Platão censurou a arte como sendo "uma cópia de uma cópia". Quase que todo escritor acadêmico de estética, em face da antinomia da imitação e criação, refugia-se na doutrina de que o artista seleciona certas impressões sensoriais, de toda a reserva à sua disposição, e que sua criatividade reside no novo efeito obtido por esse processo judicioso; o resultado revela seu gosto individual, isto é, sua própria personalidade, ou então suas ênfases e expunções transmitem uma introvisão referente à "realidade" de seu objeto, que ele expõe como realmente é – não como uma espécie de coisa ou esta ou aquela criatura, mas um indivíduo único que ele "viu apaixonadamente". Em um e outro caso, ele suprime o que é inessencial e ressalta o que é essencial *para o tema* a fim de revelar a natureza deste ou os sentimentos do artista em relação a ele.

Mas uma análise desse gênero deixa-nos com uma confusão fundamental entre natureza e arte e amarra a verdade artística, em última análise, ao mesmo poste da verdade proposicional – isto é, à coisa retratada. Não é de espantar, então, que alguns estetas pretendam que nossa percepção das coisas como vistas pelo pintor não é de um tipo diferente de nossas próprias percepções na vida prática, mas difere desta apenas em contexto e uso[7]. "Criação" torna-se uma palavra algo pretensiosa para ser aplicada às modificações que um artista pode efetuar na aparência das coisas através da seleção e da ênfase. Alguns espíritos modestos, portanto, contentam-se em chamar a arte de uma "recriação" da experiência, uma "transcrição" do mundo contemporâneo. Mas aqui não há princípio algum de construção livre; todos os desvios do lugar-comum são sinais de desequilíbrio mental, de "recriação" de pesadelos. A liberdade do artista consiste em pequenas liberdades, licenças poéticas ao editar o livro da natureza na transcrição que ele faz. Quando DeWitt Parker diz que um pintor recria o que vê, mas que "para sua visão crí-

---

7. Cf. Cap. 3, nota 13.

tica haverá algo […] de mais ou de menos, algo a acrescentar ou algo a excluir […]"[8], não há como fugir da conclusão de que o artista está acrescentando toques à realidade, tornando mais bonito o mundo real.

Comparem com isso a arrojada declaração de princípios no livro de Hildebrand: Os fatores que o artista apresenta são aqueles que nos tornam conscientes das formas relacionadas no contínuo de um espaço perceptivo total. Todas as acentuações e seleções, bem como distorções radicais ou desvios completos de qualquer "forma real" de objetos têm o propósito de *tornar o espaço visível e sua continuidade sensível.* O próprio espaço é uma imagem projetada, e tudo o que é retratado serve para defini-la e organizá-la. Mesmo a representação de objetos familiares, se ocorrer, é um meio para chegar-se a tal fim.

O espaço virtual, a essência da arte pictórica, é uma criação, não uma recriação. Contudo, a maioria dos grandes artistas, e sobretudo aqueles que se afastaram mais arrojadamente da "forma real" das coisas, por exemplo, Leonardo e Cézanne, acreditavam estar reproduzindo fielmente a natureza. Leonardo até aconselhava os estudantes a colocarem um vidro através do qual se podia ver objetos, e traçar os contornos destes naquele. (Ele próprio, é, claro, não precisava desse recurso porque podia desenhar à mão livre muito bem. É bastante estranho que o método não tenha engendrado nenhum outro Leonardo.) Mas, nas reflexões de Cézanne, que sempre se centralizam na autoridade absoluta da Natureza, a relação do artista com seu modelo revela-se inconscientemente e de modo simples, pois a transformação de objetos naturais em elementos pictóricos verificava-se *em sua visão,* no ato de olhar, não no ato de pintar. Consequentemente, ao registrar o que via, ele acreditava seriamente estar pintando exatamente o que "estava lá". Em sua análise do objeto visto, expressa o princípio de construção do espaço de que são testemunhas suas pinturas.

A natureza revela-se para mim em formas muito complexas […] É preciso ver-se o modelo corretamente e senti-lo da maneira certa […] Para realizar progressos, só a natureza conta, e o olho é treinado através de seus contatos com ela. Torna-se concêntrico pelo olhar e trabalhar. Quero dizer que, numa laranja, numa maçã, num vaso, numa cabeça, existe um ponto culminante; e esse ponto é sempre – apesar do tremendo efeito de luz e sombra e das sensações de cor – o mais próximo a nosso olho; os contornos do objeto retrocedem para um centro em nosso horizonte.[9]

8. *The Analysis of Art* (1926), p. 51.
9. De duas cartas a Émile Bernard, 1904.

ESPAÇO VIRTUAL

Aqui, o grande pintor simplesmente atribui ao objeto, *visto por ele*, as propriedades que Hildebrand encontrou no espaço virtual.

O espaço do qual estamos claramente conscientes quando damos atenção ao plano distante (o "plano da pintura", a superfície transformada) está *atrás* deste. Ele começa com o plano. O espaço é concebido como uma penetração na distância [...] Todas as relações de sólidos e diferenças de forma sólida são lidas da frente para trás.[10]

Cézanne era tão excelsamente dotado da visão do pintor que para ele a vista atenta e a composição espacial eram a mesma coisa. O espaço virtual era o *habitat* de sua mente. Talvez também Leonardo pudesse "copiar a natureza" com tanta ingenuidade porque ele, na realidade, visse apenas o que, transferido para a tela ou traçado no vidro, criaria a ilusão primária, a semelhança de espaço. (Dessa maneira a visão do pintor é efetivamente seletiva, mas a linha que "seleciona" uma forma jamais foi encontrada na realidade.) É preciso um artista menor, um que conheça a luz do dia comum, para notar o processo de interpretação pelo qual os dados sensoriais, que são sinais entrevistos das condições físicas do olho normal, são liberados dessa função e, inteiramente vistos, permanecem abstraídos como novas formas, nas quais o ardor do sentimento e a sensação do processo vital são visivelmente articulados. Hildebrand, que não era pintor e, no melhor dos casos, era um escultor de segunda classe, amiúde levava vantagem como teórico.

A criação de "espaço virtual" é comum a todas as obras de arte plástica; mas isso é apenas o fazimento do universo em que a forma simbólica existe. A expressividade tem inúmeros graus. O êxito artístico completo seria a completa articulação de uma ideia, e o efeito seria a vivacidade perfeita da obra. "Manchas mortas" são simplesmente partes inexpressivas. Do começo ao fim, toda pincelada é composição; onde isso é alcançado, há uma "forma" verdadeiramente "significante" (ver Fig. 6).

Nada demonstra com maior clareza o importe simbólico das formas virtuais do que as constantes referências encontradas, em discursos e escritos de artistas, à "vida" dos objetos numa pintura (cadeiras e mesas tanto quanto seres vivos) e ao próprio plano da pintura como superfície "animada". A vida na arte é uma "vida" de formas, ou, mesmo, do próprio espaço.

---

10. Cf. Hildebrand, *op. cit.*, p. 60.

Folheando uma coleção de pronunciamentos teóricos de um grande número de artistas das mais variadas escolas e pontos de vista[11], pode-se reunir referências a esse efeito fundamental em todos os níveis da concepção pictórica, desde o simples desejo de "imitar" as ações humanas, a uma concepção mística do dinamismo a ser transmitida por cores ou linhas geométricas.

A forma artística é forma viva – disse Max Liebermann.
É evidente que essa forma é a base de toda arte pictórica. Mas é muito mais: é também seu fim e sua culminação.

Walter Sickert, falando de *Mme Rivière*, de Ingres, disse:

O desenho tornou-se uma coisa viva, com uma vida, com um débito e crédito próprios. O que emprestou aqui pode pagar, ou não, como quiser, em outro lugar.

E, novamente:

Dentre as gravuras de Rembrandt, "Meninos no Banho" é puro desenho, sem nenhum estofamento. Não há, nela, uma linha que não esteja viva.

Fernand Léger afirma sobre cores a mesma coisa que Sickert atribui a desenhos e até a meras linhas: "a cor tem uma realidade em si mesma, uma vida própria". Kandinsky leva a metáfora de "vida" ainda mais longe, ao assimilá-la conscientemente ao significado literal em sua comparação de uma linha abstrata e um peixe:

A linha isolada e o peixe isolado são igualmente seres vivos com forças peculiares a eles, embora latentes. São forças de expressão para tais seres e de impressão quanto aos seres humanos, porque cada um tem um "ar" impressivo que se manifesta por sua expressão
Mas a voz dessas forças latentes é fraca e limitada. É o meio ambiente da linha e do peixe que leva a cabo um milagre: as forças latentes despertam, a expressão torna-se radiosa, a impressão profunda [...]
O meio ambiente é a composição.
A composição é a soma organizada das funções interiores (expressões) da obra.

Assim chegamos à ideia mais geral de "vida" numa pintura, a "animação" da própria tela, a superfície como um todo. Isso,

---

11. Tenho à minha frente uma antologia interessantíssima, *Artists on Art*, editada por Robert Goldwater e Marco Treves. Todas as citações seguintes são tiradas dessa fonte, a menos que haja outra indicação expressa.

também, é uma concepção natural para um pintor; como o formulou Edward Wadsworth:

> Uma pintura é fundamentalmente a animação de uma superfície plana inerte por um ritmo espacial de forma e cores.

E Alfred Sisley:

> A animação da tela é um dos problemas mais árduos da pintura. Dar vida à obra de arte é, por certo, uma das tarefas mais necessárias do verdadeiro artista. Tudo deve servir a essa finalidade: forma, cor, superfície.

O que é, então, esse processo de "animar" uma superfície que na realidade é "inerte"? É o processo de transformar os dados espaciais reais, a superfície da tela ou do papel, num espaço virtual, criando a ilusão primária da visão artística. Essa primeira reorientação é tão importante que alguns pintores que a perceberam de modo agudo e consciente tendem a ficar satisfeitos com a mera criação do espaço, sem levar em consideração qualquer outra coisa a ser criada em suas dimensões virtuais – como Malevich, enamorado dos quadrados mágicos que, afinal, fornecem espaço e apenas espaço. E aqueles que ainda não imaginaram a distinção entre a superfície real e o plano da pintura estão inclinados, não obstante, a senti-la, como o fez Redon, indubitavelmente, quando fez observações sobre sua "peculiaridade invencível":

> Tenho horror de uma folha de papel em branco [...] Uma folha de papel choca-me tanto que no momento em que está no cavalete sou forçado a rabiscar nela com carvão ou lápis, ou qualquer outra coisa, e esse processo lhe dá vida.

Agora não é um papel, mas um *espaço*. Para os grandes pintores, a ilusão de espaço é geralmente tão evidente por si mesma que, mesmo quando falam da superfície material real, não podem falar em termos de outra coisa que não seja o elemento criado. Assim, Matisse:

> Se eu tomar uma folha de papel de determinadas dimensões, rascunharei um desenho que terá uma relação necessária com seu formato [...] E se eu tivesse de repeti-lo numa folha do mesmo formato, mas dez vezes maior, eu não me limitaria a aumentá-lo: um desenho deve ter um poder de expansão que pode trazer à vida o espaço que o rodeia.

Evidentemente, tudo isso são metáforas. Mas, mesmo enquanto metáfora, o que quer dizer? Em que sentido pode-se de alguma forma dizer que a cadeira amarela de Van Gogh ou uma estufa de estúdio está viva? O que faz uma superfície quando ela se torna, como disse Alfredo Sisley, "por vezes elevadas ao nível mais alto de vivacidade"?

Tais perguntas, que na realidade são perfeitamente justas, pareceriam filistinas e até pervertidas para quase que todo artista. Ele provavelmente insistiria, assaz seriamente, que não estava usando metáfora alguma; que a cadeira *está* realmente viva, e que uma superfície animada verdadeiramente vive e respira, e assim por diante. Isso significa simplesmente que o uso que ele faz de "vida" e "vivo" é um modo simbólico mais forte do que a metáfora: é mito.

A marca do mito genuíno é seu poder de impressionar seus inventores como sendo a verdade literal frente à mais forte evidência contrária e em total oposição aos argumentos. Ele parece ser uma verdade tão sagrada que perguntar em que sentido é verdadeiro, ou chamá-lo uma figura de linguagem, parece frivolidade. Pois é uma figura de *pensamento*, não meramente de linguagem, e destruí-lo é destruir uma ideia em sua fase primitiva, quando apenas começa a ocorrer às pessoas. É por isso que as crenças míticas são realmente sagradas. Elas são sugestivas, e trazem consigo uma ideia não formulada[12].

Mas a ideia tem de amadurecer algum dia e, tomando uma forma lógica, emergir da matriz fantástica. Quando isso ocorre, gera primeiro facções de crentes e escarnecedores, sendo que estes últimos não conseguem simplesmente entender como alguém pode prender-se aos seus absurdos. No final, nenhum pensador sério coloca mais o mito em questão; ele parece uma óbvia figura de linguagem para um fato reconhecido. O fato parece ter sido encontrado em outro lugar, no discurso racional. Na verdade, o pensamento discursivo simplesmente cresceu até chegar a ele e deu expressão literal à nova ideia, e os fatos podem agora ser observados sob sua luz.

"Forma viva" é o produto mais indubitável de toda boa arte, seja na pintura, arquitetura ou cerâmica. Tal forma está "viva" da mesma maneira que uma borda ou uma espiral estão intrinsecamente "crescendo": isto é, ela *expressa* vida – sentimento, crescimento, movimento, emoção, e tudo o que caracteriza a existência vital. Essa expressão, além do mais, não é uma simbolização no sentido usual de significado convencional ou atri-

---

12. Essa teoria da natureza do mito, desenvolvida por Ernest Cassirer em seu *Philosophie der symbolischen Formen*. Já foi por mim discutida em relação às doutrinas filosóficas, em *Nova Chave*, Cap. 7 (na edição Mentor, p. 159 – ver ed. bras., p. 187), e mais completamente num livro anterior, *The Practice of Philosophy*.

buído, mas uma apresentação de uma forma altamente articulada onde o espectador reconhece, sem qualquer julgamento ou comparação conscientes, mas, antes, por reconhecimento direto, as formas do sentimento humano: emoções, humores, até sensações em sua passagem característica. Os artistas mais intelectuais (isto é, aqueles de mente aguçada, não aqueles dados a uma concepção literal na arte) – Delacroix, Matisse, Cézanne, e vários outros mais jovens, nem sempre tão articulados – compreenderam-no claramente; a "forma viva" é o simbolismo que veicula a ideia de realidade vital; e o importe emocional pertence à própria forma, não a alguma coisa que ele representa ou sugere.

> Todo o nosso mundo interior é realidade – disse Marc Chagall – e talvez o seja mais do que nosso mundo aparente. É esta realidade, sem dúvida, que Mondrian exaltou em suas reflexões: A "Arte" não é a expressão da aparência da realidade tal como a vemos, nem da vida que vivemos, mas [...] é a expressão da verdadeira realidade e verdadeira vida [...] indefinível mas realizável plasticamente.

A arte é uma expressão lógica, não psicológica, como observou Marsden Hartley:

> Os pintores precisam pintar para seu próprio enaltecimento espiritual e prazer, e aquilo que têm a dizer, não o que são forçados a sentir, é o que interessará àqueles que estiverem interessados neles. O pensamento do momento é a emoção do momento.

Pode-se variar a última sentença para que reze: A emoção na obra é o pensamento na obra. Da mesma forma como o conteúdo do discurso é o conceito discursivo, assim o conteúdo de uma obra de arte é o conceito não discursivo do sentimento; e ele é expresso diretamente pela forma, a aparência à nossa frente. Como disse Courbet:

> Uma vez que o belo seja real e visível, ele contém sua própria expressão artística.

Maurice Denis observou o mesmo:

> A emoção – acre ou doce, ou "literária", como dizem os pintores – brota da própria tela, superfície plana coberta de cores[13]. Não há nenhuma necessidade de interpor a memória de qualquer sensação anterior (tal como a de um tema derivado da natureza).

---

13. Num sentido, sim; porém, mais adequadamente, de ilusão criada por meio das cores na tela, as formas no espaço virtual. Se estas não fossem produzidas as cores não transmitiriam nada de notável.

Um Cristo bizantino é um símbolo: o Jesus do pintor moderno, mesmo com um turbante desenhado com a maior correção, é meramente literário. Num, a forma é expressiva; noutro, uma imitação da natureza quer sê-lo.

Mas a afirmação mais explícita é a de Henri Matisse:

> A expressão, a meu modo de ver, não consiste na paixão refletida num rosto humano ou traída por um gesto violento. Todo o arranjo de minha pintura é expressivo. O lugar ocupado pelas figuras ou objetos, os espaços vazios em torno deles, as proporções – tudo desempenha um papel [...] (ver Fig. 9).
>
> Uma obra de arte deve carregar em si mesma sua significação completa e impô-la ao espectador antes mesmo que ele possa identificar o tema. Quando vejo os afrescos de Giotto em Pádua não me dou ao trabalho de reconhecer que é a cena da vida de Cristo que tenho à minha frente, mas percebo instantaneamente o sentimento que se irradia deles e que está presente na composição em cada linha e cor. O título apenas servirá para confirmar minha impressão.

Desde a primeira linha de desenho decorativo até as obras de Rafael, Leonardo, ou Rubens, o mesmo princípio de arte pictórica é exemplificado inteiramente: a criação do espaço virtual e sua organização por formas (sejam elas linhas, ou volumes, ou planos que se cortam, ou sombras e luzes) que refletem os padrões da senciência e da emoção. O espaço da pintura, seja ele concebido em duas ou três dimensões, dissocia-se do espaço real em que a tela ou outro portador físico da pintura existem; sua função como símbolo toma os objetos numa pintura tão dessemelhantes dos objetos materiais normais quanto uma palavra falada é diferente dos sons de passos, roçadelas, tinidos e outros ruídos que geralmente a acompanham e algumas vezes a abafam. O pequeno som débil de uma voz que fala atrai o ouvido no meio da confusão de sons mecânicos e é, algumas vezes, totalmente diferente, porque sua significação é de ordem diferente; de maneira semelhante, o espaço numa pintura prende completamente nossa visão porque é significante em si mesmo e não como parte da sala circundante.

A ilusão primária de espaço virtual surge com a primeira pincelada ou o primeiro risco de lápis que concentra a mente inteiramente no plano da pintura e neutraliza os limites reais da visão. Isso explica por que Redon sentia o impulso, ao ver uma folha de papel em branco em seu cavalete, de rabiscar nela tão depressa quanto possível com qualquer coisa que deixasse marca. Estabeleça-se apenas uma linha no espaço virtual, e imediatamente estamos na esfera das formas simbólicas. A mudança mental é tão definida quanto a que fazemos, se depois de ouvir um som de batidas, rangidos ou zunidos, passamos a ouvir a fala, quando subitamente, no meio dos pequenos ruídos que nos rodeiam, podemos perceber uma única palavra. Todo o caráter de nosso ato de audição é transformado. A confusão de sons físicos desaparece, o ouvido recebe linguagem, talvez indistinta por causa dos ruídos que interferem, mas lutando através deles como uma coisa viva. Exatamente o mesmo tipo de reorientação é efetuado no tocante à visão pela criação de qualquer espaço puramente visual. A imagem, seja ela uma representação ou um mero desenho, está a nossa frente em sua expressividade: forma significante.

É por isso que os artistas e os amantes da arte não têm necessidade de cultivar a "atitude estética". *Não* estão selecionando dados sensoriais do mundo real e contemplando-os como experiências qualitativas puras. O pintor "selecionou-as" e empregou exatamente as qualidades sensoriais que podia usar, ao criar as formas ilusórias que pretendia para a organização de seu espaço virtual total. Nossa contemplação de suas formas criadas, toda a semelhança organizada, deve tornar-se tão fácil para nós que o retorno à realidade é um choque. Algumas vezes, na presença da grande arte, a atenção ao meio real é difícil de sustentar.

A ilusão primária de qualquer gênero de arte é a criação básica onde todos os seus elementos existem; e estes, por sua vez, produzem-na e sustentam-na. Ela não existe por si mesma; "primário" não significa estabelecido em primeiro lugar, mas *sempre* estabelecido onde quaisquer elementos chegam a ser dados. Há inúmeras maneiras de *tornar o espaço visível*, isto é, de apresentá-lo virtualmente.

Quais são os "elementos" de uma obra de arte?

Os elementos são fatores na semelhança; e, como tais, são eles mesmos virtuais, componentes diretos da forma total. Nisso, diferem dos materiais, que são reais. As pinturas são materiais, e também o são as cores existentes no tubo ou na paleta; mas as cores numa pintura são elementos, determinados por seu meio. Elas são quentes ou frias, avançam ou retrocedem, realçam ou suavizam ou dominam outras cores; criam tensões e distribuem o peso numa pintura. As cores numa caixa de tintas não fazem isso. Elas são materiais, e jazem lado a lado em seu materialismo real, não dialético.

A escolha de materiais pode, certamente, afetar a gama de elementos disponíveis. Não se pode sempre fazer as mesmas coisas com materiais diversos. A translucidez do vidro permite a feitura e uso de elementos especiais de cor que a tinta num fundo de madeira jamais poderia criar; portanto, a pintura em vitral e a

90 SENTIMENTO E FORMA

pintura em madeira propõem para o artista diferentes problemas e sugerem diferentes ideias a serem expressos. Algumas vezes diz-se que o vidro e a madeira têm "sentimentos diferentes". Eles permitem, e mesmo exigem, formas bem distintas e, é claro, gamas igualmente distintas de significação vital.

Todos os elementos discerníveis numa pintura sustentam a ilusão primária, que é invariável, enquanto que as formas que a articulam podem variar indefinidamente. A ilusão primária é um substrato do reino das formas virtuais; ela está envolvida na ocorrência destas[14].

Mas há diferentes modos até mesmo da ilusão primária, diversas formas principais de construí-la, que levam a campos bem distintos das artes plásticas. Compreender em que sentido toda arte plástica é o mesmo tipo de coisa não basta, pois isso engendra identificações apressadas e confusões ruinosas. Mas, à luz da função elementar – a criação da ilusão primária enquanto tal –, podemo-nos aventurar a seguir toda e qualquer distinção que separa as várias formas de arte, sem perigo de perder nosso caminho nos cubículos da descrição puramente acadêmica.

---

14. Pode também haver "ilusões secundárias", certos efeitos criados não visuais como "uma sensação de tempo", que Malraux chama de "santidade", sentimento dramático, "poderes" etc., que sustentam o intento plástico. A função de tais semelhanças secundárias será examinada mais tarde.

6. Os Modos do Espaço Virtual

Até agora preocupamo-nos somente com a "projeção visual" em que o espaço é percebido como uma relação entre coisas à distância de um determinado foco, e além dele, atrás do ponto focal. O plano da pintura simula esse padrão. Mas ele não substitui simplesmente sua superfície por outras impressões que possamos ter. Fisicamente, uma pintura é em geral uma dentre várias coisas em nosso campo visual; ela está rodeada por uma parede, móveis, janelas etc. Muito poucas pinturas são suficientemente grandes para preencherem completamente nosso campo físico de visão a uma distância normal, isto é, a uma distância que nos permita enxergar com a maior vantagem as formas nelas apresentadas. Uma pintura, contudo, é um campo visual total. Sua primeira função é criar um espaço único, autossuficiente, perceptivo, que parece se nos deparar com tanta naturalidade quanto a cena que temos frente a nossos olhos quando os abrimos para o mundo real. Quer dizer, a ilusão criada na arte pictórica é uma *cena virtual*. Não real. Isto é, a ilusão criada na arte pictórica é uma *cena virtual* Não quero dizer "cena" no sentido especial de "cenário" – a pintura pode apresentar apenas um objeto ou mesmo consistir em formas decorativas puras sem valor representativo –, mas ela sempre cria *um espaço em oposição ao olho e relacionado direta e essencialmente com o olho*. É a isso que chamo de "cena".

A noção de espaço perceptivo enquanto cena virtual deriva de Hildebrand, e a ideia da criação do espaço por meio de formas puramente visuais, substituindo até todos os outros meios normais pelos visuais, é sua principal contribuição à teoria da arte. Infelizmente, entretanto, ele leva sua montaria a uma queda, dando um salto imprudente. É uma grande tentação conduzir uma teoria a ulteriores aplicações sem examinar em que medida ela é realmente geral e em que medida é especial e, consequentemente, distorcer o novo material para satisfazer condições teóricas que lhe são próprias, em vez de descobrir a versão exata do princípio geral que satisfará o novo caso. Mas é algo estranho que Hildebrand, o escultor, tenha sucumbido a ela da forma que o fez; pois, em vez de raciocinar partindo da área que ele conhecia melhor e, talvez, de aplicar mal alguns princípios de outros campos (o que, embora lamentável, seria bastante compreensível), ele transportou o conceito de espaço pictórico para a escultura, o lote inteiro; assim, transformou sua própria arte numa enteada e analisou-a essencialmente em termos gráficos.

Consequentemente, o baixo-relevo é para ele a matriz da forma escultural e a tridimensionalidade é ou uma característica de menor importância, ou um artifício para combinar muitas imagens (isto é, aspectos de uma figura) em um objeto físico por meio de uma suprema perícia técnica. Assim como o problema da forma do pintor é a criação de um volume aparente por meio de uma superfície bidimensional, do mesmo modo, ele sustenta, o problema do escultor é a criação de um plano bidimensional da pintura por meio de um volume real[1].

Essa assimilação da escultura à pintura, através da mediação do entalhe em relevo, por certo violenta o sentido escultural da maioria das pessoas; e o protesto íntimo torna-se ainda mais decidido quando também a arquitetura é tratada superficialmente como apenas outra forma de pintura, e os edifícios tornam-se coleções de fachadas sem nenhum sentimento interior. Isso é uma maneira simples demais de passar de uma teoria especial do espaço pictórico para o conceito de espaço perceptivo em geral, que é subjacente a todas as chamadas "artes plásticas" e que serve para fazer delas uma só família. Cada membro tem sua própria maneira de ser; não devemos temer a possibilidade de perder o relacionamento básico ao reconhecer tais maneiras

---

1. A escultura tridimensional, para Hildebrand, tem a mesma finalidade que a pintura chinesa em rolos: ela oferece uma série contínua de composições pictóricas. A única diferença é que o rolo a gente desenrola, mas anda-se em torno da estátua. Ver *The Problem of Form*, p.95.

OS MODOS DO ESPAÇO VIRTUAL 93

separadas. A ilusão primária não é a cena – esta é apenas uma articulação daquela –, mas o *espaço virtual*, seja ele construído como for. Pintura, escultura e arquitetura são três grandes manifestações da concepção espacial, igualmente originais e igualmente destinadas a um completo desenvolvimento sem confusão. Mesmo lá onde uma serve a outra, suas várias características não se tornam identificadas. Assim, podemos procurar na escultura a sua própria versão do espaço virtual, e na arquitetura, a sua, em vez de tratar a arte pictórica como sendo a medida de toda expressão plástica. As diferenças entre artes intimamente relacionadas são tão interessantes quanto as semelhanças e são, na realidade, o que dão a essa família multifacetada seu alcance e riqueza imponentes.

No campo da escultura, o papel da ilusão parece menos importante do que na pintura, em que uma superfície chata "cria" um espaço tridimensional que é obviamente virtual. A escultura é na realidade tridimensional; em que sentido ela "cria" espaço para o olho? Provavelmente essa é a pergunta que levou Hildebrand a dizer que a tarefa do escultor era apresentar um objeto tridimensional no plano bidimensional de pintura do "espaço perceptivo". Mas a resposta, embora seja satisfatória e, efetivamente, complete com aptidão sua teoria, não tem a confirmação da experiência imediata e da intuição artística. Os próprios escultores raramente pensam em termos de pinturas e de planos ideais de visão dispostos em ziguezague um após o outro para definir o espaço profundo (exceto no relevo perfeitamente achatado com talhes retangulares, ou mesmo meras linhas gravadas, que é na realidade arte pictórica, substituindo o instrumento de gravação pelo lápis). A escultura, mesmo quando unida a um fundo como no relevo verdadeiro, é essencialmente *volume*, não *cena*,

O volume, contudo, não é uma medida cúbica, como o espaço dentro de uma caixa. É mais do que a massa da figura; é um espaço tornado visível, e é mais do que a área que a figura realmente ocupa. A forma tangível tem um complemento de espaço vazio que ela domina absolutamente, que é dado junto com ela e apenas com ela e é, de fato, parte do volume escultural. A própria figura parece possuir uma espécie de continuidade com o vazio não importando à sua volta quanto suas massas sólidas possam afirmar-se como tais. O vazio a envolve, e o espaço envolvente tem forma vital enquanto continuação da figura.

A origem dessa ilusão (pois o espaço vazio, não limitado, na realidade não tem nenhuma parte ou forma visível) é o princípio fundamental do volume escultural: a semelhança de organismo. Na literatura sobre escultura, mais do que em qualquer outro lugar, encontram-se referências à "forma inevitável", "forma necessária" e "forma inviolável". Mas o que significam tais expressões? O que, na natureza, faz as formas "inevitáveis", "necessárias", "invioláveis"? Nada além da *função vital*. Os organismos vivos mantêm-se, resistem às mudanças, lutam para restaurar sua estrutura quando nela houve interferência pela força. Todos os outros padrões são caleidoscópicos e casuais; mas os organismos, desempenhando funções características, *devem* ter certas formas gerais, ou perecer. Para eles, há uma norma de estrutura orgânica de acordo com a qual, inevitavelmente, eles se constroem, derivando matéria de seu meio ambiente casual; e suas partes são feitas de modo a levar adiante este processo: à medida que se torna mais complexo, de maneira que as partes tenham formas necessárias a suas respectivas funções; as atividades mais especializadas, porém, são sustentadas a cada momento pelo processo ao qual servem a vida do todo. É o todo funcional que é inviolável. Rompa-se este, e todas as atividades subordinadas cessam, as partes constituintes desintegram-se, e a "forma viva" desaparece.

Nenhum outro tipo de forma é realmente "necessário", pois a necessidade pressupõe uma medida em termos teológicos, e nada além da vida demonstra qualquer τήλος (*télos*). Apenas a vida, uma vez posta em movimento, alcança certas formas inevitavelmente, enquanto ela continua de alguma maneira: a bolota torna-se um carvalho, embora raquítico ou variado; o ovo de pardal, um pardal; a larva, uma mosca. Outros acréscimos de matéria podem ter formas *usuais*, mas não lutam para alcançá-las, nem se mantêm nelas. Um cristal partido ao meio fornece simplesmente dois pedaços de cristal. Uma criatura partida ao meio ou morre, isto é, desintegra-se, ou repara uma parte, ou ambas as partes, para funcionar novamente como um todo. Pode ser até que ela se parta justamente porque os novos conjuntos são preformados, a reparação apenas feita, de modo que a ruptura é seu padrão dinâmico.

Não há nada realmente orgânico no tocante a uma obra de escultura. Mesmo a madeira entalhada é matéria sem vida. Apenas sua forma é a forma de vida, e o espaço que ela torna visível é vitalizado como o seria pela atividade orgânica em seu centro. É *volume cinético virtual*, criado pela – e com – a semelhança de forma viva.

A escultura, porém, não precisa representar organismos naturais. Ela pode corporificar a aparência de vida em formas não representativas, como simples monolitos talhados, pilares monumentais, invenções puras, ou grades, umas etc., que não representam quaisquer outros objetos, além do que eles, respectivamente, são. Ou pode representar algo inorgânico, como as garrafas de Boccioni ou as cestas e gaiolas de passarinhos de Moore e, no entanto, ser inteiramente uma forma viva; pois é a expressão do sentimento biológico, não a sugestão de função biológica, que constitui a "vida" na escultura. Onde esse sentimento é realmente transmitido, temos a semelhança da forma "inevitável", "necessária", "inviolável" ante nossos olhos, organizando o espaço que preenche e também o espaço que parece tocá-la e ser necessário para sua aparência.

Aqui temos a ilusão primária, o espaço virtual, criado de um modo bem diferente do da pintura, que é *cena*, o campo de visão direta. A escultura cria um espaço igualmente virtual, mas não um espaço de visão direta; pois o volume é realmente dado originalmente ao tato, tanto o toque cutâneo, quanto o contato a limitar o movimento corpóreo, e a função da escultura é traduzir dados em termos inteiramente visuais, isto é, *tornar visível o espaço tátil*.

O íntimo relacionamento entre tato e visão, que é assim efetuado pela semelhança de volume cinético, explica algumas das complexas reações sensoriais que os escultores, bem como os leigos, frequentemente têm em relação a ela. Muitas pessoas sentem um forte desejo de manipular toda figura. Em algumas pessoas, o desejo surge de motivos obviamente sentimentais, antropomorfizando a estátua, imaginando um contato humano; essa era a atitude expressada por Rodin, e o conhecimento de que iria tocar o mármore frio deixava-o melancólico, como Pigmalião[2]. Mas outros – dentre os artistas, provavelmente a maioria – imaginam o toque da pedra ou madeira, metal ou terra; desejam sentir a substância que está realmente presente, e deixam que suas mãos passem sobre a forma pura desta. Sabem que a sensação nem sempre confirmará a sugestão visual; talvez, mesmo, a contradiga. Contudo, acreditam que sua percepção da obra será de alguma maneira realçada.

A forma escultural é uma vigorosa abstração a partir dos objetos reais e do espaço tridimensional que construímos por meio deles, através do tato e da visão. Ela faz sua própria construção em três dimensões, a saber, a *semelhança* do espaço ciné-

---

2. Auguste Rodin, *Art*, p. 55.

96 SENTIMENTO E FORMA

tico. Da mesma maneira como nosso campo de visão direta está organizado, na realidade, como um plano à distância de um foco natural, de igual modo a esfera cinética dos volumes tangíveis, ou coisas, e os espaços livres de ar entre eles, estão organizados na experiência real de cada pessoa como seu *meio ambiente*, isto é, um espaço do qual ele é o centro; seu corpo e o alcance de seus movimentos livres, seu espaço vital e o alcance de seus membros são seu próprio volume cinético, o ponto de orientação a partir do qual ele demarca o mundo da realidade tangível – objetos, distâncias, movimentos, forma e tamanho e massa.

Bruno Adriani, em seu livro *Problems of the Sculptor*, escreveu inúmeros trechos defendendo a comparação do espaço escultural com a construção subjetiva do mundo como uma área centrada em nosso próprio volume cinético. A convergência de nossos pontos de vista – um, o de um escultor, outra, o de uma teórica – parece-me bastante digno de nota para merecer uma citação literal de suas palavras. Por exemplo:

Quando usamos a palavra "espaço" em conexão com problemas artísticos, não são aplicáveis nem o conceito geométrico do espaço tridimensional, nem a teoria dos físicos de (a) unidade tetradimensional espaço-tempo. Eles derivam do pensamento abstrato e não são acessíveis a nossos sentidos.

O espaço na arte [...] pode ser percebido através de nossa sensibilidade.

É o cenário sensorial de nossas experiências humanas, "a esfera de nossa atividade" e de nossas relações com nosso meio ambiente[3].

A escultura intensifica a vida do espaço sensorial, induzindo sua existência em nossos sentidos e em nossa consciência. [...]

Enquanto que os cientistas destilam ideias abstraías de "espaço", o artista diligencia para perceber um espaço concreto através da intuição e para torná-lo perceptível numa criação formal.

O matemático Henri Poincaré[4] [...] desenvolve a ideia de que tomamos nosso próprio corpo como instrumento de medição a fim de construir o espaço – não o espaço geométrico, nem um espaço de pura representação, mas um espaço pertencente a uma "geometria instintiva". [...]

Esse sistema fornece os meios necessários para fixar nossa posição no espaço.

Poincaré conclui que todo ser humano tem de construir primeiro esse espaço limitado, [...] e depois é capaz de ampliar – por um ato de imaginação – o espaço limitado para o "grande espaço onde podemos alojar o universo". [...]

Ampliando a teoria de Poincaré, podemos estabelecer uma analogia entre nosso procedimento instintivo de construção do espaço sensorial, e a atividade mental do escultor ao determinar, por um sistema orgânico de eixos, o esqueleto de sua obra. [...]

3. *Problems of the Sculptor*, p. 16.
4. Em *Science et Méthode*.

Através do organismo de suas formas, ele cria um "espaço limitado" como símbolo do universo[5].

Uma peça de escultura é o centro de um espaço tridimensional. É um volume cinético virtual, que domina o espaço circunvizinho, e essa ambiência deriva dele todas as proporções e relações, da mesma maneira que a ambiência real o faz no tocante a nós mesmos. A obra é uma semelhança de um eu (*self*), e cria a semelhança de espaço tátil – e, além disso, uma semelhança visual. Ela efetua a objetivação do eu e a ambiência para o sentido na visão. A escultura é, literalmente, a imagem do volume cinético no espaço sensorial.

É por isso que eu digo que é uma abstração poderosa. E, aqui, tenho de distanciar-me de Adriani; pois ele, ainda falando do escultor, continua:

> O espaço de sua escultura é seu mundo original [...] O "espectador" ideal [...] transpõe o sistema de eixos coordenados, criado pelo escultor, para seu próprio organismo.

Pelo contrário, parece-me que, exatamente porque *não* identificamos o espaço centralizado numa estátua com nossa própria ambiência, o mundo criado permanece objetivo e pode, assim, tornar-se uma *imagem* do próprio espaço que nos rodeia. É uma ambiência, mas não a nossa; nem é a de alguma outra pessoa, tendo pontos em comum com a nossa, de forma que a pessoa e o que a cerca tornam-se "objetos" para nós, existentes em nosso espaço. Embora uma estátua seja, na realidade, um objeto, não a tratamos como tal; vemo-la como centro de um espaço inteiramente próprio a ela; mas seu volume cinético e a ambiência que ela cria são ilusórios – existem apenas para nossa visão, uma semelhança do eu e seu mundo.

Isso explica, talvez, por que o encontro tátil com pedra ou madeira, contradizendo, como o faz, a aparência orgânica da escultura, pode, não obstante, deixar de causar qualquer desapontamento mas, sim, realmente acentuar nossa apreciação da forma plástica; controla a fantasia antropomórfica, e acentua o poder de abstração da obra. Contudo, manipular uma figura, não importando o que ela nos dá, é sempre um mero interlúdio em nossa percepção da forma. Temos de dar um passo para trás, e vê-la imperturbada por nossas mãos, essa quebra na esfera de sua influência espacial.

---

5. Adriani, *op. cit.*, p. 19.

98   SENTIMENTO E FORMA

Há um terceiro modo de criar espaço virtual, mais sutil do que a construção da cena ilusória ou, mesmo, do organismo ilusório, modo este que é, no entanto, não menos imperiosamente artístico e, cujo escopo, é o mais ambicioso de todos – a arquitetura. Sua "ilusão" passa facilmente despercebida por causa da evidência e importância de seus valores reais: abrigo, conforto, proteção. Suas funções práticas são tão essenciais que os próprios arquitetos frequentemente confundem-se quanto ao seu estatuto. Alguns a têm considerado como principalmente utilitária e apenas incidentalmente estética, exceto no caso dos monumentos; outros a têm tratado como "arte aplicada", onde considerações de ordem prática sempre forçam a algum sacrifício da "visão" do artista; e outros têm tentado ir ao encontro das exigências prosaicas da utilidade, ao fazer da função algo de importância suprema, acreditando que formas genuinamente apropriadas são sempre belas[6]. Em arquitetura, o problema da aparência da realidade chega ao apogeu, como em nenhuma arte. Isso faz dela um caso de experiência representativa na teoria estética, pois uma teoria verdadeiramente geral não tem exceções e, quando parece tê-las, é porque não está enunciada em termos adequados. Se a arquitetura é utilitária *exceto* no caso dos monumentos, então a utilidade não é sua essência; se ela pode ser tratada como escultura *exceto* onde interferem exigências de ordem prática, como na construção subterrânea, ou necessidades como tabiques e galinheiros, então os valores esculturais não lhe são essenciais. Se os interesses funcionais puderem ser adequadamente servidos sem beleza, então a forma pode seguir a função com todo o feliz efeito do mundo, mas a funcionalidade não é a medida do belo.

A arquitetura é tão geralmente considerada como uma arte do espaço, isto é, do espaço real, prático, e a construção é tão certamente a feitura de algo que define e arranja unidades espa-

---

6. Louis H. Sullivan foi o primeiro mestre a declarar que, para ser arquitetura, um edifício deve ser a imagem de sua função; e sua célebre frase: "A forma segue a função", tem sido citada a propósito e sem propósito. Evidentemente ele queria dizer mais do que a função prática quando disse: "Se a obra quiser ser orgânica, a função da parte deve ter a mesma *qualidade* que a função do todo; e as partes devem ter a qualidade da massa." (*Kindergarten Chats*, p. 47).

Trinta e cinco anos mais tarde, Laszlo Moholy-Nagy observou: "Em todos os campos de criação os trabalhadores estão lutando hoje para encontrar soluções puramente funcionais de tipo técnico-biológico: isto é, construir cada pedaço da obra unicamente com os elementos que são exigidos por sua função." (*The New Vision*, p. 61.)

Cf. também Frank Lloyd Wright, On *Architecture*, p. 236: "'A forma segue a função' é apenas a afirmação de um fato. Quando dizemos que 'forma e função são uma mesma coisa' é apenas então que levamos o mero fato para a área do pensamento criativo."

ciais, que todos falam da arquitetura como uma "criação espacial", sem perguntar o que é criado, ou como o espaço está envolvido. Os conceitos de *arranjo no espaço* e *criação de espaço* são constantemente intercambiados; e a ilusão primária parece ter dado lugar a uma realidade primária. Nada é mais acidental do que o emprego das palavras: ilusão, realidade, criação, construção, arranjo, expressão, forma e espaço, nos escritos de arquitetos modernos.

Mas a arquitetura é uma arte plástica, e sua primeira realização é sempre, inconsciente e inevitavelmente, uma ilusão; algo puramente imaginário ou conceitual traduzido para impressões visuais. A influência da ideia subjacente mostra-se em frases-chave como "forma funcional"[7], "vida no espaço"[8], "tomar posse do espaço"[9]. Forma funcional é um conceito tomado emprestado da biologia ou da mecânica; uma vez que, na fria realidade, os edifícios não são eles mesmos seres ativos, mas apenas permitem que as pessoas exerçam atividades neles, "forma funcional" é tomada literalmente para significar arranjo conveniente. "Uma máquina para viver dentro" é então, a mesma coisa, restrita à arquitetura doméstica, em vez de aplicada também a viadutos e túmulos e torres de rádio. Falando prosaicamente, toda vida está no espaço; e "tomar posse" do espaço não pode significar nada além de ocupá-lo fisicamente. Cobertores colocados dentro de um baú, enchendo-o completamente, tomam posse do espaço no seu interior. Mas certamente Moholy-Magy não se referia ao preenchimento físico quando escreveu, no último parágrafo triunfal de *The New Vision*:

> Uma flutuação constante, para os lados e para cima, radiante, multifacetada, anuncia ao homem que ele tomou posse, até o ponto em que o permitem suas capacidades humanas e suas concepções do momento, do imponderável, invisível, mas onipresente, espaço.

Essa concepção mística de espaço é meramente uma forma extaticamente acentuada de uma noção corrente e bem aceita entre arquitetos – a noção de espaço como entidade, com relações internas algumas vezes descritas como "dinâmicas", outras como "orgânicas". Pode-se ler a respeito de "espaços intersectantes" e "tensões intervalares de espaço".

---

7. Sullivan, *loc. cit.*

8. Le Corbusier (C. E. Jeannert-Gris), *Toward a New Architecture*, p. 4. [Trad. bras.: *Por uma Arquitetura*, São Paulo, Perspectiva, 1977.]

9. Moholy-Nagy, *op. cit*, p. 180 e 202.

Tais expressões simplesmente não têm sentido com referência a nossos conceitos práticos ou científicos do espaço. Linhas ou raios de luz podem cortar-se, mas não espaços; há um só espaço concebido pelo bom senso como o receptáculo ideal que contém, tudo, e pelas mentes científicas como o sistema-coordenado pelo qual tudo está relacionado. Para o arquiteto, entretanto, não parece ser esse o caso, ou ele não teria toda uma literatura sobre espaço "vivo" e "ativado" e "orgânico" e até mesmo "onipresente" – espaço a ser vivido, sentido, intuído e tudo o mais. O arquiteto, em suma, lida com um *espaço criado*, uma entidade virtual: a ilusão primária da arte plástica efetuada por uma abstração básica peculiar à arquitetura.

Como a *cena* é a abstração básica da arte pictórica, e o *volume cinético* a da escultura, a da arquitetura é um *domínio étnico*. Na realidade, é claro, um domínio não é uma "coisa" entre outras "coisas"; é a esfera de influência de uma função ou funções; pode ter efeitos físicos sobre alguma localidade geográfica ou não ter. Culturas nômades, ou fenômenos culturais, como a vida dos navegantes, não se inscrevem em nenhum lugar fixo da terra. Contudo um navio, constantemente mudando sua localização, é, não menos, um lugar contido em si mesmo, e o mesmo acontece com um acampamento de ciganos, de índios ou de um circo, por mais frequentemente que mudem suas referências geodésicas. Literalmente, dizemos que o acampamento está *em* um lugar; culturalmente, ele *é* um lugar. Um acampamento de ciganos é um lugar diferente de um acampamento de índios, embora possa estar geograficamente lá onde o acampamento de índios costumava estar.

Um lugar, neste sentido não geográfico, é uma coisa criada, um domínio étnico tornado visível, tangível, sensível. Como tal, ele é, evidentemente, uma ilusão. Como qualquer outro símbolo plástico, é fundamentalmente uma ilusão de espaço autônomo, autossuficiente, perceptivo. Mas o princípio de organização é próprio: pois é organizado como uma área funcional tornada visível – o centro de um mundo virtual, o "domínio étnico" e, ele mesmo, uma semelhança geográfica .

A pintura cria planos de visão, ou "cenas" que confrontam nossos olhos, numa superfície real, bidimensional; a escultura cria um "volume cinético" virtual a partir de material real tridimensional, isto é, de volume real; a arquitetura articula o "domínio étnico", ou "lugar" virtual, pelo tratamento de um lugar real.

OS MODOS DO ESPAÇO VIRTUAL

A ilusão arquitetônica pode ser estabelecida por uma simples formação de pedras verticais a definir o círculo mágico que separa o sagrado do profano, mesmo por uma única pedra que marca um centro, isto é, um monumento[10]. O mundo exterior, embora não seja isolado fisicamente, é dominado pelo santuário e torna-se seu contexto visível; o horizonte, sua moldura. O Templo de Poseidon, em Sounion, mostra esse poder de organização que tem uma forma composta. Por outro lado, um túmulo escavado na rocha sólida pode criar um domínio completo, um mundo dos mortos. Não tem exterior; suas proporções são derivadas internamente – da pedra, do sepultamento – e definem um espaço arquitetônico que pode ser profundo, alto e largo, dentro de apenas alguns poucos cúbitos de medida real. O "lugar" criado é essencialmente uma semelhança, e tudo aquilo que afetar essa semelhança é relevante arquitetonicamente. Uma lâmpada no chão pode torná-lo um antro fantasmagórico – uma luz vindo do alto, ressaltando os veios na rocha, a textura do teto e das paredes, transforma-o numa câmara estranhamente digna. *Todas essas possibilidades são dadas com a ideia arquitetônica.* Le Corbusier disse:

Arquitetura é o jogo magistral, correto e magnífico, de massas reunidas na luz[11].

Mas a luz é um fator variável; portanto os elementos da arquitetura – os constituintes da semelhança total – devem ser multiformes a ponto de permitir, livre e seguramente, as transformações radicais que serão feitas pelas mudanças de luz. Em boas construções, tais mudanças são origem de riqueza e vida; luzes inusitadas salientam novas formas, mas todas as formas são belas, e toda mudança dá origem a um estado de espírito completo, perceptível.

Uma cultura é formada, efetivamente, pelas atividades de seres humanos; é um sistema de ações entrecruzadas e intersectantes, um padrão funcional contínuo. Como tal, ela é, evidentemente, intangível e invisível. Ela tem ingredientes físicos – artefatos; e também sintomas físicos – os efeitos étnicos que são estampados na face humana, conhecidos como sua "expressão", e a influência da condição social no desenvolvimento, postura e movimento do corpo humano. Mas todos esses itens são fragmentos que "significam" o padrão total da vida apenas

10. Cf. Sullivan, *op. cit.*, p. 121.
11. Le Corbusier, *op. cit.*, p. 29.

102 SENTIMENTO E FORMA

para aqueles que estão familiarizados com ele e que podem ser relembrados de sua existência. São ingredientes de uma cultura, não sua imagem.

O arquiteto cria a imagem da cultura: uma ambiência humana fisicamente presente que expressa os padrões funcionais rítmicos característicos que constituem uma cultura. Tais padrões são as alternâncias de sono e vigília, aventura e segurança, emoção e calma, austeridade e liberdade; o tempo, e a suavidade ou rudeza da vida; as formas simples da infância e as complexidades de uma completa estatura moral, os humores sacramentais e caprichosos que marcam uma ordem social e que são repetidos, embora com característica seleção, por toda vida pessoal originada de tal ordem. Uma vez mais posso lançar mão das palavras de Le Corbusier:

A arquitetura [...] *deve usar os elementos que são capazes de afetar nossos sentidos e de recompensar o desejo de nossos olhos*, e deve dispô-los de tal maneira *que a visão destes nos afete imediatamente* por sua delicadeza ou brutalidade, sua agitação ou sua serenidade, sua indiferença ou seu interesse; esses elementos são elementos plásticos, formas que nossos olhos podem ver e nossas mentes podem medir.[12]

A arquitetura é a primeira manifestação do homem criando seu próprio universo, criando-o à imagem da natureza. [...]
As leis físicas primordiais são simples e em número reduzido. As leis morais são simples e em número reduzido.[13]

Um universo criado pelo homem e para o homem, "à imagem da natureza" – não, com efeito, simulando objetos naturais, mas exemplificando "as leis da gravidade, da estática e da dinâmica" – é a *semelhança* espacial de um mundo, porque feito no espaço real, todavia não é sistematicamente contínuo com o resto da natureza numa completa democracia de lugares. Tem seu próprio centro e periferia, sem que divida um lugar de todos os outros, mas limite de dentro o que quer que deva sê-lo. Essa é a imagem do domínio étnico, a ilusão primária na arquitetura.

O produto mais familiar da arquitetura é, evidentemente, a *casa*. Em virtude de sua ubiquidade é a forma geral mais detalhada e, no entanto, a mais variável. Pode abrigar uma pessoa ou uma centena de famílias; pode ser feita de pedra ou madeira, gesso, cimento ou metal, ou muitos materiais juntos – e até papel, grama ou neve. As pessoas fazem casas nas cavernas de

12. *Ibid.*, p. 16.
13. *Ibid.*, p. 73.

montanhas estéreis e casas de peles de animais para levá-las consigo na marcha; usam árvores copadas como teto, prendendo as casas aos troncos vivos. A necessidade imperativa de moradias em todas as condições, do gelo polar, quase tão morto como a lua, às pródigas terras mediterrâneas, fez com que todo meio de construção fosse explorado; a casa tem sido a escola primária do construtor.

Mas as grandes ideias arquitetônicas raramente surgiram, se é que alguma vez o fizeram, das necessidades domésticas. A razão é bem simples: a cultura tribal é coletiva e seu domínio, portanto, é essencialmente público. Quando ela se torna visível, sua imagem é uma esfera pública. A maior parte da arquitetura primitiva – Stonenhenge*, os Mounds**, o Templo do Sol – define o que pode ser denominado de "espaço religioso". Esta é uma esfera virtual; o templo, embora orientado pelos pontos do equinócio, simbolizava meramente os "cantos da terra" para as pessoas simples que provavelmente nem chegavam a entender o esquema astronômico. O templo realmente tornava o espaço um mundo maior – a natureza, a residência de deuses e fantasmas. Podia-se ver os corpos celestiais nascendo e pondo-se na estrutura definida por ele; e, enquanto apresentava esse espaço ao pensamento popular, ele unificava céu e terra, homens e deuses (ver Fig. 8).

O mesmo pode ser dito dos edifícios mais civilizados que servem para salvaguardar a vida religiosa contra as incursões do profano. Os templos egípcios, gregos e romanos, a igreja, a mesquita, todos apresentam à vista externa uma parede, escondendo o santuário. Os Filhos do Zodíaco não são mais convidados a ir e vir, traçando suas órbitas entre as colunas do templo. Um cela envolve o altar. Mas o edifício domina a comunidade, e sua aparência exterior organiza o local da cidade; a religião, embora não mais a totalidade da vida, é a confluência de todas as ideias. Dentro do santuário, o domínio cultural é resumido pelo meio arquitetônico mais econômico e concentrado – um mundo sacro, onde ninguém pode viver, porque é por demais puro e comovente, mas no qual se entra para a comunhão consciente entre Deus e homem.

Os grandes túmulos são a imagem de um Mundo Ínfero; suas paredes sem janelas criam um útero da Terra, embora sejam

---

* Um conjunto de rochas dispostas circularmente e rodeadas por um muro de 13 km, que data do fim do Neolítico, ou início da Idade do Bronze, e a situa-se na Inglaterra. (N. dos T.)

** Denominação de montes-túmulos, de origem indígena pré-histórica, localizados na América do Norte (N. dos T.).

construídos acima do solo e em plena luz do sol. Destinam-se ao silêncio e ao reino da Morte. Contudo, artisticamente, não há nada de mais vivo do que a tensa quietude de tais câmaras; nada expressa uma Presença e seu domínio tão inequivocamente quanto um túmulo egípcio. Mesmo roubado do cadáver que entesourava, isto é, despido de sua função real, ele é o Reino dos Mortos visualizado.

Numa sociedade secular, por exemplo, a cultura bárbara dos godos, onde espadas tinham nomes e jurava-se fidelidade aos senhores da guerra em vez de aos deuses, a Sala era o símbolo natural de um mundo humano, onde o homem encontrava-se

Como o pardal, voando para dentro por uma porta, e imediatamente saindo por outra [...] Para o negro inverno de onde havia emergido.

A arquitetura cria a semelhança do Mundo que é a contrapartida de um Eu. É uma ambiência total tornada visível. Onde o Eu é coletivo, como numa tribo, seu Mundo é comunitário; para o Eu pessoal, é o lar. E tal como a ambiência real de um ser é um sistema de relações funcionais, assim uma "ambiência" virtual, o espaço criado da arquitetura, é um símbolo de existência funcional. Isso não quer dizer, entretanto, que os *signos* de atividades importantes – ganchos para instrumentos, bancos confortáveis, portas bem planejadas – desempenhem algum papel em sua significação. Nessa falsa presunção reside o erro do "funcionalismo" – é um erro que não vai muito fundo, mas talvez tão fundo quanto vai a própria teoria. A expressão simbólica é algo que está a milhas de distância do planejamento previdente ou do bom arranjo. Ela não sugere coisas a fazer, mas encarna o sentimento, o ritmo, a paixão ou a sobriedade, a frivolidade ou o medo de que todas as coisas são compostas. É essa a imagem de vida que é criada nas construções; é a semelhança visível de um "domínio étnico", o símbolo da humanidade a ser encontrado na força e na interação de formas.

Em virtude de sermos organismos, todas as nossas ações desenvolvem-se de maneira orgânica, e nossos sentimentos, bem como nossos atos físicos, possuem um padrão essencialmente metabólico. Sístole, diástole; fazer, desfazer; *crescendo, diminuendo*. Sustentando, algumas vezes, mas jamais por períodos indefinidos; vida, morte.

Similarmente, a ambiência humana, que é o correspondente de qualquer vida humana, conserva a estampa de um padrão funcional; é a forma orgânica complementar. Portanto, qualquer edifício que pode criar a ilusão de um mundo étnico, de um "lu-

OS MODOS DO ESPAÇO VIRTUAL

gar" articulado pelo selo da vida humana, deve parecer orgânico, como uma forma viva. "Organização" é a divisa da arquitetura. Ao ler as obras de grandes arquitetos com propensão filosófica – Louis Sullivan, por exemplo, ou seu discípulo Frank Lloyd Wright, ou Le Corbusier – somos razoavelmente perseguido pelos conceitos de crescimento orgânico, estrutura orgânica, vida, natureza, função vital, sentimento vital, e um número indefinido de outras noções que são mais biológicas do que mecânicas. Nenhum desses termos se aplica aos materiais reais ou ao espaço geográfico exigido por uma construção. "Vida" e "organismo" e "crescimento" não têm importância para terrenos reais ou materiais de construção. Referem-se ao espaço virtual, ao domínio criado das relações e atividades humanas. O lugar que uma casa ocupa sobre a face da terra – quer dizer, sua localização no espaço real – continua sendo o mesmo se a casa é consumida pelo fogo ou se é demolida ou removida. Mas o lugar criado pelo arquiteto é uma ilusão, gerada pela expressão visível de um sentimento, algumas vezes chamado de "atmosfera". Esse tipo de lugar desaparece se a casa é destruída, ou modifica-se radicalmente se a edificação sofre qualquer alteração violenta. Nem é preciso que a alteração seja muito radical ou extensa. O acréscimo de águas-furtadas desequilibradas, pórticos espalhafatosos e outras excrescências são doenças assaz espetaculares; má colocação e decoração interior confusa, embora sejam suaves em comparação, podem bastar para destruir a ilusão arquitetônica de uma totalidade étnica, ou "lugar" virtual[14].

A proposição aqui adiantada de que a ilusão primária da arte plástica, *espaço virtual*, aparece na arquitetura como *defrontação de um domínio étnico* acarreta algumas consequências interessantes. Em primeiro lugar, liberta a concepção de arquitetura de toda sujeição a fatores especiais de construção, mesmo de fatores elementares como pilar, verga e arco. A importância de tais dispositivos antigos está fora de qualquer discussão; porém, mesmo eles podem capitular ante novos recursos técnicos, e a criação que toma forma sem beneficiar-se deles pode, não obstante, ser arquitetura pura e inquestionável. Em segundo lugar, ela dá um novo e vigoroso significado a um princípio insistentemente sustentado pelos grandes arquitetos de hoje – que a arquitetura procede do interior para o exterior de um edifício, de

---

14. Poder-se-ia dizer muito aqui sobre o tratamento interior, isto é, o mobiliamento e decoração; mas esse tópico apresenta algumas relações interessantes com o problema do *desempenho*, que surge na música, teatro e balé, de maneira que eu o adiarei para um capítulo posterior.

106 SENTIMENTO E FORMA

maneira que a fachada nunca é uma coisa concebida separadamente, mas, como a pele ou carapaça de uma criatura viva, é o limite externo de um sistema vital, sua proteção contra o mundo e, ao mesmo tempo, seu ponto de contato e interação com o mundo[15]. Um edifício pode estar inteiramente encerrado por uma parede sólida, mascarante, como um palácio renascentista ou um harém turco, onde a vida está aberta apenas para o pátio interior; ou pode não ter praticamente proteção alguma, estando separado de sua ambiência apenas por vidro e telas, cortinas e venezianas móveis. Seu domínio virtual pode incluir terraços e jardins, ou fileiras de esfinges, ou uma grande piscina retangular. Mar e céu podem preencher os intervalos entre suas colunas e estar reunidos ao seu espaço. Em terceiro lugar, essa concepção oferece um critério sobre quais coisas pertencem à arquitetura, como essenciais, como variáveis (como telhados ou cômodos adaptáveis para verão e inverno), ou como auxiliares. A mobília pertence à arquitetura apenas até o ponto em que ela toma parte na criação do domínio étnico[16]. Pinturas, tratadas pelos "decoradores de interiores" como embelezamentos de um cômodo, podem permanecer dissociadas dele ou até lhe ser hostis. Contudo, uma grande pintura *tem direito a um cômodo*, e um espaço francamente consagrado a ela *é* um domínio étnico de tipo especial, com uma função assim atribuída. Muitos arranjos práticos, por outro lado, não têm significação arquitetônica, embora estejam na casa, isto é, embutidos nela: aquecimento a vapor ou de água quente, obturadores de condutos de fumaça etc. Eles afetam a utilidade do edifício, mas não sua aparência – nem mesmo sua aparência funcional. São fatores materiais, mas não elementos arquitetônicos[17].

O resultado mais interessante da teoria, entretanto, é a luz que lança sobre a relação entre arquitetura e escultura. O problema do inter-relacionamento entre as artes e, de fato, da sua

15. Cf. Laszlo Moholy-Nagy, *op. ext.*, p. 198: "Uma vez que na arquitetura não são os padrões esculturais mas as posições espaciais que são os elementos de construção, o interior do edifício deve estar interligado e ligado com o exterior por meio de suas divisões espaciais."

16. Nada pode parecer mais herético para um músico do que a declaração de Wright segundo a qual um piano num cômodo deveria ser "embutido", deixando apenas que as partes "necessárias" – teclado, suporte de músicas e pedais – rompam um belo espaço de parede. Deixando de lado o efeito na tonalidade, a afronta ao instrumento é ultrajante: pois o instrumento é uma presença viva no cômodo, cuja beleza deve ser respeitada em vez de sobrepujada por planos arquitetônicos.

17. Eles são, não obstante, preocupação do arquiteto, e se este os negligenciar, pouco honrará seu trabalho – como um Leonardo que pinte com pigmentos experimentais, perecíveis.

unidade básica, na realidade pertence a uma parte bem ulterior de minha investigação; mas, neste ponto, a especial conexão dessas duas artes (aparentadas como são, afinal de contas) torna-se naturalmente aparente e, portanto, seria puro pedantismo postergar sua menção.

A mais antiga escultura que conhecemos é inteiramente moldada e independente: as "Vênus" primitivas dos tempos pré-históricos. Não restam monumentos arquitetônicos dessa época, a menos que o dólmen megalítico e certos *mounds* remontem a sua origem até os fetiches arcaicos. Mas quase que no mesmo momento em que aparecem edificações de pedra talhada, a escultura é assimilada à arquitetura; e, pelo mundo inteiro, a estatuária transfunde-se no altar, na parede do templo, na voluta, no arcobotante. Figuras livres e em relevo são quase que igualmente sustentadas pelas edificações com que estão associadas, e às quais usualmente se diz que elas "adornam".

A grande escultura, porém, embora intimamente relacionada a uma edificação, não é um elemento arquitetônico. O lugar criado, em vez de simplesmente incorporá-la e, assim, sobrepujá-la, deve dar-lhe lugar. Por essa razão, apenas interiores muito vigorosos, autônomos, podem permitir-se o luxo de ter esculturas. As duas formas de arte são, de fato, complementos exatos uma da outra: uma, uma ilusão de volume cinético, simbolizando o Eu, ou centro da vida – outra, uma ilusão de domínio étnico, ou a ambiência criada pela "Euidade" (*Selfhood*). Cada uma articula diretamente uma metade do símbolo de vida e a outra metade por implicação; com qualquer das duas que comecemos, a outra é seu plano-de-fundo. O templo a abrigar a estátua ou, inversamente, a estátua abrigada no tempo, é a Ideia Absoluta; como todos os absolutos, intelectualmente imóvel, é antes uma matriz de expressão artística do que um princípio diretor.

Quando a ambiência criada por uma edificação está muito acima das concepções morais de seus possuidores, a escultura articula seu significado claro, que estaria perdido se não fosse assim. As grandes catedrais dão lugar a uma abundância de estatuária diretamente relacionada à criação arquitetônica, porém *não para criar arquitetura* (ver Fig. 7). A catedral é um lugar criado para símbolos de vida, mais do que para a vida real, o que fica muito aquém da ideia arquitetônica. Em criações altamente ideais, a escultura e a arquitetura frequentemente têm de suplementar uma à outra; e, nas culturas mais perfeitas, onde o alcance mental estava muito além da apreensão humana real, elas sempre o fizeram – a saber, no Egito, Grécia, Europa medieval,

China e Japão, nos grandes períodos religiosos na índia, e na Polinésia, no auge de sua vida artística.

A escultura moderna volta à existência independente à medida que o conceito de ambiência social cai emocionalmente na confusão, torna-se sociológico e problemático, e a "vida" é na realidade entendida apenas a partir de *dentro* do indivíduo. Novamente a expressão direta é do Eu, e o domínio étnico, criado por implicação, é seu valor emotivo mas apreendido vagamente. E a pintura – a semelhança de *cena* objetiva, visual – consegue seus direitos como a suprema arte de nossa época.

A pintura tem uma evolução diferente, sustentada por outros fenômenos que não a arquitetura. Não quero falar, neste ponto, de sua história e de suas conexões, exceto para observar que as tentativas de alguns arquitetos de assimilar "a arte do pintor" a seu próprio campo, quando descobrem a importância da cor para a arquitetura, é um erro. Ter um material em comum não vincula duas artes de alguma maneira importante. A cor é uma coisa numa casa e uma coisa bem diferente numa pintura. Mesmo a vista real por uma janela é um tipo de elemento e o plano de visão no espaço virtual é bem outro. As conexões procuradas aqui são na realidade difíceis demais paira uma solução tão superficial, e pertencem a um nível filosófico diferente.

Voltemos à ilusão primária das artes plásticas, *espaço virtual*, em seus vários modos. O fato de esses modos serem apenas outras tantas maneiras de criar espaço, relaciona-os tão definitivamente quanto os distingue, e sugere boas razões pelas quais mentes diversas encontram expressão, respectivamente, através das diversas abstrações básicas que dão origem às grandes formas, e têm, contudo, uma afinidade bem maior com outras formas de arte plástica diferente da sua do que com as artes que não criam em absoluto qualquer espaço virtual; para falar de exemplos específicos, por que é provável que um pintor seja um juiz competente de arquitetura, escultura, desenho têxtil, ourivesaria, cerâmica ou qualquer outra criação do espaço visual, mas não tem mais probabilidades do que qualquer leigo (e, é claro, tampouco menos) de possuir um entendimento especial de música ou literatura. Na verdade, está apto a julgar outras artes, como balé e teatro, inteiramente do ponto de vista da forma plástica, que não é de modo algum de importância suprema nas áreas destas artes.

As profundas divisões entre as artes são aquelas que apartam seus próprios mundos, isto é, as diferenças no que as várias artes criam, ou diferenças de ilusão primária. Muitas pessoas – artistas, críticos e filósofos – são contrárias a qualquer estudo sério dessas divisões, porque acham que, de alguma maneira, a arte é uma só, e a unidade é mais real do que a multiplicidade que, insistem elas, pode ser apenas ilusória, devida a diferenças materiais, puramente técnicas e muito superficiais. Contudo, uma rejeição tão apressada de um problema geralmente revela temor em face dele, mais do que uma firme convicção de sua desimportância. Também acho que a arte é essencialmente una, que a função simbólica é a mesma em toda espécie de expressão artística, todas as espécies são igualmente grandes, e sua lógica é inteiriça, a lógica da forma não discursiva (que governa a forma literária, bem como qualquer outra forma criada). Mas a maneira de estabelecer esses artigos de fé como proposições razoáveis não é apenas afirmá-los enfática e frequentemente, e desprezar as evidências em contrário; é, mais do que isso, examinar as diferenças, e traçar as distinções entre as artes até o ponto em que possam ser seguidas. Elas são mais profundas do que pode, à primeira vista, parecer. Mas existe um nível definido em que não é possível mais efetuar distinções; tudo o que se pode dizer de uma única arte pode ser dito de qualquer outra também. *Ali está a unidade*. Todas as divisões terminam nessa profundidade, que é a base filosófica da teoria da arte.

7. A Imagem de Tempo

Das artes plásticas, que tornam o espaço visível pelos vários modos em que nós instintivamente o concebemos e lidamos com ele, voltamo-nos para outro grande gênero artístico, a música. Imediatamente estamos como que num reino diferente. O espelho do mundo, o horizonte do domínio humano e todas as realidades tangíveis se foram. Os objetos tornam-se uma mancha; toda visão, irrelevante.

A esfera da experiência, porém, alterada de maneira tão radical, está inteiramente preenchida. Existem formas nela, grandes e pequenas, formas em movimento, algumas vezes convergindo para dar uma impressão de completa realização e repouso a partir de seus próprios movimentos; há imensa agitação, ou vasta solidez e, mais uma vez, tudo é ar; tudo isso num universo de puro *som*, um mundo audível, uma beleza sonora a apoderar-se de toda nossa consciência.

Desde que Pitágoras descobriu a relação entre a altura de um som e a frequência das vibrações do corpo que produz esse som, a análise da música tem-se centralizado nos estudos físicos, fisiológicos e psicológicos dos *tons*: sua própria estrutura física e possibilidade de combinação, seus efeitos somáticos em homens e animais, sua recepção no consciente humano. A acústica tornou-se uma ciência valiosa, que não apenas possibilitou o advento de melhores condições de produzir e ouvir música como

112 SENTIMENTO E FORMA

também, na esfera da própria música, da escala temperada e da fixação de uma tonalidade padrão.

A objetividade de tais conquistas inspirou a esperança de que, embora a pintura ou a poesia pudessem ser recalcitrantes quanto ao tratamento científico, a música, pelo menos, poderia ser compreendida e tratada através de leis naturais relativamente simples, o que poderia depois ampliar a compreensão, pela analogia, de artes menos abstraías e menos transparentes. Repetidas vezes, portanto, têm sido feitas tentativas de explicar a invenção musical pela complexidade física dos próprios tons, e descobrir as leis e limites da composição numa base de razões ou sequências matemáticas a serem exemplificadas. Não leva a nada discutir as completas tolices ou as esquisitices acadêmicas a que essa esperança deu origem, tal como o Sistema de Composição de Schillinger[1], ou o esforço sério e elaborado de G. D. Birkhoff[2] para calcular o grau exato de beleza em qualquer obra de arte (plástica, poética e musical) através da tomada da "medida estética" de seus componentes e da integração destes para obter um juízo de valor quantitativo.

A única teoria artisticamente válida e valiosa que eu conheço, baseada primordialmente na natureza composta da tonalidade, é a obra de Heinrich Schenker. Mas a significação de Schenker ficará muito mais evidente depois que minha própria tese principal for apresentada, de maneira que deixarei para mais tarde todos os comentários sobre sua análise, exceto um: a saber, que seu valor reside grandemente no fato de que ela sempre permanece uma análise e jamais pretende ter qualquer função sintética. Uma obra de arte é uma unidade originariamente, e não pela síntese de fatores independentes. A análise revela elementos nela, e pode prosseguir indefinidamente, fornecendo cada vez maior compreensão; mas ela nunca poderá proporcionar uma receita. Pelo fato de Schenker respeitar essa relação entre o teórico e seu objeto, ele jamais trata de uma obra-prima sem respeito, embora suas investigações se estendam até o mínimo detalhe. Não há perigo de ser "superintelectualizado" lá onde o intelecto desempenha seu devido papel[3].

1. Ver Joseph Schillinger, *The Schillinger System of Musical Composition* e *The Mathematical Basis of the Arts.*

2. G. D. Birkhoff, *Aesthetic Measure.* Outra "esquisitice acadêmica" (para falar com polidez) foi meu próprio esforço juvenil de aplicar a lógica simbólica à música: o que confesso, mas não transcrevo.

3. Schenker fala de "síntese", mas não no sentido de um verdadeiro procedimento. É uma atividade mística que ele atribui à própria Linha Arquetípica, a *Urlinie*, não ao compositor. "A diminuição está para a Linha Arquetípica assim como o esqueleto de um

A IMAGEM DE TEMPO 113

Mas a pergunta filosófica: "O que é a música?", não é respondida nem mesmo por Schenker; pois ela não pode ser respondida através de pesquisas sobre os ingredientes com os quais são feitas as obras musicais. Quase todas as investigações sérias até agora têm-se preocupado com os materiais da música e as possibilidades de sua combinação. O fato de as proporções tonais figurarem entre as primeiras leis físicas a serem matematicamente expressas, experimentadas e sistematizadas, deu à música o nome de uma ciência, até mesmo de um modelo científico para a cosmologia, desde os tempos antigos até nossos dias[4]. O material em si mesmo é interessante e oferece um campo definido, especializado, de indagação. A ordem de tonalidade é contínua, e corresponde a uma série igualmente ordenada de frequências de vibração. O volume, também, pode ser expresso em graus matemáticos de uma escala ininterrupta e reduzido a uma propriedade das vibrações físicas. Mesmo o timbre – a característica mais definitivamente qualitativa dos tons – está condicionado pela simplicidade ou complexidade das vibrações que produzem o tom. Quase no mesmo momento em que nos propomos a pensar em termos estritos sobre o fenômeno chamado "música", apresenta-se a física do som como o fundamento natural de qualquer teoria.

Mas o som, e mesmo o tom, como tal não é música; música é algo formado por sons, geralmente de entonação definida. Ora, existe apenas afinidade suficiente entre simples relacionamentos de tons (oitava, quinta, terça) e a sensação do agradável (consonância) para sugerir um sistema de "respostas" psicológicas exatamente correspondentes ao sistema físico de "estímulos" tonais. Assim, a ciência da acústica adquiriu um *alter ego*, a psicologia da música iniciada por Carl Stumpf, que começa com o conceito de percepções auditivas separadas e procura construir a experiência musical total como uma resposta emocional a complexos estímulos tonais, reforçada por sensações de contraste, surpresa, familiaridade e, acima de tudo, associações pessoais. Existe, atualmente, uma literatura bastante vasta sobre as descobertas psicológicas nesse campo. Mas muito maior do que o corpo de descobertas é a fé no empreendimento, alimentada principalmente por pessoas que não se reuniram nem interpretaram elas

homem está pai sua carne com vida [...] A Linha Arquetípica leva diretamente à síntese do todo. Ela é a síntese." (*Tonwille*, II, 5.)

4. Ver, por exemplo, Matila C. Ghyka, *Essai sur le rythme*, p. 78: "Toda essa teoria vitrúvica de proporções e euritmia não passa de uma transposição, para a dimensão espacial, da teoria pitagórica das cordas, ou melhor: intervalos musicais, como o vemos refletido no Timeu (o número como a alma do mundo)."

114 SENTIMENTO E FORMA

mesmas tais dados. O programa, mais do que sua realização, influenciou pessoas ligadas ou não à música quanto a pensar na arte dos tons como um processo de estimulação afetiva, e a supor que a experiência musical algum dia poderá ser descrita em termos de "vibrações nervosas" correspondentes às vibrações físicas dos instrumentos sonoros[5].

Essa esperança ambiciosa baseia-se, é claro, na crença amplamente difundida de que a função apropriada da música é provocar um tipo refinado de prazer sensorial que, por sua vez, evoque uma sucessão oportuna, variegada, de sentimentos. Não é necessário resenhar de novo essa "teoria do estímulo" depois de suas credenciais terem sido rejeitadas para a arte em geral. É suficiente ressaltar que, se a música é arte, e não um prazer epicúreo, o estudo dos padrões de vibração em trilhas sonoras e encefalogramas pode dizer-nos coisas espantosas sobre a audição, mas não a respeito de música, que é a ilusão gerada pelos sons.

A preocupação tradicional com os ingredientes da música teve um efeito algo infeliz no estudo teórico, erudição e crítica e, através da crítica, nas ideias e atitudes do público em geral. Ela levou as pessoas a ouvir as coisas erradas e pressupõe que para compreender música precisa-se conhecer não simplesmente muita música, mas muito *sobre* música. Os frequentadores de concertos tentam ansiosamente reconhecer acordes, e julgar mudanças de clave e ouvir os diferentes instrumentos num conjunto – todos *insights* técnicos que surgem por si mesmos através de uma longa familiaridade, como o reconhecimento de esmaltes em cerâmica ou de dispositivos estruturais num edifício – ao invés de distinguir *elementos musicais*, que podem ser formados de material harmônico ou melódico, alterações de alcances ou de colorações de tom, ritmos ou acentos dinâmicos ou simplesmente mudanças de volume e, contudo, ser em si mesmos tão audíveis para uma criança quanto para um músico veterano. Pois os elementos da música não são tons desta ou aquela altura, duração e volume, nem acordes e batidas medidas; eles são, como

---

5. Ver, por exemplo, o capítulo sobre música escrito por Paul Krummreich em *The Spirit Substance of Art*, de L. W. Placcus, onde o autor, depois de afirmar que a música evoca reações instintivas, diz: "Os instintos podem ser considerados como uma fase de nossa vida inconsciente; e podemos discutir o inconsciente em termos de vibrações." Mas a discussão dele é *sobre* vibrações, nunca sobre alguma outra coisa *em termos de* vibrações.

Uma das mais sérias destas aventuras esperançosas é *La musique et la vie intérieure. Essai d'une histoire psychologique de l'art musical*, por L. Bourguès e A. Denéréaz.

Ver, também, P. E. Howard: "Is Music an Art or a Science?", *Connecticut Magazine*, VIII, n. 2 (1903): 255-288. Existem dúzias de outros exemplos.

todos os elementos artísticos, algo virtual, criado apenas para a percepção. Eduard Hanslick[6] denotou-os corretamente: "*tönend bewegte Formen*" – "formas sonoras moventes".

Esse movimento é a essência da música; um movimento de formas que não são visíveis, mas que são dadas ao ouvido em vez de à visão. Mas o que são tais formas? Não são objetos no mundo real, como as formas normalmente reveladas pela luz, porque o som, embora se propague no espaço, e seja variadamente absorvido ou refletido, isto é, ecoado, pelas superfícies que encontra, não é suficientemente modificado por elas para dar uma impressão de suas formas, como o faz a luz[7]. Coisas dentro de um aposento podem afetar a tonalidade em geral, mas não influenciam as formas tonais especificamente, nem obstruem seus movimentos, porque formas e movimentos estão de igual modo presentes apenas aparentemente; são elementos numa ilusão puramente auditiva.

Pois em todos os movimentos progressivos que ouvimos – movimento rápido ou lento, parada, ataque, melodia que se ergue, melodia que se amplia ou se fecha, acordes que se atropelam e figuras fluentes – na realidade não existe nada que se movimente. Talvez seja oportuno aqui dizer uma palavra a fim de evitar uma falácia popular, que é a suposição de que o movimento musical é real porque cordas ou instrumentos de sopro e o ar que as circunda movem-se. Tal movimento, entretanto, não é o que percebemos. A vibração é mínima, muito rápida e, se ela para, o som simplesmente desaparece. O movimento das formas tonais, ao contrário, é amplo e dirigido a um ponto de repouso relativo, que é não menos audível do que a progressão que leva até ele. Numa simples passagem como a seguinte:

as três oitavas caminham para cima, na direção do dó. Porém, na realidade, não existe locomoção. O dó é seu ponto de repouso; mas, enquanto ele é sustentado, existe uma vibração mais rápida

---

6. *Vom Musikalisch-Schoenen*.

7. Essa diferença funcional entre luz e som foi observada por Joseph Goddard faz uns cinquenta anos. "De uma única fonte central, a luz procede continuamente, sendo que essa luz é refletida pelas superfícies de objetos de maneira correspondente às características destes [...] Embora o som musical seja mais ou menos refletido e absorvido enquanto se move entre objetos, o resultado é uma modificação de seu caráter e volume geral – como quando a música ó executada numa sala vazia ou numa sala cheia – para não dar-nos impressões de tais objetos." (On *Beauty and Expression in Music*, p. 25-27.)

do que em qualquer outra parte da frase. O movimento musical, em suma, é algo inteiramente diferente do deslocamento físico. Ele é uma semelhança, e nada mais.

A última nota do exemplo que acabou de ser dado introduz outro elemento que não tem protótipo na dinâmica física: o elemento de *repouso sustentado*. Quando uma progressão alcança seu ponto de repouso dentro de uma peça, a música daí por diante não para, mas continua movimentando-se. Ela passa por harmonias estáticas e tons persistentes como pontos de pedal, e silêncios. Seu impulso para frente pode até levá-la ritmicamente para além do último som, como em algumas das obras de Beethoven, por exemplo, no final do Opus 9, nº 1, onde o último compasso é um silêncio:

Os elementos da música são formas moventes de som; mas em seu movimento nada é removido. A esfera em que as entidades tonais se movem é uma esfera de pura *duração*. Como seus elementos, entretanto, essa duração não é um fenômeno real. Não é um período de tempo – dez minutos ou meia hora, alguma fração de dia –, mas é algo radicalmente diferente do tempo em que decorre nossa vida pública e prática. É completamente incomensurável em relação à sequência dos assuntos comuns. A duração musical é uma imagem daquilo que poderia ser denominado de tempo "vivido" ou "experienciado" – a passagem da vida que sentimos à medida que as expectativas se tornam "agora" e "agora" torna-se fato inalterável. Tal passagem é mensurável apenas em termos de sensibilidades, tensões e emoções; e não tem meramente uma medida diferente, mas uma estrutura completamente diferente do tempo prático ou científico.

A semelhança desse tempo vital, experimentado, é a ilusão primária da música. Toda música cria uma ordem de tempo virtual, em que suas formas sonoras se movem umas em relação às outras – sempre e unicamente em relação às outras, pois não existe mais nada aqui. O tempo virtual está tão separado da sequência de acontecimentos reais quanto o espaço virtual o está

A IMAGEM DE TEMPO 117

do espaço real. Em primeiro lugar, ele é inteiramente perceptível, através da utilização de um único sentido – a audição. Não há suplementação de uma espécie de experiência por outra. Apenas isso a torna muito diferente de nossa versão tipo "bom senso" do tempo, que é ainda mais composto, heterogêneo e fragmentário do que nosso sentido similar de espaço. Tensões internas e mudanças externas, pulsar de coração e relógios, luz do dia e rotinas e cansaço fornecem vários dados temporais incoerentes, que coordenamos, para finalidades práticas, deixando que o relógio predomine. Mas a música espalha o tempo para a nossa apreensão direta e completa, ao deixar que nossa audição o monopolize – organize, preencha e forme, por si mesma. Ela cria uma imagem do tempo medida pelo movimento de formas que parecem dar-lhe substância, porém uma substância que consiste inteiramente de som, de modo que é a própria transitoriedade. *A música torna o tempo audível, e torna sensíveis suas formas e continuidade.*

Essa teoria da música é surpreendentemente corroborada pelas observações de Basil de Selincourt num ensaio curto, pouco conhecido, mas significativo, intitulado "Music and Duration", que deparei bem recentemente e achei notável por vários motivos, especialmente pelo fato de que o autor fez uma distinção, clara e explícita, entre o real e o virtual, em relação tanto ao espaço quanto ao tempo. Suas palavras, escritas há trinta anos, podem muito bem ser citadas aqui:

A música é uma das formas de duração; ela suspende o tempo comum e oferece-se como um equivalente e ideal substituto. Nada é mais metafórico ou mais forçado na música do que a sugestão de que o tempo está passando enquanto a ouvimos, de que o desenvolvimento dos temas segue a ação no tempo de alguma pessoa ou de que nós mesmos mudamos enquanto ouvimos [...] O espaço do qual o pintor faz uso é um espaço traduzido, dentro do qual todos os objetos estão em repouso e, embora moscas possam ficar andando pela tela, seus passos não mudam a distância de uma tonalidade a outra [...] O Tempo da música é, de maneira semelhante, um tempo ideal, e se temos menos diretamente consciência dele, a razão é que nossa vida e consciência estão condicionadas mais de perto pelo tempo do que pelo espaço [...] As relações espaciais ideais e reais afirmam suas naturezas diferentes na simplicidade do contraste que percebemos entre elas. A música, por outro lado, exige a absorção do todo de nossa consciência de tempo: nossa própria continuidade precisa ser perdida na do som que ouvimos [...] Nossa vida mesma é medida pelo ritmo: por nossa respiração, por nossa pulsação. Isso tudo é irrelevante, seu significado está suspenso, enquanto o tempo é música.

[...] Se estamos "fora de tempo" ao ouvir música, nosso estado pode ser melhor explicado pela simples consideração de que é tão difícil estar em dois tempos concomitantemente quanto em dois lugares. A música usa o tempo como um elemento de expressão; a duração é sua essência. O começo e o fim

118 SENTIMENTO E FORMA

de uma composição musical apenas formam uma unidade se a música se tiver apossado do intervalo entre eles e o tiver preenchido totalmente.[8]

A segunda divergência radical do tempo virtual para o tempo real está em sua própria estrutura, seu padrão lógico, que não é a ordem unidimensional que supomos para efeitos práticos (inclusive para todos os efeitos históricos e científicos). O tempo virtual criado na música é uma imagem do tempo em um modo diferente, isto é, parecendo ter diferentes termos e relações.

O relógio – instrumento muito problemático em termos metafísicos – faz uma abstração especial da experiência temporal, a saber, *tempo como pura sequência*, simbolizada por uma classe de eventos ideais, indiferentes em si mesmos, mas classificados numa infinita série "densa" pela relação única de sucessão. Concebido sob este esquema, o tempo é um contínuo unidimensional, e segmentos dele podem ser tomados de qualquer "momento" sem extensão para qualquer momento seguinte, e cada evento real pode ser inteiramente localizado dentro de apenas um segmento da série de forma a ocupá-lo completamente.

Outras descrições desse engenhoso conceito de tempo não são relevantes aqui; basta ressaltar que é o único esquema adequado que conhecemos para sincronizar assuntos práticos, para datar eventos passados e para construir alguma perspectiva de eventos futuros. Ele pode, além disso, ser elaborado a fim de ir ao encontro de exigências de um pensamento muito mais preciso do que o "bom senso". O tempo científico moderno, que é uma das coordenadas de uma estrutura multidimensional, é um refinamento sistemático do "tempo do relógio". Mas, apesar de todas as suas virtudes lógicas, essa sucessão infinita, unidimensional, de momentos é uma abstração de experiências diretas de tempo, e não é a única possível. Suas grandes vantagens intelectuais e práticas são adquiridas à custa de muitas fases interessantes de nossa percepção do tempo que têm de ser completamente ignoradas. Consequentemente, temos uma grande soma de experiência temporal – isto é, conhecimento intuitivo do tempo – que não é reconhecida como "verdadeira" em virtude de não ser formalizada e apresentada de nenhuma maneira simbólica; temos ape-

8. *Music and Letters*, I, n.° 4 (1920), 286-293.
Compare, também, a seguinte passagem de "The Composer and His Message", de Roger Sessions (já mencionado no Cap. 4, nota 22): "Parece-me que o meio essencial da música, a base de seus poderes expressivos, e o elemento que lhe dá sua qualidade única dentre as artes, é o *tempo*, tornado vivo para nós através de sua essência expressiva, o *movimento*."

A IMAGEM DE TEMPO

nas uma maneira – a do relógio – de pensar discursivamente sobre o tempo em geral.

O princípio subjacente ao tempo do relógio é a *mudança*, que é medido ao se contrastarem dois estados de um instrumento, quer esse instrumento seja o sol em várias posições, ou o ponteiro sobre um mostrador em sucessivas localizações, ou um cortejo de eventos similares, monótonos, como tiques ou lampejos de luz, "contados", isto é, diferenciados, ao serem correlacionados a uma série de números distintos. Em qualquer caso, são os "estados", "instantes", ou seja qual for o nome que quisermos dar aos termos da série, que são simbolizados e, portanto, concebidos explicitamente, e a "mudança" de um para outro é traduzida em termos de suas diferenças. A "mudança" não é em si algo representado; ela é dada implicitamente através do contraste de diferentes "estados", os quais são inalteráveis[9].

O conceito de tempo que emerge de tal mensuração é algo muito afastado do tempo que conhecemos pela experiência direta, que é essencialmente *passagem*, ou o sentido de transitoriedade. A passagem é exatamente aquilo que não precisamos levar em consideração ao formular uma ordem de tempo cientificamente útil, isto é, mensurável; e, por podermos ignorar esse aspecto psicologicamente fundamental, o tempo do relógio é homogêneo e simples e pode ser tratado como unidimensional. Mas a experiência do tempo é qualquer coisa, menos algo simples. Ela envolve mais propriedades do que o "comprimento", ou o intervalo entre momentos selecionados, pois suas passagens também têm aquilo que posso apenas chamar, metaforicamente, de *volume*. Subjetivamente uma unidade de tempo pode ser grande ou pequena, bem como comprida ou curta; a expressão coloquial "um grande momento" é psicologicamente mais acurada do que um momento "ruim", "agradável" ou "excitante". É este caráter volumoso da experiência direta da passagem que a torna, como observou Bergson há muito, indivisível[10]. Mas mesmo seu volume não é simples; pois está preenchido por suas próprias formas características, como o espaço está preenchido

---

9. Em 1926, Charles Koechlin publicou um artigo, "Le temps et la musique" (*La Revue Musicale*, VII, 3, p. 48), onde encontrei esta passagem: "Para certos espíritos, o tempo aparece como resultado de nossas lembranças de um grande número de estados de espírito, entre os quais 'presumimos' uma duração contínua que os vincula, na medida em que, dados os limites de alguma distância medida, um caminho encontra-se entre esses pontos. Mas na realidade esses filósofos admitem apenas a existência dos limites, e negam aquela do caminho."

10. Em *Matière et Mémoire*, publicado originalmente em 1896, ele escreveu: "Todo movimento, sendo efetivamente uma passagem de um ponto de repouso a outro, é absolutamente indivisível." (46a. ed., Paris, 1946, p. 209).

por formas materiais, caso contrário não poderia em absoluto ser observado e apreciado. Os fenômenos que preenchem o tempo são *tensões* – físicas, emocionais ou intelectuais. O tempo existe para nós porque sofremos tensões e suas soluções. Sua peculiar acumulação, ou suas maneiras de romper-se ou diminuir ou fundir-se em tensões mais longas e maiores formam uma grande variedade de formas temporais. Se pudéssemos experimentar apenas pressões orgânicas únicas, sucessivas, talvez o tempo subjetivo fosse unidimensional como o tempo marcado pelos relógios. Mas a vida é sempre uma tessitura densa de tensões concorrentes e, como cada uma delas é uma medida de tempo, as próprias medidas não coincidem. Isso faz com que nossa experiência temporal se esfacele em elementos incomensuráveis que não podem ser percebidos todos em conjunto como formas nítidas. Quando uma é tomada como parâmetro, as outras tornam-se "irracionais", fora de foco em termos lógicos, inefáveis. Algumas tensões, portanto, sempre submergem no plano de fundo; umas empurram e outras arrastam, mas, para a percepção, elas dão mais *qualidade* do que forma à passagem do tempo, que se desdobra de acordo com o padrão das pressões dominantes e distintas pelas quais o estamos medindo[11].

A experiência direta da passagem, como ocorre em cada vida individual, é, evidentemente, algo real, exatamente tão real quanto o avanço do relógio ou do velocímetro; e, como toda realidade, é apenas percebida em parte e seus dados fragmentários são suplementados por ideias e conhecimentos práticos de áreas de pensamento totalmente outras. Ela é, porém, o modelo de tempo virtual criado na música. Aí temos sua imagem, completamente articulada e pura; todo tipo de tensão transformado em tensão musical, todo conteúdo qualitativo em qualidade musical, todo fator estranho substituído por elementos musicais. A ilusão primária da música é a imagem sonora da passagem, abstraída da realidade para tornar-se livre e plástica e inteiramente perceptível.

A maioria dos leitores, sem dúvida alguma, já percebeu faz tempo que o que é aqui chamado de "tempo subjetivo" é o "tempo real", ou a "duração", que Henri Bergson tentou captar e compreender. O sonho de Bergson (com respeito a seu pensa-

---

11. A fenomenologia tenta descrever em termos discursivos essa experiência complexa e tenta fazê-lo em termos de impressões momentâneas e sentimentos reais. O resultado é uma tremenda complicação de "estados", onde a *sensação de passagem* fica inteiramente perdida no desfile de "momentos" (*Augenblicke*, não *Momente*). Ver, por exemplo, o artigo de Philip Merlan, "Time Consciousness in Husserl and Heidegger", *Journal of Phenomenology*, VHI, 1 (setembro de 1947), 23-53.

A IMAGEM DE TEMPO

mento, não ousamos dizer "conceito") de *la durée réelle** era sua metafísica a aproximar-se da área musical – de fato, chega à própria margem de uma filosofia da arte. O que o impediu de alcançar uma teoria universal da arte foi, essencialmente, uma falta de ousadia lógica; em seu horror às abstrações perniciosas, ele fugiu para uma área sem nenhuma abstração e, tendo ferido seu espírito nos instrumentos da ciência física, jogou fora os instrumentos em geral.

Contudo sua proximidade aos problemas da arte fez dele, preeminentemente, o filósofo dos artistas. É um fato curioso que Croce e Santayana, que produziram ambos teorias estéticas, jamais tenham chegado a exercer influência no pensamento artístico que Bergson ainda exerce; no entanto, eles disseram muitas coisas verdadeiras sobre as artes, enquanto que Bergson disse muitas coisas sentimentais e amadorísticas[12]. Mas, em termos metafísicos, ele lida com questões que chegam ao âmago de todas as artes e, especialmente, da música.

A grande importância do que ele percebeu é, em poucas palavras, que toda forma conceitual, que supostamente retrata o tempo, simplifica-o demais, a ponto de deixar de lado seus aspectos mais interessantes, a saber, as manifestações características da passagem, de maneira que temos um equivalente científico, mais do que um símbolo conceitual de duração. Essa crítica lança um novo desafio aos poderes de construção lógica do filósofo: descubra-nos um simbolismo pelo qual possamos conceber e expressar nosso conhecimento em primeira mão do tempo!

Mas agora o próprio crítico retira-se; o desafio era apenas oratório; sua própria resposta é um conselho fruto do desespero – isto é, que uma tal concepção é impossível, que toda simbolização é, por sua própria natureza, uma falsificação. Ela é uma "espacialização", e qualquer trato com o espaço é uma traição feita a nosso conhecimento real do tempo[13]. A filosofia deve renunciar ao pensamento discursivo, abandonar a conceituação lógica, e tentar apreender intuitivamente a sensação interna de duração.

---

* A duração real. (N. dos T.)

12. Por exemplo, a passagem em *La perception du changement*: "Sem dúvida, a arte faz com que descubramos nas coisas mais qualidades e mais variações de significado do que normalmente perceberíamos. Ela amplia nossa percepção, porém mais superficialmente do que em profundidade. Ela enriquece nosso presente, mas não nos leva, de alguma forma, a transcender o presente."

13. Ver *La pensée et le mouvant*, especialmente o Cap. I; ver também, para uma apresentação breve mas fundamental, sua pequena *Metaphysics*.

122 SENTIMENTO E FORMA

Mas não é a intervenção do simbolismo como tal que frustra nossa compreensão do tempo "vivido"; é a estrutura inadequada e consequentemente estável do símbolo literal. As exigências que Bergson faz à filosofia – expor as formas dinâmicas da experiência subjetiva – apenas a arte pode satisfazer. Talvez isso explique por que ele é, *par excellence*, o filósofo dos artistas. Croce e Santayana fazem exigências à arte que são essencialmente filosóficas; os filósofos, portanto, julgam-nas interessantes, porém os artistas tendem a ignorá-las. Bergson, por outro lado, estabelece uma tarefa que é impossível de realizar na esfera da expressão discursiva, isto é, ela situa-se além do reino do filósofo (e tampouco pode forçar a entrada nesse âmbito lançando mão do instinto), mas que é exatamente a função do artista. Nada poderia parecer mais razoável, para um poeta ou para um músico, do que o objetivo metafísico de Bergson; sem perguntar se é exequível em filosofia, o artista aceita esse objetivo e subscreve uma filosofia que o reivindica.

No momento em que o símbolo expressivo, a imagem do tempo, é reconhecido, pode-se filosofar sobre suas revelações e corrigir, na realidade, certos erros bergsonianos à luz de melhores conhecimentos. Tem havido muitas refutações astuciosas da doutrina de Bergson, mas poucas críticas construtivas, *exceto por parte de músicos*, os quais reconheceram qual o sentido de sua busca e, com a coragem da inocência, foram diretamente à solução, lá onde os temores filosóficos de Bergson o confundiram. Em especial, tenho em mente dois artigos de *La Revue Musicale*, que atacaram o principal obstáculo a uma filosofia da arte na apreensão fértil e original do tempo, de Bergson – sua oposição radical ao espaço, o repúdio a qualquer propriedade que aquele pudesse partilhar com o espaço. A arte pode construir sua ilusão no espaço ou no tempo; em termos metafísicos, podemos entender ou desentender tanto uma área quanto outra; e é difícil encontrar as características interessantes da duração se há um número demasiado de coisas que estamos decididos a *não* encontrar.

Os dois artigos são, respectivamente, "Le temps et la musique", de Charles Koechlin, ao qual já me referi[14], e "Bergsonisme et musique", ligeiramente anterior, de Gabriel Marcel[15]. Ambos os autores simpatizam profundamente com a tese de Bergson de que a intuição direta do tempo deve ser a nossa medida para a sua concepção filosófica e ambos percebem aquilo que o próprio Bergson jamais chegou a ver claramente – que sua

14. Ver nota 9 deste capítulo.
15. *La Revue Musicale, VIII, 3.*

A IMAGEM DE TEMPO   123

"duração concreta', "tempo vivido", é o protótipo do "tempo musical", isto é, da *passagem*, em suas formas características[16]. Além do mais, deve-se levar a seu crédito intelectual o fato de ambos terem feito uma distinção entre duração real e duração musical, entre a realidade viva e o símbolo[17].

Bergson efetivamente reconheceu um relacionamento íntimo entre o tempo musical e *la durée pure*, mas seu ideal de pensamento sem símbolos não lhe permitiu explorar o poder da imagem dinâmica. O desejo de excluir toda estrutura espacial levou-o a negar, para sua "duração concreta", qualquer estrutura; quando ele mesmo emprega o símile do tempo musical, trata este último como um fluxo completamente informe, "os sucessivos tons de uma melodia pela qual nos deixamos embalar". Consequentemente, deixa de ver a revelação mais importante e novel da música – o fato de que o tempo não é uma pura sucessão, mas tem mais do que uma dimensão. Seu próprio horror às abstrações científicas que ele encontra tipificadas na geometria faz com que se apegue à pura sucessão unidimensional de "estados", que se parece, de maneira suspeita, com a estrutura abstraía do fluxo de tempo unidimensional de Newton.

Mas o tempo musical tem forma e organização, volume e partes distinguíveis. Ao aprender uma melodia não estamos vagamente flutuando com ela. Como observou Marcel:

> Quando falamos da beleza de uma linha melódica, essa qualificação estética não se refere a uma progressão interior, mas a um certo objeto, a uma certa forma não espacial – para a qual o mundo da extensão pode meramente fornecer um simbolismo que sabemos ser inadequado. Gradualmente, à medida que passo de tom em tom, um certo *conjunto* emerge, é construída uma forma

---

16. Marcel escreve: "É extremamente difícil para o leitor de Bergson deixar de supor – contrariamente à razão – que uma certa filosofia da música esteja envolvida na teoria do tempo concreto." (*Op. cit.*, p. 221.) E Koechlin: "O tempo ouvido chega tão próximo da pura duração que se poderia dizer que é a própria sensação de duração." (*Op. cit.*, p. 47.)

17. Cf. Marcel, *op. cit.*, p. 222: "A duração concreta não é essencialmente musical. Com maior razão pode-se dizer, embora apenas por meio de uma distorção da frase [...] que seria vigorosamente desaprovada por Bergson – a continuidade melódica fornece um exemplo, uma ilustração, da continuidade pura, dada ao filósofo para que a apreenda diretamente numa realidade tanto universal quanto concreta."

Também Koechlin, enumerando os vários conceitos de tempo:

"1. Pura duração, atributo de nossa consciência mais profunda, e aparentemente independente do mundo externo: a vida desenrolando-se.

2. Tempo psicológico. Este é a impressão de tempo que recebemos de acordo com os eventos da vida: minutos que parecem séculos, horas que passam depressa demais [...]

3. Tempo medido por meios matemáticos [...]

4. E, finalmente, eu falaria do tempo musical [...] O tempo auditivo é, sem dúvida, o que mais se aproxima da pura duração." (*Op. cit.*, p. 46.)

124 SENTIMENTO E FORMA

que, com muita certeza, não pode ser reduzida a uma sucessão organizada de estados. [...] É da própria essência dessa forma revelar-se como duração e, no entanto, transcender, a seu próprio modo, a ordem puramente temporal em que é manifestada.

Considerar relação e forma musical como "espacial", como o faz Bergson, é precisamente deixar de ver o ser real da música; a verdadeira percepção musical apercebe a forma como algo dinâmico.

Mas esse ato de apercepção [...] não se resolve de maneira alguma naquela simpatia pela qual sou unido à frase e a vivo. Afirmo prontamente, não é um *abandono*, mas, pelo contrário, uma espécie de domínio[18].

As referências frequentes a "espaço musical" na literatura técnica não são puramente metafóricas; há ilusões definitivamente espaciais criadas na música, isto sem se levar em conta de modo algum o fenômeno de volume, que é literalmente espacial, e o fato de que movimento envolve logicamente o espaço, o que pode equivaler a tomar-se o movimento de um modo demasiado literal. "Espaço tonal" é coisa diversa, uma semelhança genuína de distância e alcance. Deriva da harmonia, mais do que do movimento ou do volume de tom. A razão disso, creio, é que a estrutura harmônica dá, à nossa audição, uma *orientação* no sistema tonal, a partir Ida qual percebemos os elementos musicais como ocupando *lugares* numa gama ideal[19]. Mas o espaço da música nunca se faz totalmente perceptível, como o é a textura do tempo virtual; é realmente um atributo do tempo musical, uma aparência que serve para desenvolver a esfera temporal em mais de uma dimensão. O espaço, na música, é uma *ilusão secundária*. Mas, primária ou secundária, ele é completamente "virtual", isto é, não relacionado ao espaço da experiência real. Ernst Kurth, em sua *Musikpsychologie*, compara-o ao "espaço cinético"[20], e no *Ursymbole melodischer Gestaltung* de Werner Danckert, ele figura como "lugar" virtual[21]. Por seu lado, J. Gehring fala dos planos

18. Marcel, *op. cit.*, p. 223-224.

19. Cf. D. F. Tovey, *Essays in Musical Analysis*, V, 97: Falando das modulações de Handel, ele diz: "No Coro da Escuridão [...] elas atravessam a maior parte do espaço harmônico."

20. Ver p. 136: "À luz de todos esses fenômenos, pode-se talvez melhor designar essas impressões espaciais subjetivas como 'espaço cinético', uma vez que derivam diretamente das energias vitais psicológicas. Somente em suas manifestações marginais ele (este espaço) resolve-se em fatores perceptivos."

21. Ver p. 66: "Como espaço em obras de arte, este (espaço musical) é nada menos do que um símbolo cósmico, uma representação da 'posição', 'localização' e 'alcance' do Homem no nexo maior do mundo."

A IMAGEM DE TEMPO 125

escalonados da profundidade musical[22]. Evidentemente, o elemento espacial que todos esses escritores encontram na música é um espaço plástico, artisticamente transformado, porém não de um modo visual especificado. Não se trata de algo importado da experiência real (embora Kurth frequentemente flerte com o puro associacionismo), mas também não é a substância essencial da arte. Ele simplesmente surge da maneira pela qual o tempo virtual desenrola-se nesta ou naquela obra individual – surge, e é de novo eclipsado.

O fato de que a ilusão primária de uma arte possa aparecer, como um eco, enquanto ilusão secundária em outra, dá-nos um indício da comunidade básica de todas as artes. Da mesma maneira como o espaço pode aparecer repentinamente na música, o tempo pode estar envolvido em obras visuais. Um edifício, por exemplo, é a encarnação de um espaço vital; ao simbolizar o sentimento da vida que pertence a seus recintos, ele inevitavelmente nos mostra tempo e, em alguns edifícios, esse elemento torna-se impressionantemente forte. A arquitetura, porém, não cria uma totalidade perceptível de tempo, como o faz quanto ao espaço; o tempo é uma ilusão secundária. A ilusão primária sempre determina a "substância", o caráter real de uma obra de arte, mas a possibilidade de ilusões secundárias dota-a da riqueza, elasticidade e ampla liberdade de criação que fazem com que a verdadeira arte seja tão difícil de conter dentro das malhas da teoria.

Tão logo passamos a considerar a música como um símbolo consumado, como uma imagem do tempo subjetivo, a atração que as ideias de Bergson exercem sobre a mente artística torna-se de todo compreensível; pois a música não apresenta a realidade de um modo mais direto do que o discurso filosófico, mas ela apresenta uma realidade emocional e senciente mais adequadamente por uma imagem não discursiva – *globalement*, como diriam os franceses. Com este instrumento, faz exatamente aquilo que Bergson exigia de *la vraie metaphysique**, exceto uma coisa: dar uma explicação discursiva de si mesma no fim. Isso seria querer comer um doce e querer conservá-lo ao mesmo tempo; e por esta razão a arte não é nem filosofia, nem um substituto da filosofia, mas é, ela mesma, um dado epistemológico sobre o qual podemos filosofar.

A feitura do símbolo é todo o problema da música como o é, efetivamente, de todo artista; e todas as dificuldades especiais que nos confrontam quando lidamos com a música emergem da

---

22. Gehring: *Grundprinzipien musikalischer Gestältung.*

* A verdadeira metafísica.

natureza da ilusão musical e dos processos criativos envolvidos em sua formação e execução. Tais questões subordinadas são: a intervenção de um executante entre o compositor e sua audiência; a ampla gama de "interpretações" de qualquer peça dada; o valor e perigos do virtuosismo, o espectro da "mera técnica"; o processo de "autoexpressão" atribuído ora ao compositor, ora ao executante, ou nas obras orquestrais ao regente; a função dos textos poéticos; o princípio do *petit roman*, à falta de um texto, para inspirar ou explicar uma composição; o ideal contrário de "música pura", sustentado pelos melhores musicólogos e críticos, e – paradoxalmente – o interesse da maioria dos grandes compositores pela ópera. Todos esses problemas têm de ser discutidos em relação ao presente assunto. Mas eles são complexos demais, grandes demais em implicações que afetam todas as artes, para que sejam abordados com uma mera saudação de reconhecimento. A sua resolução tem de ser preparada por um conhecimento mais detalhado do tema central – *o que faz o músico, para que fim e por quais meios*.

8. A Matriz Musical

*Eine dunkle, mächtige
Totalidee.*
Schiller.

O músico, é claro, faz uma peça de música. Ora, a música
é algo audível, como uma pintura é algo visível, não meramente
em sua concepção, mas em sua existência sensível. Quando uma
peça de música está inteiramente realizada, ela está ali para ser
ouvida pelo ouvido físico bem como pelo ouvido interior. Pois,
não obstante as opiniões contrárias de Croce e muitos outros
estetas sérios[1], o processo final de formar uma ideia numa aparência sensorial *não* é um assunto mecânico, mas é parte e parcela do impulso criativo, controlado completamente, em cada
detalhe, por uma imaginação artística.

Uma grande parte da elaboração, porém, pode ocorrer sem
qualquer expressão aberta. Essa estrutura fisicamente não sensorial tem uma existência permanente e uma identidade própria;
ela é o que pode ser "repetido" em muitas aparências transitórias,
que são seus "desempenhos" e, num sentido, é tudo o que o
compositor pode realmente chamar de *sua* peça. Pois, embora
ele possa levá-la à conclusão absoluta executando-a ele mesmo,
e possa gravar um disco permanente de sua execução de modo
que também seja possível repeti-la, a *composição*, não obstante,
existe, como algo que pode ser confiado à escrita ou à memória
e que possa ser executado por outra pessoa.

---

1. Uma discussão dessa teoria contrária será encontrada mais adiante, no Cap. 20.

O propósito de todo o labor musical, em pensamento ou em atividade física, é criar e desenvolver a ilusão do tempo fluente em sua passagem, uma passagem audível preenchida com movimento que é exatamente tão ilusória quanto o tempo que está medindo. A música é uma "arte do tempo", num sentido mais íntimo e importante do que o sentido tradicional em que a frase é empregada comumente não apenas a ele, mas à literatura, teatro e dança – o sentido de *exigir um tempo definido de percepção*. Nessa acepção, as "artes do tempo" opõem-se às "artes do espaço". Mas a música merece o título em dois sentidos, e *double-entendres* em filosofia são infelizes. Portanto dispensarei completamente a expressão "artes do tempo" e farei uma distinção entre artes plásticas e *ocorrentes* (antes do que "artes do desempenho", uma vez que não se pode dizer que a literatura, para a leitura em silêncio, é "desempenhada", exceto num sentido derivado e até mesmo hipotético).

A música é uma arte ocorrente; uma obra musical cresce da primeira imaginação de seu movimento geral até sua apresentação física, completa, sua *ocorrência*. Nesse crescimento existem, contudo, certos estádios distinguíveis – distinguíveis, embora nem sempre separáveis.

O primeiro estádio é o processo de concepção, que tem lugar inteiramente na mente do compositor (não importando quais os estímulos externos que possam iniciá-lo ou mantê-lo), e resulta num reconhecimento mais ou menos súbito da forma total a ser alcançado. Emprego a expressão "mais ou menos súbito", porque o ponto dessa revelação provavelmente varia amplamente na experiência típica de diferentes compositores e mesmo nas várias experiências de qualquer deles. Um músico pode sentar ao teclado, congregar toda espécie de temas e figuras numa fantasia livre, até que uma ideia se apossa dele e uma estrutura emerge dos sons vagueantes; ou ele pode ouvir, imediatamente, sem a distinção de quaisquer tons físicos, talvez mesmo ainda sem a cor tonal exata, a aparição musical inteira. Mas, seja como for que a *Gestalt* total se lhe apresente, ele a reconhece como a forma fundamental da peça; e, daí em diante, sua mente não está mais livre para errar irresponsavelmente de tema em tema, clave a clave, e modo a modo. Essa forma é a "composição" que ele se sente chamado a desenvolver. (É significativo, neste ponto, que se fale da "composição" na pintura em um sentido análogo; a forma básica da pintura, que é para ser desenvolvida, e pela qual cada linha e cada ênfase é controlada.)

Uma vez encontrada a forma musical essencial, uma peça de música existe em embrião; ela está implícita ali, embora seu caráter final, completamente articulado, ainda não esteja deter-

A MATRIZ MUSICAL 129

minado, porque há muitas maneiras possíveis de desenvolver a composição. Todavia, em todo o processo de invenção e elaboração subsequentes, a *Gestalt* geral serve como medida do que é certo e errado, demais ou de menos, forte e fraco. Poder-se-ia chamar essa concepção original a *forma dominante* da obra. Ela exige coisas como ornamentação ou intensificação ou maior simplicidade; pode ser que exclua algum recurso favorito de seu criador, e o force a encontrar um recurso novo como um organismo vivo; ela mantém sua identidade e, face a influências que deviam moldá-la em algo funcionalmente diferente, parece preservar seus propósitos originais e desviar-se de suas linhas verdadeiras mais do que simplesmente ser substituída por outra coisa.

De fato, é quando a primeira semelhança da forma orgânica é alcançada que uma obra de arte exibe suas possibilidades simbólicas gerais, como uma enunciação feita de maneira imperfeita ou mesmo meramente indicada, mas compreensível em sua intenção geral. Penso que essa significação central é aquilo que Flaubert chamou a "Ideia", e seu símbolo é a forma dominante que guia o julgamento do artista, mesmo em momentos de intensa excitação e inspiração. Na música, o *movimento fundamental* tem esse poder de plasmar a peça toda através de uma espécie de lógica implícita, que todo trabalho artístico consciente serve para tornar explícita. A exigência implacável no tocante às faculdades do músico surge principalmente da riqueza de possibilidades que residem numa matriz desse gênero e que não podem todas serem realizadas, de maneira que cada escolha é também um sacrifício. Cada articulação obsta não apenas suas próprias alternativas, mas também todo tipo de desenvolvimento que elas teriam tornado viável. Uma vez reconhecida a forma dominante, a obra é algo como o "melhor dos mundos possíveis" de Leibniz – a melhor escolha, segundo seu criador, dentre muitos elementos possíveis, cada um dos quais, numa estrutura orgânica, requer tanta desobstrução, preparação e auxílio contextual de outros fatores que, mesmo a ação de um pequeno detalhe, pode comprometê-lo a uma decisão séria. Se ele for competente em sua arte, sua mente está treinada e predisposta a ver cada opção em relação às outras e ao todo. Ele decide, e sabe o que sua escolha envolve, e não fica tateando. Como disse Picasso:

> Nunca fiz tentativas nem experiências. Sempre que tive algo a dizer, eu o disse da maneira que eu achava que deveria ser dito.[2]

2. Ver Goldwater e Treves, *Artists on Art*, p. 418.

A matriz, em música o movimento fundamental de progressão melódica ou harmônica, que determina o ritmo maior da peça e dita seu alcance, nasce do pensamento e sentimento do compositor, mas, no momento em que este a reconhece como um símbolo individual e estabelece seu contorno, ela se torna a expressão de uma Ideia impessoal e abre, para ele e para outros, uma mina profunda de recursos musicais. Pois a forma dominante não é essencialmente restritiva, mas fecunda. Uma imaginação perfeitamente livre sofre de uma verdadeira falta de pressão; ela se encontra no estado vago e lateante que precede a concepção da forma total. O grande momento da criação é o reconhecimento da matriz, pois nesta encontram-se todos os *motivos* para a obra específica; não todos os temas – um tema pode ser importado se se ajusta ao lugar – mas as tendências da peça, a necessidade de dissonância e consonância, novidade e reiteração, duração da frase e regulação de cadências. Em virtude de essas funções gerais serem exigidas pela própria forma orgânica, a imaginação do compositor tem problemas específicos a resolver, os quais ele não coloca a si mesmo caprichosamente, a fim de pôr à prova seus poderes de solucioná-los, mas que emergem da forma objetiva que ele já criou. Daí por que se pode ficar intrigado, por muito tempo, quanto à forma exata de uma expressão, sem enxergar o que está errado neste ou naquele aspecto, e depois, quando se apresenta a forma correta, sentir que ela se encaixa no lugar quase que com um clique. Uma vez que o seu conteúdo emocional não é claramente pré-concebível sem qualquer expressão, a adequação do novo elemento não pode ser medida por ele com nada que se assemelhe à precisão e certeza daquele "clique" intuitivo. É a forma dominante da obra que garante um tal julgamento[3].

Sob a influência da "Ideia" total, o músico *compõe* cada parte de sua peça. Os princípios de articulação da música são tão variados que cada compositor encontra sua própria linguagem, mesmo dentro da tradição que ele casualmente pode herdar. A Ideia, como ocorre a ele, já sugere sua própria maneira de compor; e nesse processo encontra-se a individuação da peça. Portanto, a forma dominante, maior movimento ou seja como que for que a queiramos chamar, não é aquilo que Schenker de-

---

3. Cf. Roger Sessions, *op. cit.*: "(Algumas vezes) a inspiração toma a forma, entretanto, não de um súbito lampejo de música, mas de um impulso claramente imaginado na direção de um determinado alvo pelo qual o compositor é obrigado a lutar. Quando (no caso da *Hammerklavier Sonata* de Beethoven) essa intuição perfeita era atingida, entretanto, não podia haver hesitação – antes, um lampejo de reconhecimento de que isso era exatamente o que ele queria" (p. 126-27).

A MATRIZ MUSICAL

nominou de *Urlinie*; pois, como observou Riezler, as *Urlinien* de peças muito diferentes assemelham-se de maneira peculiar[4]. Mas as concepções musicais a partir das quais foram desenvolvidas as respectivas obras devem ter sido tão distintas quanto os produtos finais. Isso porque a "Ideia" inicial é o começo de um processo criativo e, portanto, ativa um plano mais definido de desenvolvimento do que meramente a decomposição de um acorde natural em tons sucessivos e das novas estruturas resultantes de notas harmônicas em novas sucessões – princípio que Schenker chama de *auskomponieren**. Alguma *maneira* característica de desdobrar as potencialidades tonais das primeiras harmonias é realmente o princípio gerador de uma composição, e isso pode estar implícito numa figura rítmica ou numa consciência de alcances vocais extremos (*Intervalzug* de Schenker, mas sem referências, inicialmente, aos intervalos precisos envolvidos) e de mudanças que se atropelam ou ampla expansão, leveza, rápido brilho ou intensidade impressionante. A *Urlinie*, por outro lado, é o produto final de uma análise estrutural; e Schenker provavelmente seria a última pessoa a supor que o compositor começa com uma noção explícita de sua linha protomusical, como uma planta, e deliberadamente compõe a peça dentro dessa estrutura. A ideia da peça contém a *Urlinie* da mesma forma como uma afirmação contém sua sintaxe; quando temos um pensamento discursivo a expressar, numa língua que falamos facilmente, construímos nossa afirmação sem qualquer pensamento de sujeito e predicado, porém nossa comunicação fluirá em algum canal sintático determinável, com o qual as construções mais complicadas ainda mantêm uma relação de dependência.

A "linguagem da música", como a conhecemos, desenvolveu suas próprias formas, e estas são tão tradicionais como os elementos estruturais na fala. Pode ser, porém, que mesmo a *Urlinie* não seja uma lei inalterável de toda música, mas apenas de nosso desenvolvimento europeu da música; que Schenker haja descoberto não tanto o princípio da própria arte, quanto o da "Grande Tradição". Sua constante dependência das "obras-primas" e seu ressentimento para com todas as novas linguagens e desvios levam-nos a pensar nos protagonistas da chamada pintura "representacional"[5]; as leis da natureza que alegam ter descoberto para toda a arte pictórica são, na verdade, os princípios

---

4. W. Riezler, "Die Urlinie", *Die Musik*, *XXP*, p. 502.

* Literalmente, *compor por fora*.

5. Ver, por exemplo, Kenyon Cox, *The Classic Point of View*.

da "Grande Tradição" que inspirou e sustentou a carreira desta na história de nossa cultura. Se a *Urlinie* for a marca de nosso tipo especial de criação musical, então não é de espantar que possamos achá-la em todas as boas composições e, também, em muitas que não são boas; e nada poderia ser mais irrelevante do que a acusação de Riezler contra a análise de Schenker, de que todas as *Urlinien* se parecem e que não se pode dizer, vendo-as, se as obras das quais foram abstraídas são grandes ou pobres[6].

Qual, então, é a essência de *toda* música? A criação do tempo virtual e sua determinação completa pelo movimento de formas audíveis. Os recursos para estabelecer essa ilusão primária de tempo são muitos; o reconhecimento de tons relacionados (fundamentais e harmônicos e, por derivação, todo nosso sistema harmônico) é o princípio estrutural mais vigoroso que jamais foi empregado, se o vigor artístico for julgado pelo alcance e expressividade das estruturas às quais o princípio dá origem; mas outras tradições musicais usaram outros recursos. O tambor tem sido empregado com belíssimo efeito para cativar o ouvido, para empurrar para um lado, por assim dizer, o mundo do tempo prático e criar uma nova imagem de tempo no som. Em nossa própria música, o tambor é um elemento subsidiário, mas existem discos de música africana em que seu poder construtivo é insuperável[7]. A voz, em tais desempenhos, serve essencialmente para contrastar com o tom firme do tambor – para vaguear e erguer-se e cair onde o elemento puramente rítmico prossegue como o Destino. O efeito não é nem melodia nem harmonia, porém é música: tem movimento e forma autônoma, e qualquer pessoa familiarizada com muitas obras desse gênero provavelmente sentiria sua estrutura e estado de espírito quase que desde a batida inicial.

Outro princípio diretor da música tem sido a entonação da fala. Se o canto, em seu sentido mais antigo, tem uma linha protomusical, essa linha não é construída harmonicamente, como a *Urlinie* de Schenker, mas baseia-se em algum outro princípio. Contudo o canto coral, seja qual for seu conteúdo poético, é essencialmente música. Ele cria uma forma dinâmica, movimento puramente sonoro, que serve de medida a seu próprio Tempo au-

---

6. W. Riezler, *op. cit.*, p. 509.

7. Por exemplo, Victor PIO-12 (89b), "Secret Society Drums, Bini Tribe" (5 tambores). É costume entre europeus chamar de "primitiva" toda música de tambores; mas esta não é primitiva, em absoluto – é altamente desenvolvida, produto sofisticado de uma tradição viva. Se se comparar tal música africana de tambores com os acompanhamentos de dança com tambores dos camponeses europeus (*L'anthologie sonore*, 16 (a, "Música do Sec. XIII"; b, "Séc XIV"), esta última, em comparação, soará como verdadeiramente "primitiva", isto é, pouco desenvolvida.

A MATRIZ MUSICAL 133

dível mesmo para uma pessoa que não entende as palavras, embora essa pessoa inevitavelmente perca algo da riqueza da textura musical. Mas esse é um assunto a ser discutido futuramente. O ponto em questão, aqui, é meramente que a música é mais universal do que qualquer tradição artística, e a diferença entre música e barulho não é a ausência deste ou daquele princípio construtivo, mas sim a ausência de qualquer forma dominante. Pode até acontecer que o barulho forneça fenômenos musicais; martelos em bigornas, serras circulares, torneiras gotejantes tendem a fazê-lo; mas a música real só passa a existir quando alguém toma o motivo e o usa, ou como uma forma a ser desenvolvida, ou como um elemento a ser assimilado a uma forma maior.

A essência de toda composição – tonal ou atonal, vocal ou instrumental, mesmo puramente percussiva, se se quiser – é a semelhança de movimento *orgânico*, a ilusão de um todo indivisível. A organização vital é a estrutura de todo sentimento, porque o sentimento existe apenas em organismos vivos; e a lógica de todos os símbolos que podem expressar sentimento é a lógica dos processos orgânicos. O princípio mais característico da atividade vital é o ritmo. Toda vida é rítmica; em circunstâncias difíceis, seus ritmos podem tornar-se muito complexos, mas, quando eles são realmente perdidos, a vida não pode durar por muito tempo. Esse caráter rítmico do organismo permeia a música, porque a música é uma apresentação simbólica da mais alta resposta orgânica, a vida emocional dos seres humanos. Uma sucessão de emoções que não se relacionam umas com as outras não constitui uma "vida emocional", da mesma forma como um funcionamento descontínuo e independente de órgãos reunidos sob uma pele não seria uma "vida" física. A grande tarefa da música é organizar nossa concepção do sentimento em mais do que simplesmente uma consciência ocasional de tempestade emocional, isto é, dar-nos uma introvisão no que pode ser verdadeiramente chamado de "vida de sentimento", ou unidade subjetiva de experiência; e ela faz isso pelo mesmo princípio que organiza a existência física num projeto biológico – o ritmo.

Existem inúmeros estudos sobre o ritmo, baseados na noção de periodicidade, ou recorrência regular de eventos. É verdade que as funções rítmicas elementares da vida têm fases regularmente recorrentes: batidas do coração, respiração, e os metabolismos mais simples. Mas o caráter óbvio dessas repetições tem feito com que as pessoas as considerem como a essência do ritmo, o que elas não são. O tique-taque de um relógio é repetitivo e regular, mas não rítmico por si mesmo; o ouvido atento escuta ritmos na sucessão de tiques iguais, a mente humana os organiza numa forma temporal.

A essência do ritmo é a preparação de um novo evento pelo término de um evento anterior. Uma pessoa que se move ritmicamente não precisa repetir um único movimento exatamente. Seus movimentos, entretanto, precisam ser gestos completos, de modo que se possa ter uma sensação de começo, de intenção e de consumação, e ver na última fase de uma delas a condição e, efetivamente, o surgimento da outra. O ritmo é o levantamento de novas tensões através da resoluções das tensões anteriores. Elas não precisam, em absoluto, ser de igual duração; porém a situação que gera a nova crise deve ser inerente ao desenlace daquela que a precede.

A respiração é o exemplo mais perfeito de ritmo fisiológico: à medida que soltamos o ar que inspiramos, estabelecemos uma necessidade corpórea de oxigênio que é a motivação e, portanto, o início real, da nova inspiração. Se o relaxamento de uma inspiração não for sincrônico ao aumento da necessidade da seguinte – por exemplo, se o esforço físico exaure nosso oxigênio mais depressa do que expiramos, de maneira que a nova necessidade se torna imperiosa antes que se complete a expiração do momento – a respiração não é rítmica, mas ofegante.

O pulsar do coração ilustra a mesma continuidade funcional: a diástole prepara a sístole, e vice-versa. Toda a autorreparação dos corpos vivos baseia-se no fato de que a exaustão de um processo vital sempre estimula uma ação corretiva que, por sua vez, se exaure na criação de condições que exigem novo dispêndio.

O princípio da *continuidade rítmica* é a base da unidade orgânica que dá permanência aos corpos vivos – uma permanência que, como já observei antes (ver pág. 69), é na realidade um padrão de mudanças. Ora, a assim chamada "vida interior" – toda nossa realidade subjetiva, tecida de pensamento e emoção, imaginação e percepção sensorial – é inteiramente um fenômeno vital, mais desenvolvida onde a unidade orgânica da forma individual, precária, é mais completa e intrincada, isto é, nos seres humanos. Aquilo que chamamos de mente, alma, consciência, ou (no vocabulário corrente) experiência, é uma vitalidade intensificada, uma espécie de destilado de todo funcionamento sensível, teleológico, organizado. O cérebro humano, com todas as suas ramificações, está escancarado para o mundo exterior e sofre alterações profundas, mais ou menos permanentes, por impressões que os órgãos "mais antigos", menos variáveis, registram apenas por respostas transitórias, sintomas corporais de emoção. Em animais, o intelecto é quase tão seletivo quanto a

A MATRIZ MUSICAL   135

boca em relação àquilo que irá receber; e aquilo que admite é
capaz de colocar todo o organismo em movimento. O cérebro
humano, porém, é incomparavelmente mais tolerante quanto às
impressões, porque ele tem um poder de manipular estímulos
aos quais não se pode permitir que afetem, de nenhuma maneira
profunda, o processo metabólico total, sob pena de morte: esse
poder é a *transformação simbólica* das percepções.

Onde o processo simbólico é altamente desenvolvido, ele
praticamente se apossa do domínio da percepção e memória, e
imprime sua marca em todas as funções mentais. Mas, mesmo
em suas operações mais elevadas, a mente ainda segue o ritmo
orgânico que é a fonte da unidade vital: o levantamento de uma
nova *Gestalt* dinâmica no próprio processo de desaparecimento
de uma anterior.

Existem tais ritmos genuínos também na natureza inorgânica;
o ritmo é a base da vida, mas não é limitado à vida. O balanço
de um pêndulo é rítmico, sem nossa interpretação organizante
(que é o que torna uma mera sucessão de sons – tudo o que percebemos ao ouvir um relógio, por exemplo – rítmica para nós).
A força cinética que impulsiona o pêndulo ao ponto mais alto de
sua oscilação acumula o potencial que o trará novamente para
baixo; o dispêndio de energia cinética prepara o ponto decisivo
e a queda. A diminuição gradual do arco do pêndulo devida à
fricção geralmente não é visível à observação direta, de maneira
que os movimentos parecem exatamente repetitivos. Um bola
que pula, por outro lado, apresenta um desempenho rítmico sem
medida igual. Mas o exemplo mais impressionante de ritmo conhecido pela maioria das pessoas é o quebrar das ondas numa
rebentação constante. Cada novo vagalhão que se aproxima é
formado pelo repuxo que flui no sentido contrário e, por sua vez,
na realidade apressa a recessão da onda precedente pela sucção.
Não há linha divisória entre os dois eventos. Uma onda que-
brando, porém, é um evento tão definido quanto se poderia querer encontrar – uma verdadeira *Gestalt* dinâmica.

Tais fenômenos no mundo inanimado são vigorosos *símbolos*
da forma viva, justamente porque eles mesmos não são processos
de vida. O contraste entre o comportamento aparentemente vital e
a estrutura obviamente inorgânica das ondas do oceano, por exemplo, ressalta a pura semelhança de vida e faz as primeiras abstrações de seu ritmo para nossa intuição intelectual. Essa é a função
primária dos símbolos. Sua segunda função é permitir-nos manipular os conceitos que alcançam. Isso requer mais do que um reconhecimento daquilo que pode ser chamado de "símbolos
naturais"; exige a elaboração deliberada de formas expressivas que

136 SENTIMENTO E FORMA

possam ser deslocadas de maneiras variadas para revelar novos significados. E tais *Gestalten* criadas, que nos dão um *insight* lógico do sentimento, vitalidade e vida emocional, são obras de arte.

A forma dominante de uma peça de música contém seu ritmo básico, que é, ao mesmo tempo, a fonte de sua unidade orgânica e seu sentimento total. O conceito de ritmo como uma relação entre tensões mais do que uma questão de divisões iguais de tempo (por exemplo, métrica), torna bastante compreensível que as progressões harmônicas, resoluções de dissonâncias, direções de passagens "correntes" e "tons da tendência" na melodia sirvam, todos, como agentes rítmicos. Tudo o que prepara um futuro cria ritmo; tudo o que gera ou intensifica expectativas, inclusive expectativa de pura continuidade, prepara o futuro ("batidas" regulares são uma fonte óbvia e importante de organização rítmica); e tudo o que cumpre o futuro prometido, de maneiras previstas ou imprevistas, articula o símbolo do sentimento. Seja qual for o espírito especial da peça, ou sua significação emocional, o ritmo vital do tempo subjetivo (o tempo "vivido" que Bergson nos conjura a encontrar na experiência pura) permeia o símbolo musical, complexo, multidimensional como sua lógica interna, que relaciona a música à vida de maneira íntima e evidente por si mesma.

E quanto à repetição de formas, divisões iguais, se a recorrência não é a base real do ritmo? Qual é a função das inúmeras regularidades de acentuação, frase, figura e traço nas grandes obras-primas?

A repetição é outro princípio estrutural – envolvido profundamente com o ritmo, como todos os princípios básicos o estão entre si – que dá à composição musical a aparência de crescimento vital. Pois o que recebemos, na passagem de som, com uma sensação de reconhecimento, isto é, como uma recorrência, muitas vezes é uma variante bastante livre daquilo que veio antes, uma simples analogia e uma repetição apenas em termos lógicos; mas é justamente esta espécie de jogo sobre um padrão básico, especialmente o reflexo do plano global na estrutura de cada parte, que é característico das formas orgânicas. Tal é o princípio de "diminuição" de Schenker[8], o "princípio de associação" de Roger Sessions[9]. O reconhecimento mais completo de sua função "vitalizadora" de que tenho notícia está no artigo de Basil de Selincourt, o qual já tive ocasião de citar extensamente, e não posso impedir-me de deixar que o autor daquele magistral e curto ensaio fale novamente:

8. Ver, especialmente, *Das Meisterwerk in der Musik, passim.*
9. *Op. cit.,* p. 129 e ss.

A MATRIZ MUSICAL 137

A repetição começa com o compasso, e continua na melodia e em cada frase ou item no qual podemos resolvê-la. O crescimento de uma composição musical pode ser comparado ao de uma planta que floresce, [...] onde não só as folhas se repetem umas às outras, como as folhas repetem as flores, e os próprios rabos e ramos são como folhas não abertas. [...] Ao padrão da flor corresponde um outro padrão desenvolvido na colocação e agrupamento das flores ao longo dos ramos, e os próprios ramos dividem-se e sobressaem-se em proporção equilibrada, sob o impulso vital controlador. [...] A expressão musical segue a mesma lei[10].

Tão logo uma ideia musical adquire um caráter orgânico (não importa o recurso mediante o qual isso é alcançado), ela expressa a forma autônoma de uma *obra*, a "forma dominante" que controla todo seu desenvolvimento subsequente. É a compreensão dessa unidade e individualidade orgânica que permite a um compositor executar uma obra prolongada com a força de uma "inspiração" inicial e tornar o produto cada vez mais integral, e não cada vez menos, pela importação constante de novas ideias – algumas vezes até mesmo temas que lhe ocorreram muito tempo atrás, desenvolvimentos que já usou em outro lugar, preparados tradicionais – para serem assimilados e transfigurados, todos, pela composição única. Enquanto ele puder manter vivo o organismo musical em sua imaginação, não precisa de outra regra ou alvo.

Há inúmeras referências na literatura musicológica e entre os pronunciamentos de grandes músicos que dão provas da importância central da forma viva, da semelhança de movimento espontâneo, em música; poder-se-ia citar, quase ao acaso, palavras de Marpurg, Goddard, Tovey, Schweitzer, Schenker, Lussy ou notas e cartas de Mozart, Chopin, Mendelssohn, Brahms – todo o mundo, quase, que já tenha escrito seriamente e com conhecimento sobre música. Somos forçosamente lembrados da nota insistente do vitalismo, a concordância universal sobre a qualidade orgânica de toda composição espacial, que perpassa os comentários dos mestres da arte visual, coligidos no final do Cap. 5; e seria difícil, efetivamente, não considerar ao menos a hipótese de que todas as obras de arte, sejam de que domínio especial forem, são "orgânicas" no mesmo sentido. Mas contentemo-nos com a hipótese, até que a prova se apresente por si mesma; e, sem generalizar prematuramente a forma musical, estudemo-la mais.

Talvez a coisa mais notável a seu respeito seja o caráter *objetivo* já mencionado. Uma vez apreendida pela imaginação artística, uma matriz do pensamento musical, uma "forma dominante",

---

10. "Music and Duration", p. 288.

138 SENTIMENTO E FORMA

assume uma condição peculiarmente impessoal, como uma impressão vinda do exterior, algo "dado". Grandes músicos falaram da "Ideia" musical com um sentimento inequívoco de obrigação moral em relação a ela, um senso de responsabilidade por seu desenvolvimento e perfeição. Assim, Mendelssohn escreveu a seu amigo Ferdinand Hiller, compositor talentoso mas superficial:

Nada me parece mais censurável do que ficar criticando os dotes naturais de um homem [...] mas se acontecer que, como aqui em sua peça, todos os temas, tudo o que depende de talento ou inspiração (chame-o do que quiser) é bom e belo e comovente, mas o artesanato não é bom, penso que, então, não se tem o direito de deixar passar o fato [...] Da mesma maneira, creio que um homem de grandes capacidades tem o dever de tornar-se uma pessoa excelente e deve ser censurado se não desenvolve ao máximo os poderes com que foi dotado, assim, sustento, é com uma peça de música. [...] Percebo muito bem que músico algum pode modificar as ideias ou talentos que lhe foram mandados pelos céus: mas, com a mesma certeza, sei que se os céus lhe mandaram grandes ideias, é sua obrigação executá-las adequadamente. Não tente dizer-me [...] que seu trabalho é tão bom quanto suas composições![11]

Uma afirmação ainda mais clara, porém, é a de Beethoven, se é que podemos confiar na narração de Bettina Brentano a Goethe, a qual lhe assegurou, fiando-se em sua memória extraordinária, que era aproximadamente literal:

É preciso ritmo espiritual (*geistigen*) para apreender a música em sua essência. [...] Toda invenção (musical) genuína é progresso moral. Submeter--se a suas leis inescrutáveis e, em virtude dessas leis, superar e controlar a própria mente, de modo que ela produza a revelação: esse é o princípio isolador da arte. [...]
Assim, cada verdadeira criação de arte é independente, mais poderosa do que o próprio artista. [...] A música dá à mente uma relação com a harmonia (total). Qualquer ideia única, separada, tem em si o sentimento da harmonia, que é Unidade.[12]

Ressalto tanto essa objetividade e potência da forma dominante numa peça de música porque acredito que ela é a chave de quase todos os problemas discutíveis de desempenho, compreensão, adaptação e até mesmo daquele velho e seco pomo da discórdia, a autoexpressão. Da matriz, o movimento maior, flui a vida da obra, com todas as suas contingências, seus poderes e perigos para dentro da comunidade de mentes humanas.

---

11. *Meisterbriefe*, II: "Felix Mendelssohn-Bartholdy", editado por Ernst Wolff. Ver p. 128-129.
12. Ludwig van Beethoven, *Briefe und Gespräche*, p. 146.

9. A Obra Viva

Muitas das considerações e perplexidades encontradas mais cedo ou mais tarde em todas as artes têm sua expressão mais clara, e portanto sua forma mais tangível, em relação à música. Os problemas filosóficos da arte são geralmente tão interligados que em qualquer ponto se poderia levantar um deles; para evitar a falta de objetivo de uma ordem puramente arbitrária, portanto, tentarei discutir tais tópicos especiais nem sempre na primeira oportunidade, mas cada qual dentro da estrutura da arte que lhe dá maior relevo. Por exemplo, a questão do sentido literal e da significação artística torna-se mais aguda no campo da literatura, aquela da "distância psíquica", no teatro. Uma vez isolado e resolvido um problema artístico mais ou menos especializado em geral pode-se encontrar ao menos formas de seus vestígios em todas as grandes ordens da arte; porém ele é mais fácil de ser tratado lá onde exibe seu caso clássico.

Na música, todo tipo de questões interessantes surge, uma vez dada ao mundo uma composição, lá onde ela tem um estatuto e uma carreira como obra de arte viva. Antes de tudo, muitas pessoas diferentes irão executá-la e, em algumas ocasiões, ela soará como um espectro de si mesma, quando não (pior ainda) como uma caricatura. Esse contraste é tão grande que muitos músicos e psicólogos sustentam que não existe uma coisa como seja *a* peça, digamos a Primeira Fuga de Bach no

Cravo Bem Temperado (dó maior), mas tantas peças quantos forem os seus executantes, ou mesmo tantas quantas sejam suas execuções reais. Aquilo que chamamos de "a Fuga em Dó Maior" é, dizem eles, na realidade uma classe de peças, tendo apenas em comum as propriedades simbolizadas pelos recursos de notação na partitura.

Esse é o tipo de afirmação com que nos deparamos frequentemente em conversas de estúdio; seus protagonistas orgulham--se de designá-la como "herética", porque o que lhes interessa é principalmente a divergência desta com a opinião do bom senso, que eles chamam de visão "ortodoxa", como se houvesse um corpo real de doutrina por trás daquilo que é aceito casualmente e eles fossem obrigados a opor-se a seus dogmas. Mas o propósito da heresia não é evocar uma discussão filosófica de longo alcance; é justificar, e mesmo glorificar, certa "liberdade" pouco usual, digamos nesta ou naquela interpretação das fugas de Bach, desatenção aos elementos estilísticos, transcrições questionáveis, e assim por diante. Se a teoria "heterodoxa" tivesse propósitos filosóficos, a sua primeira parte não seria uma afirmação radical, "não existe uma tal coisa como '*a* peça'", mas uma pergunta respondível, embora difícil: "O que queremos dizer com '*a* peça'"? E a segunda parte – "Existem tantas peças quanto executantes, ou mesmo execuções" – seria:

> Onde "a peça" é tomada como uma obra completa, audível, ela é na realidade um novo fenômeno, de algum modo intimamente relacionado com aquilo que chamamos de "a peça" em outro sentido, a saber, o *opus* do compositor.

Então a força da disjunção – "executantes *ou* mesmo execuções" – apresentar-se-ia para abrir o novo gambito e assim por diante. Pois existe, é claro, alguma verdade na "heresia", mas ela não é simples, e a única maneira de encontrá-la é separando e estudando as várias questões que estão confusamente envolvidas na afirmação.

Comecemos pela primeira pergunta séria: ao falar de uma peça de música que quase todos conhecem, por exemplo, a primeira fuga do *Cravo Bem Temperado*, o que queremos dizer com "*a* peça", assim chamada e conhecida? Queremos dizer uma ilusão de tempo, organicamente desenvolvida, em passagem audível. Aqui, de pronto nos deparamos com uma ambiguidade; pois "audível" pode referir-se à audição real ou imaginária. Para uma pessoa que saiba ler música com tanta facilidade quanto a maioria das pessoa lê a linguagem, a música torna-se audível

A OBRA VIVA 141

através da leitura atenta de uma partitura, como acontece com as palavras na leitura comum. Assim, é-se naturalmente levado a perguntar: A leitura silenciosa da música é o mesmo tipo de experiência que a leitura silenciosa da literatura? Se todos fossem ensinados a ler música, será que a maioria das pessoas encontraria satisfação musical na leitura silenciosa, como elas encontram satisfação literária em ler livros?

Calvin Brown, em *Music and Literature*: *A Comparison of the Arts*, responde essas perguntas com um simples "sim". Tendo observado ser impossível a leitura silenciosa da música, considera prova suficiente que as estruturas tonais e as estruturas de palavras "apresentam-se ao ouvido" da mesma maneira essencial[1]. Contudo há uma diferença radical, que ele deixa passar, mas que vem à luz se nos apegarmos coerentemente ao problema central de *o que é criado* numa obra de arte: na música, a passagem do tempo tornada audível por elementos puramente sonoros. Tais elementos existem apenas para o ouvido; todos os auxílios musicais à nossa percepção real do tempo são eliminados e substituídos por experiências tonais na imagem musical da duração. Mas os elementos da literatura não são sons como tais; mesmo na poesia, as palavras não se destinam *meramente* a serem ouvidas; ao invés de serem objetos puramente sensoriais que podem tornar-se formas simbólicas "naturais", como formas e tons, elas já são símbolos, isto é, símbolos "atribuídos", e a ilusão artística criada por meio deles não é uma textura de *tönend bewegte Formen*, mas uma ilusão completamente diferente. O fenômeno da leitura silenciosa, portanto, ocorre em ambas as artes, mas tem valores diferentes nos dois contextos respectivos.

Em música, a relação entre audição interior e audição real é subjacente a uma fase inteira da produção artística; o trabalho do executante. Neste sentido, então, ela merece um estudo exato, que demonstre que ela é mais interessante do que nos permitiria supor uma vaga e geral concepção a seu respeito. Os dois tipos de audição – física e mental – diferem um do outro de maneiras que não são geralmente reconhecidas, e suas diferenças precisam ser compreendidas antes de podermos determinar seus relacionamentos exatos na experiência musical.

---

1. Ver p. 8: "Ninguém confunde as notas impressas numa folha de música com *música*; elas são simplesmente símbolos que dizem a um executante quais os sons que ele deve produzir, e os próprios sons são a música. Precisamente a mesma coisa aplica-se à literatura, e nenhum analfabeto seria jamais capaz de cometer tal confusão. De fato, a única razão pela qual não cometemos o mesmo erro em relação à música é que somos em grande parte analfabetos musicais."

A audição física, percepção sensorial real do som, depende da natureza de um estímulo externo e daquilo que o órgão sensorial transmite, e registros da mente atenta, ou como memória real, ou como "preparação mental" de recepções ulteriores. Mesmo a audição inteligente é, até certo ponto, passiva, determinada pela causa externa. Ela é em grande parte seletiva, não deixando passar o que é irrelevante: no entanto, um certo montante de irrelevâncias sempre acaba infiltrando-se. Nosso aparelho perceptual é feito para propósitos práticos, e apenas adaptado com maior ou menor êxito às finalidades artísticas. Os aspectos do tom físico que têm importância prática tendem, portanto, a impor-se a nossa atenção, e quanto mais passivamente ouvirmos tanto mais proeminentemente eles hão de figurar naquilo que ouvimos. São os estímulos mais diretos, os "dados sensoriais" proporcionados ao ouvido. É claro que as mentes humanas diferem, mesmo em sua sensibilidade a tais impressões físicas; a percepção é tão influenciada pela concepção que uma completa passividade mental seria provavelmente igual à insensibilidade. Há graus de imediação em nossa audição, e talvez a melhor maneira de determiná-los é notar quais os elementos da experiência musical que perdemos pela audição desatenta, isto é, dando apenas atenção superficial, como o faz um frequentador de concertos distraído ou indiferente.

Não deixamos de perceber a tonalidade absoluta. Isso não quer dizer que saibamos *qual* tom estamos ouvindo, mas que cada som é ouvido como sendo desta ou daquela altura, de acordo com as vibrações físicas que o causam. Em segundo lugar, ouvimos sua duração absoluta. Esta é dada diretamente; embora não notemos qual é seu valor, ela dura por um período definido de tempo. Em terceiro lugar, seu timbre – a qualidade tonal de instrumentos de sopro de metal ou de madeira, viola ou piano ou voz humana. Quando vários instrumentos tocam juntos, o timbre orquestral que prevalece para o ouvido casual é, de fato, algo inominado, porém a pura impressão deste timbre é "dado" inevitavelmente. Em quarto lugar, o volume; sonoridades altas e suaves são sempre ouvidas diretamente, sem qualquer esforço mental especial. O mesmo ocorre quanto a uma qualidade geral de consonância ou dissonância, embora isso varie amplamente, sobretudo com a exposição habitual do ouvinte a sons dissonantes (uma pessoa acostumada ao jazz torna-se bastante indiferente a conflitos harmônicos). Finalmente, existe o elemento de tensão. Acentos dinâmicos são os efeitos auditivos de maior intrusão. Não importa quão distraidamente escutamos, ouvimos sempre um ataque agudo, um balanço ou batida rítmica, um movimento suave ou tempestuoso ou rápido, e ouvimo-lo sempre em algum tempo perfeitamente definido.

Aquilo que perdemos pela audição desatenta é a conexão lógica da sequência. Não temos uma consciência clara daquilo que passou e, por conseguinte, nenhuma impressão do desenvolvimento melódico ou harmônico, nenhuma expectativa definida daquilo que virá. Consequentemente, naquilo que se poderia chamar de ato de ouvir puramente físico, podemos espantar-nos com um *sforzando* repentino, sem ficarmos intrigados com sua incursão inesperada. Ouvimos mais a sucessão do que a progressão, e deixamos de perceber toda a melodia subordinada; onde não há uma "toada" óbvia, podemos perder toda melodia que porventura existir. Apenas os tons reais mutantes, com altura específica, duração, timbre, volume, e aspereza ou suavidade globais, passam com algum tempo definido – apressados, ou fáceis, ou prolongando-se interminavelmente.

Para a audição mental, como a experimentada na leitura silenciosa, aplicam-se exatamente as condições opostas: as propriedades tonais dadas com a maior definição ao ouvido físico, sobrevivendo mesmo ao escutar desatento, são aquelas mesmas que podem ser bem vagas ou mesmo completamente inexistentes para o ouvido interior. Para uma pessoa que não consegue identificar espontaneamente uma altura absoluta, a nota escrita,

digamos $\quad$, significa um som mais ou menos arbitrário,

por volta do meio do registro de soprano. Pode ser ou não que ela a ouça como um timbre particular, como um som de piano ou de voz ou de instrumento de cordas; certamente sua qualidade tonal não é tão definida quanto a de um som físico, que é dado de maneira única, um tom bom ou mau. O volume é imaginado apenas onde a composição visa obviamente o poder supremo, ou onde preparou um *pianissimo* especial. Além disso, a duração real dos tons nem sempre é "ouvida", embora seja compreendida de alguma maneira; lendo-se um movimento lento, tende-se a ler mais rápido do que passaria a execução em tempo real[2]. A gente nunca deixa escapar elementos estruturais, tais como tensões harmônicas e suas soluções; a melodia, mesmo em sua mínima figura, preparação e realização, isto é, progressão, tema e desenvolvimento, imitações, respostas, e o ritmo essencialmente

---

2. Afirmo-o com a autoridade de um eminente músico, Kurt Appelbaum, com cuja ampla experiência comparei minhas próprias observações.

musical (mais do que cinético) que emerge do desdobramento de mudanças harmônicas e acentos melódicos. A audição interior é trabalho da mente, que começa com concepções de forma e termina com sua completa apresentação na experiência sensorial imaginada. Ela é mantida por todo tipo de recursos simbólicos: a orientação de partituras impressas, as respostas musculares específicas, embora mínimas, da respiração e cordas vocais que constituem o cantar subvocal, talvez memórias tonais individuais e outras referências à experiência. Mas a influência de impressões sensoriais exatamente lembradas é muito variável; em geral a audição interior para justamente aquém daquela determinação de qualidade e duração que caracteriza a sensação real. Essa imaginação final do próprio tom, como algo completamente decidido pelo todo ao qual pertence, requer um sustentáculo simbólico especial, um gesto corporal altamente articulado; manifestamente, esse gesto é o ato de produzir o tom, a expressão deste pelo executante; fisiologicamente, é a *sensação* pelo tom nos músculos dedicados a produzi-lo, e é o símbolo pelo qual o tom é imaginado. Provavelmente, toda imaginação auditiva destituída de tal ação simbólica é de alguma maneira incompleta, a menos que seja baseada numa lembrança vívida de música realmente ouvida.

A maioria dos compositores leva o ato de imaginação criativa, desde o início como uma "forma dominante" ou ideia matriz (que Mendelssohn chamou de "a composição"), até um ponto situado nalgum lugar *antes* da realização completa da obra musical, que é a peça executada. A peça do compositor é uma obra incompleta, mas é uma peça perfeitamente definida conduzida a um estádio perfeitamente definido. Quando falamos da "primeira fuga do *Cravo Bem Temperado*", queremos dizer algo que está ali para a audição interior de qualquer pessoa e que pode ser completado levando-se sua articulação tonal ao limite, que é a completa determinação. Um músico muito competente pode ser capaz de fazê-lo em imaginação pura. Como regra, entretanto, a imaginação do executante é progressiva e é auxiliada, de momento em momento, pela realidade do tom já realizado na execução.

A execução é a conclusão de uma obra musical, uma continuação lógica da composição, levando a criação do pensamento à expressão física. Obviamente, então, o pensamento precisa ser inteiramente apreendido, se se quiser que tenha continuação. Composição e execução não são nitidamente separáveis na fase assinalada pelo término da partitura; pois ambas surgem da forma dominante e são governadas completamente pelas exigências e

A OBRA VIVA   145

instigações desta. Nenhuma teoria geral do fraseado, tempo, ou estudo de períodos e estilos pode permitir ao executante de uma peça começar seu trabalho na página impressa; todo esse conhecimento geral é um mero auxílio na orientação, um conhecimento de probabilidades que podem apressar sua compreensão do movimento essencial expresso na partitura. A leitura sucessiva de nota por nota, que é um padrão de reação comparável ao hábito do teclado de uma datilógrafa, não é leitura[3]. Uma datilógrafa bem treinada não iria pretender ter lido um livro só porque ela o copiou; muito executante à primeira vista no piano jamais leu uma peça de música, mas apenas reagiu manualmente ao estímulo de nota após nota. Mesmo a reprodução de frase após frase, tratando cada uma delas como um item separado, não é executar uma peça; é como uma recitação formal:

> "Eu, João"... *"Eu, João"*...
> 'tomo a você, Maria"... *"tomo a você, Maria"*...
> "como minha legítima esposa"... *"como minha legítima esposa"*...

Ou poder-se-ia compará-la à leitura de um texto grego por uma pessoa que sabe perfeitamente bem como pronunciar as palavras e que pode falar de maneira contínua, erguendo sua voz nas vírgulas, abaixando-a nos pontos e fazendo uma pausa entre os parágrafos, porém compreende apenas pedaços ocasionais daquilo que está tagarelando.

A verdadeira execução é um ato tão criativo quanto a composição, exatamente como o próprio desenvolvimento da ideia pelo compositor, depois de ele ter concebido o movimento maior e, com isso, toda a forma dominante, é ainda trabalho criativo. O executante simplesmente leva-o adiante. Ele pode ser o próprio compositor; nesse caso, aquilo que ele leva à conclusão pode ser uma composição em que já pensou cuidadosamente antes, talvez já tenha até escrito (diz-se, então, que "toca sua própria peça"), ou ele a pode estar inventando no momento ("improvisando"). Se não for o compositor, então a forma dominante é-lhe dada; uma quantidade de detalhes variável, mas geralmente considerável no desenvolvimento da forma, é dada[4]; mas a de-

---

3. Robert Schumann, em seu "Musikalische Haus-und Lebensregeln", escreveu para o proveito dos jovens estudantes: "Somente quando a forma estiver bem clara para você é que você compreenderá sua significação". (*Gesammelte Schriften*, DC, 170.)

4. As *numae* medievais, em virtude de seus significados inexatos, exigiam muito julgamento por parte dos executantes. Em notação moderna, a prescrição mínima era o baixo contínuo, cujas harmonias são indicadas por números escritos em baixo da nota, que pressupunha a competência do executante para realizar aquilo que hoje consideramos definitivamente como parte do trabalho do compositor.

cisão final sobre *como soa cada tom* permanece a seu cargo. Pois, num ponto crítico, definido, do curso da criação musical, um novo sentimento instaura-se, que reforça a imaginação tonal, e ao mesmo tempo submete-se a ela: o sentimento de proferição.

Uma pessoa em quem esse sentimento de expressão seja forte e preciso é um virtuose natural. Mas tal força e precisão não são a mesma coisa que um mero desejo de expressão emocional. A proferição artística sempre luta por criar um símbolo tão completo e transparente quanto possível, enquanto que a proferição pessoal, sob a tensão da emoção real, geralmente se contenta com símbolos semiarticulados, suficientes apenas para explicar os *sintomas* da pressão interna. Onde a música serve o propósito primário de expressão emotiva direta, o sentimento de proferição não é completamente controlado pela audição interior, mas é confundido pelo gesto amusical que é apenas imperfeitamente assimilado ao processo de produção de tons. Como resultado, as pressões dinâmicas em cada passagem são exageradas além das tensões melódicas e harmônicas as quais, lógica e artisticamente, deveriam simplesmente iluminar; o efeito é "romântico" no mau sentido[5]. Na fala, uma discrepância semelhante entre significado e ênfase apaixonada é chamada de "oratória". Em geral é atribuída a uma falta de comedimento, mas essa não é realmente sua fonte. Um executante cuja proferição seja inspirada inteiramente pela forma dominante da obra não precisa restringir coisa alguma, mas, sim, dar tudo que tem – todo seu sentimento para cada frase, cada tensão harmônica determinante ou indeterminante na obra. Audição interior, imaginação muscular de tom, desejo de audição exterior: estas condicionam o estádio final da feitura de uma obra musical.

A posse daquilo que posso apenas chamar de "imaginação muscular", base da técnica vocal ou instrumental, nem sempre acompanha o poder de audição interior, que é o fundamento de todo pensamento musical. Muitos compositores levam seu trabalho criativo apenas a um ponto aquém da imaginação tonal completa; para eles, a forma está completa e evidente por si mesma antes de alcançar a expressão aberta. De fato, o domínio que exercem sobre ela algumas vezes falha na última fase, de maneira que, na realidade, executam sua própria obra de modo muito imperfeito. Outros são virtuoses naturais; em muitos casos seu pensamento percorre tão infalivelmente toda a gama, desde a primeira concepção musical, até peça executada, e através dela,

---

5. Existe também "música romântica" no bom sentido – música composta de maneira que as tensões genuinamente tonais motivam uma grande coloração dinâmica.

que sua música soa como se fosse dedicada ao instrumento. A arte pianística de Chopin parece ter desempenhado um papel mesmo em seus pensamentos iniciais. Chopin foi verdadeira e fundamentalmente um compositor e, assim, a influência do piano foi apenas um dos fatores em seu pensamento, mas quando uma pessoa, que é acima de tudo um executante, se volta para a composição, o poder do instrumento torna-se supremo; as composições ocasionais de Kreisler, por exemplo, soam como se tivessem sido sugeridas imediatamente pelas cordas vibrantes, como cadências, variações de improviso, *études* de melodias; a matriz é simples e pequena, a instigação e interesse principal da obra é seu fácil e alto desenvolvimento em tom físico.

Geralmente, entretanto, os dois tipos de imaginação musical, que podem ser chamados, respectivamente, de conceitual e sonoro (para evitar a palavra escorregadia "interpretativo"), ocorrem separadamente; e a forma de audição interior que é necessária para uma imaginação conceitual, dom característico do compositor, é mais sugestiva do que plenamente sensorial. A significação de sua qualidade incompleta é que tal audição é abstrativa, preocupada com relacionamentos fundamentais mediante os quais o som se torna música, forma tonal significante. A imaginação sonora, por outro lado, trabalha em direção ao alvo final da concepção artística – comunicação da "Ideia", enunciação articulada.

Isso nos traz ao problema da "autoexpressão" de uma forma nova e aprofundada: não a interpretação subjetiva que faz da arte um veículo para os humores e ansiedades pessoais do executante, mas o elemento de *ardor para o importe transmitido*. É claro que isso é sentimento real; não é algo simbolizado pela música, mas algo que torna o símbolo eficaz; é a excitação contagiosa do artista com o conteúdo vital da obra. Onde ele falta, o símbolo é "frio". Sendo, porém, um fenômeno real e não virtual, a "calidez" artística jamais pode ser planejada e garantida por qualquer artifício técnico. Ela se mostra no produto final, mas sempre como um fator inconsciente. Nas artes plásticas, sua marca é a apresentação veemente da "Ideia", da primeira à última pincelada. Em música, é a qualidade de enunciação apaixonada.

Essa qualidade pertence naturalmente à voz humana. Mas a voz é tanto mais um instrumento de resposta biológica do que da arte, que todas as emoções reais, grosseiras ou refinadas, profundas ou casuais, são refletidas em seu tom espontaneamente variável. É o primeiro caminho de autoexpressão e, nessa capa-

148 SENTIMENTO E FORMA

cidade demonstrativa, na realidade não é um instrumento musical, em absoluto. Como observou Joseph Goddard:

da entonação à melodia é um passo. [...] Assim, do timbre à harmonia é um passo. [...] A entonação, na linguagem, ainda preenche a função prática de expressão em virtude da qual foi inicialmente desenvolvida. Mas melodia e harmonia não têm função prática alguma: [...] elas dão origem a ordens bastante novas de sensação[6].

Por toda sua carreira como portadora de ideias musicais, a voz mantém sua aptidão para o *pathos*, sua associação com o sentimento real – o que um alemão chamaria de seu *Lebensnähe**.

Enquanto o *pathos* direto, originando-se das emoções do momento, predomina na proferição vocal, a voz pode estar lamuriando-se ou murmurando ou rejubilando-se tanto mais livremente, mas não está cantando. A música começa apenas quando algum fator formal – ritmo ou melodia – é reconhecido como uma estrutura dentro da qual acento e entonação são elementos por direito próprio, não atributos casuais da fala individual. Talvez, nos primórdios da vida religiosa, o desejo de fazer as preces corais chegarem mais longe do que o discurso mais forte, com menos esforço vocal e mais articulação do que nos gritos, levou as pessoas a descobrir o poder da entonação para "carregar" suas palavras. Não sabemos. Mas no momento em que as sílabas são fixadas numa altura definida, a respiração tem de ser retida, as vogais tomam precedência sobre as consoantes, que servem meramente para mantê-las separadas, e o som da proferição, mais do que o discurso, torna-se o fenômeno observável: portanto, a encantação seria um começo natural de uma canção genuína. Neste nível de organização do discurso, as maneiras ricas e variáveis de articular sons tornam-se aparentes. Vogais longas ou curtas, vogais abertas ou fechadas, consoantes agudas ou suaves, acentos silábicos, e semelhanças formais como aliteração, rima e analogia rítmica, que raramente são notadas na fala, tendem a tornar-se conspícuas. Todos esses fatores servem para mudar o interesse que passa do conteúdo literal das palavras, a coisa dita, para a forma tonal, a coisa cantada. A enunciação, destinada originalmente a criar palavras, cria agora sonoridades que são avaliadas mais como fins do que como meios; ela pontua e elabora o tom cheio que "leva" as palavras e o produto é uma forma audível, uma peça de música.

6. Joseph Goddard, *The Deeper Sources of the Beauty and Expression in Music*, p. 23.
* Literalmente, *bom senso*.

A OBRA VIVA 149

Naturalmente, a voz, mesmo no canto, ficaria carregada de tantas tensões emocionais que sua função musical estaria constantemente em perigo. A abstração de elementos tais como altura e métrica (especialmente o metro poético complicado do discurso religioso) não é fácil em meio a uma proferição pessoal. Conceitos formais, antes de serem inteiramente familiares e nítidos, precisam ser reforçados para não serem novamente perdidos. No canto primitivo, a métrica frequentemente é apoiada por batidas de palmas ou de pés. Mas uma tal atividade tende a interferir com o ato de ouvir a música, tanto quanto a auxiliá-lo, porque ela é percebida de maneira mais cinética (enquanto participação real) do que audível (enquanto impressão sensorial). O tambor, portanto, marca um grande avanço. Com esforço físico relativamente pequeno, ele fornece um acento nítido, exato e primordialmente audível, que pode ser manipulado com muito maior facilidade e liberdade do que as batidas ginásticas. Sua técnica pode ser desenvolvida por indivíduos, o que contribui para o virtuosismo. Mesmo o canto monótono ao som de um bom tambor é inequivocamente música, embora possa ou não soar esquemático e nu para o ouvido totalmente treinado. O passo crucial na música, porém, é a concepção de *meios*, fixação e uso artístico da tonalidade; e esta provavelmente deve sua existência em grande parte à descoberta de fontes físicas, inanimadas, das quais se pode obter sons de altura definida através do tanger, bater, roçar ou soprar. Por meio de instrumentos afinados, a entonação fica imediatamente objetivada; os instrumentos fornecem um padrão pelo qual é possível manter a tonalidade vocal.

Na Europa, onde a música teve certamente seu maior desenvolvimento, instrumentos melódicos foram usados durante séculos primordialmente para acompanhar canções. Uma exceção importante é a flauta, que alcançou uma independência prematura por duas razões: primeira, porque é uma variante da gaita do pastor, que foi inventada por homens solitários que podiam ou soprar num canudo ou cantar, mas não as duas coisas ao mesmo tempo, de maneira que a existência de música sem palavras, instrumental, foi-lhes revelada pela própria limitação de seu meio; e, em segundo lugar, porque dentre os instrumentos primitivos, os instrumentos de sopro de madeira são os que mais se aproximam quanto à posse de uma qualidade vocal.

As contribuições essenciais da voz e dos instrumentos, respectivamente, vêm de polos opostos no campo da música. Os elementos estruturais são desenvolvidos mais facilmente com a

150 SENTIMENTO E FORMA

ajuda de cordas vibrantes e flautas, cujo alcance plenamente desenvolvido excede de longe a de qualquer voz, ou mesmo os alcances combinados de vozes agudas e graves. A música vocal pode apenas aproximar-se da flexibilidade, distinção, acuidade rítmica e tonal dos instrumentos. Saltos de entonação, figuras, *tremolos* e *volata*, que são fáceis no violino ou piano, são o sonho de controle técnico de um cantor. A voz enquanto instrumento, livre de toda interferência pelos deveres fisiológicos dos pulmões, pelas constrições emocionais da garganta, ou pelos hábitos não musicais da língua, é o ideal que governa o trabalho e a imaginação tonal do cantor. Ouvindo e praticando, ele purifica o elemento que é a qualidade perigosa, mas principal e insubstituível, da música vocal – o elemento da *proferição*.

O problema do executante é o oposto. A estrutura conceitual de melodia e harmonia é expressa pela própria construção dos instrumentos musicais, mas a semelhança de canção é algo alcançado apenas no curso de perfeição gradual destes e, acima de tudo, em seu uso sob o estímulo da "audição cinética". A música instrumental luta pela proferição direta, pela "voz".

Acredito que essa seja a base da diferença qualitativa, frequentemente notada, entre cantar e todos os outros tipos de música[7]. Não é, como pensava Goddard, o poder de nossa associação emocional com a voz que a torna preeminentemente "humana", mas o fato de que a proferição, que é uma função intelectual do organismo humano, tem sempre uma forma fundamentalmente vital. Quando é abstraída de qualquer contexto real, como na canção musicalmente consciente, torna-se arte, mas mantém seu *Lebensnähe*. O fato de que a canção cresce em poder musical pela formalização constante, aproximando-se do som de instrumentos, enquanto que todas as outras fontes de tons são algo esquemáticas e sem vida até que chegam à "voz", a semelhança do cantar, marca uma dialética peculiar no fenômeno total da música, que dá conta, talvez, da existência de dois talentos distintos – o inventivo, à vontade na abstração musical, e o inter-

---

7. Por exemplo, Joseph Goddard: "Quando a música é produzida pela voz humana ela cessa de ser destituída de associações, ficando então envolta pelas numerosas associações da humanidade. [...] É essa vasta mudança do som abstrato para o som rico em associações humanas – de tons estranhos a tons familiares – que achamos tão notável e agradável quando vozes humanas irrompem na música instrumental. Na música vocal, os caracteres místicos do som musical têm um aspecto humano. Assim é que a alta emanação musical em forma vocal possui algo do caráter de proferição inspirada." (Op. *cit.*, p. 87-88.)

O mesmo contraste em sentimentos foi notado por Guido M. Gatti, "Composer and Listener", *Musical Quarterly*, XXXIII, 1 (janeiro de 1947), 52-63; Schumann, op. *cit.*, II; Günther Stern, "Zur Phänomenologie des Zuhörens", *Zeitschrift für Musikwissenschaft*, IX (1926-27), 610-619; e por Francis Tovey, op. *cit.*, V, 1.

A OBRA VIVA 151

pretativo, centralizando-se na imaginação tonal cinética, que leva à elaboração de sons perfeitamente intencionados e controlados. Este último tipo deriva da conexão natural entre mente e voz. Nessa base, o desenvolvimento do canto não é muito difícil de compreender; mas o que é verdadeiramente desconcertante é a emergência, com a evolução de instrumentos sonoros, de algo que pode apenas ser chamado de "proferição" no tocar. Há uma transferência da resposta ideomotora dos órgãos vocais para a mão. As mãos de um músico, suplementadas por seu instrumento familiar, tornam-se tão intuitivamente responsivas ao tom imaginado quanto a garganta. Ninguém poderia imaginar, ou aprender de cor, a distância adequada exata no teclado para cada intervalo possível; mas é suficiente conceber claramente o intervalo e o dedo o encontrará com precisão e até se ajustará, após uma única exploração, a um instrumento que apresenta divisões um pouco diferentes do padrão habitual. Quanto às variantes qualidades e nuanças de tom, produzidas principalmente pelo arco, elas dependem patentemente da "audição cinética". A mente ouve, a mão segue, com tanta fidelidade quanto a própria voz obedece ao "ouvido interior"[8]. Provavelmente é por isso que o instrumento natural e o artificial, a proferição direta e a indireta, podem finalmente fundir-se tão completamente como o fazem nas obras-primas da ópera, cantata e canção lírica, que estão bem próximas da forma perfeita completamente proferida.

Também significa que o instrumentista, bem como o cantor, tem à sua disposição um meio psicologicamente sensível; assim, os valores e perigos do sentimento pessoal são os mesmos tanto para um quanto para o outro. *Enquanto o sentimento pessoal está concentrado no conteúdo musical, isto é, na significação da peça, ele é a própria força e "impulso" do trabalho do artista,* É o dinamismo que faz com que ele crie o símbolo audível pelo modo que lhe parece mais claro, mais completamente perceptível, mais comovente. Essa é a concepção intensa, que constitui o supremo poder da expressão musical. Cada tensão e

---

8. Cf. Philippe Fauré-Fremiet, *Pensée et ré-création*: "Recito, mentalmente, cada nota com seu valor de tempo certo e meu sistema nervoso inteiro está tão espontaneamente ajustado a ela que meus dedos estão praticamente a ponto de executá-la. Novamente penso num determinado tema melódico, num desenvolvimento, e também o penso nota por nota, como uma realidade concreta e com seus valores de tempo apropriados... Se ele é dado às flautas ou violoncelos, por exemplo, não evoca em mim qualquer impulso aparente de lhe dar expressão manual, porém eu quase o canto de lábios fechados, como se minha garganta e meus lábios tivessem sido, por sua vez, alertados, como se eu fosse cantar ou, mais exatamente, reproduzi-lo, transpondo. [...] Eu quase vivo a peça com todo meu ser, a inteira gama de meus recursos físicos, e num tempo e ritmo com que não posso permitir quaisquer liberdades, porque a expressão que procuro depende disso" (p. 32-33).

movimento na estrutura do tempo criado parece com uma emoção pessoal, mas uma emoção que vive afastada das preocupações do dia real.

Se, por outro lado, o executante permite que sua própria necessidade de alguma catarse emocional torne a música simplesmente sua via de escoamento, é provável que ele tocará apaixonadamente, com excitante dinâmica, mas faltará intensidade à obra, porque suas formas expressivas apresentam-se inarticuladas e obscuras. A execução é um sintoma de emoção, e como todos esses sintomas – riso, lágrimas, tremor – é momentaneamente contagioso; mas ninguém consegue levar consigo algo de uma tal exibição pessoal, porque passagem após passagem da composição, derivando logicamente de um movimento central, foi impedida de chegar a sua conclusão natural e foi adaptada para transmitir um sentimento novo e estranho.

Cada executante, contudo, tem aquilo que se poderia chamar de "repertório adequado", que consiste em peças que ele é temperamentalmente capaz de tocar: música que está dentro de seu horizonte emocional. Pois, embora não seja necessário que haja sentido realmente cada sentimento que transmite, é preciso que seja capaz de *imaginá-lo*, e toda ideia, quer de coisas físicas, quer de psíquicas, pode formar-se apenas dentro do contexto da experiência. Quer dizer, uma forma de sensibilidade, pensamento ou emoção que ele pode imaginar deve ser *possível para ele*. Dentro do âmbito de suas próprias possibilidades emocionais, entretanto, ele pode até mesmo aprender, puramente através da música, alguma maneira de sentir que jamais conheceu antes[9]. Na abundante textura de nossa própria existência subjetiva, fazemos descobertas, como as fazemos no mundo exterior, pela ação de símbolos adequados. Através da arte aprendemos o caráter e extensão da experiência subjetiva, da mesma maneira que, através do discurso, aprendemos com grande minúcia os aspectos do mundo objetivo.

É bem estranho que o executante que projeta sentimentos irrelevantes em sua música, fragmentos emocionais de sua própria vida, seja quem corra o perigo de exibir uma "mera técnica" porque não está pensando a música no todo. Uma vez que ele

---

9. O seguinte relato foi-me feito por um dos maiores artistas do piano, numa conversa: "Quando leio uma composição pela primeira vez, concebo-a de acordo com a extensão de minha experiência. Mas, à medida que a estudo, chega um ponto – algumas vezes depois de muito tempo, mas sempre de maneira bem definida e bastante repentina – em que sinto que minha personalidade mudou sob a influência da peça. Aprendi a sentir uma nova maneira ou a compreender um novo sentimento. Então aprendi a ideia musical e passo a praticar de maneira diferente – praticar inteiramente para articular".

de fato toca o que está escrito, todos os detalhes de sua execução que não são concebidos mentalmente são respostas puramente físicas, e dão a impressão de que seus dedos estão "tagarelando", exceto na expressão de paixões musicalmente imotivadas e não pretendidas. As complexidades da composição não recebem significado algum da própria forma dominante e, especialmente se passarem com rapidez, ele não pode adaptá-las a suas próprias emoções, que não têm uma tal forma distinta e elaborada; assim, toca descuidadamente passagens inteiras simplesmente porque elas estão escritas, e tudo o que transmite é o fato de que pode produzir as respostas mecânicas a tantas notas. Mas se um virtuose está livre de emoções confusas a fim de pensar em formas musicais e sentir apenas o importe destas, a realização física mais elevada é absorvida pela coisa apresentada, a duração virtual organizada, a imagem da vida senciente. Não é possível que ele sofra de técnica excessiva: ela é sua capacidade mental de articulação e seu poder de expressão.

Até agora nos preocupamos somente com a feitura da música; mas há outra função, igualmente importante, que é o ato de ouvir, que exibe uma variação quase que tão grande, entre a eficácia suprema e a obtusidade total, quanto a que encontramos na execução. Ouvir música é em si um talento, uma inteligência especial do ouvido e, como todos os talentos, desenvolve-se com o exercício. Uma pessoa acostumada a ouvir absorve com facilidade as composições mais extensas ou elaboradas, enquanto que, mesmo um indivíduo naturalmente propenso à música sem um *background* de muita música, talvez ouvida desatentamente, mas ouvida com frequência, acha difícil ouvir por mais do que uns poucos minutos. Talvez seja por isso que concertos provinciais, orquestras de leigos e mesmo clubes de amadores bastante sérios geralmente apresentem programas consistentes de peças curtas e trechos de obras mais longas: um movimento de uma sonata, um movimento de um trio, a Serenata do Quarteto de Haydn, Op. 3 N° 5, e assim em diante. A audiência não consegue ouvir um quarteto de Haydn inteiro ou toda uma sonata de Beethoven.

O primeiro princípio para se ouvir música não é, como supõem muitas pessoas, a habilidade de distinguir os vários elementos de uma composição e reconhecer seus recursos, mas sentir a ilusão primária, sentir o movimento consistente e reconhecer imediatamente a forma dominante que torna essa peça um todo inviolável.Mesmo crianças pequenas assim procedem quando ouvem com prazer uma cantiga. Se os mais velhos promovem sessões de música mais ambiciosa em casa e ensinam às crianças, como dever de cortesia, a ficarem razoavelmente quietas durante a execução, o poder de ouvir destas crescerá pelo uso acidental, da mesma maneira que seu poder de ler aumenta sempre que elas leem signos, títulos e legendas, aqui e ali. Deitar na cama e ouvir um bom canto ou uma boa execução antes de dormir é uma educação natural. O rádio, é claro, oferece todos os meios de aprender a ouvir, mas também abriga um perigo – o perigo de aprender a *não* ouvir; e este é maior, talvez, que sua vantagem. As pessoas aprendem a ler e estudar com música – algumas vezes música bela e vigorosa – tocando no fundo. À medida que cultivam a desatenção ou a atenção dividida, a música enquanto tal se torna cada vez mais um estimulante ou sedativo meramente psicológico (conforme o caso, ambas as funções são possíveis), do qual gozam mesmo durante conversas. Dessa maneira, elas cultivam a *audição passiva*, que é a própria contradição do *escutar*.

A base real da apreciação da música é a mesma da feitura da música: o reconhecimento de formas no tempo virtual, carregado com o importe vital de toda arte, os aspectos do sentimento humano. É a percepção do sentimento através de um fluxo puramente aparente de vida existente apenas no tempo. Qualquer coisa que o ouvinte fizer ou pensar para tornar essa experiência mais significativa é bom em termos musicais. Isso não quer dizer, entretanto, que qualquer coisa que as pessoas gostem de fazer durante a música seja bom, uma vez que elas frequentemente confundem "deleitar-se a música" com deleitar-se de maneira não musical durante a música. Qualquer coisa, porém, que ajude a concentração e mantenha a ilusão – seja cantar para si mesmo, seguindo uma partitura semicompreendida, ou sonhar em imagens dramáticas – pode ser a maneira pessoal de cada um compreender. Pois *ouvir* é a atividade musical primária. O músico ouve sua própria ideia antes de tocar, antes de escrever. A base de todo progresso musical é um ouvir mais compreensivo. E o único apoio que todo artista precisa ter se quiser continuar a criar música é um mundo que ouve.

10. O Princípio de Assimilação

No capítulo anterior, o caráter especial da música vocal foi examinado com alguns detalhes porque ele trazia o problema da proferição pessoal para o foco mais nítido. Esta, entretanto, não é a única questão filosófica que surge de maneira peculiar na esfera do canto. Uma segunda e igualmente fundamental questão é o discutido princípio de "pureza" do meio artístico. Pois o canto está normalmente vinculado a palavras. Provavelmente começou com a entonação de palavras, a fim de torná-las mais poderosas nas preces ou na magia. Em tempos antigos, supõe-se que canto e poesia eram uma só coisa, pois toda recitação era entonada. Através de toda a história da música, a importância das palavras tem sido afirmada por uma escola e negada por outra. Os *Camarati* italianos consideravam a transmissão de palavras como a tarefa fundamental da música; os papas protestaram contra antífonas e cantatas elaboradas que obscureciam os textos sagrados, despedaçavam-nos ou sobrepunham as linhas de maneira que nenhuma sentença podia ser bem ouvida. Supõe-se que Gluck, na famosa dedicatória de *Alceste* ao Arquiduque Leopoldo de Toscana, tenha afirmado a primazia das palavras sobre a música, na ópera, embora eu não ache que sua afirmação deva ser tomada como querendo dizer que a obra é, de fato, poesia ou mesmo teatro, mais do que música. Gluck é universalmente considerado como um compositor, não como um dramaturgo, nem como um arranjador da poesia de Calzabigi para o palco; e ninguém, que eu saiba, jamais falou da obra como sendo a peça de Calzabigi com música composta por Gluck. Isso indica que, não importa quão superficialmente as pessoas possam parafrasear as palavras de seu prefácio, sua percepção artística desmente a teoria que elas leram naquelas palavras. O verdadeiro sentido da deferência de Gluck ao texto ficará evidente um pouco mais tarde, de maneira que podemos adiar essa questão pelo momento.

O fato histórico é que, sejam quais forem as doutrinas sobre o relacionamento entre palavras e música que tenham tido influência, os compositores tomaram todas as liberdades que quiseram em relação a seus textos. Bach seguiu algumas vezes fielmente o padrão verbal na maneira recitativa, outras vezes construiu sua música sobre a já composta linha poética, como nos corais, e outras, ainda, esfacelou as sentenças, repetindo frases ou palavras isoladas e tecendo esses fragmentos de linguagem nas *fugati* vocais mais intrincadas, por exemplo, nos motetes. Palestrina fez todas essas coisas antes dele, Mozart as fez depois dele, Prokofiev as faz hoje. Contudo ninguém poderia ter mais compreensão ou respeito pelas palavras do que Bach tinha pelos textos sagrados. O que todos os bons compositores fazem com a linguagem não é nem ignorar seu caráter, nem obedecer às leis poéticas, mas transformar todo o material verbal – som, significado, e tudo – em elementos musicais.

Quando as palavras entram para a música, elas não são mais poesia ou prosa, são elementos da música. Sua tarefa é ajudar a criar e desenvolver a ilusão primária da música, o tempo virtual, e não a da literatura, que é outra coisa; assim, elas desistem de seu *status* literário e assumem funções puramente musicais. Isso não quer dizer, porém, que agora elas possuam apenas valor de sons. Aqui a teoria de David Prall, de que a "superfície estética" da música é som puro em ordens de altura, volume e timbre, e de que, ao ouvirmos música, percebemos desenhos no compasso dessa "superfície estética", requer uma pequena emenda se ela quiser manter sua significação face a alguns dos maiores feitos musicais – canção, cantata, oratório e ópera. *Pois o que percebemos não é a superfície estética.* O que ouvimos é movimento, tensão, crescimento, forma viva – a ilusão de um tempo multidimensional em passagem. A "superfície estética" é algo subjacente a essa ilusão. Se assumirmos uma "atitude estética" e tentarmos perceber apenas os elementos tonais abstraídos, na realidade des-

O PRINCÍPIO DE ASSIMILAÇÃO

contaremos a semelhança forçosa a fim de compreender seu veículo sensorial. Um tal interesse compromete-nos com o princípio de tratar palavras como fenômenos puros, e leva a artificialidades que aumentam em proporção com a liberdade e poder da música dramática e vocal; pois, na imaginação do compositor, as palavras simplesmente não figuram como vogais separadas por consoantes, apesar de o fato de que a entonação ressalta seus atributos fonéticos e dá a estes, também, possíveis funções independentes na estrutura audível.

A obra é, como diz Prall, composta de sons; mas tudo o que dá aos sons uma aparência diferente de movimento, conflito, repouso, ênfase etc., é um elemento musical. Tudo o que vincula as figuras, contrasta-as ou suaviza-as; em suma, *afeta a ilusão*, é um elemento musical.

As palavras podem entrar diretamente na estrutura musical mesmo sem serem entendidas literalmente; a *semelhança da fala* pode ser suficiente. A mais notável ilustração desse princípio encontra-se no cantochão. Nesse canto medieval, o material tonal é reduzido ao mais despojado mínimo: uma única linha melódica, pequena em compasso, sem suporte polifônico, sem acompanhamento, sem nenhum acento recorrente regular ou "batida". Uma linha como essa tocada no piano ou em qualquer outro instrumento soa pobre e trivial, e parece não ter nenhum movimento em particular. Mas no momento em que as palavras são articuladas, ela se move, suas vagas figuras rítmicas cessam de vagar à medida que incorporam ritmos de fala entoada, e as grandes palavras latinas preenchem a forma melódica exatamente como acordes e contrapontos o fariam. O fato de as sílabas que suportam os tons estarem concatenadas por seu caráter original, não musical, em palavras e sentenças, faz com que os tons sigam uns aos outros numa sequência mais orgânica do que a mera sucessão que eles exibem numa paráfrase instrumental. Não é o sentimento expresso nas palavras que as torna de suprema importância no canto gregoriano; é a coesão da linha latina, a simplicidade da afirmação, a grandeza de certas palavras, que faz com que o compositor se detenha nelas e subordine a elas aquilo que é contextual. Mesmo uma pessoa que não tenha conhecimentos de grego – que talvez não reconheça a incursão de palavras gregas na missa latina – sente a significação sagrada do texto:

Kyrie Eleison,
Christe Eleison,

158 SENTIMENTO E FORMA

porque a exploração dessas quatro palavras é um acontecimento musical completo[1].

Além do mais, a exiguidade do meio musical requer a vivacidade e calidez que pertencem à voz humana. Mas onde palavras e voz são contrapostas a elementos formais muito tênues, tais como a melodia homofônica sem linhas a dividir os compassos, sem qualquer ancoragem de tônicas e dominantes, sem a tonalidade mecanicamente fixada, que cordas ou flautas asseguram, existe um perigo evidente de perder completamente a ilusão artística sob o impacto da proferição pessoal. Aqui, a obra exige algo que garanta sua impessoalidade e objetividade; e, de fato, ela mantém tais virtudes principalmente pelas formalidades de sua execução. O canto coral é um forte antídoto contra o sentimentalismo, porque as expressões de sentimento real que ameaçam a ilusão musical se neutralizam umas às outras no canto de grupo. Um coro, portanto, é sempre uma influência impessoal. Onde essa salvaguarda não funciona – isto é, onde um único cantor entoa o serviço – é o espírito de seu vicariato, de seu próprio *status* despersonalizado, que preserva a integridade artística do canto, que é concebido como algo objetivo e eficaz e não como uma oportunidade de autoexpressão. O eu, com todos os seus desejos reais, está em suspenso enquanto o sacerdote celebra seu ofício.

A finalidade de toda essa discussão sobre o cantochão é demonstrar, por um exemplo clássico, como a música pode absorver e utilizar fenômenos que não fazem parte absolutamente de seu material normal, a "superfície estética" de tons em suas várias ordens relacionais. Mas sejam quais forem as importações que admite em seu território, ela as transforma, o lote inteiro, em *elementos musicais*. O que ajuda e o que prejudica a expressão musical depende daquilo que a ilusão primária pode deglutir completamente. O sentido das palavras, o fervor da proferição, os deveres devocionais, as respostas corais – todos esses são materiais estranhos, mas enquanto afetam a imagem de tempo, quer garantindo sua dissociação da experiência real, quer reforçando seu importe vital, ou fornecendo fatores estruturais genuínos, são elementos virtuais numa esfera de imaginação puramente musical. Tudo o que possa entrar no simbolismo vital da música per-

---

1. Essa função do texto persiste em música posterior. Francis Tovey diz sobre o "Magnificat" da *Missa em Si Menor* de Bach: "É um concerto em que as vozes do coro desempenham o papel de instrumento solista". (*Essays in Musical Analysis*, V, 52). A única palavra é "Magnificat".

O PRINCÍPIO DE ASSIMILAÇÃO 159

tence à música, e tudo o que não possa fazê-lo, não tem qualquer negócio com a música.

Quando palavras e música se conjugam na canção, a música engole as palavras; não só meras palavras e sentenças literais, mas até mesmo estruturas literárias de palavras, poesia. A canção não é um compromisso entre poesia e música, embora o texto tomado em si mesmo seja um grande poema; a canção é música. Nem precisa ter, no estrito sentido europeu, uma melodia; um canto monótono pontuado com acordes mutantes[2], uma batucada africana sobre a qual irrompe uma longa, lamuriante, declamação, que se ergue e cai dentro de um contínuo total ininterrupto, é canção, não fala. Os princípios da música governam sua forma, sejam quais forem os materiais empregados, de cabaças chocalhantes até nomes santos.

Quando um compositor põe um poema em música, ele aniquila o poema e faz uma canção. É por isso que letras triviais ou sentimentais podem ser textos tão bons quanto os grandes poemas. As palavras devem transmitir uma ideia *componível*, sugerir centros de sentimento e linhas de conexão, excitar a imaginação de um músico. Alguns compositores, por exemplo, Beethoven, são assim excitados pela grande literatura[3]; outros encontram tão amiúde uma essência musical em versos bastante insignificantes quanto na verdadeira poesia. Schubert converteu, em sua composição, os poemas inegavelmente de segunda classe de Muller, num ciclo de canções tão belo e importante quanto suas versões musicais dos tesouros poéticos de Heine e Shakespeare. As obras de Muller são literatura muito mais pobre, mas constituem textos musicais nada inferiores; e, nas obras de música a que deram origem, sua inferioridade fica redimida, porque, como poesia, desapareceram.

Estetas eminentes têm declarado repetidamente que a forma mais elevada de composição de canções é uma fusão de poesia

2. Um exemplo disso é dado – na música europeia, mesmo assim – pela *Antígona*, de Karl Orff.

3. Bettina Brentano, numa carta a Goethe, conta-lhe os comentários feitos por Beethoven sobre a poesia daquele, citando de memória – a dela era excelente – as palavras do compositor: "Os poemas de Goethe têm um grande poder sobre mim, não só em virtude de seu conteúdo, mas por seu ritmo. Fico excitado, e com disposição para compor, por esta linguagem que parece construir a si mesma como uma obra de seres espirituais mais elevados, e conter, já, o segredo de suas harmonias. Ela me força a derramar melodia, em todas as direções, a partir do ponto de inflamabilidade de meu entusiasmo. Persigo-a, apaixonadamente ultrapasso-a de novo. [...] Não posso separar-me dela, e, com zelosa alegria, tenho de repeti-la em todas as modulações possíveis, e, no termo, finalmente, saio triunfante sobre as ideias musicais." (Beethoven, *Briefe und Gespräche*, p. 145.)

160 SENTIMENTO E FORMA

perfeita com música perfeita[4]. Na realidade, porém, um poema muito vigoroso pode chegar a militar contra toda música. Robert Schumann fez essa descoberta quando, de seus interesses originais literários e críticos, voltou-se para a composição musical. Na juventude, escreveu um ensaio "Sobre o Íntimo Relacionamento entre Poesia e Música", no qual dizia, após uma longa e romântica passagem em louvor de cada arte separada:

> Ainda maior é o efeito de sua união: maior e mais belo, quando o simples tom é realçado pela sílaba alada, ou a palavra que paira é erguida pelos ondas melodiosas do som, quando o ritmo leve do verso é combinado suavemente com a medida ordenada dos compassos em graciosa alternação.[5]

Isso é típica crítica literária de música, a qual trata a música como um suave acompanhamento romântico duplicando os efeitos sonoros da poesia. Como músico amadurecido, contudo, escreveu numa veia diferente. Havia produzido muitas canções e sabia que a composição de um texto não era nenhum compromisso gentil, nenhuma alternação graciosa de valores poéticos e musicais. Fazendo a crítica das versões musicais feitas por Joseph Klein, dos versos do *Wilhelm Meister* de Goethe, ele disse:

> Para falar com franqueza, parece-me que o compositor nutre demasiado respeito por seu poema, como se tivesse receio de feri-lo ao tomá-lo com ardor demais; assim, a todo momento, encontramos pausas, hesitações, embaraços. O poema, porém, deve estar como uma noiva nos braços do menestrel, livre, alegre e inteiro; então é que ele soa como algo vindo de céus ao longe.

E, mais adiante, numa referência especial à canção de Mignon, "Kennst du das Land":

> Efetivamente, não conheço nenhuma transcrição musical dessa canção, exceto a de Beethoven, que possa aproximar-se da impressão que ela causa por si mesmo, sem música[6].

Eis a chave de uma dificuldade radical na feitura de canções. Um poema que tenha forma perfeita, em que tudo seja dito e nada meramente esboçado, uma obra completamente desenvolvida e fechada, não se presta facilmente à composição. Não renunciará à sua forma literária. Isso se aplica à maioria dos poemas de Goethe. As criações poéticas são tão completamente

---

4. O mais famoso é Wagner, por certo, que sonhava com uma obra que uniria *todas* as artes em pé de Igualdade, uma *Gesamtkunstwerk*.

5. *Gesammelte Schriften über Musik u. Musiker*, vol. II, p. 173.

6. *Ibid.*, vol. I, p. 272.

O PRINCÍPIO DE ASSIMILAÇÃO 161

autônomas e autossuficientes que muitos compositores mais capazes do que Klein esquivaram-se de violentá-las a fim de transformá-las em mera substância plástica para outra obra, e usá-las, de maneira nova, como elementos musicais sem forma independente. Um poema de segunda classe pode servir melhor a essa finalidade porque é mais fácil para a música assimilar suas palavras, imagens e ritmos. Por outro lado, alguns versos da melhor lavra constituem textos excelentes, por exemplo, as canções incidentais de Shakespeare, os versos robustos e simples de Burns, a maior parte da poesia de Verlaine e, notadamente, a de Heine. A razão é que todos esses poetas sugerem tanto quanto dizem; a forma é frágil, não importa quão artística ela seja (como ela o é certamente com Verlaine e Heine), as ideias que ela transmite não são completamente exploradas, os sentimentos não são dramaticamente construídos como o são nos poemas de Goethe. Todas as suas potencialidades ainda estão ali e são enfatizadas pela forma ironicamente casual. Consequentemente, a obra poética pode dissolver-se de novo ao toque de uma força imaginativa estranha, e as belas palavras sobrecarregadas – "My love is like a red, red rose" – ou: "Les sanglots longues des violons" – podem motivar formas expressivas inteiramente novas, musicais ao invés de poéticas.

É isso, acima de tudo, que o texto deve fazer em toda música baseada em palavras. Existe uma forma musical conhecida antigamente como "toada", que começa com um texto, mas toma dele principalmente o padrão de acentos métricos para estruturar uma melodia simples, autônoma, passível de ser tocada sem palavras ou cantada com quaisquer versos que sigam sua métrica. A canção folclórica e o hino são exemplos de semelhante música vocal abstrativa. A toada caracteristicamente não é nem triste, nem alegre; mas a maneira pela qual ela pode tomar tal coloração específica a partir das palavras variadas com que pode ser cantada, mostra quão intimamente tristeza e alegria, exaltação e furor, contentamento e melancolia, na realidade se parecem uma à outra, em essência. A mesma toada pode ser uma canção báquica ou um hino nacional, uma balada ou uma cantiga[7]. Mas mesmo lá onde as palavras podem ser variadas livremente, elas são assimiladas pela melodia como elementos que tornam a música mais leve ou mais profunda, que a impelem para adiante ou

---

7. "The Star-Spangled Banner" aparece pela primeira vez como uma canção inglesa ao som da qual se bebe. A canção "Belleve me, if all those endearing young charms" de Thomas Moore foi escrita para uma toada irlandesa que, na época, já servia como "Fair Harvard".

a retém, suavizam-na ou retardam-na. Uma canção folclórica tocada sem palavras pode ser linda, mas sempre soa um pouco simplória. Ela apresenta-se, de fato, vazia, incompleta. Considerem a diferença entre ouvir quatro quadras de uma canção dessas, por exemplo, "Marleborough s'en va-t-en guerre" numa língua estrangeira, isto é, sem estar em condições de entender as palavras, e ouvir a melodia tocada quatro vezes em seguida num instrumento! A articulação das palavras, o elemento de proferição que elas fornecem, é parte da música, sem qualquer atração literária. Francis Tovey, embora eu ache que ele jamais chegou na realidade a distinguir entre a função musicalmente importante do texto e suas funções literárias anteriores, reconheceu, não obstante, as responsabilidades ativas da articulação na canção, quando escreveu:

> Ainda não tive uma oportunidade de produzir música vocal sem palavras, como a Sonata Vocal de Medtner ou as *Sirenes* de Debussy, de modo que não abordei as interessantes questões que surgem quando a voz humana empurra para um lado todos os instrumentos, como ela o faz inevitavelmente, apenas para desapontar a expectativa de uma fala humana[8].

Na chamada "canção de arte", pode haver uma ironia consciente alcançada quando as mesmas palavras são colocadas em diferentes frases musicais, como, por exemplo, em "In grün will ich mich kleiden" ("De verde eu me vestirei") de Schubert, onde as palavras "Mein Schatz hat's Grün so gern" ("Meu amado gosta tanto de verde") aparecem numa frase alegre, aguda, para serem repetidas imediatamente numa frase grave e uniforme que se segue como um comentário sombrio:

Aqui o texto é o fator inalterado que lança o contraste entre os dois estados de espírito dados musicalmente, e que os une numa

---

8. Op. *dt.*, Vol. V, "Música Vocal", p. 1.

O PRINCÍPIO DE ASSIMILAÇÃO

só referência. Mas, seja qual for a função particular das palavras, elas normalmente entram na própria matriz da canção[9].

O princípio fundamental da arte que torna possível a transformação de uma linha poética em pensamento musical é enunciado, resumida mas claramente, num pequeno artigo de Mário Castelnuovo-Tedesco, onde ele diz:

O poema precisa ter um "cerne expressivo"; deve expressar um "estado de alma".

[...] Ele deve expressar o "cerne" numa forma perfeita, simples e clara, e harmônica, mas sem palavras em demasia. Deve-se deixar uma certa "margem" para a música; deste ponto de vista, um poema íntimo e contido é preferível a um poema decorativo e sonoro demais.

[...] Quando encontro um poema que me interessa particularmente e que desperta minha emoção, confio-o à memória. [...] Depois de algum tempo... canto-o com toda naturalidade: a música nasceu. [...] Quanto à parte vocal é o bastante. Mas, numa canção, existe também a parte instrumental. [...] Produzi-la adequadamente é questão de encontrar a atmosfera correta, o plano de fundo, o meio ambiente que envolve e desenvolve a linha vocal. [...] Esse algo existe também na poesia. Já afirmei que todo o poema-para-música deve ter, acima de tudo, um "cerne expressivo" – que pode ser formado por um ou vários elementos fundamentais – um cerne que fornece a chave para o próprio poema. É essa chave, são esses elementos, que devem ser descobertos e aos quais precisa-se dar proferição através de meios musicais quase "simbólicos"[10].

O princípio de assimilação, pelo qual uma arte "engole" os produtos de outra, não apenas estabelece a relação da música com a poesia, mas resolve toda a controvérsia sobre música pura e impura, virtudes e vícios de música sugestiva, condenação da ópera como "híbrida", *versus* o ideal da *Gesamtkunstwerk*, a obra de arte total.

Não existe uma coisa como *tipo* "inferior" ou "impuro" de música. Existe apenas música boa ou ruim. É claro que existem tipos diferentes – vocal e instrumental, lírica e dramática, secular e religiosa, ingênua e cultivada – mas nenhum tipo é "mais elevado" ou "mais puro" do que qualquer outro. Não concordo

---

9. Existe uma carta de Beethoven a seus editores, Breitkopf & Härtel de Leipzig, que fornece um testemunho desse fato: "No Coro do Oratório 'Nós O vimos', os senhores persistiram, apesar de minha nota para que se ativessem ao texto antigo, em ater-se às alterações infelizes. Céus, acredita-se na Saxônia que é a palavra que faz a música? Se uma palavra inadequada pode arruinar esta música, como é certamente o caso, então deve-se ficar contente se se descobrir que palavras e música são inseparáveis e, não, tentar melhorá-las só porque as palavras em si são apoéticas." Beethoven, op. *cit.*, p. 82.

10. "Music and Poetry: Problems of a Song Writer", *Musical Quarterly*, XXX, n.º 1 (Janeiro de 1944), 102-111. A frase "meios musicais quase 'simbólicos' " indica que ele sabe que a expressão *é* simbólica, mas que nenhuma definição de "símbolo" adapta-se ao caráter de uma obra musical, de maneira que ele trata aquela expressão como metafórica.

164   SENTIMENTO E FORMA

absolutamente com W. J. Henderson (cujo livro, *What is Good Music?*, parece-me ser uma espécie de livro de etiqueta musical, estabelecendo um padrão social de bom gosto) quando afirma categoricamente:

> A música desacompanhada de texto é chamada de música absoluta, e esta certamente é a forma mais elevada da arte[11].

Nem posso adotar a opinião de Paul Bertrand, de que existem dois alvos opostos na feitura de música: um, o de criar forma, outro, o de expressar o sentimento, e que o primeiro é o ideal de música "pura", o segundo de música "dramática".

> Reconhece-se universalmente, diz Bertrand, que a música, preeminentemente a linguagem do sentimento, pode ser expressa de duas maneiras muito diferentes que são essencialmente distintas.
>
> A música pura almeja, acima de todo o resto, ao agrupamento estético de sons; não recorrendo diretamente à poesia, ela expressa sentimentos apenas de uma maneira que é vaga e geral, indeterminada pela precisão da linguagem. Aqui a música detém controle soberano. Tendo de bastar-se a si mesma, ela é compelida a manter, por si mesma, um equilíbrio de forma calculado para satisfazer o intelecto durante todo o tempo e, consequentemente, a sacrificar parte de sua intensidade de expressão.
>
> A música dramática, por outro lado, subordina a música a palavras, gestos, ações, libertando-a em grande parte de toda preocupação referente a equilíbrio de forma, cuidando para que a poesia, linguagem do intelecto, intervenha de maneira direta, e que a música simplesmente a reforce contribuindo com todo o poder de expressão que puder fornecer.
>
> Esses dois termos, portanto, música pura e música dramática, não representam uma classificação arbitrária das produções musicais, mas duas concepções diferentes – e até certo ponto opostas – do papel da música. [...] Uma das duas concepções sempre cresceu e desenvolveu-se às custas da outra[12].

Esta passagem não só ilustra a confusão feita popularmente entre expressão musical, que é formulação de sentimento, e autoexpressão, a catarse de sentimento mais ou menos inarticulada, mas também revela a incoerência que vicia uma teoria da música baseada nessa confusão. Pois, se a música for "*preeminentemente* a linguagem do sentimento", como diz Bertrand, então por que a música pura não seria uma tal linguagem em estado puro? Por que seria o instrumento preeminente, usado sozinho, capaz de expressar sentimento "apenas de uma maneira que é

---

11. W. J. Henderson, *What is Good Music?*, p. 87.

12. "Pure Music and Dramatic Music", *Musical Quarterly*, IX (1923), 545. (Publicado originalmente em francês, em *Le Ménestrel*, junho de 1921, e traduzido por Fred Rothwell.)

O PRINCÍPIO DE ASSIMILAÇÃO 165

vaga e geral?" E, se sua verdadeira função fosse agir como um estímulo sensorial, realçando a emocionalidade do drama ou poesia, então por que deve ser composto num mero "agrupamento estético de sons" a fim de satisfazer o intelecto?

Uma teoria que faz com que a música apareça como uma arte dividida contra si mesma, efetuando alternadamente duas coisas essencialmente incomensuráveis, incompatíveis, por certo não se aprofunda em seus problemas. Penso que a verdade é que a gama de formas musicais é enorme, como a diversidade de experiências vitais é enorme, abarcando paixões extravagantes que só podem ser apresentadas em escala grandiosa, e também a vida emotiva profunda, não espetacular, que exige símbolos sutis, intrincados e autossuficientes, intensa e qualquer outra coisa, menos vaga, para sua articulação. Quando a música é forte e livre, ela pode "engolir" e assimilar não apenas palavras, mas até mesmo o drama. Ações dramáticas, como o "cerne poético", tornam-se centros de motivação do sentimento, ideias musicais. Mendelssohn, ao compor *Walpurgisnacht* de Goethe, escreveu ao autor:

> Quando o Druida realiza seu sacrifício, e toda a coisa torna-se tão solene e incomensuravelmente grande, na realidade não é necessário compor qualquer música para ela, a música já é tão manifesta nela, ela está completamente cheia de som, e cantei os versos para mim sem pensar (em compô-los). [...] Só espero que se possa ouvir em minha música até que profundidade a beleza das palavras comoveu-me[13].

A crença simplista de que todas as artes fazem a mesma coisa da mesma maneira, só que com materiais sensoriais diferentes, levou a maioria das pessoas a um sério mal-entendido referente ao relacionamento da música com a poesia e o drama. O texto, escrito previamente, tem, por certo, forma literária. Se os procedimentos das várias artes fossem realmente análogos, um compositor poderia apenas traduzir essa forma para seu equivalente musical. Então teria sentido dizer, como o faz Henderson, que a música de ópera "é governada absolutamente pelo texto"[14]. Mas seguir como uma sombra as formas do verso e os conceitos literários não produz organismo musical. A música precisa crescer a partir de sua própria "forma dominante". Deixemos Mendelssohn falar uma vez mais:

> Posso conceber música (para um poema) só se puder conceber um estado de espírito que a produza: meros sons arranjados com habilidade que seguem

13. Felix Mendelssohn-Bartholdy, *Meisterbriefe*, editado por Ernst Wolff, pp. 37-38.
14. *Op. cit.*, p. 86.

adequadamente o acento das palavras, *forte* em palavras fortes e *piano* nas suaves, mas sem nada expressar na realidade, nunca fui capaz de compreender. Contudo, para este poema, não posso imaginar nenhuma outra espécie de música que não seja esta – não música integral, poética, mas música de acompanhamento, paralela, musical; mas eu não gosto dessa espécie.

A expressão "música musical", à primeira vista, é desconcertante; torna-se bastante clara, entretanto, pela comparação com o termo anterior "poética". O sentimento do poema deve entrar na própria matriz. Música em que a própria essência de um poema foi incorporada é, penso, aquilo que Mendelssohn queria dizer com música "poética"; especificamente, música que *não* vai em paralelo com a estrutura literária. Uma canção concebida "poeticamente" soa, não como soa o poema, mas como as *sensações* que ele provoca; no processo de composição, palavras individuais, imagens e ações simplesmente apresentam oportunidades para o desenvolvimento das ideias do compositor. Detalhes da estória ou das imagens que não fornecem essas aberturas simplesmente desaparecem na nova criação; eles podem estar presentes, mas não são discernidos. Aquilo que ele chamou de "música musical", por outro lado, é algo independente do poema, semelhante externamente em estrutura, mas fabricado de materiais inteiramente independentes a fim de "combinar" com os versos, que permanecem por ela inalterados na essência.

A medida de um bom texto, um bom *libretto*, mesmo um bom assunto para música, é simplesmente sua transformabilidade em música; e isso depende da imaginação do compositor. Assim Mozart, trabalhando em *O Rapto do Serralho*, escreveu a seu pai, que encontrara todo tipo de defeito no *libretto*:

> Quanto ao trabalho de Stephanie, você tem toda razão, é claro. [...] Sei muito bem que sua versificação não é das melhores; mas harmoniza tão bem com minhas ideias musicais (que ficam brincando em minha cabeça com antecedência), que não posso deixar de gostar dele, e estou pronto a apostar que, na execução da obra, você não notará nenhuma falha[15].

Dado que o texto deve ser, antes de tudo, um ingrediente da forma dominante, a concepção musical como um todo, a colaboração consciente entre poeta e compositor não é na realidade tão valiosa quanto as pessoas estão propensas a acreditar. Não que não tenha valor algum; Mozart por certo aproveitou-se dos servi-

---

15. Albert Leltzmann, ed., *Mozarts Briefe*. Carta datada de 15 de outubro de 1781, Viena.

O PRINCÍPIO DE ASSIMILAÇÃO   167

ços de Stephanie no curso de seu trabalho[16], e Beethoven, um trabalhador muito menos ágil do que Mozart, escreveu um oratório em uma quinzena com o pronto auxílio de seu libretista; no entanto, ele achava que a união daquelas palavras inteiramente subservientes com sua música era um *mariage de convenance**.

> De minha parte [escreveu nessa ocasião] preferiria compor mesmo Homero, Klopstock, Schiller. Embora eles apresentem maiores dificuldades a serem superadas, esses poetas imortais ao menos valem a pena o esforço[17].

Tendo em vista a prática e os comentários desses grandes compositores, a crítica de Wagner, de que o grande defeito da ópera sempre fora a subordinação dos elementos dramáticos aos caprichos, inclinações e gostos do compositor, enquanto que, na realidade, o drama deveria predominar e a música ser a mera expressão emocional que o acompanha[18], essa crítica soa estranhamente despropositada e injustificada. Mais estranho ainda é o efeito prático de sua determinação de tornar a música um simples meio de realçar a ação e de dar-lhe intensidade emocional. Mozart cortava suas partituras implacavelmente sempre quando sentia que árias ou efeitos de conjunto impediam a ação ou, como ele dizia, "faziam a cena tornar-se pálida e fria, e muito embaraçosa para os outros atores, que tinham de permanecer parados em volta"; mas, nas óperas de Wagner, por mais excitante que seja a música, a ação arrasta-se interminavelmente, e os atores ficam parados em volta a maior parte do tempo. Acima de tudo, nenhuma ópera é mais inequivocamente música, e não drama. Pode-se ouvir as aberturas de Wagner, ou *Liebestod*, ou *Feuerzauber*, em muitos consertos sinfônicos; mas alguma companhia de teatro já alguma vez apresentou mesmo seu melhor libreto, o *Meistersinger*, como uma peça sem música? Será que alguém pensaria em levar *Tristan* como tragédia falada? O que se aplica à sua dramaturgia aplica-se também a seus outros es-

16. Em outra carta, novamente a seu pai, ele escreveu: "No começo do terceiro ato há um encantador quinteto ou, antes, *finale*, mas eu preferiria tê-lo no fim do segundo ato. A fim de consegui-lo, cumpre forjar uma grande alteração, um ponto de partida inteiramente novo, e Stéphanie está até as orelhas de trabalho." *Ibid.*, carta datada de 26 de setembro de 1781, Viena.
 * Casamento de conveniência.
17. *Op. cit.*, carta ao *Wiener Gesellschaft der MusUzfreunde*, datada de 25 de janeiro de 1824.
18. Cf. Richard Wagner, *Gesammelte Schriften und Dichtungen*, Vol. III, "Oper u. Drama", p. 231: "Se, então, declaro que o erro na forma artística da ópera estava no fato de que um meio de expressão (música) era tratado como um fim, e o propósito da expressão (drama) como um meio, faço-o [...] para combater as míseras meias-medidas que infestam nossa arte e crítica".

forços não musicais. O espetáculo pode ser grandioso, a encenação ambiciosa (como certamente o era, em sua época, o palco giratório de *Parsifal*), mas a inspiração teatral de Wagner não é uma arte teatral qualificada; o libreto nunca é grande poesia; o cenário que ele exigia não é melhor pintura do que qualquer outro, pois o cenário não é absolutamente arte pictórica; em suma, seu drama musical não é a *Gesamtkunstwerk*, a obra-de-todas-as-artes, que ele havia projetado em teoria, mas uma obra de música, como todas as óperas "repreensíveis" que a precederam.

Isso nos traz de volta ao primeiro grande compositor de ópera que se propôs subordinar sua música à ação dramática: Gluck. Ele, também, produziu obras essencialmente musicais, embora, ao contrário de Wagner, tomasse peças terminadas para seu libretos. Mas a peça enquanto *tal* desaparece no grande, único e verdadeiramente dramático movimento da música. Não só as emoções da *personae dramatis*, mas o próprio sentido da ação, o alcance do assunto, *a sensação da peça enquanto todo*, são elementos na primeira concepção musical. A música é "subordinada" apenas no sentido de ser *motivada* pelo texto.

Existe um pequeno e criterioso artigo, escrito por um autor que chama a si mesmo de "um amador, que de longa data persegue interesses musicais através de seu instrumento, e algumas vezes no campo da teoria", sobre a questão da arte dramática de Gluck. Emil Staiger, esse modesto amador, concebe a significação do projeto de Gluck e de seu resultado musical de uma maneira que converte seu ensaio em testemunho direto do princípio de "assimilação" aqui discutido[19].

Wagner emprega a música para elucidar o texto psicológica e filosoficamente [diz Staiger]. Com essa intenção, ele desenvolve seu recurso do *Leitmotiv*, que lhe permite seguir cada volta da frase poética, aludir a circunstâncias míticas ou psíquicas e mencionar coisas sobre as quais seus heróis talvez ainda estejam não cônscios ou sobre as quais mantêm um discreto silêncio. Porém quanto mais a música de Wagner se compromete com tais detalhes do texto, mais ele corre perigo de perder a linha mais ampla. De fato, o ciclo do "Anel" e mesmo atos ou partes separadas dele não podem realmente ser apreendidos como uma unidade exceto através da reflexão intelectual sobre a estrutura ideacional. Falta a esse épico musical a grande e única envergadura. Das profundezas da alma, emergem os tons e figuras de Wagner, dotados de tremenda magia – quem poderia negá-lo seriamente? Mas, sem apoio, eles voltam a sumir de novo e apenas raramente a obra exibe alguma grande forma. Isto não ocorre com Gluck! Também ele era possuído por um interesse humano, tanto quanto Wagner. [...] (Mas) sua música procura representar suas personagens não por um *Leitmotiv* – antes, poder-se-ia dizer, através de rela-

19. Ver "Glucks Bühnentechnik", em seu *Musik und Dichtung*.

O PRINCÍPIO DE ASSIMILAÇÃO 169

ções tonais – principalmente, entretanto, por meio de algo que realmente elude à descrição, um traçado peculiar de linhas musicais, uma espécie de perfil musical, que permanece inalterado através de todas as mudanças externas. Assim Orfeu, em todo seu cantar, é (a encarnação da) grande e nobre mágoa, tão controlado que mesmo seu lamento mais comovente ocorre em uma clave maior; e Eurídice é pura castidade, quase tão transparente quanto vidro. E se, em comparação com a intrincada psicologia de Wagner, isso puder ser chamado de primitivo, podemos apenas dizer que, exatamente nesse aspecto, Gluck foi guiado por uma visão dramática mais verdadeira, que se perdeu para a época de Wagner como está perdido para a nossa, mas que exige a subordinação do interesse psicológico. [...]

Hölderlin, em algum lugar, faz a comparação entre o progresso de uma tragédia antiga e o progresso de um verso poético. Um verso tem um começo e, mais cedo ou mais tarde, atinge um ponto em que a entonação é mais alta. Depois torna a baixar e vai morrendo. O drama ático desenvolve um curso semelhante. [...] O poeta começa com uma situação angustiosa que clama por uma solução. Ele intensifica o intolerável. Introduz cenas de calma relativa e inicia um outro aumento de sentimentos, até que ocorre uma crise e a tensão é resolvida rápida ou gradualmente. O espectador fica deliciado, muito mais do que ele mesmo percebe, pela sequência rítmica das cenas, a sábia distribuição de emoções, o grande arco de paixão que atravessa a peça de começo ao fim.

Esse "grande arco de paixão", erguendo-se de um início conturbado até alturas sublimes e cessando finalmente numa cadência serena, derradeira, é encontrado por Staiger na própria estrutura, a "forma dominante", das óperas de Gluck. O próprio Gluck tinha tanta consciência de que a origem delas estava nas estórias grega, que creditou a Calzabigi a parte do leão em suas próprias obras. Mas os libretos apresentam-se, no fim de contas, bem longe da tragédia grega em poder e forma literária. O "final feliz" do *Orfeu* violenta tanto o mito que seria intolerável como peça. Gluck, entretanto, sentia o espírito do mito mesmo na forma suavizada. Só porque ele o lia desde o início como aquilo em que se tornaria graças à sua música, para ele o mito tinha forma e beleza. Na realidade, porém, Staiger diz com muita verdade:

> Era tarefa do compositor distribuir as tensões; conter, aqui, a irrupção de paixão; atacar, ali com força total e, então, calando o tom, descer das terríveis alturas de volta à terra novamente. Era o compositor quem criava a nova arte operística.

E, por fim, ele declara o segredo da relação de Gluck com a trama que se desenrola:

> [...] Ele desejava, como o disse na introdução de *Alceste*, que a música realçasse o interesse da situação dramática sem interromper a ação. Agora sabemos o que isso quer dizer. Não é questão de satisfazer a curiosidade da au-

170 SENTIMENTO E FORMA

diência sem interpolar obstáculos musicais; o problema é não perder a envergadura única de sentimento, a vasta unidade rítmica do todo. [...]

Se revirmos (a obra de Gluck) sob esse ponto de vista, seu comentário
muito discutido, de que a música deve servir ao texto, aparece repentinamente
sob nova luz. Embora Gluck estivesse decidido a deixar que sua música de-
sempenhasse o papel de criada da obra poética, ele não era obrigado, nem por
um momento, a trair sua música, porque desde o primeiro momento concebeu
o próprio drama, a arte trágica dos gregos antigos, no espírito da música, isto
é, como uma arte que usa paixões e acontecimentos e personagens harmonio-
sos entre si *a fim de criar música*[20].

Ora, isso é simplesmente o princípio de assimilação, pelo
qual as palavras de um poema, as alusões bíblicas em uma cantata, as personagens e acontecimentos em comédias ou tragédias
tornam-se elementos musicais quando são usados musicalmente.
Se a composição chega de alguma maneira a ser música, ela é
música pura, e não um híbrido de duas ou mais artes. A *Gesamtkunstwerk* é uma impossibilidade, porque uma obra pode existir
em uma única ilusão primária, a qual cada elemento deve servir
para criar, sustentar e desenvolver. É o que aconteceu com as
óperas de Wagner, contra sua vontade: elas são música, e o que
sobra de suas importações não musicais que não sofreram uma
mudança completa para tornar-se música é refugo.

Ainda remanesce uma das questões principais, talvez, para
muitos, a mais importante: a pureza ou impureza, mérito ou de-
mérito, da "música sugestiva". Tem-se escrito, a favor, quanto
contra ela, que talvez seja melhor atalhar os argumentos familiares e aplicar a mesma medida ao conceito de "sugestão" aplicada a todos os conceitos problemáticos anteriores. Essa medida
encontra-se na pergunta fundamental: "Como a 'sugestão' afeta
a elaboração, a percepção, ou a compreensão da peça musical
enquanto forma expressiva?" Penso que a resposta a essa pergunta revela os usos e abusos, em seu contraste adequado, do
petit roman.

Desde que a música se tornou uma arte independente, separada da fala entoada e dos ritmos de dança (e talvez até mesmo
antes), tem havido melodias obviamente sugeridas por movimentos ou sons naturais que poderiam ser chamadas, de maneira
geral, de "música sugestiva". A imitação do pio do cuco em
"Sumer is i-cumen in" é geralmente citada como o mais antigo
exemplo que podemos alcançar. Depois veio o tempo da "her-
menêutica musical", quando movimentos ascendentes e descen-
dentes de frases melódicas eram interpretados como símbolos

20. *Op. cit.*, p. 29-37.

O PRINCÍPIO DE ASSIMILAÇÃO 171

de espírito em elevação e espírito em depressão, respectivamente, isto é, de alegria e tristeza, vida e morte. Depois semi-
colcheias tremulavam, cromatismos lamentavam-se, arpégios
louvavam o Senhor. Na idade de Bach e Handel tais interpretações tinham-se tornado bastante convencionais para fornecer
uma grande reserva de sugestões ao compositor que estava mu-
sicando um texto. E nisso residia o valor dessa decorosa "pintura
de tons": ela sugeria *dispositivos musicais* a serem usados nas
mais variadas formas tonais e contextos originais, da mesma
maneira que a Bíblia oferece sua linguagem para as preces mais
espontâneas e especiais. Os dispositivos eram reconhecidas figuras melódicas e padrões rítmicos, e sua aceitação geral na
realidade aliviava o compositor de qualquer obrigação de imitar
gestos e entonações naturais. E, além do mais, enquanto as imitações diretas estão vinculadas às ideias que supostamente transmitem, as versões tradicionais são elementos musicais livres;
elas podem ser usadas para finalidades puramente criativas na
feitura de formas expressivas não motivadas por qualquer texto
poético. A afirmação de Schweitzer, de que Bach usava regularmente certas figuras musicais em conjunção com palavras de
matiz emocional como "morte", "alegria", "sofrimento", "céu",
e que essas figuras, recorrentes em sua música puramente instrumental, ainda carregavam as mesmas conotações poéticas, de
maneira que suas fugas e suítes devem ser vistas como "poemas"
traduzidos em música[21], parece-me inteiramente injustificada.
Como disse Tovey a respeito da estrutura de gestos musicais,
obviamente inspirados pelas palavras na música vocal,

> Bach pressupunha-a, e não lhe atribuía nada que se assemelhasse à im-
> portância que é capaz de assumir nas mentes de leitores que tomam conheci-
> mento de sua redescoberta hoje. Boa música era, para ele, uma coisa que podia
> ser usada para qualquer nova finalidade boa, sem levar-se em consideração
> aquilo que seus detalhes poderiam ter simbolizado em sua primeira versão[22].

Na realidade, as mesmas figuras que, nas cantatas religiosas,
acompanham o medo mortal ou a auto humilhação podem ser
usadas de maneira humorística para conotar vermes sinuosos na
Criação de Haydn, e podem aparecer nos minuetos de Mozart,
onde certamente ninguém está rastejando em geral. Pode ser que
as palavras das cantatas tenham sugerido apresentações tonais
pelos seus valores emotivos, mas o que resulta é que essas pa-

---

21. Schweitzer, *J. S. Bach, Le musicien-poet.*
22. *Op. cit.*, vol. V, "Música Vocal", p. 51.

lavras, com toda sua significação religiosa ou humana, foram assimiladas por uma forma puramente musical, a matriz da cantata, a partir da qual as figuras rítmicas e melódicas, que são sua composição característica, emergem com a mesmo lógica com que ocorre a evolução de detalhes funcionais em um organismo.

Tal composição não é "música sugestiva", mas simplesmente música. Para uma genuína imaginação tonal, tudo que soa abriga a possibilidade de formas tonais e pode tornar-se um motivo, e muitas coisas silenciosas, também, oferecem seus ritmos como ideias musicais. Qualquer coisa de que se puder fazer um tema, uma passagem, um movimento, é boa: o pio do cuco que fornece um cânone, os sinos que tocam o baixo da música de Páscoa de Mussorgski, a batida de coração habilmente dada aos violinos (para uma transformação muito maior do que poderiam efetuar os tímpanos) no *Rapto do Serralho* de Mozart, ou ideias de paixão e ação dramática. Todas essas ideias motivam o curso da música que se desenvolve por sugestão delas. Mas a música não imita tão de perto quanto possível, aproximando ruídos naturais e autoexpressão não dramatizada; pois, como disse Mozart:

A música deve sempre permanecer música[23].

A música deve permanecer música e qualquer outra coisa que entrar nela deve *tornar-se* música. Penso que isso seja todo o segredo da "pureza", e a única regra que determina o que é ou não relevante. A música pode ser "representacional" no sentido de tomar temas de trinados de pássaros e pregões da praça do mercado, batidas de cascos ou batidas do coração, efeitos de eco, águas gotejantes, ou movimentos de navios e máquinas. Ela também pode "representar" as conotações emocionais de palavras pelos expedientes familiares a Bach e Buxtehude ou, com menos convenção, o aumento e declínio de paixões representa-

23. "A ira de Osmin é transformada" em comédia pelo uso de música turca. [...] A ária, 'Assim, pelas barbas do profeta', está no mesmo tempo, é verdade, mas com notas rápidas e, uma vez que sua ira aumenta constantemente e pareceria que a ária já estivesse acabando, o *Allegro Assai* tem de ser eficaz ao extremo em um tempo totalmente diferente e numa diferente tonalidade, pois uma pessoa que está com uma violenta raiva extravasa todos os limites da ordem, moderação e propósito de som, ela fica fora de si e, assim, também a música não deve mais reconhecer a si mesma. Mas como as paixões, quer sejam violentas ou não, jamais devem ser expressadas a ponto de provocar repulsa, e a música, mesmo nas situações mais terríveis, [...] deve sempre permanecer música, não escolhi um tom que não tem relação alguma com fá (o tom da ária), mas lá menor, tom relacionado. Ora, a ária de Belmonte (é) em lá maior: 'Oh que terrível, Oh que comovente', você sabe como é exprimido, e o bater agitado do coração é indicado, também, os violinos em oitavas." (Leitzmann, *op. cit.*, carta a Leopold Mozart, datada de 26 de setembro de 1781, Viena).

O PRINCÍPIO DE ASSIMILAÇÃO   173

das no palco. Mas, quando a música é realmente música, embora
ideias de coisas ou situações possam ser subjacentes a suas formas, tais ideias jamais são necessárias para explicar aquilo que
se ouve, para dar-lhe unidade, ou pior do que tudo – para dar-lhe
valor emotivo.

"Música de programa" em sentido estrito é uma extravagân-
cia moderna, contrapartida musical ao naturalismo nas artes
plásticas. A origem de sua ampla popularidade é que ela pode
ser apreciada por pessoas sem pendores musicais e, numa civilização de massa, em que as audiências somam milhares em vez
de vintenas de ouvintes, a maioria é, evidentemente, composta
de gente não sem maior musicalidade. A música afeta a maioria
das pessoas, mas não necessariamente como arte; exatamente
como pinturas ativam a imaginação de quase todos, mas apenas
mentes claras e intuitivas compreendem realmente seu importe
vital, enquanto que a pessoa média reage às coisas pintadas e
vai embora se não pode encontrar nada que promova seus pensamentos discursivos ou estimule suas emoções reais. Um programa a relatar brincadeiras imaginárias, a enumerar os temas
de pinturas em uma galeria, ou a anunciar que agora fulano está
fazendo isso, agora está fazendo aquilo, como a irradiação de
um jogo ou luta, é uma voz proveniente do campo da realidade,
mesmo se suas afirmações são fantasiosas. Se a "interpretação"
resenha corretamente o material bruto do próprio compositor,
ela o traz de volta enquanto tal, isto é, enquanto material não
transformado, não assimilado, para perturbar a ilusão de um
Tempo em fluxo em que todas as sensações tomam forma audível. Algumas vezes, entretanto, o comentarista nem sequer fornece tais dados de canteiro de trabalho, mas meramente relata o
que ele mesmo sonha quando ouve a música e convida oficial-
mente a audiência a partilhar de uma banal sinopse literária sob
a influência hipnótica do som.

Todas as artes exercem um certo hipnotismo, mas nenhuma
o faz tão pronta e patentemente quanto a música. Algo semelhante emana de obras de arquitetura, como as grandes catedrais,
os templos gregos, e alguns logradouros públicos especialmente
impressionantes, como salões de museus que parecem encerrar
seus tesouros num mundo completamente harmônico. Tudo que
é dito ou feito em tais lugares parece ser aumentado pela vasti-
dão do espaço vivo e dramatizado por sua atmosfera. A influência estende-se a coisas que não pertencem de modo nenhum à
arte. A arquitetura, entretanto, pode hipnotizar a pessoa média
apenas por seus maiores efeitos, enquanto que a música exerce

esse poder quase que o tempo todo. Quando a gente está ouvindo a meias e pensando em outra coisa, e as nossas emoções encontram-se comprometidas com o tema, elas são realçadas pelo mero fundo sensorial da música. Onde pensamento e sentimento são realmente determinados por um problema sob contemplação, as formas tonais não veiculam ideias em geral . Toda a função da música, então, é algo que está sempre envolvido em apresentações artísticas de alguma espécie – o poder de *isolamento*. É isso que faz com que a mera "música de fundo" facilite o pensamento amusical de algumas pessoas e aumente sua tonalidade emocional. Por estarem nossos ouvidos abertos para todo o mundo, e a audição, ao contrário da visão, não querer um foco exclusivo, as impressões auditivas atingem-nos sem exigir nossa atenção consciente. Talvez seja por isso que possamos sentir a influência hipnótica e parar por aí – parar aquém de qualquer percepção significativa – de uma maneira que não é dado fazer com a mesma facilidade em qualquer outra arte.

Entre o ato real de ouvir, que é o ato de pensar ativamente em música, e o de não ouvir absolutamente, como o estudante que resolve um problema algébrico enquanto o rádio emite uma sinfonia, existe uma zona crepuscular de fruição musical em que a percepção tonal é entretecida em sonho acordado. Provavelmente esta é a maneira mais popular de receber música, pois é fácil e altamente agradável, e estetas que consideram qualquer tipo de prazer como a finalidade da arte, e qualquer fruição, portanto, como equivalente à apreciação, encorajam essa prática. Contudo, seu efeito na mente musical é questionável. Para o ouvinte inteiramente não iniciado, ela pode ser um auxílio na descoberta de formas expressivas em geral, para improvisar um romance que a acompanha e deixar que a música expresse sentimentos explicados por suas cenas. Mas, para o ouvinte competente, é uma armadilha, porque obscurece o pleno importe vital da música, notando apenas o que vem a calhar para uma finalidade e aquilo que expressa atitudes e emoções com que o ouvinte já estava familiarizado. Ela obstrui tudo o que é novo ou realmente interessante numa obra, uma vez que aquilo que não se encaixa no *petit roman* é omitido e o que de fato se encaixa é o próprio do sonhador. Acima de tudo, ela guia a atenção não para a música, mas para longe dela – através da música para alguma outra coisa que é essencialmente uma indulgência. Pode-se passar toda uma noite nesse tipo de sonho, e não tirar nada dela a não ser o relaxamento do "homem de negócios cansado" –

nenhuma visão musical, nenhuma nova sensação e, na realidade, *nada efetivamente ouvido*.

A razão pela qual não resta realmente nada musical é que, no processo de sonhar acordado, a música é assimilada ao sonho, da mesma maneira como numa canção o poema é "engolido" pela música e, na ópera, o drama sofre a mesma sorte. Um sonho não é uma obra de arte, mas segue a mesma lei; não é arte porque é improvisado para fins puramente autoexpressivos ou para satisfação romântica, e não precisa contentar padrões de coerência, formas orgânicas ou algo mais do que o interesse pessoal. O resultado de ouvir música dessa maneira é a criatividade livre que pertence à adolescência, quando o sentimento não está fixado e exige uma quantidade prodigiosa de aventuras fictícias. Talvez seja natural e adequado que essa idade use a música, também, primordialmente como um caminho para o romance. Mas o processo todo na realidade afasta-nos da arte na direção da pura subjetividade.

No entanto, a música verdadeiramente ouvida e imaginativamente apreendida pode ser "usada" artisticamente, assimilada a obras em outras ordens de ilusão – "engolida", exatamente como ela mesma pode "engolir" poesia ou drama. Essa é uma outra história, que nos ocupará especialmente no próximo capítulo.

11. Poderes Virtuais

Nenhuma arte é vítima de maior número de mal-entendidos, juízos sentimentais e interpretações místicas do que a arte da dança. Sua literatura crítica ou, pior ainda, sua literatura acrítica, pseudoetnológica e pseudoestética, constitui uma leitura enfadonha. Contudo, essa própria confusão no tocante ao que é a dança – o que ela expressa, o que ela cria e como ela está relacionada com as outras artes, com o artista e com o mundo real – tem uma significação filosófica própria. Origina-se de duas fontes fundamentais: a ilusão primária e a abstração básica pela qual a ilusão é criada e moldada. A apreciação intuitiva da dança é tão direta e natural quanto a fruição de qualquer outra arte, mas analisar a natureza de seus efeitos artísticos é especialmente difícil, por razões que logo ficarão manifestas; consequentemente, existem inúmeras teorias enganosas sobre o que fazem os dançarinos e o que essa feitura significa, que desviam o observador da simples compreensão intuitiva e, levando-o a dar atenção à mecânica e acrobacia, ou a encantos pessoais e desejos eróticos, ou então, induzindo-o a procurar retratos, estórias, ou música – qualquer coisa à qual possa ater seu pensamento com confiança.

A visão mais amplamente aceita é de que a essência da dança é musical: o dançarino expressa por gestos aquilo que ele sente como o conteúdo emocional da música que é a causa eficiente e sustentadora de sua dança. Ele reage, como o faríamos todos

178 SENTIMENTO E FORMA

nós se não estivéssemos inibidos; sua dança é autoexpressão, e
é bela porque o estímulo é belo. Pode-se na realidade dizer que
ele está "dançando a música".

Essa concepção da dança como uma versão gestual de formas musicais não é meramente uma visão popular, mas é sustentada por um grande número de dançarinos e por uns
poucos – embora, efetivamente, muito poucos – músicos. O
crítico de música que chama a si mesmo de Jean D'Udine[1] escreveu, em seu pequeno livro muito provocante (para não dizer
irritante), *L'Art et le geste*:

> A gesticulação expressiva de um regente de orquestra é simplesmente
> uma dança. [...] Toda música é dança – toda melodia, apenas uma série de
> atitudes, poses[2].

Jacques Dalcroze, também, que tinha treinamento de músico
e não de dançarino, acreditava que a dança podia expressar em
movimento corporais os mesmos padrões de movimento que a
música cria para o ouvido[3]. Mas, como regra, é o bailarino ou
coreógrafo, ou crítico de dança, mais do que o músico, que considera a dança como uma arte musical[4]. Partindo da hipótese de
que toda música poderia ser assim "traduzida", Fokine empreendeu dançar sinfonias de Beethoven; Massine fez o mesmo – ambos, aparentemente, sem maior sucesso.

Alexander Sakharoff, em seu *Reflexions sur la musique et
sur la danse*, levou o credo "musical" ao extremo:

> Nós – Clotilde Sakharoff e eu – não dançamos *ao som* da música, ou com
> acompanhamento musical, nós dançamos *a música*.

Reitera esse ponto várias vezes. A pessoa que lhe ensinou a
dançar não *com* música, mas a dançar a própria música, diz, foi

1. Albert Cozanet.
2. *L'art et le geste*, p. XIV.
3. O mais conhecido expoente desse ponto de vista é, decerto, Jacques Dalcroze;
mas a questão recebe um enunciado muito mais sistemático com L. Bourguès e A. Denéréaz, em *La musique et la vie intérieure*, onde encontramos: "Toda peça de música
estabelece no organismo do ouvinte um ritmo global dinamogênico, sendo que cada
instante deste é uma totalidade de todos os seus fatores dinamogênicos, intensidade,
alcance, duração, maneira de produção, timbres, combinados em efeitos simultâneos e
reagindo sobre o ouvinte de acordo com sua sucessão" (p. 17).
"Se a 'cenestética' é a alma da sensação, então a cinestésica afinal não é nada mais
do que a 'alma do gesto'" (p. 20).
4. Ver, por exemplo, George Borodin, *This Thing Called Ballet*; Rudolf Sonner,
Musik und Tanz: vom Kulttanz zum Jazz.

Isadora Ducan[5]. Não pode haver dúvida alguma de que ela considerava a dança como a encarnação visível da música – de que, para ela, não havia "música de dança", mas apenas música pura reproduzida como dança. Sakharoff observou que muitos críticos sustentavam que Isadora não compreendia realmente a música que dançava, que a interpretava mal e a violentava; ele, pelo contrário, achava que ela a compreendia de maneira tão perfeita que podia atrever-se a efetuar interpretações livres dela[6]. Agora, paradoxalmente, acho que tanto Sakharoff quanto os críticos estavam certos. Isadora não compreendia a música *musicalmente*, mas para os seus propósitos ela a compreendia perfeitamente; sabia o que era balético[7], e isso era tudo o que sabia a respeito da música. Efetivamente, isso compreendia de tal modo tudo quanto ela absolutamente sabia, que lhe parecia ser tudo o que havia para se saber e que o que ela dançava era realmente "a música". O seu gesto musical como tal era pouco desenvolvido – não simplesmente pobre, mas não podia ser de modo algum levado em conta. Isadora colocava num mesmo nível o *Narcissus* de Ethelbert Nevin e a *Sonata em Dó Sustenido Menor* de Beethoven, a *Canção de Primavera* de Mendelssohn e alguns *Études* de Chopin muito bons que a mãe dela tocava.

A falta de julgamento musical de Isadora é interessante, tendo-se em vista a alegada identidade básica entre música e dança (Sakharoff considera-as "tão intimamente relacionadas quanto poesia e prosa" – isto é, como duas formas principais de uma arte). A maioria dos artistas – como tivemos ocasião de notar antes, com referência às artes plásticas – são juízes competentes de obras em qualquer forma e mesmo em qualquer modo de sua própria arte: um pintor geralmente tem um sentido verdadeiro para edificações e estátuas, um pianista para música vocal, do cantochão à ópera etc. Mas dançarinos não são críticos de música com particular discernimento, e os músicos mui raramente chegam sequer a nutrir simpatia pela dança. Existem aqueles, é claro, que escrevem para balé e sem dúvida o compreendem; mas, dentre a multidão de músicos – tanto compositores quanto executantes – os que apresentam uma inclinação natural para a

---

5. *Reflexions sur la musique et sur la danse*, p. 46.

6. *Ibid*, p. 52.

7. "Balético" é empregado aqui com seu sentido genérico de "*referente à dança*", e não em relação específica ao tipo de dança conhecido como "balé". Não existe nenhum adjetivo aceito em inglês (N. dos T. – Nem em português) de uma palavra que, significando "dança", evite falsas conotações; na admirável coleção de ensaios de Merle Amitage, *Modern Dance*, a palavra alemã *tänzerisch* é traduzida por *dancistic* (p. 9) ("dancístico" em português, N. dos T.), mas a palavra não soa natural.

180 SENTIMENTO E FORMA

dança são tão poucos que é difícil acreditar que as duas artes sejam gêmeas.

A existência de uma relação íntima – identidade ou quase-identidade – tem de fato sido repudiada, negada veementemente, por alguns dançarinos e entusiastas da dança, que sustentam – com bastante propriedade – que a deles é uma arte independente; e os poucos defensores da fé têm mesmo chegado ao ponto de afirmar que a união, tão velha quanto o mundo, de música e dança, é um puro acidente ou uma questão de moda. Frank Thiess, que escreveu um livro com muitos juízos e percepções notáveis, permite que sua convicção de que a arte não é um modo da arte musical confunda-o completamente quanto à função balética da música, que ele censura como sendo um mero "ritmo acusticamente ornamentado" a correr paralelamente à dança independente[8].

Existe uma outra interpretação da dança, inspirada pelo balé clássico e, portanto, geralmente mais aceita no passado do que em nossos dias: que a dança é uma das artes plásticas, um espetáculo de quadros mutantes ou de desenho animado, ou mesmo estátuas em movimento. Essa era a opinião do grande coreógrafo Noverre que, por certo, jamais vira na realidade quadros movendo-se ou escultura móvel[9]. Desde que tais meios de comunicação passaram a existir, a diferença entre os seus produtos e a dança é patente. As formas equilibradas de Calder, movidas pelo vento, definem um volume verdadeiramente escultural que elas preenchem com um movimento livre e fascinante (estou pensando, particularmente, em seu "Lobster Pot and Fishtail" no poço da escadaria do Museu de Arte Moderna de New York), mas elas por certo não estão dançando. O quadro móvel tem sido seriamente comparado à dança, sob o argumento de que ambos são "artes de movimento"[10]; porém a influência hipnótica do movi-

8. Frank Thiess, *Der Tanz als Kunstwerk*, pp. 42-43.

9. Ver suas *Lettres sur les arts imitateurs*, reflexões sobre os entrechos de dança anexos à Carta XXIV: "Aquilo que produz um quadro na pintura, também produz um quadro na dança: o efeito dessas duas artes é semelhante; ambas têm o mesmo papel a representar, elas devem falar ao coração através dos olhos [...] tudo o que é usado na dança é capaz de formar quadros, e tudo o que pode produzir um efeito pictórico na pintura pode servir como um modelo para a dança, bem como tudo o que é rejeitado pelo pintor deve, da mesma forma, ser rejeitado pelo coreógrafo". Comparar também suas *Lettres sur la danse, et sur les ballets*, Carta XIV: "A pantomima é um raio descarregado pelas grandes paixões: é uma multidão de relâmpagos que se seguem uns aos outros com rapidez; as cenas que resultam são seu jogo, eles duram apenas um momento e imediatamente dão lugar a outros."

10. Cf. Borodin, *op. cit.*, p. 56: "Os materiais básicos tanto do balé quanto do filme são similares. Ambos dependem da apresentação de um quadro em movimento. [...] Como o balé, o filme é uma estampa em movimento, uma sequência de quadros

mento é tudo que realmente têm em comum (a menos que aconteça de o filme ser uma execução de dança), e um efeito psicológico peculiar não é a medida de um forma de arte. Um roteiro de filme, um jornal cinematográfico, um filme documentário, não têm nenhuma semelhança artística com qualquer espécie de dança.

Nem o ritmo musical, nem o movimento físico, bastam para gerar uma dança. Falamos de mosquitos "dançando" no ar, de bolas "dançando" em uma fonte que as atira; mas na realidade todos esses movimentos padronizados são *motivos de dança*, não danças.

O mesmo pode-se dizer de um terceiro meio que algumas vezes tem sido considerado como o elemento básico da dança: a pantomima. De acordo com os protagonistas desse ponto de vista, a dança é uma arte dramática. E, é claro, eles têm uma teoria amplamente aceita, a saber, que o teatro grego surgiu da dança coral, a fim de justificar sua abordagem. Mas, se se considerar candidamente a dança pantomímica mais elaborada, ela não se parece de modo algum com a ação do verdadeiro teatro[11]; fica-se muito mais tentado a duvidar das veneráveis origens da representação, do que acreditar no ideal dramático dos movimentos da dança. Pois a dança que começa em pantomima, como acontece com muitas danças religiosas, tende, no curso de sua história subsequente, a tornar-se mais balética, e não mais dramática[12]. A pantomima, como padrões de movimento puro, imagens plásticas e formas musicais, é material de dança, algo que pode tornar-se um elemento balético, mas a dança em si é outra coisa.

que mudam constantemente, mas que são apresentados de acordo com um plano artístico – ao menos em suas formas mais elevadas. Assim, também, com o balé. É, de fato, apenas a linguagem, a construção de frases, que é diferente. A diferença entre balé e filme é muito parecida com a existente entre duas línguas que tenham uma origem comum – como, por exemplo, italiano e espanhol, ou holandês e inglês. As bases são quase sempre as mesmas em ambos os casos, mas o desenvolvimento, em cada uma, procedeu ao longo de linhas diferentes."

11. Noverre, acusado por certos críticos de ter violentado as unidades dramáticas de temas gregos em suas danças, respondeu: "Mas basta dizer que o balé não é drama, que uma produção deste tipo não pode sujeitar-se a regras aristotélicas estritas. [...] Essas são as regras de minha arte; as do drama estão cheias de obstáculos; longe de conformar-me a elas, devo evitar conhecer qualquer coisa sobre elas, colocar-me acima dessas leis que nunca foram feitas para a dança". (*Lettres sur les arts imitateurs*, Reflexão XXIV sobre os entrechos da dança, p. 334-336.)

12. Provas a favor desse argumento podem ser encontradas em *World History of the Dance*, de Sachs, apesar do fato de que o próprio autor acredita que o teatro surgiu de danças construídas sobre temas históricos ou míticos (ver p. 226, 227). Discutindo a evolução de danças de animais, ele diz: "Desses exemplos podemos ver que tem sido o destino das danças de animais o distanciarem-se cada vez mais da natureza. O impulso de compor os elementos em uma dança estilizada, portanto de torná-los menos reais, tem tirado cada vez mais o natural dos passos e gestos" (p. 84).

182   SENTIMENTO E FORMA

O verdadeiro relacionamento é bem colocado por Thiess, que considera a própria pantomima como "um bastardo de duas artes diferentes", isto é, da dança e da comédia[13], mas observa:

> Concluir desse fato que ela [pantomima] está portanto condenada à esterilidade eterna, é apreender mal a natureza de alguns processos de formação altamente importantes na arte. [...] Uma verdadeira pantomima na dança pode de fato ser desenvolvida, puramente dentro dos limites adequados da dança [...] uma pantomima que é inteiramente baseada, do início ao fim, na lei intrínseca da dança: a lei do movimento rítmico.

Como o primeiro mestre de tal mimo verdadeiramente balético, ele nomeia Rudolf von Laban.

> Em sua obra [diz], como na música pura, o conteúdo de um evento desaparece inteiramente atrás de sua forma coreográfica. [...] Tudo torna-se expressão, gesto, servidão e libertação de corpos. E, através do uso hábil de espaço e cor, a pantomima balética foi desenvolvida, o que pode vir a ser subjacente à dança de conjunto do futuro[14].

O que, então, é a dança? Se for uma arte independente, como de fato parece ser, deve ter sua própria "ilusão primária". Movimento rítmico? Esse é seu processo real, não uma ilusão. A "ilusão primária" de uma arte é algo criado, e criado ao primeiro toque – neste caso, com o primeiro movimento, executado ou mesmo sugerido. O movimento em si, enquanto realidade física e, portanto, "material" na arte, deve sofrer transformação. Em quê? – Thiess, na passagem citada logo cima, deu a resposta: "Tudo torna-se expressão, *gesto*."

Todo movimento de dança é gesto, ou um elemento na exibição do gesto – talvez seu realce e contraste mecânico, mas sempre motivado pela semelhança de um movimento expressivo. Mary Wigman disse, em algum lugar: "Um gesto sem sentido me é repugnante". Ora, um "gesto sem sentido" é realmente uma contradição de termos; mas para a grande dançarina todo movimento na dança era gesto – era essa a única palavra; um erro era um "gesto sem sentido". O ponto interessante é que a própria

---

13. Comparar o comentário de Isadora Duncan: "Para mim a pantomima jamais pareceu uma arte. O movimento é expressão emocional e lírica, o que não pode ter nada a ver com palavras e, na pantomima, as pessoas substituem palavras por gestos, de maneira que ela não é nem a arte do dançarino, nem a do ator, mas fica no meio das duas em desesperada esterilidade". (*My Life*, p. 33.)

Também não considero a pantomima como espécie alguma de arte – mas, antes, como mito e conto de fadas, um fenômeno protoartístico que pode servir como motivo em muitas artes diferentes – pintura, escultura, teatro, dança, filme etc.

14. Thiess, *op. cit.*, p. 44-47.

afirmação poderia também ter sido feita por Isadora Duncan, por Laban, ou por Noverre. Pois, de maneira bastante estranha, artistas que sustentam as teorias mais fantasticamente diversas quanto ao que é a dança – uma música visível, uma sucessão de quadros, uma peça muda – todos reconhecem seu caráter de gesto. *Gesto* é a abstração básica pela qual a ilusão da dança é efetuada e organizada.

O gesto é movimento vital; para quem o executa, ele é conhecido de modo muito preciso como uma experiência cinética, isto é, como ação e, de maneira algo mais vaga, pela visão, como um efeito. Para outros, ele aparece como um movimento visível, mas não como um movimento de coisas, deslizando, oscilando ou revolvendo-se – ele é *visto e compreendido* como movimento vital. Assim, é sempre, ao mesmo tempo, subjetivo e objetivo, pessoal e público, desejado (ou evocado) e percebido.

Na vida real, os gestos funcionam como sinais ou sintomas de nossos desejos, intenções, expectativas, exigências e sentimentos. Porque é possível controlá-los conscientemente, também podem ser elaborados, exatamente como sons vocais, em um sistema de *símbolos* atribuídos e combináveis, uma genuína linguagem discursiva. As pessoas que não entendem a fala dos outros sempre lançam mão dessa forma mais simples de discurso a fim de expressar proposições, perguntas, juízos. Mas, quer um gesto tenha um significado linguístico, quer não, é sempre espontaneamente expressivo, também, em virtude de sua forma: ele é livre e grande, ou nervoso e contido, rápido ou lento etc., de acordo com a condição psicológica da pessoa que o faz. Esse aspecto de autoexpressão é semelhante ao tom da voz na fala.

A gesticulação, como parte de nosso comportamento real, não é arte. É simplesmente movimento vital. Um esquilo, espantado, sentado nos quartos traseiros com uma pata contra o coração, faz um gesto, e um gesto muito expressivo. Mas não há arte em seu comportamento. Ele não está dançando. Apenas quando o movimento que era um gesto genuíno no esquilo é *imaginado*, de maneira que possa ser executado isoladamente da mentalidade e situação momentânea do esquilo, é que se torna um elemento artístico, um possível gesto de dança. Então ele se torna uma forma simbólica livre, que pode ser usada para transmitir *ideias* de emoção, consciência e pressentimento, ou pode ser combinado ou incorporado a outros gestos virtuais, a fim de expressar outras tensões físicas e mentais.

Todo ser que faz gestos naturais é um centro de força vital, e seus movimentos expressivos são vistos por outros como sinais

184 SENTIMENTO E FORMA

de sua volição. Mas gestos virtuais não são sinais, são símbolos de volição. O caráter espontaneamente gestual dos movimentos de dança é ilusório, e a força vital que expressam é ilusória; os "poderes" (isto é, centros de força vital) na dança são seres criados – criados pelos gestos de semelhança.

A ilusão primária da dança é a esfera virtual do Poder – não um poder real, exercido fisicamente, mas aparências de influência e atividade criadas pelo gesto virtual.

Ao observar uma dança coletiva – digamos, um balé bem-sucedido em termos artísticos – não se vê *pessoas correndo de um lado para o outro*, vê-se a dança sendo impulsionada nesta direção, puxada naquela, reunindo-se aqui, espalhando-se ali – fugindo, repousando, erguendo-se, e assim em diante; e todo movimento parece emergir de poderes situados além dos executantes[15]. Num *pas de deux* os dois bailarinos parecem magnetizar um ao outro; a relação entre eles é mais do que espacial, é uma relação de forças; mas as forças que eles exercem, que parecem ser tão físicas quanto as que orientam o ponteiro da bússola em direção ao polo, na realidade não existem absolutamente em termos físicos. São forças de dança, poderes virtuais.

O protótipo dessas energias puramente aparentes não é o "campo de forças" conhecido dos físicos, mas a experiência subjetiva da volição e livre atividade, e da relutância a vontades alheias, constrangedoras. A consciência de vida, a sensação de poder vital, mesmo do poder de receber impressões, apreender o meio ambiente, e deparar-se com mudanças, é nossa mais imediata consciência de nós mesmos. Esse é o sentimento de poder; e o jogo de tais energias "sentidas" é tão diferente de qualquer sistema de forças físicas, quanto o tempo psicológico o é do tempo marcado pelo relógio, e o espaço psicológico do espaço da geometria.

A doutrina largamente popular de que toda obra de arte brota de uma emoção que agita o artista, e que é "expressa" diretamente na obra, pode ser encontrada na literatura de todas as artes. Daí por que os estudiosos sondam a história da vida de cada artista famoso, para aprender, pelo estudo discursivo, quais as emoções que ele deve ter tido enquanto fazia esta ou aquela peça,

---

15. Comparem o relato de Cyril W. Beaumont sobre um ensaio do Balé Alhambra: "O pianista reproduz o tema do movimento [...] enquanto os dançarinos executam evolução após evolução, que Nijinskaia controla e dirige com gestos dramáticos de seus braços. Os dançarinos rodam em linhas longas, sinuosas, fundem-se em uma massa pulsante, dividem-se, formam círculos, giram e então somem de vista". (Publicado em *Fanfare*, 1921, e citado na obra do mesmo autor *A Miscellany for Dancers*, p. 167.)

de maneira que possam "compreender" a mensagem da obra[16]. Existem, porém, alguns poucos críticos filosóficos – algumas vezes também artistas – que percebem que o sentimento em uma obra de arte é algo que o artista *concebeu* enquanto criava a forma simbólica para apresentá-lo, mais do que algo pelo qual estava passando e involuntariamente ventilando em um processo artístico. Há um Wordsworth que acha que a poesia não é um sintoma de tensão emocional, mas uma imagem desta – "emoção relembrada em tranquilidade"; há um Riemann que reconhece que a música *se assemelha* ao sentimento e é seu símbolo objetivo, antes do que seu efeito psicológico[17]; um Mozart que sabe por experiência que o distúrbio emocional simplesmente interfere na concepção artística[18]. Somente na literatura da dança, a pretensão de autoexpressão direta é quase unânime. Não só a sentimental Isadora, mas teóricos eminentes, como Merle Armitage e Rudolf von Laban, e estudiosos, como Curt Sachs, além de inúmeros dançarinos, julgando introspectivamente, aceitam a doutrina naturalista de que a dança é uma descarga livre ou de energia excessiva ou de excitação emocional.

Confrontado com tal evidência é-se naturalmente levado a reconsiderar toda a teoria da arte como forma simbólica. É a dança uma exceção? Boas teorias podem ter casos especiais, mas não exceções. Será que a filosofia toda desaba? Será que ela simplesmente não "funciona" no caso da dança e, destarte, revela uma fraqueza fundamental que podia estar meramente obscura em outros contextos? Certamente ninguém teria a temeridade de afirmar que *todos* os peritos em um assunto estão errados!

Ora, há uma curiosa circunstância que aponta a saída desse dilema: a saber, que os peritos realmente bons – coreógrafos, dançarinos, estetas e historiadores – embora afirmem explicitamente a tese do sintoma-emotivo, implicitamente a contradizem quando falam de qualquer dança determinada ou de qualquer processo específico. Ninguém, que eu saiba, jamais sustentou que a Pavlova ao interpretar uma vida lentamente declinante na *Morte do Cisne* alcançava melhor êxito no seu desempenho

---

16. Margaret H'Doubler diz explicitamente: "A única maneira verdadeira de apreciar obras de arte é familiarizando-se com as condições e causas que as produzem". (*Dances: A Creative Art Experience*, P. 54.)

17. Uma afirmação da atitude de Riemann pode ser encontrada citada em *Nova Chave*, p. 242, nota. (Ed. Perspectiva, 1971)

18. Numa carta a seu pai (datada de 9 de junho de 1781, Viena), Mozart escreveu: "Eu, que sempre devo estar compondo, preciso de uma mente lúcida e um coração calmo". Em outra ocasião (27 de julho de 1782): "Meu coração está inquieto, minha mente confusa, como se pode pensar e trabalhar inteligentemente num tal estado?"

quando ela na realidade se sentia débil ou doente, ou quando se propôs a levar Mary Wigman ao estado de ânimo adequado às suas trágicas *Danças Noturnas*, dando-lhe uma notícia terrível alguns minutos antes de ela entrar no palco. Um bom mestre de balé, querendo que uma bailarina exprimisse desalento, pôde dizer: "Imagine que seu namorado acabou de fugir com a colega em que você mais confia!" Mas ele não iria dizer, com manifesta seriedade: "Seu namorado me disse que lhe desse adeus de parte dele, ele não virá mais vê-la". Ou ele poderia sugerir a uma sílfide a ensaiar uma "dança de alegria" que ela deve imaginar-se passando umas férias na Califórnia, no meio de coqueiros e laranjais, mas provavelmente não a iria lembrar de um compromisso excitante após o ensaio, porque isso iria distraí-la da dança, talvez mesmo a ponto de provocar movimentos falsos.

É o *sentimento imaginado* que governa a dança, não condições emocionais reais. Se se passar por cima da teoria da emoção espontânea com que quase todo livro moderno sobre a dança começa, chega-se rapidamente à prova dessa asserção. O gesto da dança não é um gesto real, mas virtual. O movimento corporal, por certo, é bem real; mas *o que o torna gesto emotivo*, isto é, sua origem espontânea no que Laban chama de "movimento-pensamento-sentimento"[19], é ilusório, de maneira que o movimento é "gesto" apenas dentro da dança. Ele é *movimento real*, mas *autoexpressão virtual*

Penso que aqui se acha a fonte dessa contradição peculiar que assombra a teoria da arte balética – o ideal de um comportamento ao mesmo tempo espontâneo e planejado, uma atividade brotando de paixões pessoais mas de alguma maneira tomando a forma de uma obra artística consumada, espontânea, emocional, mas capaz de repetição se for pedido. Merle Armitage, por exemplo, diz:

> A dança moderna é um ponto de vista, não um sistema. [...] O princípio subjacente a esse ponto de vista é que a experiência emocional pode expressar-se diretamente através do movimento. E, como a experiência emocional varia em cada indivíduo, assim a expressão externa variará. *Mas a forma,*

19. Rudolf von Laban, que constantemente insiste em que o gesto origina-se do sentimento *real* (Cf. *Welt des Tänzers: Fünf Gedankenreigen*, especialmente a p. 14), entende, não obstante, que a dança começa em uma *concepção* do sentimento, uma apreensão da alegria ou tristeza e suas formas expressivas: "De um golpe, como o relâmpago, o entendimento torna-se plástico. Repentinamente, de um único ponto, o germe da tristeza ou alegria desponta em uma pessoa. A concepção é tudo. Todas as coisas desenvolvem-se a partir do poder do gesto, e encontram nele sua resolução".

completa e adequada, deve ser o ponto de partida se é que se quer a dança moderna, enquanto forma de arte, viva[20].

Como é que a forma pode ser o ponto de partida de uma reação emocional direta é um segredo que por ora só ele sabe. George Borodin define o balé como "a expressão espontânea da emoção através do movimento, refinado e erguido ao plano mais elevado"[21]. Mas ele não explica o que o ergue, e por quê.

A antinomia é mais notável no excelente trabalho de Curt Sachs, *A World History of the Dance*, porque o autor compreende, como poucos teóricos compreenderam, a natureza da ilusão da dança – a ilusão de Poderes, humanos, demoníacos ou impessoalmente mágicos, em um "mundo" não físico, mas simbolicamente convincente; de fato, ele chama a dança de "a representação vívida de um mundo visto e imaginado" (p. 3). Contudo, quando trata das origens da criança, admite sem hesitação que as exibições eróticas dos pássaros e os "jogos de rodopio" e trejeitos grupais vagamente rítmicos dos macacos (relatados por Wolfgang Kohler, com grande reserva quanto ao modo de interpretá-los) são danças genuínas; e, tendo sido levado tão facilmente a essa premissa, ele passa a uma conclusão igualmente pronta:

> A dança dos animais, especialmente a dos macacos antropoides, prova que a dança dos homens é, em seu início, uma agradável reação motora, um jogo que força a energia excessiva em um padrão rítmico (p. 55).

A "prova" não é, evidentemente, prova nenhuma, mas apenas mera sugestão; no máximo é uma corroboração do princípio geral discutido em *Filosofia em Nova Chave*, de que os primeiros ingredientes da arte são geralmente formas acidentais encontradas no meio ambiente cultural, que exercem atração sobre a imaginação como elementos artísticos usáveis[22]. Os movimentos brincalhões que são puramente casuais entre os macacos, os gestos de exibição instintivos, mas altamente articulados e característicos dos pássaros, são *modelos* óbvios para a arte do dançarino. Também o são gestos e posturas "correios" desenvolvidos e reconhecidos de muitas habilidades práticas – tiro ao alvo, lançamento de lanças, luta livre, remo, laço – e de jogos e ginástica. O Professor Sachs percebe uma conexão entre tais

---

20. *Op. cit.*, p. vi.
21. *Op. cit.*, p. XVI.
22. Cf. *Nova Chave*, Cap. 9, especialmente p. 248

188   SENTIMENTO E FORMA

fenômenos e formas genuínas de arte, mas parece não compreender – ou, pelo menos não o expressa – a enormidade do passo de uma à outra. Como John Dewey, atribui a execução séria desses gestos de brincadeiras enquanto dança ao desejo de um propósito sério, um pretexto consciencioso para dispender energia e habilidade[23]. Alhures já me contrapus à explicação do Prof. Dewey, e não repetirei o argumento aqui[24]; basta dizer que tão logo um gesto característico é exibido de maneira notável a alguém que não está completamente absorto pelo propósito prático desse gesto – por exemplo, os gestos de jogos e exercícios livres, que não têm nenhum fim semelhante – torna-se uma *forma* gestual e, como todas as formas articuladas, tende a assumir funções simbólicas. Mas uma mente voltada para símbolos (mais do que uma mente prática, voltada para o útil) deve apoderar-se dela.

A razão pela qual a crença na natureza genuinamente autoexpressiva dos gestos de dança é sustentada tão amplamente, se não universalmente, é dupla: em primeiro lugar, qualquer movimento executado pelo dançarino é um "gesto" em dois sentidos diferentes, que são confundidos sistematicamente e, em segundo lugar, o *sentimento* está envolvido de várias maneiras nos vários tipos de gesto, e suas funções distintas não se mantêm à parte. Os relacionamentos entre gestos reais e gestos virtuais são realmente muito complexos, mas talvez uma pequena análise paciente os aclare.

"Gesto" é definido no dicionário como "movimento expressivo". Mas "expressivo" tem dois significados alternativos (para não mencionar especializações menores): quer dizer ou "auto expressivo", isto é, sintomático de condições subjetivas existentes, ou "logicamente expressivo", isto é, simbólico de um conceito, que pode ou não referir-se a condições dadas faticamente. Um signo frequentemente funciona em ambas as qualidades, como sintoma e como símbolo; palavras faladas são, de maneira bastante normal, "expressivas" das duas maneiras. Elas transmitem algo sobre o qual o elocutor está pensando, e também denunciam o fato de *que* ele está tendo (ou algumas vezes que não está tendo!) as ideias em questão e, até um certo ponto, seu ulterior estado psicofísico.

O mesmo se aplica ao gesto: ele pode ser ou autoexpressivo, ou logicamente expressivo, ou ambas as coisas. Pode indicar exigências e intenções, como quando uma pessoa faz um sinal para outra, ou pode ser convencionalmente simbólico, como a

23. *Op. ext.*, p. 55.
24. Cf. *Nova Chave* p. 161.

linguagem dos surdos-mudos, mas, ao mesmo tempo, a *maneira* pela qual um gesto é executado geralmente indica o estado de ânimo de quem o executa; é nervoso ou calmo, violento ou gentil etc. Ou pode ser puramente autoexpressivo, como a fala pode ser pura exclamação.

A linguagem é primariamente simbólica e incidentalmente sintomática; a exclamação é relativamente rara. O gesto, pelo contrário, é muito mais importante como via de autoexpressão do que enquanto "palavra". Uma palavra expressiva é a que formula uma ideia clara e adequadamente, porém de hábito considera-se como um gesto altamente expressivo aquele que revela sentimento ou emoção. É movimento espontâneo.

Na dança, os aspectos reais e virtuais do gesto estão misturados de maneira complexa. Os movimentos, evidentemente, são reais; brotam de uma intenção, e, nesse sentido, são gestos reais; mas não são os gestos que parecem ser, porque parecem brotar do sentimento, como de fato não o fazem. Os gestos reais do dançarino são usados para criar uma semelhança de autoexpressão e são, destarte, transformados em movimento espontâneo virtual, ou gesto virtual. A emoção em que tal gesto começa é virtual, um elemento da dança, que transforma todo o movimento em um gesto de dança.

Mas o que controla a execução do movimento real? Uma real sensação do próprio corpo, semelhante àquela que controla a produção de tons na execução musical – a articulação final de sentimento *imaginado* sob sua apropriada forma física. A concepção de um sentimento predispõe o corpo do dançarino a simbolizá-lo.

O gesto virtual pode criar a semelhança de autoexpressão sem a vincular com a personalidade real que, como fonte apenas dos gestos reais (não espontâneos), desaparece como estes na dança. Em seu lugar está a personalidade criada, um elemento de dança que figura simplesmente como um Ser psíquico, humano ou supra-humano. É isso que é expressar a si mesmo.

Na chamada "Dança Moderna", o dançarino parece apresentar suas próprias emoções, isto é, a dança é um autorretrato do artista. A personalidade criada recebe seu nome. Porém o autorretrato é um motivo e, embora seja o motivo mais popular junto aos dançarinos solistas de hoje, e se tenha tornado a base de toda uma escola, não é mais indispensável para a "dança criativa" do que qualquer outro motivo. Uma dança não menos boa pode ser alcançada por outros expedientes, por exemplo simulando-se uma conexão necessária de movimentos, isto é, uma

unidade mecânica de funções, como em *Petruchka*, ou criando-
-se a semelhança de controle estranho, o motivo da *marionette*
em todas as suas variedades e derivativos. Este último artifício
teve uma carreira pelo menos tão grande quanto a semelhança
de sentimento pessoal que é o princípio norteador da chamada
"Dança Moderna". Pois a aparição de movimento como gesto
requer apenas sua (aparente) emanação de um centro de força
vital; de maneira bastante estranha, um mecanismo que "cria
vida" intensifica tal impressão, talvez pelo contraste interno que
apresenta. De modo semelhante, a força mística que trabalha por
controle remoto, estabelecendo seus próprios centros subsidiá-
rios nos corpos dos dançarinos, é um *poder* ainda mais efetivamente *visível* do que a aparência naturalista de autoexpressão
no palco.

Manter separados elementos virtuais e materiais reais não é
fácil para uma pessoa sem treinamento filosófico e é mais difícil,
talvez, para artistas, para quem o mundo criado é mais imediatamente real e importante do que o mundo fático. Faz-se mister
precisão de pensamento para não confundir um sentimento imaginado, ou uma emoção precisamente concebida que é formulada em um símbolo perceptível, com um sentimento ou emoção
realmente sentidos como resposta a eventos reais. De fato, a
própria noção de sentimentos e emoções não realmente sentidos,
mas apenas imaginados, é estranha para a maioria das pessoas.

Contudo, tais afetos imaginários existem – na realidade,
existem vários tipos: os que imaginamos como sendo nossos; os
que atribuímos a pessoas reais no palco, no teatro ou dança; os
que são imputados a personagens fictícias na literatura, ou que
parecem caracterizar os seres retratados numa pintura ou numa
escultura, e são, portanto, componentes inseparáveis de uma
cena ilusória ou de um eu ilusório. E todos esses conteúdos emocionais são diferentes dos sentimentos, estados de ânimo, ou
emoções, que são expressados na obra de arte como tais e constituem seu "importe vital"; pois o importe de um símbolo não é
algo ilusório, mas algo real que é revelado, articulado, tornado
manifesto pelo símbolo. Tudo o que é ilusório, e todo fator imaginado (tal como um sentimento que nós mesmos imaginamos
ter) que sustenta a ilusão, pertence à forma simbólica; o sentimento da obra inteira é o "significado" do símbolo, a realidade
que o artista encontrou no mundo e da qual ele quer dar a seu
próximo uma clara concepção.

Sentimentos imaginados, sintomas emotivos ilusórios e retratos de sujeitos sencientes foram reconhecidos há muito tempo

como ingredientes da arte. Konrad Lange, faz uns cinquenta anos, chamou tais elementos-sentimentos de *Scheingefühle*[25]. Sob essa rubrica, porém, ele aglomerou todas as diferentes espécies de sentimentos – imaginados, simulados, retratados – que entram *em* uma obra de arte, e interpretou a reação do percebedor como um processo de "fazer de conta", isto é, de tratar ludicamente a obra como uma realidade e fingir sentir os sentimentos nela representados ou sugeridos. A ideia de apresentar sentimentos a nosso intelecto através de um símbolo artístico não era, é claro, concebível dentro da moldura das premissas utilitárias e genéticas de Lange; a única "mensagem" que uma obra poderia ter era, de seu ponto de vista, seu conteúdo temático, isto é, aquilo que ela representava, e como a única questão epistemológica era a determinação de *crenças* em termos de conceituação de bom senso, a única relação entre arte e realidade era a do dado sensorial e do fato científico. Uma vez que uma pintura de um cavalo obviamente não é um cavalo em que se possa montar e que uma natureza morta de maçãs, não é algo que se possa comer, a crença não podia explicar o interesse de uma pessoa por pinturas e ficções; a única explicação, então, era uma psicologia do "fazer de conta", ou do jogo, no qual o conhecimento de que a pretensão permitiria era a "crença" fruir mesmo de cenas tristes e objetos intrinsecamente indesejados, como os amantes de arte evidentemente procedem.

O avanço do pensamento epistemológico no século XX é atestado sensivelmente pela diferença entre o tratamento ingênuo dispensado por Lange aos conteúdos-sentimentos na arte e a análise feita por Baensch no artigo "Kunst und Gcfühl", citado algo longamente no Cap. 3[26]. De maneira bastante estranha, enquanto Lange não percebia as distinções entre sentimentos experimentados e sentimentos percebidos e classificava-os todos como "experimentados" com diferentes graus de seriedade, Baensch deixava passar a distinção entre um próprio sentimento, que é um evento biológico real, e o seu conceito, que é um objeto intelectual, ou significado de um símbolo; portanto, ele viu-se em face do paradoxo de sentimentos realmente presentes que

---

25. Ver *Das Wesen der Kunst*, que apareceu em 1901. Existe um ensaio de J. Sittard, "Die Musik im Lichte der Illusions-Aesthetik" (*Die Musik*, n2, p. 243), que é uma séria revisão contemporânea daquele livro; Sittard passa por cima da ilusão de objetos e eventos, e aprofunda-se na noção de *Scheingefühle*. "Um sentimento ilusório", diz ele, "é o verdadeiro âmago da ilusão estética" (p. 244). Depois de deixar clara a diferença entre sentimentos reais e imaginados, ele observa: "A base da real grandeza em um artista é, afinal, o poder de identificar-se com cada emoção, mesmo com uma emoção que lhe seja estranha e na qual ele não realiza seu próprio ser."

26. Ver p. 20 e ss.

ninguém estava sentido. Os resultantes quixotismos filosóficos, e seu desaparecimento quando as formas de arte são tomadas como símbolos em vez de realidade, já foram discutidos e não merecem repetição. O ponto saliente é que, na dança, a abstração básica em si envolve um *Scheingefühl*. O gesto real brota do sentimento (físico ou psicofísico); a semelhança de gesto, portanto, se for feita por meio de um movimento real, deve ser um movimento que *parece* brotar do sentimento. Mas o sentimento que está implícito num tal "gesto" aparentemente espontâneo é, em si, um elemento de dança criado – um *Scheingefühl* – e pode até ser atribuído não ao dançarino, mas a algum poder natural ou sobrenatural que se expressa através daquele. A vontade consciente que parece motivá-lo ou animá-lo pode ser imaginada como situada além de sua pessoa, a qual figura como um mero receptáculo ou mesmo como a sua concentração momentânea (*Ballung von Tanzenergien* de Laban).

A confusão quase universal de autoexpressão com expressão da dança, de emoção pessoal com emoção balética, é bastante fácil de compreender, se se considerar as complexas relações que a dança realmente tem com o sentimento e seus sintomas corpóreos. Ela é, além do mais, não apenas induzida pela concepção popular da arte como catarse emocional, mas é agravada por outra doutrina, igualmente séria e respeitada (que é, acho, insustentável em muitos aspectos, embora seja a teoria sustentada por Croce e Bergson), que é a de que o artista nos dá a introvisão das realidades, que ele penetra na natureza de coisas individuais, e nos mostra o caráter único de tais objetos ou pessoas completamente individuais. Na chamada "Dança Moderna", o motivo usual é uma pessoa expressar seus sentimentos. A essência absolutamente individual a ser revelada seria, então, uma alma humana. A doutrina tradicional da alma como uma verdadeira substância, inteiramente única, ou individual, vai ao encontro dessa teoria da arte em muitos pontos; e, se a pessoa cujas alegrias e dores a dança representa não é senão o dançarino, as confusões entre sentimento *demonstrado* e sentimento *representado*, sintoma e símbolo, motivo e imagem criada, são quase inevitáveis.

O reconhecimento de uma verdadeira ilusão artística, de uma esfera de "Poderes", em que seres puramente imaginários dos quais emana a força vital enforma a todo um mundo de formas dinâmicas através de suas ações psicofísicas, como que magnéticas eleva o conceito de Dança acima de todos seus emaranhados teóricos com a música, pintura, comédia e carnaval ou teatro sério, e nos permite perguntar *o que faz parte da dança* e o que não faz. Além do mais, determina exatamente como outras artes estão relacionadas com a antiga arte balética, e explica por que ela é tão antiga, por que ela tem períodos de degenerescência, por que ela está tão intimamente vinculada com divertimento, disfarces, frivolidades, por um lado, e com religião, terror, misticismo e loucura, por outro. Acima de tudo, apoia a intuição de que a dança, não importando quão diversas e variadas possam ser suas fases, talvez mesmo quão pouco dignos seus usos, é inequívoca e essencialmente arte, e desempenha as funções de arte tanto no culto religioso quanto no jogo.

Se nos aproximarmos da literatura sobre a dança à luz dessa teoria, encontramos a teoria corroborada por toda parte, mesmo lá onde uma concepção inteiramente diversa da dança é professada explicitamente. Implicitamente, existe sempre o reconhecimento de forças de dança criadas, agentes impessoais, e especialmente do gesto controlado, ritmado, concebido formalmente, a gerar a ilusão de emoções e vontades em conflito. Escritores que enchem suas introduções ou parágrafos de abertura com afirmações que os submetem a um assalto diário de emoções em número suficiente para matar qualquer pessoa normal, e a suas exibições espontâneas programadas, não falam de quaisquer sentimentos e emoções específicas quando passam a discutir problemas específicos da dança, mas falam quase invariavelmente de estabelecer tensões, exibir forças, criar gestos que *conotem* sentimentos ou mesmo pensamentos. Os pensamentos, lembranças e sentimentos reais que se encontram por trás daqueles são símbolos puramente pessoais, que podem auxiliar a concepção artística, mas não aparecem. Como Mary Wigman o colocou:

> Como é que a experiência da dança manifesta-se ao indivíduo é algo que constitui segredo dele mesmo. A realização artística, por si só, é o único testemunho válido[27].

Foi essa realização que Arthur Michel, embora estivesse plenamente consciente da personalidade apaixonada que havia por trás desta, descreveu puramente em termos de forças de dança, tensões virtuais, centros virtuais ou "polos" de energia:

> Realizar o ser humano como tensão no espaço; isto é, a dissolução do dançarino em movimento oscilante descarregando tensão, era a ideia, a tarefa,

---

27. "The New German Dance", em *Modern Dance*, p. 22.

194 SENTIMENTO E FORMA

o alvo de Mary Wigman. Ninguém, se não um ser tão soberbo e demoniacamente possuído, tão distendido entre céu e inferno como era Mary Wigman, poderia jamais conseguir, no sentido da dança, incorporar a existência humana como tensão dentro de si mesma. Só uma pessoa assim, talvez, poderia ter concebido a ideia de dança criativa como a oscilação de um ser humano entre dois polos eternos de tensão, transplantando assim o corpo que dança da esfera sensorialmente existente do materialismo e do espaço real para a superesfera simbólica do espaço da tensão[28] [...].

Quando ela está dançando, seu torso e membros parecem ser governados por um poder da natureza que age de acordo com leis secretas[29] [...].

A criatividade de Mary Wigman na dança exigia cada vez mais insistentemente que a polaridade da tensão espacial fosse tornada visível por um segundo dançarino, ou por um grupo, em acréscimo a sua manifestação por um único dançarino[30] [...].

O grupo que dança é uma personalidade, uma criatura que padece, sofre, assaltada por uma tensão de dança que a leva a lutar com um parceiro visível (ou invisível). O corpo de baile, pelo contrário, é uma massa de dança. Seus movimentos não são a expressão do que ele está sentindo individualmente. Move-se de acordo com leis impessoais. Pode ser comparado a alguma obra de arquitetura que tomou vida, movendo-se, transformando-se de uma forma para outra [...] é uma criação e recriação conformadora de espaço, dessa forma de tensão corpórea [...] arquitetura que, em sua incessante mudança, produz uma atmosfera espiritual[31] [...].

Ora, obviamente, a personalidade de grupo não é uma criatura real a sofrer ataques de coisa alguma; nem são os dançarinos do corpo de baile na realidade uma massa orgânica sub-humana. Todas essas entidades são *elementos de dança* que emergem da interação de forças virtuais de "tensões espaciais" e "tensões corpóreas" e mesmo de "tensões de dança" menos específicas criadas pela música, luzes, decoração, sugestão poética e seja lá o que for.

Os escritos dos dançarinos mais refletidos frequentemente são difíceis de ler porque eles atravessam muito livremente a linha entre fato físico e significação artística. A completa identificação de fato, símbolo e significação, que é subjacente a toda crença literal no mito[32], também acossa o pensamento discursivo dos artistas, a tal ponto que suas reflexões filosóficas tendem a ser tão confusas quanto ricas. Para um leitor cuidadoso com ordinário bom senso, elas soam como tolices; para uma pessoa treinada filosoficamente, parecem, alternadamente, afetadas ou

28. "The Modern Dance in Germany", *Ibid.*, p. 5.
29. *Ibid.*, p. 6.
30. *Ibid.*, p. 7.
31. *Ibid.*, p. 9.
32. Cf. *Nova Chave*, Cap. 6.

místicas, até que ela descobre que são *míticas*. Rudolf von Laban oferece um perfeito exemplo: ele tem ideias muito claras sobre o que é criado na dança, mas a relação das "tensões" criadas com a física do mundo real envolve-o em uma metafísica mística que é, no melhor dos casos, fantasiosa e, no pior, arrebatadamente sentimental[33].

A fonte principal de tais especulações abortivas é o fracasso em distinguir entre o que é real e o que é virtual na elaboração do símbolo e, além do mais, entre o próprio símbolo "virtual" e a sua significação, que nos remete de volta à realidade. Mas essa compressão de símbolos e significados, palavra e mundo, em uma entidade metafísica, é o próprio sinete daquilo que Cassirer chamou "a consciência mítica"; e isso é *estruturalmente* o mesmo que consciência artística. É metafórica quase que de começo ao fim. Quando nos lembramos, porém, de que as afirmações que Laban faz sobre emoções se referem a *sentimentos corpóreos*, sentimentos físicos que surgem da *ideia* de uma emoção e iniciam gestos simbólicos que articulam essa ideia e que suas "forças emocionais" são semelhanças de forças físicas ou mágicas, construção lógica, pois ela permite conceber o mundo e suas energias em uma descrição da esfera ilusória dos "poderes", e então todas suas análises fazem sentido[34]. Especialmente seu tratamento de objetos como complexos de forças intersectantes em um espaço balético[35] é uma arrojada construção lógica, pois ela nos deixa conceber o mundo inteiro da dança como um campo de poderes virtuais – não lhe resta, absolutamente nenhuma realidade nenhum material intransformado, mas apenas elementos, Seres vivos, centros de força, e sua interação.

33. Cf. *op. cit.*, *passim*.

34. Cf. *op. cit.*, *Zweiter Reigen*, onde uma discussão pseudocientífica sobre a natureza física termina com o parágrafo: "As tensões que experimentamos, repentinamente, em toda parte, na imobilidade, na repentina sensação de estar caindo, de estar balançando, são as faíscas, as partes orgânicas de um mundo grande, invisível e para nós talvez aterrorizante, do qual temos pouca consciência".

35. Ele descreve a tensão (*Spannung*) como "uma harmoniosa, simultânea consciência de si mesmo, percepção de si mesmo, exploração de si mesmo, sentir em si mesmo as infinitas transformações e potencialidades de transformação no mundo em relação um com o outro". Depois desse esforço heroico para dar uma definição cósmica, ele continua: "Deste processo universal surge algo perceptível fisicamente, uma forma de ser que nesta obra chamo de nucleação (*Ballung*). Essa nucleação surge, perdura, expira e gera, por esse jogo de tensões, as impressões de Tempo, Espaço, Poder, e coisas semelhantes.

[...] Uma nucleação derivada dos modos especiais de vibrações simpáticas do infinito homogéneo será recebida de maneira sensível e rude pelo olho. 'Sensivelmente' quer dizer, 'fazendo sentido'. Nossa experiência interpreta esse fenômeno como uma nucleação preenchedora de espaço, uma Coisa" (p. 6).

O resultado mais importante, entretanto, de se reconhecer a ilusão primária da dança e a abstração básica – gesto espontâneo virtual – que a cria, preenche e organiza, é a nova luz que esse reconhecimento lança sobre o *status*, os usos e a história da dança. Todas as espécies de práticas e formas de dança intrigantes, origens, conexões com outras artes, e relações com religião e mágica, tornam-se claras no momento em que se concebe a dança como sendo nem arte plástica nem música, nem uma apresentação de uma estória, mas um jogo de Poderes tornados visíveis. Desse ponto de vista, pode-se compreender a dança estática e a dança animal, a valsa sentimental e o balé clássico, a máscara e o mimo e o carnaval orgiástico, bem como o solene círculo funéreo ou a dança trágica do coro grego. Nada pode corroborar a teoria de ilusão e expressão artística, aqui exposta, com tanta força quanto uma história competente da dança, relida à luz dessa teoria; o capítulo seguinte, portanto, apresentará pelo menos uns poucos fatos significativos, históricos ou atuais, para consubstanciar a concepção da dança como uma arte completa e autônoma, a criação e organização de uma esfera de Poderes virtuais.

12. O Círculo Mágico

Todas as forças que não podem ser cientificamente estabelecidas e medidas devem ser consideradas, do ponto de vista filosófico, como ilusórias; se, portanto, tais forças parecem ser parte de nossa experiência direta, elas são "virtuais", isto é, semelhanças não reais. Isso se aplica aos poderes ctônicos, poderes divinos, fados, encantamentos e todos os agentes místicos, à potência da oração, da vontade, do amor e ódio, e também do frequentemente suposto poder hipnótico de uma mente sobre outra (com isso não pretendo pôr em discussão o *fenômeno* da hipnotização de um sujeito, mas apenas o conceito de "força" psíquica que emana da "mente dominante").

A suposição de "poderes" misteriosos, ou concentrações de forças não calculáveis teoricamente em termos matemáticos, domina toda a imaginação pré-científica. O retrato do mundo de homens ingênuos origina-se naturalmente do padrão de paixão e ação subjetiva. Assim como a visualização de relações espaciais começa com o que Poincaré chamou de nossa "geometria natural"[1] do mesmo modo a compreensão das relações dinâmicas inicia-se a partir da nossa experiência de esforços e obstáculos, conflitos e vitória ou derrota. A concepção de "poderes" na natureza que operam como impulsos, e de força inerente às

1. Comparar *supra*, Cap. 6, p. 96.

coisas assim como se sente que o vigor está no corpo, é óbvia. Contudo é um mito, construído sobre o símbolo mais primitivo – o corpo (da mesma maneira que a maior parte de nossa linguagem descritiva se baseia no simbolismo de cabeça e pé, perna e braço, boca, pescoço, costas etc.: os "sopés" de uma serra, a "encosta" da montanha, a "perna" de uma cadeira, a "boca" de um jarro, a "cabeça" de ponte, o "braço" de mar etc.). Essa visualização do mundo como um reino de forças vivas individuais, em que cada uma é um ser com desejos e propósitos que fazem com que entre em conflito com outros poderes teologicamente dirigidos, é realmente a ideia-chave de toda interpretação mítica: a ideia do Mundo Espiritual.

Ernst Cassirer, em seus volumosos escritos sobre a evolução de formas simbólicas[2], descobriu traços desse princípio de "espiritualização" (que não é realmente "antropomorfização", uma vez que afeta a imagem do homem em si mesmo de maneira estranha) através de toda a trama da linguagem, e demonstrou como as mentes humanas, pensando com palavras, construíram todo seu mundo com "poderes", que são modelados segundo sentimentos subjetivos de potência. Religião, história, política, e mesmo as abstrações tradicionais da filosofia refletem essa *Weltanschauung* fundamental que é incorporada na linguagem. A formulação engendrada pelo modelo subjetivo é realmente uma grande metáfora, na qual nossa "concepção" natural do mundo é expressa; mas onde a mente humana tem apenas um símbolo para representar uma ideia, o símbolo e seu significado não são separáveis, porque não existe nenhuma outra forma pela qual o significado pudesse ser pensado e distinguido do símbolo. Consequentemente, a grande metáfora é identificada com seu significado; os sentimentos de poder que servem como símbolos são atribuídos à realidade simbolizada, e o mundo aparece como um reino de Seres potentes.

Essa concepção da natureza caracteriza aquilo que Cassirer chama de "consciência mítica". Contudo, da mesma maneira como o pensamento mítico determina a forma da linguagem e então é sustentado e impelido para a frente pela linguagem, assim também o progressivo aguçamento e articulação daquele supremo instrumento rompe, finalmente, o molde mítico; a perfeição gradual da *forma discursiva*, que é inerente à sintaxe da linguagem como a metáfora é inerente a seu vocabulário, lenta-

---

2. Ver especialmente os Vols. I e II de *Die Philosophie der symbolischen Formen*; também *Sprache und Mythos* (Trad. bras.: *Linguagem e mito*, São Paulo, Perspectiva, 1972), e *An Essay on Man*, Parte I, *passim*, especialmente o Cap. II, "A Clue to the Nature of Man: the Symbol".

O CÍRCULO MÁGICO

mente gera um novo modo de pensamento, a "consciência científica", que supera o mítico, em maior ou menor extensão no "bom senso" de diferentes pessoas e grupos de pessoas. A mudança provavelmente jamais é completa, mas, na medida em que é efetuada, a metáfora é substituída pela afirmação literal, e a mitologia dá lugar à ciência[3].

As fases primitivas do desenvolvimento social são inteiramente dominadas pela "consciência mítica". Desde os tempos mais antigos, através dos últimos estádios tribais, os homens vivem num mundo de "Poderes" – Seres divinos ou semidivinos, cujas vontades determinam o curso dos eventos humanos e cósmicos. Pintura, escultura e literatura, sejam tão arcaicas quanto forem, mostram-nos esses Poderes já fixados numa forma visível ou descritível, antropomórfica ou zoomórfica – um bisonte sagrado, uma vaca sagrada, um escaravelho, um Tiki, um Hermes ou Korê, finalmente um Apolo, Atená, Osíris, Cristo – o Deus que tem uma aparência pessoal até mesmo no corte de sua barba, uma história pessoal de nascimento, morte e glorificação, um culto simbólico, uma liturgia poética e musical. Mas, nos primeiros estádios da imaginação, nenhuma de tais formas definidas envolve os terríveis e fecundos Poderes que cercam a humanidade. O primeiro reconhecimento destes dá-se através do sentimento de vontade e desejo pessoal no corpo humano e sua primeira representação é através de uma atividade corporal que abstrai a sensação de poder das experiências práticas em que essa sensação é geralmente um fator obscuro. Essa atividade é conhecida como "dança". A dança cria uma imagem de Poderes inominados e mesmo incorpóreos que preenchem uma esfera completa, autônoma, um "mundo". É a primeira apresentação do mundo como reino de forças místicas.

Isso explica o precoce desenvolvimento da dança como uma forma de arte completa e mesmo sofisticada. Curt Sachs, em sua volumosa *World History of the Dance*, observa com alguma surpresa:

> Por estranho que possa soar – desde a Idade da Pedra a dança pouco tem empreendido, tanto a título de novas formas, quanto de novo conteúdo. A história da dança criativa ocorre na pré-história[4].

A dança é, de fato, o negócio intelectual mais sério da vida selvagem: é a visualização de um mundo além do local e momento da existência animal da pessoa, a primeira concepção de

---

3. Cf. sua *Substance and Function*.
4. *World History of the Dance*, p. 62.

200 SENTIMENTO E FORMA

vida como um todo – contínua, vida supra pessoal, pontuada pelo nascimento e pela morte, rodeada e alimentada pelo resto da natureza. Desse ponto de vista, a evolução pré-histórica da dança não parece, em absoluto, estranha. É o próprio processo de pensamento religioso que gera a concepção de "Poderes" enquanto os simboliza. Para a "consciência mítica" essas criações são realidades e não símbolos; as pessoas não sentem que eles são criados pela dança, em absoluto, mas que são invocados, adjurados, desafiados e aplacados, conforme o caso. O símbolo do mundo, a esfera das forças baléticas, *é* o mundo, e a dança é a participação do espírito humano nele.

Todavia, o mundo do dançarino é um mundo transfigurado, despertado para um tipo especial de vida. Sachs observa que a forma mais antiga de dança parece ser o *Reigen*, ou dança em roda, que ele considera como uma herança dos ancestrais animais[5]. Ele a encara como uma expressão espontânea de alegria, não representativa e, portanto, "introvertida", de acordo com a sua (bastante infeliz) adaptação de categorias tomadas à psicologia dinâmica de Jung. Mas a dança em círculo realmente simboliza uma das realidades mais importantes na vida dos homens primitivos – o reino sagrado, o círculo mágico. O *Reigen* enquanto forma de dança não tem nada a ver com o saltitar espontâneo; preenche uma função sagrada, talvez a *primeira* função sagrada da dança – divide a esfera da santidade da esfera da existência profana. Dessa maneira, ele cria o palco da dança, que se centraliza naturalmente no altar ou seu equivalente – o totem, o sacerdote, o fogo – ou talvez o urso abatido, ou o chefe morto a ser consagrado.

No círculo mágico todos os poderes demoníacos são soltos. O reino mundano é excluído, e com ele, muito frequentemente, as restrições e propriedades que lhe pertencem. O Dr. Sachs disse, com muita verdade, que toda dança é extática – a sagrada

5. "As origens do dançar humano [...] não nos são reveladas nem na etnologia nem na pré-história. Devemos, antes, inferi-las da dança dos macacos: a alegre, vivaz dança circular dm torno de algum objeto alto, firmemente fixado, deve ter sido transmitida ao homem por seus antepassados animais. Podemos portanto supor que a dança em roda Já era uma posse permanente da cultura paleolítica, o primeiro estádio perceptível da civilização humana." (*Ibid.*, p. 208.)

O Dr. Sachs certamente simplifica em demasia o problema da arte e superestima a evidência de (Köhler) para a solução que aceita. Não sabemos se os macacos experimentam apenas um divertimento vivaz enquanto correm em torno de um poste; talvez algum instável predecessor da excitação mística desperte neles nesse momento. Talvez seus trejeitos sejam de mera brincadeira. Talvez a tendência para bater os pés ritmicamente tenha sido detonada pelo exemplo do Prof. Köhler, e Jamais se teria desenvolvido na selva a menos que eles tivessem visto dançarinos humanos em algum lugar. Sabemos muito pouco para inferir algo da "dança dos macacos".

O CÍRCULO MÁGICO

dança de grupo, a vertiginosa dança individual rodopiante, a erótica dança de pares.

No êxtase da dança, o homem atravessa o abismo entre este e o outro mundo, para o reino dos demônios, espíritos e Deus[6].

Algumas vezes a luta contra os poderes da escuridão é representada em uma dança com armas, contra um parceiro invisível; algumas vezes a proeza militar é representada como um embate de contendores visíveis. A virtude das próprias armas pode ser celebrada pelos atos de lançá-las, pegá-las, girá-las e brandi-las. Todas as atividades vitais e cruciais foram santificadas pela dança, como o nascimento, puberdade, casamento, morte – plantio e colheita, caça, batalha, vitória – estações, reuniões, inaugurações. As ocasiões de tais danças sacras levaram naturalmente à pantomima ilustrando os objetos de desejo ou medo; a pantomima forneceu novas formas de dança, frequentemente passíveis de grande elaboração; a elaboração exigiu adereços – roupas, acessórios, máscaras – e estas, por sua vez, criaram *caracteres de dança*, espíritos e animais fantasmas e deuses, de acordo com os recursos conceituais dos dançarinos. O "Diabo do Campo" do Congo é uma máscara gigantesca de dança cujo temível *habitat é* uma árvore na selva, onde ela fica pendurada no período entre as danças, a uma distância segura do conjunto habitado[7]. A "Rainha de Maio"* das tradições europeias é uma personagem de dança, provavelmente tomando o lugar de uma deusa da fertilidade a quem a dança era dirigida originalmente. O caráter secundário do "Rei de Maio", algumas vezes coroado e exaltado ao lado da rainha, sugere que o centro de toda a *cerimônia* pode ter sido uma dança erótica de um par, invocando as forças de procriação nos campos e vinhedos e rebanhos, ou estimulando-os pela "magia simpática".

Não importando aquilo que a dança deve supostamente alcançar, quais elementos dramáticos ou rituais ela abrange, seu primeiro movimento é sempre a criação de um reino de Poder virtual. "Êxtase" não é outra coisa que o sentimento de entrar em tal reino. Há formas de dança que servem principalmente para romper os vínculos com a realidade e estabelecer a atmosfera "do outro mundo" em que operam as forças ilusórias. Ro-

---

6. *Ibid.*, p. 4.

7. De acordo com uma conferência pronunciada por Pearl Primus, depois de sua volta da África (inverno de 1949-50).

* Maio, na Europa, é primavera.

dopiar e fazer círculos, deslizar e saltar e equilibrar-se são gestos básicos que parecem originar-se das fontes mais profundas do sentimento, os ritmos da vida física como tais. Dado o fato de não apresentarem ideias de coisas fora do organismo, mas apenas a própria vitalidade objetivada, o Dr. Sachs designou esses elementos como "destituídos de imagem" e os considera como o recurso especial dos povos "introvertidos". A distinção entre dançarinos "introvertidos" e "extrovertidos", medida pelos usos de "danças sem imagem" e "danças de imagem" (mimo) respectivamente, perdura por todo o livro. Mas ela jamais se apoia em quaisquer descobertas psicológicas capazes de provar que os dançarinos puramente extáticos – dervixes, dançarinos do demônio, contorcionistas – sejam mais introvertidos do que (digamos) as mênades que representam a morte e ressurreição de Dionísio, ou que distinga a mentalidade de pessoas que dançam no prado da aldeia numa simples roda daquela de dançarinos que serpenteiam numa "dança em cadeia", tomando seu motivo do processo de tecer, ou que agitam mãos estendidas para simular pássaros voando. À medida que ele traça a história de "danças sem imagem", estas parecem fundir-se com a pantomima dramática; e, reciprocamente, seu relato dos gestos imitativos mostra que neles o desenvolvimento coral foi, geralmente, no sentido de distanciar-se da mímica, em direção ao gesto expressivo e rítmico puro. Resumindo suas descobertas, ele mesmo o nota.

A partir de tais exemplos [diz ele], podemos ver que tem sido o destino da dança animal distanciar-se cada vez mais da natureza. O impulso de compor os movimentos numa dança estilizada, para assim torná-los menos reais, tem tirado a forma natural cada vez mais dos passos e gestos. Com a maior rapidez, o andar do pato torna-se um simples passo agachado. [...]

Por outro lado, talvez movimentos de uma origem motora puramente individual tenham sido considerados miméticos e semelhantes aos de animais e recebido uma nova interpretação[8].

Refletindo sobre esses fatos, ele faz uma observação geral que mostra toda questão interpretativa da arte sob o que considero como sua luz adequada – como um conceito orientador, ou *motivo*.

Existem, portanto, na dança animal, exatamente os mesmos relacionamentos [diz ele] que são familiares na história da decoração: estamos lidando com a abstração e a geometrização de um tema animal ou com a naturalização zoomórfica de um tema abstrato e geométrico?

8. *Op. cit.*, p. 84-85.

O CÍRCULO MÁGICO 203

(Comparem essa observação com as reflexões sobre os motivos de desenho no Cap. 4: imediatamente uma relação fundamental entre duas artes muito diferentes torna-se aparente, a saber, seu uso estritamente semelhante de *formas naturais*.)

A distinção entre dança extrovertida e introvertida, representativa e não representativa, que se torna cada vez mais tênue através da obra, é realmente muito menos útil do que a consideração sobre *o que é criado* nos vários tipos de dança e quais os propósitos, portanto, que os vários elementos rítmicos, miméticos, musicais, acrobáticos ou outros servem. O que é criado é a imagem de um mundo de forças vitais, incorporadas ou desencorporadas; nos primeiros estádios do pensamento humano, quando símbolo e significação são apreendidos como uma realidade só, essa imagem é o reino do sagrado; em fases posteriores, ela é reconhecida como a obra de arte, a forma expressiva que realmente é. Mas, em qualquer caso, os vários elementos de dança exercem funções essencialmente construtivas. Eles têm de estabelecer, manter e articular o jogo dos "Poderes". A mascarada e o mimo por si sós não podem fazê-lo, não mais do que a representação naturalista de objetos pode por si mesmo criar ou dar forma ao espaço pictórico. Mas motivos histriônicos garantem a ilusão, o "êxtase da dança".

Ela visa simplesmente ao êxtase [diz o Dr. Sachs] ou ela assume a forma do círculo mágico, no qual o poder salta dos que estão de fora para o que está dentro ou vice-versa [...] as pessoas circundam a cabeça de um inimigo, o búfalo do sacrifício, o altar, o bezerro dourado, a hóstia sagrada, a fim de que o poder de tais objetos possa fluir para elas de alguma maneira misteriosa[9].

Sejam quais forem os motivos da vida real que possam entrar numa dança, eles são ritmicizados e formalizados por esse mesmo ingresso. Dentro do Círculo Mágico, cada ação converte-se em acento e movimento balético: o ato de levantar uma criança ou um gral, as imitações de animais e pássaros, o beijo, o brado de guerra. O movimento livre de dança produz, acima de tudo (para o executante bem como para o espectador) a ilusão de uma conquista da gravidade, isto é, uma libertação das forças reais que são normalmente conhecidas e sentidas como controladoras do corpo do dançarino. Frank Thiess observou esse fato em seu excelente livro já citado no capítulo anterior. Depois de alguns comentários pertinentes sobre o uso excessivo de técnicas de estirar-se, saltar e pular como uma bola em desempenhos que

9. *Ibid.*, p. 57.

de outras maneiras eram bastante vazios, "em que as bailarinas procuram demonstrar que a gravitação da terra praticamente não tem poder sobre elas", acrescenta:

> Não obstante, essa exigência de conquista da gravidade é baseada numa concepção correta da natureza da dança; pois sua tendência principal é sempre superar os vínculos do peso maciço, e a leveza de movimento é, talvez, a exigência principal que se tem de fazer a um dançarino. [...] É, afinal, nada mais que a conquista da resistência material como tal e, portanto, não é em absoluto um fenômeno especial no reino da arte. Considere-se o triunfo da escultura sobre a pedra, da pintura sobre a superfície plana, da poesia sobre a linguagem etc. É, então, precisamente o material com que qualquer arte determinada tem de trabalhar que é mister superar e, até um certo ponto, deve ser tornado não mais aparente[10].

Um pouco mais adiante, ainda em relação a isso, ele designa a dança na ponta dos pés como "o símbolo congelado desse ideal", cuja intenção especial é mostrar que o corpo perdeu quase todo seu peso, de forma que pode ser suportado pela ponta de seus dedos dos pés. E, aqui, acrescenta um comentário significativo para a teoria da semelhança:

> Na realidade [diz ele] os dedos dos pés estão encaixados com segurança, o suporte do corpo é o peito do pé. Mas isso é irrelevante; julga-se que o corpo *parece* imponderável e, assim, do ponto de vista artístico, que o *seja*[11].

Mesmo a dança de ponta, tão desprezada por Isadora Duncan e pelas escolas que esta inspirou, é essencialmente criativa, não atlética. A arte da dança é uma categoria mais ampla do que qualquer concepção particular que possa governar uma tradição, um estilo, um uso sacro ou secular; mais ampla do que a dança cultual, a dança folclórica, a dança de salão, o balé, a moderna "dança expressiva". Isadora, convencida de que a exibição do sentimento pessoal era o único tema legítimo para a arte terpsicórea, não podia entender suas próprias reações à dança de Kschinsky e Pavlova, que a cativavam apesar de suas crenças e ideias.

> Eu sou uma inimiga do Balé [escreveu ela] que considero uma arte falsa e ridícula e, de fato, fora dos confins de toda arte. Mas era impossível não aplaudir a figura etérea de Kschinsky enquanto ela adejava pelo palco mais como um maravilhoso pássaro ou borboleta do que como um ser humano. [...] Alguns dias mais tarde recebi uma visita da adorável Pavlova; e novamente fui presenteada com um camarote para vê-la no arrebatador Balé de Gisèle. Embora o movimento dessas danças fosse contra todo sentimento artístico e

10. *Der Tanz als Kunstwerk*, p. 63.
11. *Ibid.*, p. 67.

O CÍRCULO MÁGICO

humano, novamente não pude resistir a aplaudir acaloradamente a aparição primorosa da Pavlova enquanto ela flutuava sobre o palco nessa noite[12].

Como podia ser "arrebatador" um balé em que todo movimento era contrário à arte e ao sentimento humano, um problema que ela evidentemente não levou adiante em suas meditações teóricas. Tivesse ela pensado mais profundamente em suas próprias palavras, poderia ter encontrado a resposta, a chave para a graciosidade da Kschinsky e da Pavlova e de toda a "arte falsa e ridícula" de ambas e aquela coisa que parece ter faltado mais agudamente à dança da própria Isadora: o dançarino como aparição.

O jogo de poderes virtuais manifesta-se nos movimentos de personagens ilusórias, cujos gestos apaixonados preenchem o mundo que criam – um mundo remoto, racionalmente indescritível, em que as forças parecem tornar-se visíveis. Mas o que as torna visíveis não é em si mesmo sempre visual; a audição e a cinestesia sustentam a imagem rítmica, movente, a um tal ponto que a ilusão de dança existe para o dançarino bem como para os espectadores. Na sociedade tribal, algumas danças incluem todas as pessoas presentes, não deixando qualquer espectador. Ora, uma pessoa dançando tem impressões visuais, mas jamais a impressão real do desempenho como um todo. Um dançarino solitário nem chega a ver outros membros de algum grupo de que ele faça parte. Contudo a dança é dirigida essencialmente à visão. Não sei de nenhum culto que pratique a dança na escuridão total, nem de qualquer dançarino de qualidades que seja cego. A quase escuridão é frequentemente cortejada, mas *precisamente por seus efeitos visuais*: a imprecisão e fusão de formas, o mistério de espaços negros. A luz da lua e a de fogueiras são usadas pelos dançarinos primitivos com tanta habilidade quanto as luzes da ribalta e os refletores coloridos o são pelos coreógrafos modernos, exceto que a dança é levada até a fonte de luz, por assim dizer, de maneira que uma dada iluminação seja explorada, em vez de levar efeitos de luz prescritos a incidir sobre uma execução para a qual foram propositalmente inventados[13].

A solução dessa dificuldade está em perceber-se que a abstração básica é o gesto virtual, e que esse gesto é tanto um fenômeno visível quanto um fenômeno muscular, isto é, pode ser visto ou sentido. O gesto consciente é essencialmente comunicação, como a linguagem. Na escuridão total ele perde seu ca-

12. *My Life*, p. 164.
13. Também essa observação foi feita por Pearl Primus depois de sua visita ao "mato".

ráter comunicativo. Se estamos em comunhão conosco mesmos, imaginamos seu caráter visível, e isso, é claro, podemos fazer também no escuro; mas para uma pessoa cega o gesto consciente é tão artificial quanto a fala para um surdo. Nosso conhecimento mais direto da expressão gestual é a sensação muscular, mas a sua finalidade é ser vista. Consequentemente, a ilusão do gesto pode ser produzida em termos de aparência visual ou cinestésica; mas onde na realidade se faz apelo a apenas um dos sentidos, o outro deve ser satisfeito por implicação. Em virtude de o gesto de dança ser simbólico, objetivado, toda dança destinada a ter significação balética fundamentalmente para as pessoas nela empenhadas é necessariamente extática. Ela deve tirar o dançarino para "fora de si", e pode realizá-lo por uma espantosa variedade de meios: pela mais sutil sugestão de movimento, quando as preparações físicas foram feitas antecipadamente através da bebida, drogas ou jejum; pela música ao mesmo tempo monótona e excitante, como, por exemplo, a que os dervixes ouvem por longo tempo antes de levantar-se; por fortes ritmos musicais e físicos que cativam o dançarino quase instantaneamente num irrealismo romântico (essa é a técnica usual da secular dança de "salão"); ou – mais primitiva e natural de todas – tecendo o "círculo mágico" em torno do altar ou da divindade, pelo qual cada dançarino é exaltado imediatamente ao *status* de um místico. Cada movimento seu torna-se gesto de dança porque ele se tornou um espírito, uma personagem de dança, que pode ser mais ou menos do que um homem – mais, se o interesse da tribo estiver concentrado em seu desempenho particular; menos, se ele simplesmente fundir seus membros moventes com o movimento maior do *Reigen*, e sua mente com a Presença vaga e terrível que preenche o círculo.

Cada dançarino *vê* a dança suficientemente para permitir que sua imaginação a apreenda como um todo; e com sua sensação do próprio corpo compreende as formas gestuais que são elementos básicos, nelas entretecidos. Não pode ver sua própria forma como tal, mas *conhece* sua aparência – as linhas descritas por seu corpo estão implícitas nas mudanças de sua visão, mesmo que esteja dançando só, e são garantidas pelo jogo rítmico de seus músculos, a liberdade com que seus impulsos se consomem em movimentos completos e intencionados. Ele vê *o mundo em que seu corpo dança*, e essa é a ilusão primária de seu trabalho; nesse reino fechado, ele desenvolve suas ideias.

A dança em seu vigor prestivo é completamente criativa. Os poderes tornam-se aparentes dentro de uma moldura de espaço e tempo; mas essas dimensões, como tudo o mais na esfera balética, não são reais. Da mesma maneira como os fenômenos es-

O CÍRCULO MÁGICO

paciais na música apresentam-se mais como o espaço plástico do que como os espaços da geometria ou da geografia[14], assim, na dança, tanto o espaço quanto o tempo, tal como entram na ilusão primária e ocasionalmente aparecem por direito próprio como ilusões secundárias, são sempre elementos criados, isto é, formas virtuais. A dança primitiva produz seu próprio reino e garante sua própria duração, principalmente pela tensão ininterrupta de seus círculos e deslocamentos, seus equilíbrios acrobáticos e inteireza rítmica de movimentos.

A "postura corporal" dos dançarinos, mantida pela concentração extática para grandes feitos, os de saltar, girar, bater os pés como pistões, conserva a estrutura de tempo num só todo, e a própria atividade dá origem ao acompanhamento tonal que é ao mesmo tempo um produto derivado musical e um forte artifício de coesão. O *how-how-how* do índio norte-americano é uma parte integrante da dança de guerra, como o cantarolar do faquir o é de suas ações místicas. Sachs indica que as danças animais são acompanhadas, de maneira bastante natural, por sons que lembram os do animal representado, e observa: "A genuína dança animal não precisa de qualquer outra música". O elemento tonal é uma atividade da dança, um meio de preencher e vitalizar a estrutura temporal da execução.

Efeitos musicais e pictóricos, que têm sido ampla e variadamente considerados como a essência, o alvo ou os modelos controladores da arte do dançarino, parecem, de preferência terem-se desenvolvido de modo inteiramente independente das artes plásticas ou da harmonia, como elementos de dança com funções estruturais, puramente baléticas. Em virtude da natureza complexa de sua ilusão primária – a aparência de Poder – e de sua abstração básica – o gesto virtual –, a dança primitiva exerce completa hegemonia sobre todos os materiais e recursos artísticos, embora sem explorá-los além de suas próprias necessidades. Há vários dançarinos, e também estetas da dança, cujos escritos testemunham a importância do espaço e tempo de terpsicore e sua natureza ilusória, essencialmente artística. Hanns Hasting, em um estudo intitulado "Música para Dança", faz esta observação notável:

Quando um dançarino fala de espaço, ele não quer dizer apenas, nem principalmente, o espaço real, mas o espaço que significa algo imaterial, irreal, imaginário, que vai além dos contornos visíveis de um ou mais gestos[15].

14. Comparar *supra*, Cap. 7, p. 124.

15. Em *Modern Dance*, p. 39. A passagem prossegue: "Desse sentimento origina-se uma necessidade de formas musicais que criam o mesmo espaço musical". Embora uma tal ênfase em valores espaciais possa algumas vezes ser vantajosa, não posso concordar com o escritor quanto ao princípio geral de paralelismo que ele desenvolve desse

SENTIMENTO E FORMA

A profundidade real, entretanto, do relacionamento entre as artes em virtude de suas criações simbólicas características é atestada por uma passagem de *Musik und Tanz*, de Rudolf Sonner, onde ele diz:

> Em níveis culturais mais inferiores, a dança é um símbolo típico do espaço e gera uma intensa experiência de espaço. Pois não existe, por enquanto, qualquer lugar de culto, exceto possivelmente um campo arado (bosque sagrado), um terreno sacro. Mas, a partir do momento em que, pela construção de templos, uma nova e profunda experiência de espaço é criada em termos de outro simbolismo, a dança, enquanto cerimônia (espacial) de culto, parece ser superada pelas forças da arquitetura.[16]

A relação entre dança e música é mais óbvia, e tem sido estudada muito mais exaustivamente. Quer uma dança seja ou não acompanhada por música, ela se move sempre em *tempo musical*; o reconhecimento dessa relação natural entre as duas artes é subjacente à sua afinidade universal. Em desempenhos altamente extáticos, a autonomia temporal da dança não requer uma estrutura musical muito bem feita a fim de dar-lhe ênfase e garanti-la; fragmentos de canto e as batidas atonais de bastões ou tambores, meras pontuações de som, bastam. As sensações corporais dos dançarinos, fundindo-se com coisas vistas e ouvidas, com todo o caleidoscópio de figuras (frequentemente mascaradas) e gestos místicos, sustentam o grande ritmo. O dançarino individual dança não tanto com seus parceiros – eles todos são transformados em seres de dança, ou mesmo em meras partes de um organismo demoníaco – quanto com o mundo; dança com a música, com sua própria voz, com a lança que se equilibra em sua mão como que por um poder próprio, com a luz, e a chuva e a terra.

Mas uma nova exigência é feita à dança quando ela deve encantar não apenas seus próprios executantes, mas uma audiência passiva (as audiências rústicas que fornecem a música cantando e batendo palmas são na realidade participantes; elas não estão incluídas aqui). A dança enquanto espetáculo é geralmente considerada como um produto da degenerescência, uma forma secularizada do que na realidade é uma arte religiosa[17]. Na realidade, porém, ela é um desenvolvimento natural, mesmo dentro dos con-

---

ponto em diante. Não há nenhuma razão pela qual *em termos gerais* o efeito espacial alcançado na dança deva ser duplicado por uma ilusão secundária semelhante na música.

16. *Musik und Tanz: vom Kulttanz zum Jazz*. Ver p. 76.

17. Cf. Rudolf Sonner, *op. Cit.*, p. 9: "Em última análise, a dança sempre reporta-se a um motivo prático religioso-cerimonial. Apenas num estágio mais avançado é que as danças baixam a uma esfera de hedonismo puramente estético, no qual elas perdem todo significado sério".

O CÍRCULO MÁGICO 209

fins da "consciência mítica", pois a magia da dança pode ser projetada para um espectador, a fim de curar, purificar ou iniciá-lo. Tylor descreve uma cerimônia selvagem de iniciação em que os meninos solenemente presenciaram uma dança do cão executada pelos homens mais velhos. Xamãs, feiticeiros, curandeiros e mágicos comumente executam danças pelos seus efeitos mágicos, não sobre o dançarino, mas sobre os espectadores reverentes.

Do ponto de vista artístico, esse uso da dança representa um grande progresso em relação ao puramente extático porque, dirigida a uma audiência, a dança se faz essencialmente, e não apenas incidentalmente, um espetáculo e, assim, acerta seu verdadeiro alvo criativo – tornar visível o mundo dos Poderes. Esse objetivo dita toda sorte de novas técnicas, porque não se pode mais depender de experiências corporais, tensões musculares, momento, as sensações de equilíbrio precário ou os impulsos do desequilíbrio, para dar forma e continuidade à dança. Cada um de tais elementos cinestéticos deve ser substituído por elementos visuais, audíveis ou histriônicos, a fim de criar ilusão extática comparável para a audiência. Neste estádio, os problemas da dança tribal ou de culto são praticamente aqueles do balé moderno: romper o senso de realidade do espectador e erigir a imagem virtual de um mundo diferente; criar um jogo de forças que *confronta* quem percebe, em vez de engolfá-lo nelas, como acontece quando ele está dançando e sua própria atividade é um dos principais fatores na feitura da ilusão da dança.

A presença de uma audiência dá à dança sua disciplina artística; e quando essa audiência exige grande respeito, por exemplo quando os dançarinos desempenham frente a espectadores da família real, a arte coreográfica logo se torna uma apresentação altamente consciente, formalizada e hábil. Pode, entretanto, ainda ser religiosa; no Oriente jamais chegou a perder inteiramente sua significação cultural, embora a longa tradição a tenha trazido, por agora, a um estado de perfeição técnica e sofisticação cultural que nossos próprios esforços baléticos não podem igualar e, efetivamente, nosso pensamento balético provavelmente não pode apreender.

Também Curt Sachs, *op. ext.*, pág. 6: "Já na Idade da Pedra, as danças tornam-se obras de arte. Já na Idade dos Metais, a lenda apossa-se da dança e eleva-a a teatro. Porém, quando nas culturas mais elevadas, ela se transforma em arte, no sentido mais estrito, quando ela se transforma em espetáculo, quando procura influenciar homens mais do que espíritos, então seu poder universal rompe-se".

210 SENTIMENTO E FORMA

No Sudeste da Ásia [diz o Dr. Sachs], onde a dança de torção passou para um campo mais restrito, os membros são metodicamente torcidos, deslocados das juntas. [...]

No Cambodja, bem como em Burma, braços e pernas são dobrados formando ângulos retos, as espáduas são juntadas, o abdome é contraído e o corpo como um todo fica numa posição forçada e exagerada. [...]

Existe um relacionamento muito consciente com a dança de marionetes – onde, de acordo com padrões absolutos, a dança enquanto arte superior atingiu um de seus pontos mais altos – nas danças das famílias de sultões de Java, e, algo degenerada, nas dos dançarinos profissionais javaneses, que usam as antigas danças como modelo. Pois a dança de homens e mulheres vivos no palco de Java e a apresentação em pantomima sobre uma tela branca de antigas estórias de heróis por meio de bonecas cortadas em couro, estiveram durante séculos lado a lado em termos estilísticos e em outros termos. [...] A dança javanesa é quase em duas dimensões e, uma vez que cada membro do corpo deve revelar-se completo e não encurtado pela perspectiva, ela é incomparavelmente expressiva[18].

Tal maneira de dançar é destinada inteiramente a apresentar uma aparência unificada e completa a uma audiência. Contudo, a dança mais teatral pode ainda ter conotações religiosas.

Segundo a estrita visão hindu, a dança sem preces é considerada vulgar; aquele que a presenciar ficará sem filhos e será reencarnado no corpo de um animal[19].

Penso que o efeito mais importante da assistência passiva sobre a história da dança é a separação entre a dança enquanto espetáculo e a dança enquanto atividade, e as consequentes histórias separadas dessas duas fases distintas. De uma, derivamos o balé, que é uma questão inteiramente profissional e, da outra, a dança social, que é quase, de maneira não menos completa, uma atividade de amadores. A dança sapateada e a dança de tamancos tomam uma posição intermediária; como a quadrilha, são realmente arte folclórica, não totalmente divorciadas da dança de aldeia em que o público participa cantando, e algumas vezes batendo palmas, pés ou saltitando. Enquanto tais, elas na realidade não se desenvolveram sob a influência da audiência passiva, mas pertencem a uma ordem mais primitiva. Talvez isso tenha algo a ver com seu renascimento e popularidade em nossa sociedade, que traz muitas marcas de primitivismo – pintura facial bastante grosseira, sobrancelhas alteradas artificialmente, unhas das mãos e dos pés pintadas etc.; um gosto por ruídos cada vez mais altos, música aprendida de povos selvagens; uma forte tendência à atividade

18. *Op. cit.*, p. 45-46.
19. *Ibid.*, p. 223.

O CÍRCULO MÁGICO 211

mítica e cultual na vida política, e uma volta geral ao soldadesco tribal, em vez da confiança na guarda mais especializada dos exércitos profissionais, que permitiram à Europa dos séculos XVII e XVIII desenvolver uma cultura essencialmente civil.

Seja como for, a separação entre dança cênica e puramente extática teve lugar há muito tempo – provavelmente muito antes em algumas partes da Ásia do que na Europa – e desde este cisma os dois tipos de dança têm seguido linhas diferentes de desenvolvimento e cada um tem sido afetado a seu próprio modo pelo grande trauma que a civilização ocidental, por necessidade, infligiu a todas as artes – secularização.

Por que, sem motivos de culto ou feitura de mágica, as pessoas continuaram dançando? Porque a imagem dos Poderes é ainda, para elas, em certo sentido, uma imagem do mundo. Para a "consciência mítica", ela apresenta a realidade, a natureza; para uma mente secular, mostra um mundo romântico; para o psicólogo entendido, este é o "mundo" infantil de reações espontâneas, irresponsáveis, desejos de potência, liberdade – o mundo dos sonhos. A eterna popularidade da dança está em sua função extática, tanto hoje quanto nos tempos primitivos; mas, ao invés de transportar os dançarinos de um estado profano a um sagrado, ela agora os transporta daquilo que reconhecem como "realidade" para uma esfera de romance. Existem "poderes virtuais" assaz genuínos criados mesmo na dança social; artisticamente pode ser que sejam triviais – meramente as forças magnéticas que unem um grupo, mais simplesmente um casal de dançarinos, e os poderes do ritmo, que "levam" o corpo pelo espaço aparentemente com menos do que suas exigências usuais de esforço – mas são convincentes. Por essa razão, mesmo a dança social é intrinsecamente arte, embora não atinja mais do que formas elementares antes de ser destinada a finalidades não artísticas – iludir, enganar a si mesmo, fugir. O mundo dos sonhos é essencialmente uma tessitura de forças eróticas. Muitas vezes a técnica da dança serve apenas para erigir sua ilusão primária de poderes livres, não físicos, de maneira que possa ser "encetado" um devaneio através da remoção extática do dançarino da realidade, e depois disso a dança torna-se confusa e dá lugar à autoexpressão pura e simples. Danças que acabam por fazer reais propostas indecentes à moça, como a *Schuhplatter* da Bavária, com beijos e abraços, como a antiga valsa em geral fazia, ou mesmo, de maneira bastante inocente, em um jogo de genuína competição – tentar apanhar um anel, tentar escapar de uma roda etc. – tais danças são meramente instrumentais. Sua criatividade é a mais baixa possível e, tão logo tenha servido para um propósito prático, a própria dança entra em colapso.

Mas esse é um retrato extremado da degeneração da dança devida à secularização. Seu destino normal é simplesmente mudar de usos religiosos para românticos. Sem dúvida, as virtudes artísticas de algumas danças religiosamente extáticas, praticadas em anos alternados por seitas dançarinas, não são maiores do que as da sarabanda, do minueto, da valsa ou do tango. Com efeito, os Poderes divinos com que se entra em contato na tradicional dança mística muitas vezes são apenas distinguíveis das forças eróticas, vínculos de amor e egos comunicantes, ou da libertação da gravidade, que sentem entusiásticos dançarinos de salão. A mais importante, do ponto de vista balético, é a última – a sensação de libertar-se da gravidade. Esse ingrediente na ilusão de dança fica intocado pela mudança de valores cultuais para os de diversão. É um efeito direto e potente do gesto ritmado, realçado pela postura distendida que não só reduz as superfícies de fricção do pé, mas também restringe todos os movimentos corporais naturais – o livre uso de braços e ombros, as viradas inconscientes do tronco e especialmente as respostas automáticas dos músculos da perna em locomoção – e, destarte, produz uma nova sensação corpórea, em que toda tensão muscular se registra como algo cinestesicamente novo, peculiar à dança. Em um corpo disposto de tal maneira, nenhum movimento é automático; se alguma ação avança espontaneamente, ela é induzida pelo *ritmo* erigido na imaginação e prefigurado nos primeiros atos, intencionais, e não pelo hábito prático. Em uma pessoa com pendor pela dança, essa sensação corpórea é intensa e completa, envolvendo cada músculo voluntário, até a ponta dos dedos, a garganta, as pálpebras. É a sensação de virtuosismo, afim ao senso de articulação, que distingue o músico ou executante talentoso. O corpo do dançarino está *pronto para o ritmo*.

O ritmo que irá transformar todo movimento em gesto, e o próprio dançarino em criatura liberta dos vínculos usuais da gravitação e da inércia muscular, é estabelecido mais facilmente pela música. Na dança altamente séria, invocadora, religiosa, a música tinha frequentemente de estabelecer um êxtase completo antes que os dançarinos se movessem; mas na dança de prazer secular, a ilusão a ser criada é tão elementar, o padrão gestual tão simples, que um mero ritmo métrico geralmente é o bastante para ativar os executantes. Dois compassos, quatro compassos, os pés começam a bater, os parceiros a conjugar seus movimentos, e o êxtase aumenta na repetição, variações e elaboração, sustentado por um pulsar de som mais sentido do que ouvido.

A dança popular assim motivada, executada em espírito de romance, fuga, alívio da carga da realidade, sem qualquer realização espiritualmente vigorosa – quer dizer, a dança prazeirosa

O CÍRCULO MÁGICO 213

erótica e de entretenimento – gerou um gênero correspondente de composição musical, destinado originalmente a ser mera parte da dança: toda a literatura de "música para dançar". Isso, por sua vez, produziu formas musicais que são independentes, hoje, dessa conexão original: a suíte, a sonata e a sinfonia. Mesmo a valsa, o tango, a rumba sugeriram obras musicais que não são na realidade destinadas a serem dançadas[20]. Mas tais desenvolvimentos são eventos musicais, não baléticos. A dança, em relação à suíte de concerto que começa com uma *intrata* e termina com um *gigue*, serve de motivo musical, que é abandonado ao tempo em que Haydn empreende a sonata. A "música para dançar" real é coisa diferente, e toda época tem sua safra desta – música expressamente modelada para ser "engolida" pela simples, encantadora, mas efêmera dança amadora de salão. Geralmente ela é, em termos artísticos, tão negligenciável quanto as criações românticas que ela serve. Mas aqui – como em todos os caminhos secundários labirínticos da arte – uma peça de música assim concebida pode ser uma obra de verdadeira arte. E então ela faz algo à dança, tão logo chega aos ouvidos de um dançarino dotado; pois a dança social, também, tem todas as possibilidades de arte séria. Não existe qualquer limite teórico à expressividade da Dança de Exibição. Seu único requisito para beleza e significação objetiva é – gênio balético.

Fazer da dança uma obra de arte requer aquela tradução da experiência cinestética para elementos visuais e audíveis, que mencionei antes como a disciplina artística imposta pela presença de espectadores passivos. O dançarino, ou dançarinos, devem transformar o palco para a audiência, bem como para si mesmos, em um reino autônomo, completo, virtual, e todos os movimentos em um jogo de forças visíveis em tempo virtual, ininterrupto, sem efetivar nem uma obra de arte plástica, nem de "meios". Tanto espaço como tempo, enquanto fatores perceptíveis, desaparecem quase inteiramente na ilusão da dança, servindo para gerar a aparência de poderes atuantes um sobre os outros, mais do que sendo eles mesmos aparentes. Isso é dizer que a música deve ser tragada pelo movimento, enquanto cor, composição pictórica, fantasias, cenário – todos os elementos realmente plásticos – tornam-se a moldura e o contraste do gesto. Os efeitos repentinos de puro tempo ou espaço perfeito que algumas vezes ocorrem são quase imediatamente fundidos de novo na vida da dança.

A ilusão primária da dança é uma experiência particularmente rica, tão imediata quanto a da música ou a das artes plás-

20. Um estudo sobre essa Influência da dança na história da música pode ser encontrado em *Music Through the Dance*, de Evelyn Porter.

ticas, porém mais complexa. Tanto espaço quanto tempo são implicitamente criados com ela. A estória a percorre como um fio, sem em absoluto vinculá-la à literatura; mímica e personificação muitas vezes acham-se sistematicamente envolvidas em sua abstração básica, gesto virtual, mas a pantomima da dança não é teatro; o disfarce de máscaras e fantasias, ao qual pertencem seus gestos temáticos, é despersonalização mais do que interessante em termos humanos. A dança, a arte da Idade da Pedra, a arte da vida primitiva por excelência, guarda hegemonia sobre todos os materiais de arte.

Contudo, como toda arte, ela não pode abrigar qualquer material bruto, nem coisas nem fatos, em seu mundo ilusório. A forma virtual tem de ser orgânica e autônoma e divorciada da realidade. O que for que entre nela, fá-lo em radical transformação artística: seu espaço é plástico, seu tempo é musical, seus temas são fantasia, sua ação, simbólica. Isso explica, penso, as muitas ideias diferentes que dançarinos e estetas têm sustentado quanto ao que é a essência da dança. Cada uma de suas ilusões secundárias tem sido aclamada como a verdadeira chave de sua natureza, assimilando o fenômeno inteiro da dança ao reino onde é primária a ilusão dada; a dança tem sido chamada de arte do espaço, arte do tempo, espécie de poesia, espécie de teatro[21]. Mas ela não é nenhuma dessas coisas, nem é a mãe de quaisquer outras artes – nem mesmo do teatro, como penso que será demonstrado mais adiante por um estudo da criação dramática[22].

Como regra, os dançarinos que tomam o movimento de dança como sendo essencialmente musical são aqueles que pensam principalmente em termos da dança de solo e não estão suficientemente desapegados da experiência subjetiva, cinestética, de formas de dança como plena apreensão destas. O ritmo musical entra de alguma forma mais direta e insistentemente na percepção cinestética dos gestos feitos pela própria pessoa do que na percepção objetiva de gestos executados por outros, não importando, neste último caso, quão bem a música possa ser empregada. Por outro lado, aqueles que consideram a dança como uma arte do espaço são geralmente os verdadeiros dançarinos de palco e mestres de balé. Contudo, ambas as partes são transviadas por sua consciência de ilusões secundárias, que são na realidade artifícios que sustentam a criação total ou realçam sua expressividade.

Na possibilidade de tais efeitos artísticos transitórios, que realmente sugerem, pelo momento, uma excursão em alguma

---

21. Cf. Cap. 11 especialmente p. 177 a 181.
22. Ver mais adiante. Cap. 17.

O CÍRCULO MÁGICO 215

esfera diferente da arte, encontra-se a chave de uma das relações mais profundas entre os grandes gêneros artísticos – o parentesco de suas ilusões primárias. Essa relação entretanto, é sempre parentesco e não identidade, de maneira que duas ordens radicalmente distintas jamais se fundem; uma obra jamais pertence a mais do que um campo, e sempre estabelece esse campo completa e imediatamente, como sua verdadeira substância. Mas o aparecimento distinto de uma ilusão mais simples, por exemplo, puro espaço ou puro tempo, no contexto da ilusão mais complexa da dança ou da literatura[23], frequentemente produz uma repentina revelação de importe emotivo ao acentuar um aspecto formal e abstraí-lo, o que torna seu aparente conteúdo-sentimento. A mesma ênfase é algumas vezes alcançada passando-se momentaneamente a outro modo da ilusão primária; Sullivan observou que a decoração escultural na arquitetura serve para a intensificação do sentimento[24], e D. G. James, em *Skepticism and Poetry*, alega que cada uma das personagens centrais de Shakespeare atinge uma "despersonalização de sentimento" em uma passagem lírica, que é na realidade a apoteose da peça[25].

Na dança, o rico tecido de sua ilusão primária confunde o teórico, mas, para o artista criativo, é parte de sua dança tudo aquilo que puder servir para converter a semelhança de Poderes psíquicos e místicos em imagem dos "poderes" sentidos diretamente em toda vida orgânica, física ou mental, ativa ou passiva.

Uma arte forte e convincente [disse Mary Wigman] jamais surgiu a partir de teorias. Ela sempre cresceu organicamente. Seus transmissores e defensores têm sido aquelas poucas naturezas criativas para quem um caminho de trabalho foi determinado pelo destino[26].

Hoje, em nossa cultura secular, esses artistas são os dançarinos do palco, do balé russo e seus derivados, das várias escolas de "Dança Moderna", e ocasionalmente da revista, quando algum número em seu *pot-pourri* de bom e mau entretenimento eleva-se a alturas não previstas, pelo engajamento inadvertido de um gênio. O trabalho de composição da dança é tão claro e construtivo, tão imaginoso e tão projetado quanto qualquer composição plástica ou musical; ele brota de uma ideia de sentimento, uma matriz de forma simbólica e cresce organicamente como qualquer outra obra de arte. É curioso comparar as pala-

23. O leitor deve reportar-se ao capítulo seguinte para uma explicação da ilusão literária.
24. *Kindergarten Chats*, p. 188.
25. *Skepticism and Poetry*, p. 118.
26. "The New German Dance", em *Modern Dance*, p. 20.

216 SENTIMENTO E FORMA

vras posteriores de Mary Wigman, no ensaio que acabei de citar, com os testemunhos de músicos[27] sobre o processo criativo:

Toda construção de dança origina-se da experiência de dança que o executante está destinado a encarnar e que dá à sua criação a verdadeira marca. A experiência enforma o âmago, a harmonia básica de sua existência de dança em torno da qual todo o resto se cristaliza. Toda pessoa criativa carrega consigo seu próprio tema característico. Este espera para ser despertado pela experiência e completa-se durante todo um ciclo criativo em inúmeras radiações, variações e transformações[28].

A substância de tal criação de dança é o mesmo Poder que encantava as antigas cavernas e florestas, mas hoje nós o invocamos com pleno conhecimento de seu estatuto ilusório e, portanto, com plena intenção artística. O reino de magia em torno do altar rompeu-se, inevitável e adequadamente, pela evolução da mente humana da concepção mítica para o pensamento filosófico e científico. A dança, o mais sagrado instrumento de feitiçaria, adoração e oração, destituída de seu elevado ofício, sofreu a degeneração de todos os rituais abandonados como costume irracional ou jogo social. Deixou-nos, porém, o legado de suas grandes ilusões e, com elas, o desafio a uma imaginação artística não mais dependente de enganos para seus poderes de motivação. Uma vez mais os seres humanos dançam com grande seriedade e fervor; a dança do templo e a dança da chuva jamais foram mais reverentes do que a obra de nossos devotados artistas.

A dança séria é muito antiga, mas, como arte, é relativamente nova, exceto, possivelmente, em algumas antigas culturas asiáticas. E, como arte, ela cria a imagem daquela vida orgânica pulsante que, antigamente, se esperava que a dança desse e mantivesse.

A imagem que assumiu forma evidencia a visão primária concebida através da experiência interior. Essa criação sempre será a mais pura e poderosa em seu efeito, em que o menor dos detalhes fala da unidade animada, vibrante, que provocou a ideia. A forma da experiência interna do indivíduo [...] também possuirá o poder único, magnético, de transmissão, que torna possível atrair outras pessoas, os espectadores participantes, ao círculo mágico da criação[29].

27. Ver Cap. 8.
28. Op. *cit.*, p. 21.
29. *Ibid.*, pág. 23.

13. Poesis

A literatura é uma das grandes artes e é mais amplamente ensinada e estudada do que qualquer outra, contudo seu caráter artístico é mais frequentemente reconhecido do que realmente discernido e respeitado. A razão pela qual a literatura é uma preocupação acadêmica padrão reside no próprio fato de que ela pode ser tratada como outra coisa além de arte. Uma vez que seu material normal é a linguagem, e que a linguagem é, afinal, o meio do discurso, é sempre possível olhar para uma obra literária como uma afirmação de fatos e opiniões, isto é, como uma peça de simbolismo discursivo funcionando segundo o modo comunicativo usual. Esse aspecto enganoso da arte verbal tem feito da "literatura" um de nossos principais objetos de exame, enquanto que geralmente se julga que o estudo das outras artes requer um talento ou inclinação especial e é, portanto, deixado à escolha do estudante.

Bibliotecas inteiras têm sido escritas sobre os princípios da arte literária, porque a abordagem intelectual que é natural aos estudiosos torna tais princípios ao mesmo tempo muito excitantes e muito desconcertantes. A significação de qualquer trecho de literatura deve encontrar-se, supõe-se, no que o autor diz; todo crítico que vale o pão que come, porém, tem suficiente intuição literária para saber que *a maneira de dizer as coisas* é, de alguma maneira, sumamente importante. Isso é especialmente óbvio na poesia. Como, então, deve o leitor dividir seu interesse entre o valor da afirmação e a maneira especial em que ela é feita? A escolha de palavras não será tudo? No entanto, não deve essa própria escolha de palavras ser julgada por sua adequação em enunciar as ideias do autor?

A tarefa essencial da crítica parece ser a de determinar qual é o modo especial de expressão, e quão prestável ele é para dizer o que o autor quer dizer. Existem inúmeras introduções à poesia que nos incitam a determinar "o que o poeta está tentando dizer" e a julgar "até que ponto ele o diz bem". Mas se o leitor pode esclarecer o que o poeta está tentando dizer, por que não pode o poeta dizê-lo claramente desde o começo? Frequentemente temos de traduzir para nós mesmos aquilo que um estrangeiro falando nossa língua está tentando dizer; mas será o poeta assim incapaz de manipular suas palavras? Se formos nós que não estamos familiarizados com a *sua* linguagem, então não precisamos determinar o que ele está tentando dizer, mas o que de fato diz; e até que ponto ele o diz bem não nos compete julgar, uma vez que somos novatos.

A coisa mais estranha sobre essa aparente dificuldade linguística é que ela aflige pessoas que não são em absoluto noviças nos campos da poesia. O Prof. Richards, que realizou um sério estudo sobre "a difundida incapacidade de interpretar significados", observa com alguma surpresa que

não são apenas aqueles que têm pouca experiência na poesia que fracassam. Alguns que parecem ter lido abundantemente parecem fazer pouco ou nenhum esforço para entender ou, pelo menos, permanecem estranhamente malsucedidos. Efetivamente, quando mais estudamos a questão, mais encontramos "um amor pela poesia" acompanhado por uma incapacidade de compreendê-la ou interpretá-la. Essa interpretação, devemos supor, não é um desempenho nem um pouco tão fácil e "natural" quanto temos tendência a supor[1].

Ele está convencido, porém, de que é um passo necessário para a apreciação, e de que pode e deve ser ensinado, uma vez que a única alternativa para "compreender" a poesia que se lê tem de ser alguma espécie de prazer "sentimental" nas palavras. Pois

não é duvidoso que certas inclinações "sentimentais" à poesia têm pouco valor, ou de que essa pobre capacidade de interpretar significados complexos e pouco familiares é fonte de infinitas perdas[2].

1. I. A. Richards, *Practical Criticism*, p. 312.
2. *Ibid.*, p. 313.

POESIS 219

É um truísmo para os pragmáticos modernos o fato de existirem apenas duas funções essenciais da linguagem (embora possam falar muito sobre seus inúmeros usos), a saber: transmitir informação e estimular sentimentos e atitudes no ouvinte. As perguntas principais da crítica da poesia, portanto, devem ser: O que o poeta está tentando dizer? E: O que o poeta está tentando fazer com que nós sintamos? Que os sentimentos que ele deseja invocar são respostas apropriadas às proposições que enunciou, é outro truísmo. Mas, entre a dificuldade peculiar de compreender o que o poema diz e as distrações que podem interferir com a resposta emocional "apropriada", a apreciação de poesia parece ser um exercício mental e neural altamente refinado. Penso que o Prof. Richards concordaria em que ela o é, pois diz a respeito apenas da compreensão literal:

É uma habilidade, no sentido em que a matemática, a culinária e a fabricação de sapatos são habilidades. Ela pode ser ensinada.[3]

E então vêm todos os riscos da resposta!

"Formar uma opinião sobre um poema" é o mais delicado de todos os empreendimentos possíveis. Temos de reunir milhões de impulsos passageiros semi-independentes em uma estrutura momentânea de fabulosa complexidade, cuja essência, ou âmago, só nos é dada nas palavras. Aquilo que "formamos", aquela momentânea ordem trêmula em nossas mentes, está exposta a inúmeras influências irrelevantes. Saúde, estado de vigília, distrações, fome e outras tensões instintivas, a própria qualidade do ar que respiramos, a umidade, a luz, tudo nos afeta. Ninguém que seja um pouco sensível ao ritmo, por exemplo, irá duvidar de que o novo murmúrio ou rugir do transporte moderno, penetrante, quase incessante, [...] é capaz de interferir de muitas maneiras em nossa leitura de versos[4].

Ora, isso é a contraparte exata na poética do "jovem fanático musical" de Prall, cuja experiência não pode ser completamente musical enquanto ele estiver cônscio de seu corpo e daquilo que o rodeia (comparar com o Cap. 3, p. 39). É outro exemplo da preciosidade que resulta da teoria da arte estímulo-resposta – de tratar a arte como uma maneira especial de "sentir" coisas que não são, em si, diferentes das coisas que encontramos na vida real. Não irei repetir aqui as objeções que já levantei contra aquela abordagem psicológica[5], mas apenas

3. *Ibid.*, p. 312-312.
4. *Ibid.*, p. 317-318.
5. Ver Cap. 3, p. 39.

220 SENTIMENTO E FORMA

apresentarei, aqui como então, o que me parece ser uma concepção mais promissora da obra de arte.

É moda entre os professores de poesia, hoje, começar dizendo-nos que a palavra "poeta" significa "fazedor". Mas o que é que o escritor de uma poesia realmente *faz?* Um arranjo de palavras não é mais criação do que o arranjo de pratos sobre uma mesa. Algumas pessoas que percebem isso decidem manter, não obstante, o termo e, consequentemente, chamam todo ordenamento deliberado de elementos – pratos sobre uma mesa, toalhas na prateleira, palavras num inventário ou palavras num livro de poesia – de "criação." Essa prática vai bastante ao encontro da teoria pragmática de que a poesia difere apenas "em grau" de qualquer outra coisa da vida. Em grau de que? "Certas respostas", "certas integrações", "certos valores". A ciência não progrediu o suficiente para analisar mais a fundo essas certezas[6].

Se, entretanto, fizermos quanto à poesia as mesmas perguntas que levantei sobre as outras artes, as respostas demonstram ser exatamente paralelas àquelas referentes à pintura ou à música ou à dança. O poeta usa o discurso para criar uma ilusão, uma pura aparência, que é uma forma simbólica não discursiva. O sentimento expresso por essa forma não é nem dele, nem de seu herói, nem nosso. É o significado do símbolo. Pode ser que levemos algum tempo para percebê-lo, mas o símbolo expressa-o a todo momento e, nesse sentido, o poema "existe" objetivamente sempre que nos é apresentado, em vez de passar a existir apenas quando alguém efetua "certas respostas integradas" ao que o poeta está dizendo. Podemos dar uma olhada numa página e dizer a nós mesmos quase imediatamente: "Eis um bom poema!" Isto, ainda que a luz de uma lâmpada nua torne o aposento horrendo, que os vizinhos estejam cozinhando repolho e que nossos sapatos estejam molhados[7]. Pois o poema é essencialmente algo a ser percebido, e as percepções são fortes experiências que normalmente podem atravessar a "momentânea ordem trêmula em nossas mentes" resultante de estímulos variados – sejam estes o conforto e o ar suave, ou o frio e a tristeza e o repolho.

As perguntas iniciais, então, não são: "O que o poeta está tentando dizer, e o que ele pretende que nós sintamos a respeito?" Mas: "O que fez o poeta e como ele o fez?" Ele produziu uma ilusão, tão completa e imediata quanto a ilusão de espaço criada por alguns traços no papel, a dimensão de tempo em uma melodia, o jogo de poderes erigido pelo primeiro gesto de um dançarino.

6. Cf. I. A. Richards, *Principles of Literary Criticism*, especialmente p. 226-227.

7. Comparar com a observação de Clive Bell sobre reconhecer-se uma pintura como boa com uma olhada, citada no Cap. 3, p. 35.

Ele produziu uma ilusão por meio de palavras – palavras que têm som e sentido, pronúncias e grafias, formas dialéticas, palavras relacionadas ("cognatas"); palavras com derivações e derivados, isto é, histórias e influências; palavras com significados arcaicos e modernos, significados de gíria, significados metafóricos. Mas o que ele cria não é um arranjo de palavras, pois as palavras são apenas seus materiais, *dos quais* produz seus elementos poéticos. Os elementos são o que ele desloca e equilibra, espalha ou intensifica ou aumenta, a fim de compor um poema.

A maneira mais fácil, talvez, de entender que tipo de coisa o poeta cria é considerar uma experiência bastante trivial, que provavelmente todos têm uma vez ou outra: isto é, ouvir como resposta a uma afirmação perfeitamente sincera e verdadeira: "Isso soa tão horrível quando você o coloca assim dessa maneira!" Ora, o fato referido na realidade não é mais horrível por ser transmitido por um símbolo verbal do que por outro; o fato simplesmente é o que é. Mas ele *parece* mais horrível quando é enunciado de uma determinada maneira. E o ouvinte não protesta "Isso *é* tão horrível quando você o coloca assim", mas "Isso *soa* tão horrível…" Ou podemos resumir o conteúdo de um discurso com completa fidelidade, meramente enunciando cada ponto com brevidade, e depararmos com o comentário: "É claro, se você o coloca assim, ele parece bobagem!" Novamente, o conteúdo de nosso sumário, se for acurado, não será mais bobagem do que o do discurso; mas ali, as proposições declaradas pareciam maravilhosas, e na versão curta, seca, parecem ridículas.

O que é alterado no relato não é o fato ou crença expressado, mas a sua aparência. O mesmo evento pode parecer de maneiras bem diferentes a duas pessoas que o experimentam. As diferenças são indubitavelmente devidas a associações, atitudes, *insights* e outros fatores psicológicos que determinam respostas totais integradas. Mas tais causas não podem ser controladas por um poeta, uma vez que este não é um psicólogo com experiência, que conhece o estado de ânimo do leitor e que trabalha sobre este com a perícia de um especialista em publicidade. As aparências de eventos em nossas vidas reais são fragmentárias, transitórias e frequentemente indefinidas, como a maioria de nossas experiências – como o espaço em que nos movemos, o tempo que sentimos passar, as forças humanas e desumanas que nos desafiam. A tarefa do poeta é criar a aparência de "experiências", a semelhança de eventos vividos e sentidos, e organizá-los de modo que constituam uma realidade pura e completamente experimentada, uma peça de *vida virtual*,

A peça pode ser grande ou pequena – tão grande como a Odisseia, ou tão pequena que compreenda apenas um pequeno evento, como o ato de pensar-se um pensamento ou a percepção de uma paisagem. Mas sua marca distintiva, que a torna bem diferente de qualquer segmento real de vida, é que os eventos nela são simplificados e, ao mesmo tempo, avaliados e percebidos de maneira muito mais completa do que a mistura de acontecimentos na história real de qualquer pessoa. Não que também não possa existir uma mistura na vida virtual; nada poderia ser mais misturado do que, por exemplo, as ideias e cenas em *The Waste Land*. Mas existe propósito artístico em tal confusão, ela não é meramente copiada de coisas que aconteceram, de fato, daquela maneira. A experiência virtual criada a partir daquelas impressões misturadas de modo muito hábil é uma visão plena e clara de tiranias sociais, com todos os subtons de horror pessoal, relutância, semienganos, e um fundo emocional para manter unidos os variados itens em uma única ilusão de vida, como um esquema de cores unifica todas as figuras de uma pintura variegada dentro da esfera de seu espaço virtual.

Essa *ilusão de vida* é a ilusão primária de toda arte poética. Ela é estabelecida, ao menos provisoriamente, pela própria primeira sentença, que tem de desviar a atitude do leitor ou do ouvinte do interesse pela conversação para o interesse literário, isto é, da realidade para a ficção. Efetuamos essa mudança com grande facilidade e de modo muito mais frequente do que percebemos, mesmo em meio a uma conversa; é preciso apenas dizer "conhece a história dos dois escoceses que…" para fazer com que todos ao alcance da voz suspendam a conversação real e prestem atenção a "os" dois escoceses e "seus" absurdos. Piadas são uma forma literária especial a que as pessoas prestam atenção sob a espora do momento. As crianças escutam com a mesma disposição estórias e versos, da mesma maneira como estão sempre dispostas a ficar olhando figuras.

Neste capítulo, tratarei apenas da poesia, especialmente a lírica, por várias razões: em primeiro lugar, a maioria das pessoas pode sentir, mesmo que não possa explicar, a diferença entre importe literal e importe artístico na poesia lírica, de modo muito mais acentuado do que em outros tipos de literatura; em segundo lugar, os materiais puramente verbais – acentuação métrica, valores de vogais, rima, aliteração etc. – são explorados com maior plenitude na poesia do que na prosa, de maneira que a técnica de escrever é visível de modo mais notável no verso e estudado com maior facilidade nesse campo restrito; e, em terceiro lugar, todas as formas de arte literária, inclusive a chamada "não ficção" dotada de valor artístico, pode ser compreendida pela especialização e extensão de recursos poéticos. Todo escrito ilustra os mesmos princípios criativos, e a diferença entre as grandes formas literá-

POESIS 223

rias, tais como verso e prosa, é uma diferença de recursos usados na criação literária. Assim, da mesma forma como desenvolvi o conceito de "espaço virtual" primeiro com referência à arte pictórica unicamente[8], discutirei a ilusão de experiência, ou "vida virtual", neste capítulo, apenas em relação à poesia no sentido estrito. A transição para a literatura em prosa é feita com grande facilidade, uma vez compreendido o princípio de criação poética.

A palavra "vida" é usada em dois sentidos gerais distintos, ignorando-se os muitos sentidos esotéricos ou especiais que possa ter além daqueles: o sentido biológico, em que "vida" é o funcionamento característico de organismos, e opõe-se a "morte"; e o sentido social, em que "vida" é *o que acontece*, o que o organismo (ou, se se quiser, a alma) encontra e com o que tem de lutar. Na primeira acepção, toda arte tem o caráter de vida, porque toda obra precisa ter um caráter orgânico[9], e geralmente faz sentido falar de seu "ritmo fundamental". Mas "vida" na segunda acepção, pertence de maneira peculiar à arte poética, a saber, como sua ilusão primária. A semelhança de acontecimentos experimentados, a ilusão de vida, é estabelecida com a linha de abertura; o leitor é confrontado imediatamente com uma ordem virtual de experiências, que tem valores imediatamente aparentes, sem quaisquer razões demonstráveis para os caracteres de bom ou mau, de importância ou trivialidade e mesmo os de natural ou sobrenatural que parecem ter. Pois os eventos ilusórios não possuem qualquer cerne de realidade que lhes permita aparecer sob muitos aspectos. Eles possuem apenas aqueles aspectos que lhes são dados na narrativa: são tão terríveis, tão maravilhosos, tão simples, ou tão comoventes quanto "soam".

> Tyger, tyger, burning bright
> In the forests of the night –*

Imediatamente o "tigre" existe como um animal sobrenatural, não uma fera a ser caçada e esfolada por esportistas ingleses. Um tigre comum iria andar à espreita em uma selva escura, não resplandecer nas "florestas da noite". A forma de expressar "florestas da noite" torna o lugar tão irreal e simbólico quanto a própria criatura, porque a construção gramatical (nada mais!!) assimila as florestas à noite, em vez de fazer da escuridão um atributo das florestas, como o faria o bom senso, através da construção usual com adjetivos, "florestas escuras (ou tenebrosas)". O "tigre" de

8. Cf. Caps. 4 e 5.
9. Cf. Cap. 8, *passim*.
* "Tigre, tigre, resplandecendo/nas florestas da noite".

224   SENTIMENTO E FORMA

Blake não tem nascimento natural, nenhum hábito quotidiano; ele é *o* "tigre" feito por Deus, com um coração de emoções satânicas e um cérebro mestre. O mistério da Natureza está nele:

> Did He who made the Lamb make thee?*

A visão de um tal tigre é uma experiência virtual, aumentada da primeira linha do poema até a última. Mas nada pode ser aumentado a menos que as primeiras palavras do poema efetuem o rompimento com o meio ambiente real do leitor. Esse rompimento é o que torna qualquer condição física, que não seja intensamente perturbadora, irrelevante para a experiência poética. Seja qual possa ser nossa resposta orgânica integrada, ela é uma resposta, não a cumulativos e pequenos estímulos verbais – um avanço precariamente sustentado por lembranças, associações, desejos inconscientes, emoções – mas uma resposta a uma *experiência virtual*, fortemente articulada, a um estímulo dominante. Não podemos de maneira alguma notar e seguir nossas integrações psicológicas (o que me faz duvidar que a "ciência" consiga alguma vez dar uma explicação interessante dos valores artísticos), mas podemos traçar, com consideráveis detalhes, a feitura da apresentação virtual, diante da qual diferentes pessoas têm diferentes reações, mas que um número suficiente de pessoas percebe *essencialmente* da mesma maneira, de modo a tornar efetiva sua função simbólica.

Em um poema como "The Tyger", a cativante irrealidade é tão evidente que o rompimento com a existência real pode parecer algo especial, algo peculiar aos poemas místicos, que não pode, com justiça, ser erigido em princípio de poesia enquanto tal. E quanto a poemas que estão próximos à experiência comum, como os versos belos, concentrados, escritos por antigos poetas chineses, mencionando lugares reais e frequentemente dirigidos a pessoas reais? Considere-se as afirmações simples, precisas, deste pequeno poema:[10]

A FAREWELL IN THE EVENING RAIN

To Li Ts'ao

> Is it raining on the river all the way to Ch'u? –
> The evening bell comes to us from Nan-king.

---

* "Aquele que fez o Cordeiro, fez a ti?"

10. Por Wêi Ying-wu, traduzido para o inglês por Witter Bynner. *The Jade Mountain*, p. 207.

POESIS   225

Your wet sail drags and is loath to be going
And shadowy birds are flying slow.
We cannot see the deep ocean-gate –
Only the boughs of Pu-kou, newly dripping.
Likewise, because of our great love,
There are threads of water on our faces*.

Mesmo na tradução, sem as convenções poéticas originais da literatura chinesa (sejam elas quais forem), isso é poesia, e não um relatório da partida de Li Ts'ao. Uma situação subjetiva completa é criada pelas coisas mencionadas; mas tudo o que tem importância para o bom senso – para onde o amigo está indo, a que distância, por que ou com quem – é radicalmente omitido. A chuva no rio, nas velas, nas ramagens que obstruem o caminho, finalmente transforma-se num fluxo de lágrimas. Ela é introduzida em todo o poema, aproximadamente a cada duas linhas, de modo que os outros itens – o sino, os pássaros sombrios, o portal invisível do oceano – fundem-se com ela, e lhe são consequentemente reunidos no grande amor pelo qual todo o poema está chorando. Além do mais, esses acontecimentos locais, aparentemente casuais, entremeados entre as linhas sobre a chuva são, todos, símbolos do vínculo que torna a despedida dolorosa. Nan-king está chamando; a vela está pesada, velejar é difícil; os pássaros, que estão indo embora, são lentos, e são sombrios – A Sombra; o "profundo portal do oceano", o lugar maior que é o próximo destino de Li Ts'ao, não podem ser vistos por causa do lugar próximo, precioso, "as ramagens de Pu-kou", obstruindo todo interesse na aventura. E, assim, a descrição aparentemente simples é elevada até à confissão de sentimentos humanos, que é tratada, através de um toque magistral de obliquidade, como um mero símile dos eventos exteriores que na realidade servem apenas para prepará--la:

Da mesma forma, por causa de nosso grande amor,
Há fios de água em nossas faces.

"Nós", e a chuva, o rio, a despedida, os movimentos e sons e a hora do dia são os *elementos poéticos* criados por palavras apenas, por serem mencionados. O lugar e o incidente assumem seu caráter tanto graças ao que é deixado de fora quanto ao que

---

* UM ADEUS NA CHUVA DO ANOITECER. *Para Li Ts'ao*. "Está chovendo sobre o rio todo o caminho até Ch'u?... / O sino vespertino chega até nós de Nan-king./ Tua vela molhada arrasta-se e reluta em ir embora/ e pássaros indistintos estão voando devagar./ Não podemos ver o profundo portal do oceano.../ Apenas as ramagens de Pu-kou, recém-gotejantes. / Da mesma forma, por causa de nosso grande amor, / Há fios de água em nossas faces".

é dito. Tudo no poema possui caráter duplo: cada item é, ao mesmo tempo, um detalhe de um acontecimento virtual perfeitamente convincente, e um fator emocional. Não existe nada na estrutura inteira que não tenha seu valor emocional, e nada que não contribua para a ilusão de uma situação humana definida e (neste caso) familiar. Essa ilusão não seria ajudada em nada por conhecimentos adicionais – pela familiaridade real com o lugar mencionado, por mais informações sobre a carreira ou personalidade de Li Ts'ao, ou por notas ao pé da página sobre a autoria do poema e sobre as circunstâncias em que foi composto. Tais acréscimos adicionais iriam apenas embaralhar a imagem poética de vida com itens irrelevantes – irrelevantes porque não brotam do princípio de organização pelo qual a ilusão é forjada: que todo elemento na ação é também uma expressão do sentimento envolvido na ação, de maneira que o poeta cria eventos de um modo psicológico, mais do que como um trecho de história objetiva.

Esse caráter experiencial dos eventos virtuais torna o "mundo" de uma obra poética mais intensamente significativo do que o mundo real, no qual fatos de segunda mão, não relacionados com a existência pessoal, sempre formam a armação, de maneira que a orientação *no* mundo é um grande problema. Numa estrutura literária, as *dramatis personae* podem estar desorientadas, mas o leitor não está; mesmo o mundo de imposturas e futilidades de T. S. Eliot, que desconcerta J. Alfred Prufrock, apresenta um caráter perfeitamente definido – desolador, talvez, mas não confuso – para o leitor. Se o leitor não pode apreender o "mundo" apresentado, há algo de errado com o poema ou com a compreensão literária do leitor.

O mundo virtual em que se desenvolvem os eventos poéticos é sempre peculiar à obra; é a ilusão determinada de vida que aqueles eventos criam, como o espaço virtual de uma pintura é o espaço determinado das formas dentro dele. Para ser coerente em termos de imaginação, o "mundo" de um poema deve ser formado de eventos que estejam no modo imaginativo – o modo de expressão ingênua, em que ação e sentimento, valor sensorial e valor moral, conexão causal e conexão simbólica, ainda permanecem indivisos. Pois a ilusão primária da literatura, a semelhança de vida, é abstraída da vida pessoal, imediata, como as ilusões primárias de outras artes – espaço, tempo e poder virtuais – são imagens de espaço percebido, tempo vital, poder sentido.

Acontecimentos virtuais são a abstração básica da literatura, por meio da qual a ilusão de vida é formada e mantida e recebe formas específicas, articuladas. Um pequeno acontecimento pode preencher todo um poema, desdobrando seus detalhes na estrutura simplificada, isolante, de uma realidade puramente poética. Esse é o princípio sobre o qual alguns poemas líricos elizabethanos são feitos de materiais temáticos que, na realidade, são triviais. Considere-se a pequenez e mesmo a banalidade da afirmação real contida em "Delight in Disorder" de Herrick. Ele prefere um ar casual na vestimenta feminina ao asseio e cuidado. Será essa uma afirmação que vale ser preservada por mais de trezentos anos? Enquanto afirmação fatual – como os pedaços de informação inseridos nos jornais para preencher pequenos espaços – certamente que não. Mas o que Herrick fez com isso? Um evento psicológico: a ocorrência e a passagem de um pensamento. Imediatamente o tema toma vida. O pensamento começa com a contemplação do efeito geral e sua fonte:

> A sweet disorder in the dress
> Kindles in clothes a wantonness:*

Já as primeiras palavras, "sweet disorder" ("doce desordem"), efetuam o rompimento com a realidade porque exprimem uma avaliação extraordinária, de maneira tão casual como se se pudesse esperar que todos a compartilhassem. E no mesmo alento a doçura é explicada: tal desordem é atormentadora. A palavra "kindles" ("inflama") conta a estória toda. Diz-se que a libertinagem é "inflamada" nas *roupas*; isso mantém toda a fantasia amorosa, a paixão inflamada no cavalheiro pelo desleixo da dama, em um plano superficial de *galanteios*; especulando, ele a passa em revista da cabeça aos pés:

> A lawn about the shoulders thrown
> Into a fine distraction:
> An erring lace, which here and there
> Enthralls the crimson stomacher:
> A cuff neglectful, and thereby
> Ribbands to flow confusedly:
> A winning wave (deserving note)
> In the tempestuous petticoat:
> A careless shoestring, in whose tie
> I see a wild civility:
> Do more bewitch me, than when art
> Is too precise in every part.**

* "Uma doce desordem no vestido/ inflama, nas roupas, uma libertinagem:"
** "Um xale fino em torno dos ombros jogado/ Em agradável distração:/ Um laço errante, que aqui e ali/ Cativa o corpete carmesim:/ Um punho negligente, e perto/ Fitas a fluir confusamente: / Uma ondulação atraente (merecedora de nota)/ Na anágua impetuosa:/ Um cordão de sapato descuidado, em cujo laço/ Vejo uma polidez incivilizada: / Mais me encantam do que quando a arte/ É precisa demais em toda parte."

228 SENTIMENTO E FORMA

As duas últimas linhas expressam seu juízo ponderado, e o pensamento está terminado. De seu extravagante começo à conclusão sincera, é um devaneio galanteador; os dísticos de versos completamente regulares, regulares mesmo quanto à igualdade de pontuação, fornecem um fundo de decoro ao erradio e fascinante, à confusão, atração, impetuosidade e negligência das roupas, que dá ao jogo óbvio de duplo sentido um ar de sofisticada perversidade. A forma do poema expressa a tacitamente aceita moldura das meditações do cavalheiro, que é muito convencional – um padrão regular, estrito de salvaguardas sociais, onde é possível dar-se ao luxo de ficar-se intrigado[11].

Ora, toda essa análise não pretende ser um exercício de Nova Crítica, porém meramente mostrar que toda poesia é uma criação de eventos ilusórios, mesmo quando ela parece ser uma declaração de opiniões, filosóficas, políticas ou estéticas. O aparecimento de um pensamento é um evento na história pessoal de um pensador, e tem um caráter qualitativo tão distinto quanto uma aventura, uma vista ou um contato humano; não é uma proposição, mas a contemplação de uma, que necessariamente envolve tensões vitais, sentimentos, a iminência de outros pensamentos e os ecos dos pensamentos passados. Reflexões poéticas, portanto, não são essencialmente sequências de raciocínios lógicos, embora possam incorporar fragmentos, pelo menos, de argumentos discursivos. Essencialmente elas criam a *semelhança* de raciocínio; da seriedade, ansiedade e progresso, a sensação de conhecimentos que crescem, a crescente clareza, convicção e aceitação – toda a experiência do pensamento filosófico.

É claro que um poeta geralmente constrói um poema filosófico em torno de uma ideia que o impressiona, na época, como

---

11. O Prof. F. W. Bateson, em *English Poetry and the English Language*, afirma que esse poema, "ao invés de ser o mero *jeu d'esprit* que pareceria ser, é essencialmente uma defesa do paganismo". Sinto muito não poder concordar com essa interpretação moral. Não consigo encontrar qualquer antipuritanismo, nem qualquer antiqualquer coisa; a precisão a que o cavalheiro levanta objeções não é o casto asseio de donzelas puritanas mas, sim, à "arte", destinada a encantar, e sua acusação é que ela deixa de fazê-lo. O uso de "arte" não é aquilo contra o que ele levanta objeções; a verdadeira naturalidade da "Lucy" de Wordsworth não o empolgaria em absoluto. Fica entendido que a dama tenta cativá-lo, e ele observa galantemente "Uma ondulação atraente (merecedora de nota)..." Só um acidente intencional *merece* ser notado.

Um poema que é *essencialmente* uma defesa de algo deveria por certo expressar seu *pathos* em algum lugar, por mais sutilmente que fosse. Mas não há qualquer protesto social neste poema, nem mesmo um ritmo rebelde; um leitor que não soubesse que o poeta escreveu em épocas puritanas, Jamais adivinharia pelo poema que deveria ter existido alguma circunstância opressiva desse gênero. Mas significados e motivos que apenas a erudição histórica pode fornecer não acrescentam nada aos eventos poéticos ou à sua significação poética. O elocutor no poema não está defendendo liberdades, ele as toma, ainda que seja na forma segura de reflexões; e o poema em si não é uma defesa moral, mas "uma agradável distração".

verdadeira e importante; mas não com a finalidade de debatê-la. Ele a aceita e exibe seu valor emocional e possibilidades imaginativas. Considere-se a doutrina platônica da memória transcendental na "Ode: Intimations of Immortality" de Wordsworth: não há argumentos a favor ou contra, nem dúvidas e provas, mas, essencialmente, a experiência de ter uma ideia tão grande – a excitação que ela traz, a veneração, o tom de sagrado que ela confere à infância, a explicação dos crescentes lugares-comuns da vida posterior, a aceitação resignada de uma introvisão. Mas citar Wordsworth como o proponente de uma teoria filosófica da boa fé é um erro; pois ele não poderia e não teria elaborado e defendido sua posição. A doutrina platônica com que o poema o compromete é na realidade rejeitada pela Igreja cujos ensinamentos professava. Como ele a apresenta na Ode, entretanto, ela não tem nada a ver com qualquer outra teologia; ela não vai além do poema. Poucas pessoas que admiram o poema sentem-se realmente persuadidas a crer numa existência anterior, e não há, nele, realmente, qualquer profecia de uma vida posterior, exceto por implicação em linhas esparsas:

> Thou, over whom thy Immortality
> Broods like the Day...*

ou:

> Our Souls have sight of that immortal sea
> Which brought us hither...**

A estrutura lógica do pensamento é na realidade muito frouxa; contudo, a composição inteira soa como um trecho de raciocínio metafísico, e a semelhança de ideias originais ocorrendo em um ambiente muito pouco acadêmico dá-lhe uma peculiar profundidade, que é, na realidade, profundidade de experiência, mais do que profundidade de intelecto.

Pensar é parte de nossa atividade instintiva – a parte mais humana, emocional e individual. Mas esse talento altamente pessoal é também nossa resposta mais inequivocamente social, pois se acha tão intimamente vinculado à linguagem que a meditação é inseparável das maneiras de falar; e não importa quão originais possamos ser em nosso uso da linguagem, a prática em si é uma herança puramente social[12]. O pensamento discursivo, porém, tão profundamente enraizado na linguagem e, destarte, na sociedade e em sua história, é, por sua vez, o molde de nossa

---

* "Tu, sobre quem tua Imortalidade/ Medita como o Dia..."

** "Nossas Almas têm uma vista daquele mar imortal/Que nos trouxe aqui..."

12. Considerações mais detalhadas sobre a linguagem podem ser encontradas em *Nova Chave*, Cap. 5.

230 SENTIMENTO E FORMA

experiência individual. Observamos e temos em mente essencialmente o que é "falável". O inefável pode imiscuir-se em nossa consciência, mas é sempre algo como um hóspede temeroso, e nós o admitimos ou recusamos, de acordo com nosso temperamento, com uma sensação de mistério. A formulação do pensamento pela linguagem, que faz de toda pessoa um membro de uma determinada sociedade, envolve-a mais profundamente com sua própria gente do que poderia fazer qualquer "atitude social" ou "comunidade de interesses"; pois esse vínculo mental original engloba o ermitão, o fora-da-lei solitário, o excomungado, tão seguramente quanto o cidadão mais perfeitamente ajustado. Seja qual for o fato em bruto, nossa experiência a seu respeito traz a marca da linguagem.

Em eventos poéticos, o elemento do fato em bruto é ilusório; a marca da linguagem é que faz tudo, ela cria o "fato". É por isso que peculiaridades de linguagem – fraseologia litúrgica, arcaísmo, infantilismos[13] – são recursos poéticos, e porque a poesia dialetal é uma forma literária distinta. O dialeto traduz um modo de pensamento que entra nos próprios eventos encontrados ou contemplados no poema. Burns provavelmente não poderia ter-se dirigido ou mesmo notado o rato do campo* no inglês castiço, sem tornar suas reflexões ligeiramente ridículas ou sentimentais. A linguagem do granjeiro mantém o incidente na moldura quotidiana de terra e milho, de sachadura e colheita, uma vida tão próxima do solo que o homem está fazendo com suas ferramentas e sua parelha aquilo que o rato faz ao roer e levar embora. O apuro do rato é um desastre rural comum, e ninguém poderia avaliá-lo melhor do que o granjeiro: "tha maun live". A realidade do paralelo com sua própria dependência do mesmo milho é realçada pelo dialeto, que funde toda a experiência no molde de uma mente familiarizada com problemas do inverno.

O dialeto é um instrumento literário valioso, que pode ser empregado de maneira mais sutil do que escrever diretamente em seu vocabulário; pois ele se esmaece imperceptivelmente no *uso* coloquial de palavras, giros de expressão que refletem pensamentos estranhos, mais do que em hábitos de linguagem fixos. Walter de la Mare, por exemplo, usa todas as gradações de inglês formal e vernacular na pequena peça de fadas chamada "Berries" ("Bagas"):

> There was an old woman
> Went blackberry picking
> Along the hedges

13. Por exemplo, a expressão *"ein Ueberall"* em "Der Idiot" de Rainer Maria Rilke.
* *Field Mouse*, organaz.

POESIS 231

From Weep to Wicking.
Half a pottle –
No more she had got,
When out steps a Fairy
From her green grot;
And says, "Well, Jill,
Would 'ee pick 'ee mo?"
And Jill, she curtseys,
And looks just so.
"Be off", says the Fairy,
"As quick as you can,
Over the meadows
To the little green lane,
That dips to the hayfields
Of Farmer Grimes:
I've berried those hedges
A score of times;
Bushel on bushel
I'll promise 'ee, Jill,
This side of supper
If 'ee pick with a will".
She glints very bright,
And speaks her fair
Then lo, and behold!
She had faded in air.*

(Jill corre para o caminho e encontra as sebes, que brilham "como o caramanchão de William e Mary", e colhe tanto quanto pode carregar.)

When she comes in the dusk
To her cottage door,
Theres's Towser wagging
As never before,
To see his Missus
So glad to be
Come from her fruit-picking
Back to he.
As soon as next morning
Dawn was grey,
The pot on the hob
Was simmering away;
And all in a stew
And a hugger-mugger
Towser and Jill

* Em tradução livre: "Havia uma velha/ Que foi catar amoras/ Ao longo das sebes/ De Weep até Wicking./ Meio cestinho…/ Nada mais ela tinha/ Eis quando surge uma Fada/ De sua gruta verde;/ E diz, 'Bem Jill/ Quer pegar mais?'/ E Jill, faz uma reverência./ E fica assim./'Vá', diz a Fada./ 'Tão depressa quanto puder,/ Pelos prados/ Até o pequeno caminho verde,/ Que vai aos campos de feno/ Do Granjeiro Grimes:/ Já catei amoras naquelas sebes/ Uma vintena de vezes;/ Alqueire sobre alqueire/ Eu lhe garanto, Jill,/ Esta parte da ceia/ Se catar com vontade.'/ Ela brilha radiante,/ E fala belas palavras;/ Então, veja!/ Ela desapareceu no ar".

232 SENTIMENTO E FORMA

A-boiling of sugar,
And he dark clear fruit
That from Faërie came,
For syrup and jelly
And blackberry jam.
Twelve jolly gallipots
Jill put by;
And one little teeny one,
One inch high;
And that she's hidden
A good thumb deep,
Half way over
From Wicking to Weep.*

A dicção nesse poema é mantida num nível razoável de discurso literário enquanto os eventos são realistas, e cai para o dialeto quando são essencialmente produtos da mente da velha Goodie. A Fada, no primeiro momento de espanto, fala em vernáculo, e seu desaparecimento, embora descrito impessoalmente pelo poeta, ainda está na linguagem de Jill:

She glints very bright
And speaks her fair...**

É isso que dá o caráter caprichoso ainda que pouco extravagante, ao poema. O verdadeiro toque de gênio, entretanto, é a narração objetiva do pensamento do cachorro com uma distorção gramatical popular:

To see his Missus
So glad to be
Come from her fruit-picking
Back to he.***

O que o cachorro "pensa" é, afinal, a interpretação que *ela faz* do ato de ele abanar a cauda: "Sim, Jill voltou, Jill voltou! Sim, sim,

* "Quando ela vem ao anoitecer/ Até a porta de sua cabana,/ Lá está Towser abanando a cauda/ Como jamais o fez antes./ De ver sua Patroa/ Tão contente/ Vir da coleta de frutas / Voltar para junto dele./ Tão logo na manhã seguinte/ A alva ficou cinza./ O pote no fogão/ Já fervia no fogo lento;/ E no calor/ E na agitação/ Towser e Jill/ Fervendo açúcar./ E a escura fruta clara/ Que veio do Reino das Fadas./ Para xarope e geleia/ E geleia de amoras./ Doze Jarros/ Jill preparou;/ E um pequenininho./ De uma polegada de altura, / E esse ela escondeu/ A um bom polegar de profundidade./ No meio do caminho/ Entre Wicking e Weep".
** "Ela brilha radiante
E diz belas palavras..."
*** "De ver sua Patroa
Tão contente
Vir da coleta de frutas
Voltar para junto dele."

ela está contente de voltar para junto dele!" E o poeta eleva esse pensamento, condensado mas imperturbado, ao nível de fato objetivo simplesmente através da construção de sua narrativa.

Aqui chegamos ao princípio de criação poética: eventos virtuais são qualitativos em sua própria constituição – os "fatos" não têm existência à parte dos valores; seu importe emocional é parte de sua aparência; eles não podem, portanto, ser enunciados e, depois, "sofrer uma reação". Ocorrem apenas como parecem – eles são *fatos poéticos*, não fatos neutros em relação aos quais somos convidados a tomar uma atitude poética.

Existe um livro de E.M.W. Tillyard, intitulado *Poetry, Direct and Oblique*, que propõe a tese de que há dois tipos distintos de poesia: a direta, ou "poesia de enunciações" que simplesmente enuncia as ideias que o poeta deseja transmitir, e a "poesia da obliquidade" indireta, que não enuncia, em absoluto, suas ideias mais importantes, mas as sugere ou implica por relações sutis entre as enunciações aparentemente triviais que ele de fato faz, e pelo ritmo, imagens, referências, metáforas e outros elementos que nelas ocorrem. O livro está cheio de reflexões interessantes sobre retórica, mito, personagem, materiais temáticos e procedimento literário; em suma, é um livro muito bom. Contudo, penso que sua tese principal é, se não falsa, pelo menos fora de ordem. A distinção entre "poesia de enunciações" e "poesia de obliquidade" é bastante justa, mas baseia-se numa diferença de meios técnicos, mais do que na excelência poética e, consequentemente, não é tão profunda quanto supõe o Prof. Tillyard; e sua explicação dos significados "oblíquos" quase cancela a compreensão dos significados poéticos enquanto tais, o que provavelmente inspirou toda sua análise.

Significados "oblíquos" são aquilo que DeWitt Parker chamava de "significados profundos", a serem lidos "nas entrelinhas"[14]. Tillyard ilustra esse conceito com a comparação de dois poemas sobre, essencialmente, o mesmo tópico, "The Deserted Village" de Goldsmith e "The Echoing Green" de Blake. O poema de Goldsmith é um poema longo, do qual ele cita apenas a porção que descreve a aldeia; terei mais a dizer quanto à interpretação que ele dá ao poema um pouco mais tarde e, portanto, omitirei a questão aqui. Mas o poema de Blake pode ser citado em sua totalidade:

THE ECHOING GREEN

The sun does arise,
And make happy the skies;
The merry bells ring
To welcome the Spring;

14. *The Principles of Aesthetics*, especialmente na p. 32.

The skylark and thrush,
The birds of the bush,
Sing louder around
To the bells' cheerful sound,
While our sports shall be seen
On the Echoing Green.

Old John, with white hair,
Does laugh away care,
Sitting under the oak,
Among the old folk.
They laugh at our play,
And soon they all say:
"Such, such were the joys
When we all, girls and boys,
In our youth time were seen
On the Echoing Green".

Till the little ones, weary,
No more can be merry;
The sun does descend,
And our sports have an end.
Round the laps of their mothers
Many sisters and brothers,
Like birds in their nest,
Are ready for rest,
And sport no more seen
On the darkening Green.*

Goldsmith, alega o Prof. Tillyard, "quer que o leitor pense fundamentalmente em aldeias quando ele fala de Auburn. [...] Acreditamos nisso porque as partes formais da poesia reforçam a afirmação, mais do que sugerem pensamentos estranhos a ela. Os dísticos desenvolvem-se numa simples sequência explicativa; revelam a cena sem qualquer insinuação de sentido ulterior; seu frescor e desimpedimento são os do claro dia de sol que descrevem"[15]. Sobre "The Echoing Green", por outro lado, ele diz:

* O GRAMADO ECOANTE. "O sol se levanta,/ E torna os céus alegres;/ Os alegres sinos tocam/ Para receber a Primavera;/ A cotovia e o tordo/ Os pássaros da mata,/ Cantam mais alto em derredor/ Ao som alegre dos sinos,/ Enquanto nossas diversões serão vistas/ No Gramado Ecoante.
O Velho John, com cabelos brancos,/ Ri sem preocupações,/ Sentado sob o carvalho,/ Entre os velhos./ Eles riem de nossos jogos,/ E logo todos dizem:/ 'Essas, essas eram alegrias/ Quando todos nós, meninos e meninas,/ Éramos vistos em nossa juventude/ No Gramado Ecoante'.
Até que os pequenos, cansados,/ Não podem mais estar alegres;/ O sol se põe,/ E nossas diversões têm um fim./ No colo de suas mães/ Muitos irmãos e irmãs,/ Como pássaros em seus ninhos,/ Estão prontos para o descanso,/ E não mais é visto esporte/ No Gramado turvante."
15. *Poetry Direct and Oblique*, p. 8.

POESIS   235

Acredito que Blake nesse poema esteja expressando uma ideia que em si não tem nada a ver com pássaros, gente velha ou moça, ou gramados de aldeia, e uma das mais comuns nas obras poéticas de Blake. É a ideia de que há virtude no desejo satisfeito. Embora o desejo não seja mencionado, a ideia predominante do poema é fruição. [...] O poema dá a sensação da maça perfeitamente madura que se desprende a um toque da mão. Ele expressa a profunda paz, o desejo completamente satisfeito. [...]

Assim explicado, "The Echoing Green" é um exemplo tão perfeito de obliquidade poética quanto pode ser encontrado. [...] A ideia abstrata, longe de ser enunciada, foi traduzida numa forma completamente concreta; ela desapareceu dentro de fatos aparentemente estranhos. Por sua grande obliquidade, "The Echoing Green" está numa categoria diferente da linha de Goldsmith e deve ser julgado por padrões diferentes[16].

Admitida a interpretação de que há virtude no desejo satisfeito, pode-se dizer que o poema exprime um grande lugar-comum humano, e um dos que, na época de Blake, mais do que na nossa, exigia especialmente expressão[17].

O que o Prof. Tillyard está obviamente (e corretamente) procurando é a significação do importe poético da peça; mas o que ele encontra, para nós? Uma moral, que consegue expor em seis palavras; uma proposição, a ser aceita pelos humanistas e rejeitada pelos seguidores de cultos mais ascéticos. Não há nada acerca de um tão "grande lugar-comum" que elida, em princípio, a apreensão da linguagem discursiva; pode ser, como ele sugere, que "provavelmente nenhuma enunciação direta do mesmo tenha peso", que "precisamos que o elocutor fale sobre o mais das coisas antes de dizer aquilo que mais tem a dizer", e que "podemos até proferir a obliquidade suprema que consiste em omitir inteiramente o que tem a dizer, e dizê-lo implicitamente através de um padrão elaborado de aparentes irrelevâncias"[18]. Mas o fato continua sendo que o "grande lugar-comum" é uma moral, uma verdade que poderia ser enunciada. O próprio Blake fez uma afirmação direta disso:

> Abstinance sows sand all over
> The ruddy limbs and flaming hair,
> But Desire Gratified
> Plants fruits of life and beauty there*.

Contudo, ao analisar "The Echoing Green", o Prof. Tillyard encontrou o "cerne emocional" do poema, o qual provavelmente reconheceu de modo intuitivo na primeira leitura; pois declara que o poema tanto o repelia quanto o fascinava – repelia, porque

16. *Ibid.*, p. 11-12.
17. *Ibid.*, p. 25.
18. *Ibid.*, p. 28.
* "A abstinência semeia areia por todos/ Os membros corados e o cabelo flamejante,/ Mas o Desejo Satisfeito/ Planta frutas de vida e beleza ali".

236 SENTIMENTO E FORMA

ele achava que era uma mera descrição de um gramado de aldeia, e fascinava, ele não sabia por que até que descobriu sua "obliqui-dade"[19]. E, ao salientar a suposta moral, menciona aquilo que, a meu ver, é o verdadeiro significado, o sentimento desenvolvido e revelado na pequena obra: "A tônica do poema é a fruição". Frui-ção é o próprio processo de vida, e a experiência direta dela é a harmonia mais profunda que podemos sentir. Essa experiência é o que o poema cria em três curtas estrofes, pelos dispositivos para os quais chamou a atenção, e alguns que ele deixou passar. O desejo gratificado é apenas o fim dessa experiência; o desejo em si, toda a alegria de começar, liberdade, força, depois simples resistência, e finalmente o cansaço e o escuro, sustentados em uma visão inten-siva da humanidade em jogo, são todos igualmente importantes na criação do símbolo da *vida integralmente vivida*. Essa integridade é sentida; e o progresso e o *élan* peculiar a esse sentimento é a abs-tração que a forma poética efetua. Mas esse mesmo padrão emo-cional reluz através de muitas experiências e em muitos níveis de vida, como em geral procedem os padrões emocionais; é por isso que um verdadeiro símbolo artístico sempre parece apontar para outros fenômenos concretos, reais ou virtuais, e ser empobrecido pela atribuição de qualquer significação – quer dizer, pela consu-mação lógica da relação de sentido.

Ao ler, no poema, um "grande lugar-comum", o Prof. Till-yard tem de passar por cima de alguns de seus mais vigorosos elementos; por exemplo o título, que é parte integral da peça. Um gramado de aldeia geralmente é plano e aberto, estando as casas muito longe, no fundo, para produzir ecos perceptíveis. Mas o uso que Blake faz de "ecoante" não é descritivo, é o oposto; vai contra a planura e a abertura do gramado comum, e mantém coesa sua imagem de vida, como que dentro de uma moldura invisível. O "eco" na realidade é o da história de vida que se repete – os velhos rindo dos jovens e lembrando-se de sua própria juventude, os jovens voltando a uma geração ante-rior – "No colo de suas mães, muitos irmãos e irmãs..." e há um outro nível de vida "ecoante" – uma forma de vida sendo tipifi-cada em outra: as crianças "como pássaros em seus ninhos", e as pessoas de idade reunidas sob o carvalho. Penso que aqui o Prof. Tillyard deixou de perceber uma trica, quando disse: "Por que na segunda (estrofe) o velho John está sentado em baixo do carvalho? Para evitar o sol do meio-dia". É verdade, é meio-dia na segunda estrofe, mas isso é mais sugerido pelo fato de os folguedos das crianças estarem no auge, do que por qualquer função da árvore. O carvalho é a árvore de sombra que tarda

19. *Ibid.*, p. 10-11.

mais em perder suas folhas, e quando "Os alegres sinos soam para receber a Primavera", esta árvore na verdade ainda estaria desfolhado. O carvalho, porém, é um símbolo tradicional e "natural" de vida duradoura – a árvore dos velhos. Mesmo o verso "O velho John com cabelos brancos" alcança esse entremeado de idade e juventude, pois "John" significa "O Moço", e Blake era suficientemente versado no Novo Testamento para ligar a ideia do Discípulo Mais Jovem ao nome. A prevalência deste como um nome na vida de aldeias inglesas deu a Blake a oportunidade para uma sutil escolha.

Pode-se prosseguir quase que de palavra em palavra nesse poema, seguindo a construção de uma forma artística que é completamente orgânica e, portanto, capaz de articular os grandes ritmos vitais e seus harmônicos e sugestões emocionais. O que uma tal forma simbólica apresenta não pode ser expressa em termos literais, porque a lógica da linguagem não nos permite conceber a penetrante ambivalência que é característica do sentimento humano. O Prof. Tillyard fala da "primordial Alegria- -Melancolia"[20]; e indicar tal sentimento por um nome paradoxal é aproximadamente tudo o que a filosofia pode fazer com o fato.

Se a poesia fosse essencialmente um meio de exprimir ideias discursivas, quer diretamente, quer por referência implícita, estaria relacionada mais intimamente com a metafísica, lógica e matemática do que com qualquer das artes. Mas as proposições – estruturas básicas do discurso, que formulam e transmitem "discursivamente" opiniões verdadeiras ou falsas – são apenas materiais de poesia. O que o Prof. Tillyard chama de "poesia de enunciação" é poesia que não usa quaisquer proposições meramente implícitas; mas usa, é claro, outros recursos para criar a ilusão de vida. Quando arrola a pura sensibilidade entre os significados transmitidos pela "enumeração oblíqua"[21], "obliquidade" parece significar simplesmente a posse de importe vital de alguma espécie. Contudo qualquer coleção de versos que não seja "oblíqua" nesse sentido não é poesia. Tillyard percebe essa fraqueza básica de sua distinção entre poesia "oblíqua" e "direta", mas defende seu valor pragmático enquanto princípio de crítica[22]. O que ele não percebe é que toda a dificuldade surge do fato de

20. *Ibid.*, p. 44 e ss.

21. *Ibid.*, p. 18 e ss.

22. "Finalmente, seria melhor que eu confessasse uma fraude deliberada. Os termos poesia 'direta' e 'oblíqua' são um falso contraste. Toda poesia é mais ou menos oblíqua: não há poesia direta. Mas [...] a única maneira de ser enfático ou mesmo inteligível em termos gerais é através da fraude e do exagero a fim de forçar um contraste hipotético e convencional" (*Op. cit.*, p. 5). Infelizmente, a falta de exatidão não faz com que uma afirmação se torne "hipotética".

ele tratar a poesia como um conjunto de declarações e não como uma aparência criada, uma tessitura de eventos virtuais.

Se, entretanto, perguntarmos como a ilusão primária é estabelecida e mantida, quais elementos poéticos são criados, e como estes são desdobrados, não teremos de lançar mão de quaisquer contrastes ou classificações artificiais a fim de compreender a diferença entre Blake e Goldsmith, Wordsworth e Pope, e julgar seus respectivos poemas com um só padrão, fazendo no entanto justiça a suas diferenças de intenção.

A poesia cria uma "vida" virtual ou, como algumas vezes se diz, "um mundo próprio". Essa frase não é inteiramente feliz porque sugere a noção tão familiar de "fuga da realidade"; mas um mundo criado como uma imagem artística nos é dado para ser olhado, não para se viver nele e, nesse ponto, é radicalmente diferente do "mundo particular" do neurótico. Em virtude da associação malsã, entretanto, prefiro falar de "vida virtual", embora algumas vezes possa usar a frase "o mundo do poema" para referir-me à ilusão primária da maneira como ela ocorre em uma determinada obra.

Depois de tudo no sentido que tem sido escrito de que o conteúdo literal de um poema não é seu importe real, o recurso a uma teoria de poesia mesmo "relativamente direta" e de um padrão especial para julgá-la de acordo com ela, parece um empreendimento estranho para uma mente verdadeiramente literária; se declarações diretas ocorrem em um bom poema, seu caráter direto é um meio de criar uma experiência virtual, uma forma não discursiva que expressa um tipo especial de emoção ou sensibilidade; quer dizer, o *uso* delas é poético, mesmo que sejam afirmações manifestas de fatos. Para pegar o touro pelos chifres, ilustrarei o meu ponto de vista com o próprio poema que o Prof. Tillyard aduz como o exemplo de "poesia direta", que supostamente não tem qualquer (ou quase qualquer) missão além de veicular as ideias que suas sentenças enunciam. O exemplo dele é o antigo hino:

> Stabat mater dolorosa
> iuxta crucem lacrimosa
> dum pendebat filius;
> cuius animam gementem
> contristatem et dolentem
> pertransivit gladius.
>
> O quam tristis et afflicta
> fuit illa benedicta
> mater unigeniti,
> quae moerebat et dolebat
> et tremebat, cum videbat
> nati poenas inclyti!

"Embora impressionante", declara ele, "este hino é direto; limita-se a descrever e dar ênfase à cena que descreve. Mas na realidade está descrevendo essa cena de maneira muito especial – em versos curtos que realmente não *descrevem* em absoluto o que está acontecendo, mas simplesmente aludem aos eventos familiares e utilizam tantos elementos das Escrituras e frases litúrgicas quanto possível – a espada ferindo a alma, a Mãe Abençoada, o Filho Unigênito, o Filho Nascido da Virgem. Há uma quantidade extraordinária de recursos mesmo nessas primeiras duas estrofes. Na terceira estrofe acrescenta-se a Mãe de Cristo, na quarta, a morte Dele pelos pecados de Seus filhos, uma alusão por uma única palavra à flagelação Dele, depois a menção lacônica: "dum emisit spiritum". As referências esparsas à emoção são, inteiramente, moeda corrente: gemer e chorar, sentir pena, sofrer, lamentar-se.

Se não houvesse qualquer motivo ulterior em toda essa coleta e conjugação de material tradicional e palavras óbvias, as quatro primeiras estrofes seriam poesia puramente manufaturada, e não sei como o Prof. Tillyard pôde achá-las impressionantes. Mas o poema *é* impressionante; na quinta estrofe, que começa:

> Pia mater, fons amoris!

As palavras "fac, ut" são introduzidas e, depois disso, "fac" ocorre nove vezes, sempre em posições fortes – e apenas uma vez, de fato, no começo de um verso. O poema modificou-se, passando da afirmação à prece; não há mais cadeias de palavras monótonas ("quae moerebat et dolebat et tremebat cum videbat" ou em 4: "suum dulcem natum, morientem, desolatum" – entre "subditum" e "spiritum"), mas um movimento fluido para o fecho incrivelmente musical e solene:

> Quando corpus morietu
> fac ut animae donetur
> Paradisi gloria.

No poema enquanto um todo, as quatro estrofes declaratórias formam uma introdução que é notavelmente estática. As primeiras palavras – "Stabat mater" – preparam essa impressão pelo seu sentido, e a extraordinária dureza do segundo verso, "*iuxta crucem lacrimosa*", sustenta "stabat" graças a seu som. Depois vem a monotonia e as alusões não desenvolvidas. O efeito é o de *ideias ensaiadas*, todas familiares (até mesmo as emoções mencionadas), todas mantidas em um compasso pequeno por chamadas e imóveis como rochas. As enunciações diretas não estão em absoluto "descrevendo e dando ênfase à cena"; elas estão criando um sentimento que não é nem um pouco apropriado para essa cena melodramática – um sentimento que pertence à fé, à aceitação de doutrina, uma sensação de certeza e correção dogmática: a bênção do Credo. É dessa *fé sentida* que salta a muito menos confiante e mais apaixonada oração: e o ritmo e tom do poema elevam-se da contemplação da Crucifixão (em 6 e 7) para "Virgo virginum praeclara", o Juízo, e a glória do Paraíso, num crescendo de som e sentido. Citar apenas as duas primeiras estrofes é enganoso; elas mudam de caráter inteiramente dentro do todo; suas enunciações são "diretas", mas a finalidade poética desse caráter direto é uma obliquidade que Blake não poderia ultrapassar.

Tratar *qualquer coisa* que mereça o nome de poesia como declaração fatual que está simplesmente "versificada", parece-me frustrar a apreciação artística desde seu início. Um poema sempre cria o símbolo de um sentimento, não pela recordação de objetos que suscitariam o sentimento em si, mas pela tessitura de um padrão de palavra – palavras carregadas de significado, e coloridas por associações literárias – afim ao padrão dinâmico do sentimento (a palavra "sentimento", aqui, cobre mais do que um "estado"; pois o sentimento é um processo, e pode ter não apenas fases sucessivas, mas vários desenvolvimentos simultâneos; é complexo e suas articulações são fugidias). Observe-se o poema, ou, melhor, o fragmento que o Prof. Tillyard cita em contraste a "The Echoing Green" – a descrição que Goldsmith faz de Auburn e seus prazeres de feriado, no início de "The Deserted Village"

> How often have I loitered o'er thy green,
> Where humble happiness endeared each scene!
> How often have I paused on every charm,
> The sheltered cot, the cultivated farm,
> The never-failing brook, the busy mill,
> The decent church that topt the neighboring hill,
> The hawthorn bush, with seats beneath the shade,
> For talking age and whispering lovers made!
> How often have I blessed the coming day,
> When toil remitting lent its turn to play,
> And all the village train from labour free
> Led up their sports beneath the spreading tree,
> While many a pastime circled in the shade,
> The young contending as the old surveyed;
> And many a gambol frolicked o'er the ground,
> And sleights of art and feats of strenght went round;

And still as each repeated pleasure tired,
Succeding sports the youthful band inspired.*

Este [diz ele] é um bom exemplo daquilo que eu chamo de poesia de enunciação direta: ela está, até um certo ponto, preocupada com o que as palavras enunciam, mas também com o que está implícito nelas.

Apesar de ligeiras obliquidades, tal como a falta de um comentário moral direto, o poeta

quer que o leitor pense fundamentalmente em aldeias quando fala de Auburn. [...] Cremo-lo porque as partes formais da poesia reforçam a afirmação, mais do que sugerem pensamentos estranhos a ela.

Se considerarmos o importe não literal de um poema como um *pensamento* estranho ao assunto, como uma moral ou como um juízo de valor, então as reminiscências de Goldsmith sobre o gramado de aldeia não possuem, de fato, qualquer "obliquidade", pois ela não tem tal conteúdo. Mas se as encararmos como uma *história virtual criada*, os versos, que "se desenvolvem em simples sequência explicatória", fazem-no com propósito muito diverso do que fazer o leitor "pensar primordialmente em aldeias": sua finalidade é construir aquela história de modo a torná-la uma forma exata e significativa. As "partes formais" não reforçam a enunciação; elas são reforçadas por esta. Os itens aos quais se faz referência são "escolhidos" (o que significa que eles ocorreram ao poeta) porque servem ao conjunto formal.

A nota dominante da forma poética é a complexidade, não a simplicidade; e *é a complexidade de uma dança grupal*. Verso após verso, há ou uma referência a movimento suave contínuo, circular, processional, ou a lugares mudantes. Esta última forma especialmente ocorre repetidas vezes mesmo lá onde não há qualquer movimento envolvido. Existe uma razão artística para isso. Mas, em primeiro lugar, a natureza geralmente ativa da aldeia é estabelecida: "O córrego jamais escasseante, o moinho ocupado". Observe-se que, como pintura direta de palavras, estas acham-se fora de lugar; começamos com o gramado. O córrego e o moinho provavelmente não ficam no centro da aldeia;

* "A Aldeia Deserta": "Quantas vezes vagueei pelo teu gramado/ Onde uma modesta felicidade encarecia cada cena!/ Quantas vezes parei perante cada encanto,/ O chalé abrigado, a granja cultivada/ O córrego jamais escasseante, o moinho ocupado/ A igreja decente que coroava a colina próxima/ Os espinheiros, com bancos à sombra/ Peito para os velhos, que falam, e os amantes, que sussurram/ Quantas vezes abençoei o dia que vinha./ Quando a labuta cessante cedia a vez ao jogo./ E o cortejo todo da aldeia livre do trabalho/ Conduzia suas diversões sob a árvore frondosa,/ Enquanto muito passatempo circulava na sombra./ Os jovens competindo enquanto os velhos observavam;/ E muita cabriola era dada no chão./ E golpes de perícia e proezas de força;/ E, ainda, à medida em que cada prazer cansava./ Sucessivas diversões o jovem bando animava".

242 SENTIMENTO E FORMA

nem estão ali o chalé abrigado e a granja cultivada. Mas o gramado é o lugar de danças, e todo o resto, na aldeia, está, para os propósitos de Goldsmith, relacionado com ele: abrigo, redondezas "cultivadas", então o símbolo de atividade natural, o córrego, e atividade humana, o moinho. E por que

A igreja *decente* que coroava a colina próxima?

A igreja é a sanção social dessa dança simbólica: tutela divina, distante e à parte, mas presente. A ação toda tem lugar como que sob um dossel: "com bancos sob a sombra", ou "na sombra", "sob a árvore frondosa." Isso traça o Círculo Mágico. Então a procissão: "o cortejo todo da aldeia" que "conduzia suas diversões". No poema de Blake não há uma frase assim, porque ele não estava criando uma imagem de dança. Através de todos os versos de Goldsmith há um padrão de girar, circular, alterar, repetir suceder.

> When toil remiting *leit its turn* to play,
> While many a pastime *circled* in the shade,
> And many a gambol *frolick'd o'er the ground*,
> And sleights of art and feats of strenght *went round*;
> And still, as each *repeated* pleasure tired,
> *Succeeding* sports the youthful band inspired.*

Finalmente, existem dois versos que nos permitem perceber quem são realmente os parceiros nessa dança popular:

Feito para os velhos, que falam, e os amantes, que sussurram,

e

Os jovens competindo enquanto os velhos observam.

Os parceiros que se alternam são juventude e velhice, a dança é a Dança da Vida, e a aldeia de Goldsmith é o cenário humano. Como tal, o fragmento que Tillyard escolheu para tratar como "poesia declarativa" é apenas uma das metades do contraste que é a linha mestra de todo o poema: elemento por elemento, a dança é oposta à cena posterior, em que o gramado está crescido demais, o córrego está obstruído e pantanoso, a igreja desertada, as granjas abandonadas. Se Goldsmith tivesse limitado a descrição de Auburn revisitada a essa antítese e dado a razão – a intrusão de uma aristocracia irresponsável na economia rural sóbria, equilibrada – em umas poucas palavras incisivas, ele teria escrito um poema vigoroso. A moral teria sido um elemento artístico, a sombra da força bruta e insensível dissipando o ritmo natural da vida

---

* As palavras em grifo, ao pé da letra: "emprestou seu turno" (mas *turn* também significa "giro"), "circulavam", "brincavam sobre o solo", "iam em torno", "repetido", "sucessivos".

humana. O poema, porém, é mais longo do que a ideia poética de Goldsmith; é por isso que termina de maneira "moralizante" e se perde num fraco apelo literal.

Não há nada de errado na presença de uma ardente ideia moral na poesia, desde que a ideia moral seja usada para propósitos poéticos. Shelley, inimigo declarado do verso moral, utilizou o velho tema batido da vaidade do poder terreno para um de seus melhores poemas. "Ozymandias". A forma do soneto adapta-se particularmente aos motivos morais. Considerem-se os temas de alguns sonetos famosos:

> The world is too much with us; late and soon,
> Getting and spending, we lay waste our powers...
>
> Let me not to the marriage of true minds
> Admit impediment. Love is not love
> Which alters when it alteration finds,
> Or bends with the remover to remove...
>
> Leave me, O Love! which reachest but to dust;
> And thou, my mind, aspire to higher things...
>
> O how much more doth beauty beauteous seem
> By that sweet ornament which truth doth give!*

Se os considerarmos como "poesia moral", suas mensagens são tão familiares que chegam à banalidade. Mas exatamente porque não há aí qualquer conteúdo literal interessante que convide à discussão, podemos tomar a moral como um *tema* a motivar a criação poética, que é uma experiência virtual de reflexão séria que chega a uma conclusão. Essa experiência envolve muito mais do que o raciocínio; mesmo os primeiros versos indicam que cada soneto inicia sua reflexão com um sentimento inicial diferente. O de Wordsworth abre-se com um reconhecimento completo; o primeiro de Shakespeare, com um insistente tom argumentativo que expressa desejo de acreditar, mais do que introvisão objetiva; o de Sidney começa em meio a uma luta mental; e o segundo de Shakespeare, com uma exclamação, uma ideia repentina.

"The Echoing Green" de Blake é um poema melhor do que "The Deserted Village" de Goldsmith, mas isso não significa que este último, sendo de espécie diferente, requeira um padrão dife-

---

* "O mundo é demais quanto a nós; cedo e tarde./ Recebendo e gastando, desperdiçamos nossos poderes..."

"Ao casamento de espíritos verdadeiros/ Não oporei impedimento. O amor não é amor/ Se se altera quando encontra alteração,/ Ou se rende a quem remove para remover..."

"Deixa-me, ó Amor! que alcanças apenas o pó;/ E tu, espírito meu, aspira a coisas mais elevadas..."

"Ó, quão mais bela deve parecer a beleza/ Por aquele doce ornamento que a verdade dá!"

rente de julgamento; o poema de Blake é melhor porque é inteiramente expressivo, enquanto que Goldsmith não sustentou sua ideia poética através de toda a composição. O fato de serem diferentes seus principais recursos é irrelevante; atmosfera, sugestividade, exposição sóbria, morais e máximas, tudo serve apenas a um propósito nas mãos do poeta: criar um evento virtual, desenvolver e dar forma à ilusão de vida diretamente experimentada.

Uma vez que todo poema suficientemente bem-sucedido para merecer o nome de "poesia" – sem se levar em consideração estilo ou categoria – é uma forma simbólica não discursiva, é de boa razão que as leis que governam a elaboração de poesia não sejam as da lógica discursiva. São "leis de pensamento", tão verdadeiras quanto o são os princípios do raciocínio; mas *jamais se aplicam ao raciocínio científico ou pseudocientífico (prático)*. Elas são, efetivamente, as leis da imaginação. Como tais, estendem-se a todas as artes, mas a literatura é o campo em que suas diferenças ante a lógica discursiva tornam-se mais agudamente manifestas, porque o artista que as emprega está empregando formas linguísticas e, destarte, as leis do discurso, ao mesmo tempo, em outro nível semântico. Isso levou os críticos a tratar da poesia indiscriminadamente tanto como arte quanto como discurso. O fato de que algo parece ser afirmado desvia-os para um curioso estudo de "aquilo que o poeta diz", ou, se se emprega apenas um fragmento de asserção ou se a semelhança de pensamento proposicional não chega sequer a ser completada, para especulações sobre "o que o poeta está *tentando* dizer." O fato é, penso, que eles não reconhecem o processo real de criação poética porque as leis da imaginação, pouco conhecidas, afinal de contas, são-lhes obscurecidas pelas leis do discurso. A enunciação verbal é óbvia e esconde as formas características da invenção verbal. Assim, embora falem da poesia como "criação", eles a tratam, alternadamente, como relatório, exclamação e arabesco puramente fonético.

O resultado natural da confusão entre discurso e criação é uma confusão paralela entre experiências virtual e real. O problema de "Arte e Vida", que é apenas de importância secundária para as outras artes, torna-se uma questão central na crítica literária. Ele preocupou Platão, e preocupa Thomas Mann; e, nas mãos de teóricos menos profundos, promete bastante lançar toda a filosofia da arte em um caos de moral e política, religião e psiquiatria moderna. Assim, antes de passar da poesia à literatura ainda mais enganosamente "fatual", é melhor que consideremos as funções da linguagem e tentemos compreender o relacionamento entre fato e ficção e, com isso, as conexões entre literatura e vida, explícita e claramente em primeiro lugar.

14. Vida e Sua Imagem

Os filósofos levaram tempo para reconhecer o fato de que existem quaisquer leis gerais governando a imaginação, exceto na medida em que seus processos interferem com aqueles do raciocínio discursivo. Hobbes, Bacon, Locke e Hume notaram as sistemáticas tendências da mente para o erro: as tendências a associar ideias pela mera contiguidade na experiência, de hipostasiar conceitos uma vez abstraídos como realidades e tratá-los como novas entidades concretas, de atribuir poder a objetos inertes ou a meras palavras, e várias outras fantasias que desviam da ciência e conduzem a um estado de erro infantil. Mas até recentemente ninguém perguntava *por que* tais erros fantásticos deviam ocorrer com persistência monótona.

Como frequentemente acontece na história do pensamento, o problema apresentou-se de súbito a um certo número de pessoas de diferentes campos de estudo. A resposta mais notável que lhe foi dada é a de Ernst Cassirer, em sua grande obra, *Die Philosophie der symbolischen Formen*. O primeiro dos três volumes de Cassirer refere-se à linguagem, e descobre, nesse paradigma de formas simbólicas, as origens tanto da lógica quanto de seu principal antagonista, a imaginação criativa. Pois na linguagem encontramos duas funções intelectuais que ela realiza em todos os tempos, em virtude de sua própria natureza: fixar os fatores principais da experiência como entidades, dando-lhes *nomes*, e abstrair conceitos de relacionamentos, falando *a respeito* das entidades nomeadas. O primeiro processo é essencialmente hipostático; o segundo, abstrativo. Tão logo um nome nos dirige para um centro de interesse, existe uma coisa ou um ser (no pensamento primitivo estas alternativas não são distinguidas) *em torno* do qual o resto de "presente ilusório" se arranja. Mas esse arranjo é por sua vez refletido na linguagem; pois o segundo processo, a asserção, que formula a *Gestalt* do complexo dominado por um ser nomeado, é essencialmente sintático; e a forma que a linguagem assim imprime à experiência é discursiva.

Os seres do mundo do homem primitivo eram, portanto, criações de sua mente simbolizadora e do grande instrumento, a fala, tanto quanto da natureza externa a ele; coisas, animais, pessoas, tudo tinha esse caráter peculiarmente ideal, porque a abstração se misturava à fabricação. O processo de nomeação, iniciado e guiado pela excitação emocional, criava entidades não apenas para a percepção sensorial mas para a memória, especulações e sonhos. Essa é a fonte da concepção mítica, na qual o poder simbólico ainda não pode ser distinguido do poder físico, e o símbolo permanece fundido com aquilo que simboliza.

A forma característica, ou "lógica", do pensamento mítico é o tema do segundo volume de Cassirer. É uma lógica de significados múltiplos em vez de conceitos gerais, de figuras representativas em vez de classes, de reforço de ideias (por repetição, variação e outros meios) em vez de prova. O livro é tão extenso que até para coligir aqui apenas as citações mais relevantes exigiria espaço demais; posso apenas indicar a fonte ao leitor.

Exatamente na época em que o filósofo alemão estava escrevendo o segundo volume, um professor de literatura inglês refletia precisamente sobre o mesmo problema do simbolismo não discursivo, ao qual ele fora levado não pelo interesse na ciência e nas fantasias do pensamento a-científico, mas pelo estudo da poesia. Esse estudioso da literatura, Owen Barfield, publicou em 1924 um livro pequeno, mas altamente significativo, intitulado *Poetic Diction, A Study in Meanings*. Não parece porém que haja causado qualquer impressão profunda na sua geração de críticos literários. Talvez sua transcendência ante os conceitos epistemológicos aceitos fosse radical demais para recomendar-se a si mesma sem uma reorientação muito mais deliberada e completa do que aquela que o autor deu a seus leitores; talvez, exatamente pelo contrário, nenhum desses leitores percebesse a radicalidade ou a importância de suas implicações. O fato é que esse estudo puramente literário revela os mesmos relacionamentos entre lin-

VIDA E SUA IMAGEM 247

guagem e concepção, concepção e imaginação, imaginação e mito, mito e poesia, que Cassirer descobriu como resultado de suas reflexões sobre a lógica da ciência[1].

O paralelo é tão notável que é difícil crer em pura coincidência, porém é o que parece ter ocorrido. Barfield, como Cassirer, rejeita a teoria de Max Müller de que o mito é uma "doença da linguagem", mas elogia a distinção que este faz entre metáfora "poética" e "radical"; depois prossegue criticando a suposição básica contida mesmo na teoria da "metáfora radical", segundo a qual a transposição de uma palavra de uma esfera de significado a outra, ou de significados sensoriais para não sensoriais, é, na realidade, "metáfora" em geral.

Os significados completos das palavras [diz ele] são formas flamejantes, iridescentes, como chamas – vestígios sempre bruxuleantes da consciência que se desenvolve lentamente debaixo deles. Para a maneira de pensar Locke-Müller-France[2], pelo contrário, aparecem como parcelas sólidas com fronteiras e limites definidos, às quais podem ser acrescentadas outras parcelas quando surge a ocasião.

Ele passa a questionar a suposta ocorrência de um "período metafórico" na história da humanidade, quando palavras de significado inteiramente físico eram empregadas metaforicamente; pois, ele diz,

esses valores poéticos, e *aparentemente* metafóricos, estavam latentes no significado desde o início. Em outras palavras, pode-se inferir, se se quiser, junto com o Dr. Blair[3], que as primeiras palavras em uso eram "os nomes de objetos materiais sensíveis" *e nada mais* – só que, nesse caso, cumpre também supor que os "objetos sensíveis" eram algo mais; cumpre supor que eles não eram, como parecem ser no presente, isolados, ou destacados, do pensamento e sensação. Posteriormente, durante o desenvolvimento da linguagem e do pensamento, esses significados únicos cindiram-se em pares contrastantes – o abstrato e o concreto, o particular e o geral, o objetivo e o subjetivo. E a poesia que sentimos residir na linguagem antiga consiste justamente nisto, a saber que, a partir de nossa consciência "subjetiva", analítica, última, uma consciência que foi produzida junto com essa cisão de sentido, e parcialmente por causa dela, somos levados de volta a experimentar a unidade original[4].

1. A filosofia das formas simbólicas de Cassirer desenvolveu-se a partir de sua obra anterior, *Substância e Função*.

2. Faz-se referência às obras de John Locke, Max Müller e Anatole France, respectivamente. *Poetic Diction, A Study in Meanings*, p. 57.

3. Hugh Blair, *Lectures on Rhetoric and Belles Lettres* (1783).

4. Barfield, *op. cit.*, p. 70. Com referência à dicotomia sujeito-objeto, comparar Cassirer, *Philosophie der symbolischem Formen*, II, p. 32, sobre a função primordial do simbolismo: "Só porque, nesse estágio, o ego ainda não é consciente e livre, florescendo em suas próprias produções, mas está apenas no limiar desses processos mentais que posteriormente irão provocar a dicotomia entre 'Eu' e 'Mundo', o novo mundo dos signos deve aparecer à mente como algo absolutamente, 'objetivamente' real".

248 SENTIMENTO E FORMA

Em todo o desenvolvimento da consciência [...] podemos rastrear a operação de dois princípios opostos, ou forças. Primeiramente (*sic*), existe a força pela qual [...] significados únicos tendem a cindir-se em vários conceitos separados e frequentemente isolados. [...] O segundo princípio é o que encontramos dado a nós, para começar, como a natureza da própria linguagem em sua origem. É o princípio da unidade viva[5].

[...] Não um vazio "significado radical a luzir", mas a mesma realidade espiritual definida que é observada por um lado naquilo que se tornou desde então o puro pensamento humano; e, por outro lado, naquilo que desde então se tornou luz física; [...] não uma metáfora, mas uma figura viva[6].

Essas passagens poderiam quase passar por paráfrases de *Linguagem e Mito** de Cassirer, ou por fragmentos de *Philosophie der symbolischen Formen*. O paralelo mais notável, entretanto, é a discussão da imaginação mítica, que começa:

"Talvez nada mais pudesse ser mais prejudicial à concepção 'radical' da linguagem do que o fenômeno ubíquo do mito." Barfield então expõe resumidamente a teoria dos significados múltiplos e da fusão do símbolo e significado, e conclui:

A mitologia é o fantasma do significado concreto. Conexões entre fenômenos discriminados, conexões que agora são apreendidas como metáforas, foram uma vez percebidas como realidades imediatas. Como tais, o poeta luta, por seus próprios esforços, em vê-las e fazer com que outros as vejam, de novo.[7]

Enquanto isso, em um departamento totalmente diferente de estudo, a saber, a recém-nascida ciência da psiquiatria, outro homem tinha-se deparado com a existência de um modo "irracional" de pensamento – um modo com seu próprio simbolismo e "lógica" – e havia efetuado aplicações práticas da ideia, com êxito espetacular. Esse homem era Sigmund Freud. No início – quando começou a publicar a sua teoria das neuroses e os estudos analíticos dos sonhos, por volta do final do século, a relevância de sua descoberta para a estética não era patente, e o perigo que representava para a ética tradicional absorvia completamente a atenção de seus críticos. Mas, mesmo no prefácio de sua terceira edição do *Traumdeutung*, a edição de 1913, ele mesmo observava que no futuro esta deveria ser revista "para incluir seleções do abundante material de poesia, mito, uso da linguagem (*idiom*), e folclore."

Por que Cassirer e Barfield não tomaram conhecimento da obra de Freud? Porque, ao tempo em que eles empreenderam

5. *Ibid.*, p. 73.
6. *Ibid.*, p. 75.
* Ed. bras.: *Linguagem e Mito*, São Paulo, Perspectiva, 1972.
7. *Ibid.*, p. 78-79.

VIDA E SUA IMAGEM

seus respectivos estudos, a influência daquela sobre a teoria da arte, especialmente sobre a poética, bem como sobre a mitologia e a religião comparativa, era difundida e profunda, mas já havia mostrado sua fraqueza característica, isto é, que tendia a colocar a boa e má arte no mesmo plano, convertendo toda arte numa função natural autoexpressiva como o sonho e o "faz-de-conta", em vez de um avanço intelectual arduamente conseguido. Da mesma forma, ela igualava mito e conto de fadas. Quem quer que reconhecesse os padrões artísticos, como Barfield, ou conhecesse os intricados problemas da epistemologia, como conhecia Cassirer, não podia deixar de sentir que essa excursão deveria terminar de alguma forma num beco sem saída.

A literatura da estética baseada na psicanálise de Freud pertence principalmente à década de 1920[8]. Durante esse anos, C. G. Jung publicou sua versão muito abrandada e algo mística da "psicologia dinâmica", e expressou suas opiniões muito mais razoáveis sobre a influência daquela na crítica da arte. Mas admitir as "limitações" de um procedimento ainda não extingue nossas dificuldades se acontecer de o procedimento estar fundamentalmente errado. Os estudos feitos por Freud sobre o simbolismo não discursivo, e as consequentes especulações de Jung sobre os "arquétipos", foram todos efetuados por causa do interesse de rastrear os símbolos do sonho até suas fontes, que são ideias exprimíveis em termos literais – os "pensamentos do sonho" que o "conteúdo manifesto do sonho" representa. A mesma coisa pode, efetivamente, ser feita com todo produto da imaginação, e interessantes fatos psicológicos virão à luz através da análise. Cada poema, romance ou peça contém uma multidão de material onírico que representa pensamentos não verbalizados. Mas a psicanálise não é um juízo artístico, e os numerosos livros e artigos que têm sido escritos sobre as funções simbólicas da pintura, música e literatura, na realidade, não contribuem com nada para a nossa compreensão da "forma significante". A concepção freudiana de arte é uma teoria do "motivo significante"[9].

A forma não discursiva na arte tem uma função diferente, a saber, articular conhecimentos que não podem ser expressos discursivamente porque ela se refere a experiências que não são

8. Por exemplo, *The Poetic Mind* de F. C. Prescott, 1922; *Poetry and Myth*, 1927; *Art and the Unconscious* de J. M. Thorburn, 1925; *The Principles of Aesthetic* de De Witt Parker, 1920; *The Analysis of Art*, 1924; Sigmund Freud, *Psychoanalytische Studien an Werken der Dichtung und Kunst*, 1924. Esses são apenas alguns poucos.

9. O motivo pode desempenhar um papel na expressão artística, como tentarei demonstrar um pouco mais adiante. Mas sua função artística não é nem a revelação de "pensamentos do sonho", nem a catarse de emoções.

250 SENTIMENTO E FORMA

formalmente acessíveis à projeção discursiva. Tais experiências são os ritmos da vida, orgânica, emocional e mental (o ritmo da atenção é um elo interessante entre todos eles), que não são simplesmente periódicos, mas infinitamente complexos, e sensíveis a todo tipo de influência. Juntos eles compõem o padrão dinâmico do sentir. É esse padrão que apenas as formas simbólicas não discursivas podem apresentar, e esse é o ponto fundamental e o propósito da construção artística.

As leis da combinação, ou "lógica", de formas puramente estéticas – sejam elas formas de espaço visível, tempo audível, forças vivas, ou a própria experiência – são as leis fundamentais da imaginação. Elas foram reconhecidas há muito tempo pelos poetas, que as enalteceram como a sabedoria do coração (muito superior à da mente), e pelos místicos, que acreditavam que elas eram as leis da "realidade". Mas, como as leis da linguagem literal, elas na realidade são apenas cânones de simbolização; e seu estudo sistemático foi empreendido pela primeira vez por Freud.

Uma vez que o interesse de Freud por tal pesquisa epistemológica era apenas incidental a seu projeto de descobrir o motivo escondido de uma fantasia, suas próprias formulações sobre esses cânones acham-se espalhadas por muitas centenas de páginas, de análise dos sonhos. Mas, resumidas brevemente, demonstram ser aquelas mesmas "leis" que Cassirer postulava para a "consciência mítica", que Émile Durkheim considerou operativas na evolução do totemismo[10], e que Barfield notou no "significado poético" ou "verdadeira metáfora".

O princípio fundamental da projeção imaginativa é o que Freud chama de *Darstellbarkeit*, que Brill traduz como "apresentabilidade". Uma vez que os alegados "verdadeiros" significados de Freud são, com tanta frequência, não "apresentáveis" no sentido usual, essa tradução é infeliz; pois *darstellbar* significa "capaz de apresentação" e não se refere a uma propriedade. Portanto eu o traduzirei como "exibível". Cada produto da imaginação – seja ele a obra inteligentemente organizada de um artista, ou a fabricação espontânea de alguém que sonha – chega a quem o percebe como uma experiência, um dado qualitativo direto. E qualquer importe emocional transmitido por ele é percebido de maneira exatamente tão direta; é por isso que frequentemente diz-se que a apresentação poética tem uma "qualidade emocional"[11].

---

10. Em *Les formes élémentaires de la vie religieuse*.
11. Cf. a passagem citada de "Kunst und Gefühl" de Baensch no Cap. 2, p. 23.

VIDA E SUA IMAGEM 251

Significados associados não são, como supõem muitos estetas, uma parte da significação da poesia; eles servem para *expandir o símbolo*, e isso é um auxílio técnico ao nível da feitura do símbolo, não do *insight* artístico. Onde associações não são evocadas, o símbolo não é intensificado, e onde seu uso poético depende de tal extensão tácita, pode ser que ele simplesmente falhe. (T. S. Elliot conta algumas vezes com associações que normalmente deixam de ocorrer, de maneira que sua tessitura mais rica em referências históricas oblíquas não produz qualquer enriquecimento imaginativo para o leitor. Essa crítica a Eliot é análoga a uma que ouvi um músico fazer ao Pro Arte Quartet, cujo *pianíssimo* era tão perfeito que era inaudível além do palco: "De que adianta um belo *pianíssimo* se não se pode ouvi-lo?" Os membros do quarteto poderiam ter respondido, dentro do espírito de Eliot, que a audiência deveria estar seguindo a partitura.)

O primeiro aspecto logicamente perturbador das formas expressivas não discursivas é aquilo que Freud chama de "sobredeterminação". A mesma forma pode ter mais do que uma significação; e, conquanto a atribuição de significado a um símbolo reconhecido (por exemplo, o significado aceito, literal ou hiperbólico, de palavra) preclui outras possibilidades em seu contexto dado, a significação de uma forma perceptível pura não é limitada por nada exceto a própria estrutura formal. Consequentemente, referências que poderiam ser tomadas em termos racionais apenas como alternativas estão simplesmente copresentes como "o importe" na arte. Isso permite fundir mesmo dois afetos contraditórios em uma expressão. A "Alegria-Melancolia primacial" de que fala Tillyard é exatamente um conteúdo assim, que não pode ser levado a cabo em nenhum simbolismo vinculado à lógica do discurso, mas que é um conteúdo familiar à mente poética. Freud chama a isso de *princípio de ambivalência*. Acredito que o poder das formas artísticas de serem emocionalmente ambivalentes brota do fato de que opostos emocionais – alegria e pesar, desejo e temor, e assim por diante – são frequentemente muito similares em sua estrutura dinâmica e lembram um ao outro. Pequenos deslocamentos de expressão podem reuni-los e mostrar o íntimo relacionamento que têm um com o outro, enquanto que a descrição literal pode apenas dar ênfase à separação entre eles.

Onde não houver exclusão de opostos, também não haverá, falando em termos estritos, qualquer negativa. Nas artes não verbais isso é óbvio; as omissões podem ser significantes, mas jamais como negativas. Na literatura, as palavras "não", "nenhum",

252 SENTIMENTO E FORMA

"nunca" etc., ocorrem livremente; mas aquilo que elas negam é, destarte, criado. Na poesia não há negação, mas apenas contraste. Considere-se, por exemplo, a última estrofe de "The Garden of Proserpine" de Swinburne, em que quase todos os versos são negações:

> Then star nor sun shall waken,
> Nor any change of light:
> Nor sound of waters shaken,
> Nor any sound or sight:
> Nor wintry leaves nor vernal;
> Nor days or things diurnal;
> Only the sleep eternal
> In an eternal night.*

Sol e estrela, luz, águas soantes, folhas, e dias, tudo aparece mesmo enquanto é negado; com ele é tecido o plano de fundo que realça a asseveração final:

> Only the sleep eternal
> In an eternal night.**

O longo processo de negação, entrementes, forneceu o monótono "nor-nor-nor" ("nem-nem-nem") que faz com que toda a estrofe submerja no sono quase sem os versos finais; a palavra negativa exercendo assim uma função criativa. O sentido literal, além do mais, sendo uma constante rejeição das ideias emergentes, mantém-nas pálidas e formais – esmaecidas, "ausentes" – em contraste com a única realidade afirmada positivamente, o Sono.

Já mencionei antes que em poesia não há argumento lógico genuíno; isso, mais uma vez, encontra paralelo na especiosidade do raciocinar nos sonhos[12] A "fixação da crença" não é o propósito do poeta; seu propósito é a criação de uma experiência virtual de crença ou de sua consecução. Sua "argumentação" é a semelhança do processo de pensar, e a tensão, hesitação, frustração, ou a rápida sutileza dos meandros mentais, ou uma sensação de súbita revelação, são elementos mais importantes nisso do que a conclusão. Algumas vezes uma convicção fica perfeitamente estabelecida pela mera reiteração ("Se eu o disser três vezes, é verdade", como declarou o Bellman de Lewis Carroll.).

---

* "Nem estrela nem sol despertarão,/ Nem qualquer mudança de luz:/ Nem som de água agitada,/ Nem qualquer som ou visão:/ Nem folhas de inverno nem primaveris; / Nem dias ou coisas diurnas;/ Apenas o sono eterno/ Em eterna noite."

** "Apenas o sono eterno/ Em eterna noite."

12. Ver Freud, *Interpretation of Dreams*, Cap. VI: "The Dream Work", p. 227 e ss.

VIDA E SUA IMAGEM

Um dos princípios mais poderosos que governam o uso dos "símbolos naturais" é o *princípio da condensação*. Isso, também, foi descoberto por Freud no curso de sua análise dos sonhos[13]. Relaciona-se, é claro, com a sobredeterminação; de fato, todos os princípios da projeção não discursiva estão provavelmente relacionados entre si, exatamente como os da lógica discursiva – identidade, complementaridade, exclusão do termo médio etc. – formam todos uma unidade. Mas condensação de símbolos não é o mesmo que sobredeterminação; ela é essencialmente a fusão das próprias formas pela intersecção, contração, elisão, supressão e muitos outros recursos. O efeito, geralmente, é o de intensificar a imagem criada, elevar a "qualidade emocional"; muitas vezes de tornar-nos cônscios das complexidades de sentimento (penso que esse seja o propósito de James Joyce ao levar a condensação a tal ponto que sua linguagem se torna uma linguagem de sonhos distorcida). O verdadeiro mestre da condensação é Shakespeare:

> And Pity, like a naked newborn babe,
> Striding the blast, or Heaven's Cherubin, hors'd
> Upon the sightless couriers of the air,
> Shall blow the horrid deed in every eye
> That tears shall drown the wind.*

Um estudante orientado pelo Prof. Richards poderia provavelmente parafrasear o último verso de tal modo que "o som do pranto será mais alto do que o vento"; mas a paráfrase soa pouco provável, e o verso em si, tremendo; ademais, o que Shakespeare disse foi: "Lágrimas afogarão o vento", de maneira que provavelmente ele não pretendia dizer qualquer outra coisa. Além do mais, qual a paráfrase que pode dar sentido a um recém-nascido e a uma guarda montada de querubins que *sopram* um *jeito* nos olhos das pessoas? O sentido literal dessas profecias é negligenciável, embora o das palavras não o seja; o sentido poético de toda a figura condensada e excitante é perfeitamente claro. A poesia de Shakespeare ressoa com tal dicção.

Existem outras características da expressão imaginativa, mas as que acabei de aduzir devem servir para marcar a distinção básica entre pensamento e apresentação discursivos e não discursivos. Tais princípios parecem governar igualmente a formação

---

13. *Ibid.*, p. 284 e ss.

* "E Piedade, como um recém-nascido nu,/ Transpondo o vento, ou o Querubim Celeste, montado/ Nos cegos mensageiros do ar./ Soprará o feito horrível em todo olho/ Que lágrimas afogarão o vento."

254 SENTIMENTO E FORMA

de sonhos, conceitos míticos, e as construções virtuais da arte. O que, então, distingue realmente a poesia do sonho e da neurose?

Acima de tudo, seu propósito, que é transmitir algo que o poeta sabe e deseja expor pela única forma simbólica que pode expressá-lo. Um poema não é, como um sonho, um representante de ideias literais, destinado a esconder desejos e sentimentos de nós mesmos e dos outros; está destinado a ser sempre transparente emocionalmente. Como toda expressão deliberada, ele se encaixa dentro de um padrão público de excelência[14]. Ninguém diz de uma pessoa adormecida que ela sonha de modo desajeitado, nem de um neurótico que seus sintomas se conjugam sem cuidado; mas um poeta pode com certeza ser acusado de inépcia ou falta de cuidado. O processo de organização poética não é uma associação espontânea de imagens, palavras, situações, e emoções, todas espantosamente entrelaçadas, sem esforço, através da atividade inconsciente que Freud chamava de "o trabalho do sonho". A composição literária, por mais "inspirada" que seja, requer invenção, julgamento, frequentemente tentativas e rejeições, e longa contemplação. É possível que um ar de proferição espontânea não estudada seja obtido tão laboriosamente quanto qualquer outra qualidade na ficção poética.

Toda obra literária bem-sucedida é inteiramente uma criação, não importando quais as realidades que serviram como seus modelos, ou quais as estipulações que embasaram sua armação. É uma *ilusão de experiência*. Ela sempre cria a semelhança do processo mental – isto é, de pensamento vivo, consciência de eventos e ações, memória, reflexão etc. Contudo, não é necessário que haja no "mundo" virtual qualquer pessoa que veja e relate. A semelhança de vida é simplesmente o *modo* pelo qual os eventos virtuais são feitos. O relato mais impessoal de "fatos" pode dar-lhes a marca qualitativa que os converte em "experiências", capazes de entrar em toda espécie de contextos, e que assumem significação de acordo com isso. Quer dizer que a literatura não precisa ser "subjetiva", no sentido de relatar as impressões ou sentimentos de um sujeito dado, porém tudo o que ocorre dentro da moldura de sua ilusão tem a semelhança de um evento *vivido*. Isso significa que um evento virtual existe apenas na medida em que está formado e caracterizado e que suas relações são apenas tais como são manifestas no mundo virtual da obra.

14. O problema de aplicar esse padrão é outra questão; aqui, gostaria de observar que, embora não seja sempre possível dizer como um poeta satisfez o padrão, é sempre possível apontar as causas, se ele falhar.

VIDA E SUA IMAGEM 255

Criar a ilusão primária poética, fazer com que o leitor se atenha a ela, e desenvolver a imagem de realidade de maneira que tenha significação emocional acima das emoções sugeridas, que são elementos nela, é o propósito de toda palavra que um poeta escreve. Ele pode usar as aventuras de sua própria vida ou o conteúdo de seus sonhos, assim como um pintor pode retratar a cadeira de seu dormitório, o fogão de seu estúdio, as chaminés vistas de sua claraboia, ou as imagens apocalípticas surgidas ante o olho de seu espírito. Um poeta pode tomar doutrinas e convicções morais como seu tema, e pregá-las em versos heroicos ou em pentâmetros jâmbicos ou em punhados de versos livres. Ele pode entremear referências a eventos públicos e usar nomes de personagens reais, da mesma forma como os pintores muitas vezes têm pintado retratos fiéis, ou dado as feições de seus patronos aos fiéis retratados nas pinturas sacras. Não se faz mister que tais materiais, transformados para propósitos artísticos, perturbem, em absoluto, a obra, que, consequentemente, não é menos "arte pura" do que de outra forma sê-lo-ia. A única condição é que materiais, seja de que fonte forem, devem ser partes completamente do uso artístico, inteiramente transformados, de maneira que não provoquem um desvio para longe da obra, mas lhe deem, em vez disso, o ar de ser "realidade!"

Há inúmeros recursos para criar o mundo de um poema e articular os elementos de sua vida virtual, e quase todo crítico descobre algum desses meios e se posta em maravilhada admiração ante a "magia" que eles têm. Pode ocorrer que o próprio poeta se apaixone por um recurso poético, como sucedeu a Swinburne com as palavras aliterativas e a Browning com o som das conversas, e que o use com tanta liberdade e obviedade que a gente ouça a técnica em si, ao invés de perceber somente os eventos virtuais que ela serve para criar. O poeta converteu-se em teórico, como o crítico reverente (um crítico que não consegue ser reverente não está à altura de seu material), e ele e tentado a fixar uma receita para a obra poética. Se outros escritores ficarem impressionados com sua receita, eles formam uma "escola", e talvez lancem um manifesto, asseverando a natureza essencial da poesia e, como corolário, a importância básica de sua técnica, que alcança a essência. A poesia do passado, e especialmente do passado recente[15], é então censurada como "impura" na medida em que a maior parte dela não luta por sua essência (não atingi-la é ser malsucedido, mais do que impura;

---

15. P. A. Pottle, em *The Idiom of Poetry*, p. 28, faz observações sobre essa reação na época imediatamente precedente, e subsequentemente a explica.

256 SENTIMENTO E FORMA

mas *visar* a qualquer outra coisa é considerado como importação de fatores não poéticos, adulteração do poema).

A questão da "poesia pura" tem preocupado os críticos literários (alguns dos quais são poetas) na Inglaterra e especialmente na França e, em menor grau, em outros países, no mínimo, nas últimas três décadas. L'Abbé Bremond deu-lhe uma formulação sucinta e uma resposta absolutamente infundada em sua famosa conferência, *La poésie pure*[16], que termina com uma descrição da essência poética pela qual se pode apenas interpretar "essência" como "magia". Ora, qualquer leitor ávido de poesia provavelmente concordará em que existe algo na poesia que pode ser chamado de "magia poética", mas que essa qualidade não dependa de som ou imagens, significado ou emoção, mas que seja outra coisa inerente ao poema, separado e místico, não é uma hipótese esclarecedora. Como todas as crenças místicas, é irrefutável, mas não possui qualquer valor teórico.

O valor da preleção foi que provocou uma controvérsia no curso da qual alguns pensadores sérios julgaram necessário explicar a qualidade "mágica", definir suas próprias noções de essência poética, e fixar um critério de "poesia pura" que não medisse os poemas pelos padrões de uma poesia além de toda linguagem, acima das palavras, uma "poesia do silêncio". Muitos críticos, porém, seguiram em princípio, a l'Abbé Bremond, isto é, pensando a "poesia pura" como *purificada*, liberada de ingredientes não poéticos ou funções não poéticas; e, nisso, este e aqueles estavam levando adiante o pensamento de Poe, Shelley, Coleridge, Swinburne, os quais haviam procurado a "essência poética" como *um dos elementos* do discurso poético, e pleiteado um aumento desse elemento, fosse qual fosse, e a eliminação de outros elementos *tanto quanto fosse possível*. Shelley gostaria de pôr de lado todas as enunciações didáticas; isso não era muito difícil, e a maioria dos estetas literários o secundava. Mesmo os amantes da poesia didática usualmente concordavam que aquilo que amavam não era "poesia pura". Poe ia mais além, considerando toda enunciação "explícita" como apoética. Ele não deixou bem claro se o oposto de "explícito" seria "implícito", "figurado" ou "vago"; em um caso, ao menos, ele nos permite inferir que pretende dizer "vago", pois elogia a música como a mais *vaga* de todas as comunicações. Mas também a expressão figurada o satisfazia. Como a maior parte dos escritores sem treinamento filosófico (pois, embora a maioria dos críticos-poetas lesse filosofia, não eram pensadores disciplinados), Poe permitia que o

16. Isso apareceu em um pequeno livro em 1920.

termo infamante "explícito" significasse alternadamente "explícito", "preciso", "literal", "objetivo", "naturalístico", e outros aspectos censuráveis. O que estava tentando fazer era excluir ideias, palavras isoladas, ou afirmações "não transformadas" que poderiam levar o leitor a pensar em coisas no mundo real em vez de mantê-lo no mundo virtual do poema. Seu engano era o engano comum de tentar excluir *materiais* supostamente ofensivos, mais do que exigir *práticas* artísticas coerentes.

Seus sucessores modernos são mais sutis. Eliot não é indisciplinado filosoficamente. Ele também tenta purificar a poesia abandonando tantas enunciações explícitas quanto possível; e, para ele, o oposto de "explícito" é, de maneira bem apropriada, "implícito". O ponto discutível de sua teoria surge em sua aplicação: é possível tornar o puramente implícito em uma enunciação sempre efetiva? Como podem ser dadas implicações remotas à intuição do leitor? A resposta do poeta é que o leitor deve ser educado para ler poesia pura: ele deve ter associações tão amplas com palavras que mesmo a assonância com um verso de literatura famosa, inglesa ou estrangeira, provoque nele uma reverberação desse verso, e uma referência velada a algum obscuro monge medieval sugira imediatamente a história ou lenda desse notável. As célebres notas ao pé de página de Eliot podem ser um recurso poético para criar uma sensação de abstrusidade, mais do que glosas genuínas para atenuá-lo; mas isso não altera o fato de que essa pressuposição cultural confessa é fantástica, e denuncia uma desesperada nostalgia por uma cultura extinta, menor e mais segura e sistematicamente compacta. Grandes poetas frequentemente sustentam teorias estranhas e, mesmo assim, escrevem boa poesia; Eliot é um caso assim. Existe sempre um perigo, porém, de que a poesia concebida com tão refinada preciosidade possa ser lida não como poesia, mas como um jogo esotérico entre poeta e leitor, que proporciona àqueles que podem jogá-lo uma emoção intelectual, mais do que poética.

O interessante paralelo entre as teorias de Bremond e a de Eliot é que ambas tendem a reduzir o material discursivo do poema, ou *o poema no papel*, a fim de realçar o verdadeiro elemento "poético", que é uma experiência criada pelo estímulo verbal; sendo a premissa tácita que essa experiência é mais intensa lá onde o estímulo é mais reduzido. Como o limite ideal de Bremond é uma "poesia do silêncio", o de Eliot deveria ser, propriamente, o da palavra única, que tudo implica. Tudo o que o salva, acho eu, de abraçar esse ideal é o bom senso poético (l'Abbé Bremond, sendo um místico, não dispõe uma salvaguarda tão simples, e não precisa dela). O poeta é melhor do que sua poética.

O ideal de poesia pura está, é claro, intimamente ligado ao problema daquilo que constitui a poesia de qualquer gênero, isto é, à definição de poesia. Se sabemos o que queremos dizer com "poesia"', podemos julgar seus exemplos puros, e devemos ser capazes de descobrir as causas da impureza nos poemas que esta afeta. A grande maioria de escritores que levantam a questão: "O que é poesia?" não chega a respondê-la, de maneira alguma, mas discutem o que é poética, ou definem a "experiência poética". Alguns deles, efetivamente, chamam a experiência poética de poema em si e, ao "poema no papel", apenas de símbolo dela. Prescott, por exemplo, afirma explicitamente esse ponto de vista em *Poetry and Myth*:

"Poesia, no sentido verdadeiro, obviamente não é algo que pode ser fixado numa página impressa e reunido em volume; é, antes, algo composto pela série de pensamentos e sentimentos, induzidos pelos símbolos impressos, a suceder-se uns aos outros na mente do leitor." Mas, o que é deveras surpreendente, essa poesia pode não ser poética! Pois prossegue diretamente, dizendo:

A resposta a esses símbolos pode não ser poética em absoluto; ela pode ser alguma construção bastante racional em lugar da série de imagens, acompanhada espontaneamente por sentimentos e pensamentos adequados, que o poeta intenta, e para o que os símbolos, na melhor das hipóteses, serviram-lhe como meio de comunicação muito imperfeito.[17]

Aqui temos *dois* poemas, o do escritor e o do leitor, relacionados um com o outro através de um meio muito imperfeito, as palavras. Contudo um desses dois poemas pode não ser poético. Pode ser "uma construção bastante racional". É certo que algumas páginas além o autor declara:

O elemento essencial na poesia é não racional. É esse elemento que gera a verdadeira beleza poética, que é como um sonho; que não pode ser contemplada constante e atentamente, mas pode apenas ser entrevista; sobre a qual podemos apenas dizer que possui o encanto ou a magia que é a marca de sua presença; que, portanto, é inexplicável.[18]

Aqui temos tudo: a irracionalidade postulada por Poe, a "presença" de um *Algo* além das palavras ou pensamentos, a magia, as indispensáveis palavras mediadoras, a "experiência

17. *Poetry and Myth*, p. 1.
18. *Ibid.*, p. 7.

poética", a "intenção poética". E é preciso por certo, que tenhamos criatividade:

A marca distintiva da poesia, seja qual for sua forma externa, está em sua criação. Essa criação ficcional [...] é expressiva de e motivada pelo desejo do poeta, ou por sua aspiração[19].

Pode parecer estranho que uma série de pensamentos e sentimentos na mente do leitor devam ter como marca distintiva os sintomas de pressão dinâmica oferecidos por outra pessoa; mas, salientando que a visão do poeta (imperfeitamente transmitida pelas palavras) é uma ilusão, "uma transferência de impressões externas para um mero fantasma da mente", ele explica que o leitor pode tomá-la emprestado e elaborá-la a fim de adequá-la a suas próprias necessidades.

Mesmo o esboço mais ligeiro, se dá partida à imaginação, será amplamente preenchido; – e todo esse ato de preencher, parte maior de toda obra de arte, é mero sonho e ilusão[20].

O propósito real da comunicação dos devaneios do poeta é fazer com que o leitor comece a devanear; e seja qual for o sonho que resultar (pela primeira afirmação, citada acima) é *o poema* (embora possa não ser poético).

Dediquei tanto espaço a uma teoria da poesia obviamente confusa porque ela apresenta quase *todas* as confusões de que a teoria atual sofre, e logo cai na condição desesperada às quais estas dão origem – que nenhum de seus "princípios" realmente funciona, livremente e sem exceções, em todos os casos. Poesia é essencialmente o mesmo que mito; mas, diz Prescott,

Antes de tentar pôr em relevo o elemento mítico na poesia, devo dizer que, por certo, ele não é encontrável em toda parte em nossa poesia atual.

É porque, embora a poesia seja a linguagem da imaginação, "Em muitos versos, e mesmo em muito daquilo que, com bastante propriedade, chamamos de poesia, a imaginação não está direta ou constantemente em trabalho". A poesia (aqui, presumivelmente, o "poema no papel") desencadeia uma visão e impõe ritmo (forma, métrica, música); "A poesia, portanto, pode ser considerada uma questão de *ver* e *cantar*. Ela não é, entretanto, sempre ambas as coisas". E assim por diante; em termos

19. *Ibid.*, p. 4.
20. *Ibid.*, p. 40.

260 SENTIMENTO E FORMA

ideais, os poemas deveriam ser criações míticas, imaginosas, visionárias, musicais; mas nenhum poema na mente ou no livro de pessoa alguma na verdade corresponde ao padrão.

Assim, voltamos ao problema da poesia pura. Existem duas maneiras de fazer poesia "pura"; ela é feita quer pondo de lado o que é repudiado como não poético – como advogavam Shelley, Poe, Valéry e Moore – deixando a poesia tão pura quanto possível; quer usando um princípio aceito, tal como um relato de emoções, ou o som puro, ou a metáfora, para gerar todo o poema, tornando-o genuíno e, consequentemente, pequeno e rarefeito, uma gema. Essa é a maneira dos imagistas, impressionistas, simbolistas.

Face a todos esses esforços, o Prof. F. A. Pottle levantou a pergunta ingênua, mas pertinente: Deve a poesia ser inteiramente pura, ou mesmo tão pura quanto possível? E sua resposta ponderada é: *"A poesia não deve ser mais pura do que o exigir o propósito"*[21]. Qual o propósito do poeta, isso ele discutiu antes, e chegou ao seguinte princípio geral:

> *A linguagem poética é linguagem que expressa as qualidades da experiência, na medida em que distinta da linguagem que indica seus usos.* Como toda linguagem é até certo ponto expressiva nesse sentido, toda fala humana é, de maneira estrita, poesia em vários graus de concentração. *No sentido ordinário ou popular do termo, poesia é a linguagem onde se sente que a expressão das qualidades da experiência predomina grandemente sobre as afirmações referentes a seus usos*[22].

"Poesia" e "linguagem poética" tornam-se aqui sinônimos. A poesia, então, é um tipo de linguagem e, além disso, um tipo que se transforma gradualmente em outro tipo que, em seu ponto extremo, é o seu oposto. O emprego da linguagem poética tem por objetivo fazer com que o leitor perceba as qualidades da experiência[23]. Não somos informados sobre que espécie de "experiência" se faz aqui referência, mas presume-se que seja a experiência real humana em geral. Essa concepção da missão da poesia é a contrapartida, na poética, da convicção de Roger Fry de que a função da arte pictórica é fazer-nos cônscios de "como as coisas se apresentam na realidade"[24].

21. *Op. cit.*, p. 99.
22. *Ibid.*, p. 70.
23. *Op. cit.*, p. 66: "O que quero dizer com linguagem que é 'expressiva'? É a linguagem que nos torna mais agudamente conscientes da experiência enquanto experiência."
24. *Vision and Design*, p. 25.

VIDA E SUA IMAGEM 261

A poesia "no sentido ordinário ou popular do termo" é, suponho, linguagem selecionada por sua referência qualitativa, mais do que prática, e reunida em discursos sobre a experiência do escritor, conhecidos como "poemas". Um poema é uma enunciação, no mesmo sentido de qualquer enunciação prática, mas em termos que realizam uma alta concentração de "expressividade qualitativa". Pottle, contudo, sustenta que não há necessidade de manter uma quinta-essência de expressividade através de todo um discurso desses; um poema pode conter uma boa dose de "prosa", ou linguagem informativa, que serve como um contraste à intensidade excessiva de percepção, e tende a dar melhor realce aos momentos altos da "experiência" quando estes ocorrem[25].

Há bom juízo artístico na maneira como o Prof. Pottle trata a exigência de "pureza". Mas, filosoficamente, é um paliativo, que não resolve os problemas da linguagem poética *versus* a não poética, "expressão de qualidade" *versus* "expressão de fato", porque não chega a atingir o pressuposto confuso de onde brotam tais problemas. O infeliz pressuposto é o próprio princípio básico de Pottle, que ser poética é uma função da linguagem, de maneira que "toda fala humana é, em termos estritos, poesia em vários graus de concentração". Isso torna a poesia uma espécie de discurso, salientando características da experiência, como o faz todo discurso, mas preocupada com aspectos qualitativos e não e com os práticos. Uma vez que a experiência tem, evidentemente, ambos os aspectos, a distinção entre poesia e discurso literal é assim concebida como sendo não radical, mas gradual.

Ora, sustento que a diferença é radical, que a poesia não é, em absoluto, discurso genuíno, mas é a criação de uma "experiência" ilusória, ou um pedaço de história virtual, por meio da linguagem discursiva; e que a "linguagem poética" é uma linguagem particularmente útil para esse propósito. Quais as palavras que parecerão poéticas depende da ideia central do poema em questão. A linguagem legal, por exemplo, ordinariamente não é considerada poética; não há nada de qualitativo em palavras como *charter*, *deed*, *patent*, *lease*, *bonds*, *estimate*, *grant**; mas considere-se como Shakespeare as empregou:

> Farewell! Thou art too dear for my possessing,
> And like enough thou know'st thy estimate.

25. *Op. ext.*, Cap. V, p. 93 e ss.

* Respectivamente: título, contrato, privilégio, obrigação, bônus, estimativa, concessão.

262 SENTIMENTO E FORMA

> The charter of thy worth gives thee releasing;
> My bonds in thee are all determinate.
> For how do I hold thee but by thy granting.
> And for that riches where is my deserving?
> The cause of this fair gift in me is wanting,
> And so my patent back again is swerving.
> Thyself thou gav'st, thy own worth then not knowing.
> Or me, to whom thou gav'st it, else mistaking:
> So thy great gift, upon misprision growing,
> Comes home again, on better judgment making.
>> Thus have I had thee as a dream doth flatter –
>> In sleep a king, but waking no such matter*.

Os termos duros, técnicos, têm aqui um propósito, para a qual, aliás, Shakespeare os empregava com frequência: eles criam a semelhança de fatos inelutáveis. A natureza impessoal e soberana da lei é infundida em uma situação intensamente pessoal, e o resultado é uma sensação de finalidade absoluta. Essa sensação é alcançada pela ousada metáfora de um discurso legal; aqui, o jargão do bacharel é verdadeira "dicção poética".

Não há poesia bem-sucedida que não seja poesia pura. Todo o problema de "pureza" é um pseudoproblema que emerge de uma ideia errada sobre *o que é poesia*, de confundir-se certos recursos poderosos e *quase* onipresentes com o princípio básico da poesia e de se chamar de "poesia pura" apenas o que é efetuado por tais meios. Fixar-se no sensorial, no qualitativo, é um desses recursos principais para criar a imagem de experiência; o uso de ironia é outro, pois a própria estrutura do sentimento humano é irônica; ambiguidade, metáfora, personificação, ritmo e palavras "hipnóticas" – todos são fatores de importância na feitura de poesia. Mas a criação de uma história virtual é o princípio que percorre toda literatura: o princípio da *poesis*.

Se a poesia jamais é uma asserção sobre a realidade, então ela não tem nada a ver com a vida, afora a referência última de suas formas compostas à própria vitalidade, isto é, através da função artística destas, que é a de expressar a morfologia do sentimento humano real? Será que nada da própria biografia do

---

* "Adeus! És cara demais para eu possuir-te./ E bastante conheces tua estimativa./ O título de teu valor desobriga-te;/ Meus bônus em ti são todos limitados./ Pois como reter-te senão por tua concessão,/ E para tal riqueza onde está meu merecimento?/ A causa de tal bela dádiva em mim está faltando./ E assim meu privilégio novamente é desviado./ Tu te deste, não conhecendo então teu próprio valor./ Ou a mim, a quem o deste, com outrem confundindo: / Assim, tua grande dádiva, no engano crescente,/ Retorna para casa novamente, depois de um juízo melhor feito./ Assim tive-te como um sonho dá prazer…/ Em sonhos, um rei, mas nada disso ao despertar."

VIDA E SUA IMAGEM 263

artista entrou na ilusão, exceto acidentalmente, mais como escória do que como ouro?

Penso que toda obra de arte tem algo sobre o qual se pode dizer que provém do mundo, e que evidencia o próprio sentimento do artista acerca da vida. Isso está de acordo com a importância intelectual e, efetivamente, biológica da arte: somos impelidos à simbolização e articulação do sentimento quando *temos* de compreendê-lo a fim de nos mantermos orientados na sociedade e na natureza. Assim, o primeiro fenômeno emocional que uma pessoa quer formular são suas próprias paixões desconcertadas. É natural procurar materiais expressivos dentre os eventos ou objetos que geraram tais paixões, isto é, usar imagens associadas com eles e, sob a tensão da emoção real, eventos e objetos percebidos tendem a aparecer em uma *Gestalt* congruente com a emoção que provocaram. Assim, a realidade, assaz normalmente, fornece as imagens; mas estas não são mais nada na realidade, são formas a serem usadas por uma imaginação excitada. (Elas podem, de fato, ser metafóricas também à moda freudiana, fantasias sintomáticas em torno das quais o sentimento se concentra.) E agora inicia-se o trabalho de composição, a luta pela expressividade completa, por aquela compreensão da forma que finalmente dá sentido ao caos emocional.

O motivo, brotando frequentemente de fontes mais profundas da imaginação do que a arte em si, e o sentimento que o artista nutre em relação a ele, dão os primeiros elementos de forma à obra; suas dimensões e intensidade, seu alcance e o ânimo nela dominante. Às vezes a técnica é contida quando o assunto é violento, como em "Morte na Cidade" de Thomas Wolfe, de maneira que todo o tratamento tem um ar de *understatement** que é parte da concepção artística fundamental. O motivo em si, longe de ser indiferente ou estranho, torna-se, então, um elemento estrutural, o polo oposto da apresentação. Mas se o artista escolhe por algum motivo seu uma imagem ou evento que é excitante apenas para ele, isto é, como um símbolo particular, um tal uso não criaria qualquer tensão *na obra*, mas apenas na mente do artista, e o recurso intentado falharia. Para alcançar a sensação de *understatement*, ele não poderia usar o tema como tal, mas teria de criar um elemento de qualidade excitante a fim de fazer força contra a contenção de seu tratamento. Arte que

---

* A palavra não tem tradução exata para o Português, significando em essência uma exposição que diz sobre uma coisa, algo menos do que esta coisa, seja porque se trate de uma enunciação incompleta atenuada, suavizada, seja porque não é dita toda a verdade a seu respeito. (N. dos T.)

contém símbolos puramente pessoais como elementos estruturais é impura, e tal impureza é fatal.

Usualmente é com o avanço da capacidade conceitual que um artista consegue encontrar material fora de sua própria situação, porque se torna cada vez mais apto a ver todas as coisas, possibilidades, bem como realidades, já semiforjadas em formas expressivas nos termos de sua própria arte. Um poeta pensa poesia uma boa parte do tempo, e pode encarar a experiência – não apenas a sua – emocionalmente, porque compreende a emoção. Alguns poetas, por exemplo Wordsworth, partem geralmente da experiência pessoal da mesma forma como alguns pintores sempre pintam a partir de modelos, ou fora do estúdio; mas as experiências que usam não são crises subjetivas, são eventos objetivamente interessantes. Outros escritores, como Coleridge, compõem suas visões poéticas a partir de sugestões encontradas em livros, antigas lembranças, sonhos, rumores e uma experiência ocasional marcante. De onde vem um tema não faz diferença; o que importa é a excitação que gera, a importância que tem para o poeta. A imaginação deve ser alimentada pelo mundo – por novas vistas e sons, ações e eventos – e o interesse do artista pelos modos do sentir humano deve ser mantido pelo sentir e viver reais; isto é, o artista deve amar seu material e crer em sua missão e seu talento, caso contrário a arte torna-se frívola e degenera em luxo e moda.

Com tanta certeza quanto alguma experiência de vida real deve inspirar a arte, ela deve ser inteiramente transformada na obra em si. Mesmo a personalidade chamada "eu" em uma autobiografia deve ser uma criatura da estória e não o próprio modelo. "Minha" estória é o que acontece no livro, não uma série de ocasiões no mundo. Por não conseguir fazer essa distinção, creio eu, George Moore foi levado a rejeitar toda poesia "subjetiva" como impura[26]. Os trechos subjetivos em um bom poema acham-se tão distanciados da realidade quanto a descrição da natureza ou os contos pré-rafaelitas de damas medievais, os quais ele aceita como poeticamente puros. Existe, é claro, em nossa herança literária uma grande porção de poesia arruinada pelo relato nada imaginativo da emoção. Mas que é nem a ideia moral, nem a menção de sentimentos que torna ruins tais passagens; é o lapso de criatividade, de criar a ilusão de uma iluminação moral ou de uma experiência passional, em um mero

---

26. Ver *An Anthology of Pure Poetry*, p. 19: "arte pela arte significa arte pura, o que quer dizer, uma visão quase apartada da personalidade do poeta". E, na pág. 34, ele fala da "poesia pura" como "algo que o poeta cria fora de sua própria personalidade".

VIDA E SUA IMAGEM

discurso sobre tais assuntos; isto é, a falácia de usar o poema simplesmente para enunciar algo que o poeta deseja dizer ao leitor[27]. Moore, entretanto, não discrimina a boa da má poesia através de um padrão de criatividade; ele descarta todas as passagens que se utilizam dos materiais que considerou como tabus. Atitudes em relação a qualquer coisa, crenças, princípios, e todos os comentários gerais são impurezas. Algumas vezes, de fato, o poema em si pode nem mesmo soar como didático, mas se o crítico souber, das outras obras do poeta ou mesmo de dados biográficos, que um interesse moral motivou a composição, esta não pode mais dar-lhe prazer. Moore relata uma tal descoberta e a mudança de opinião que ela produziu nele:

> Meu pai costumava admirar o soneto sobre a Ponte de Westminster[28] e eu o admirei até que não pude mais fugir da suspeita de que não era a bela imagem de uma cidade sobrepairando um rio ao amanhecer que retinha o poeta, mas a esperança de que ele poderia mais uma vez discernir uma alma na natureza. [...] E, depois de reler novamente o soneto e considerar o seu tom geral, descobri nele uma moral cuidadosamente escondida. [...] Ele iria cristianizar a alma na natureza se a obtivesse, disse eu; em consequência o poema se coloca sob a cabeçalho do proselitismo na poesia[29].

A medida de "poesia pura" erigida por Moore como o padrão de *boa* poesia relega a maior parte da herança lírica do mundo para um nível inferior[30]. Isso o deixa com uma escassa reserva de obras-primas, como ele predisse que aconteceria; e, embora a maioria dos poemas que reuniu em sua antologia como exemplos da arte mais alta sejam encantadores, nenhum deles é grande e vigoroso. Seu encanto, de fato, torna-se um pouco saturante; as rimas saltitantes e os ritmos deslizantes contêm caprichos e delícias demais, e os lamentos ocasionais e melancólicas tragédias imaginárias não possuem força suficiente para romper a monotonia.

Proibir os poetas de terem qualquer comércio com o pensamento sério é eliminar toda uma esfera de criação poética, a saber, a apresentação de sentimentos profundos e trágicos. Qual-

27. O pior exemplo que me vem à mente, de imediato (exceto a poesia de amadores nos jornais provinciais) é "A Psalm of Life" de Longfellow.

28. Soneto de Wordsworth, que começa com: "Earth has not anything to show more fair" ("A terra não tem nada mais belo a mostrar").

29. Moore, *op. cit.*, p. 19-20.

30. Na p. 34 de sua Introdução, ele permite a De la Mare observar: "Muitos dos mais belos poemas da língua teriam de ser excluídos". Contudo ele mesmo diz sobre sua (projetada) coletânea: "O valor da antologia (se a compilarmos) seria o de que cria um novo padrão."

266   SENTIMENTO E FORMA

quer mágoa mais forte do que a suave melancolia de cantar *Willow, willow, willow* ("Chorão, chorão, chorão"), requer uma estrutura de assunto mais forte do que Moore admitiria[31]. Uma observação na introdução (que é escrita sob forma de uma conversa entre ele e seus amigos, John Freeman e Walter de la Mare), segundo a qual um livro de "Poesia Pura" poderia incluir a maioria das *Songs of Innocence* de Blake, mas nenhuma das *Songs of Experience*[32], demonstra a influência restritiva e limitadora de seu padrão estético; mesmo um poeta tão inspirado quanto Blake deve sempre tomar cuidado para não mencionar as coisas erradas. "The Tyger", presumivelmente, não é um poema puro porque contempla os contrastes na criação ("Aquele que fez o Cordeiro fez a ti?"), e porque menciona "Deus" (o Deus do próprio Blake) ao invés de "deuses" obsoletos. "The Sick Rose" não é puro por causa do significado óbvio, de que em toda alegria existe o pesar incipiente, em toda vida, a morte incipiente, ou seja qual for o "Grande Lugar-Comum" que se escolha como o tema implícito. Contudo, "The Echoing Green" é incluído na antologia; mas o Prof. Tillyard não encontrou um "Grande Lugar-Comum" também nesse – como a "Alma na Natureza" que estragou "Westminster Bridge"?

Ideias e emoções são assuntos *perigosos* para a poesia; aquelas porque um poeta fraco pode ser levado a discursar sobre seu tópico, estas porque ele pode ser tentado à direta expressão, exclamação e catarse de seus próprios sentimentos. Mas um bom poeta consegue e com certeza pode manipular mesmo o material traiçoeiro; a única lei que o obriga – e, de fato, obriga a todos os outros artistas – é que cada partícula do assunto deve ser usada para efeitos artísticos. Tudo deve ser experiência virtual. Não há relacionamento com as realidades na poesia, não importando quanto o criador da semelhança extraiu de seus próprios sentimentos, suas convicções mais profundas, suas memórias e desejos secretos. Poesia sobre temas morais pode ser adidática, pela mesma razão pela qual Goethe achava que a poesia sobre temas imorais não era corruptora[33]: ela não expressa qualquer proposição e, portanto, não defende ou confessa coisa alguma. Da mesma

---

31. Cf. O. Day Lewis, *The Poetic Image*, p. 133: "Uma poesia que exclua as procuras da razão e os estímulos do senso moral é, por isso mesmo, menos apaixonada, menos variada e humana, menos um produto do homem inteiro em sua plena altitude imaginativa."

32. *Op. cit.*, p. 36.

33. "A arte é intrinsecamente nobre; por essa razão, o artista não teme o comum. Pois, pelo próprio uso desta, ele a enobrece; e, assim, vemos os maiores artistas exercendo com extrema audácia sua real prerrogativa" (*Maximen und Reflexionen über Kunst*).

forma, a poesia subjetiva não é uma exibição genuína de subjetividade, porque é ficção. A própria intensidade da consciência pessoal, nela, é algo criado por meio do fraseado, da cadência, do estado completo ou incompleto das afirmações, e de qualquer outro ardil conhecido em literatura. O exemplo mais perfeito da *subjetividade virtual* que me vem à mente ocorre em forma de prosa, não em verso, mas é um exemplo do caso em questão, pois é uma transformação poética completa: o *Portrait of the Artist as a Young Man*, de James Joyce. A maneira de contar forma a cena, a vida, a personagem – não existe uma única linha de "linguagem puramente informativa", é tudo ficção, embora seja um retrato. Os eventos literários são *feitos*, e não relatados, exatamente como os retratos são pintados, e não são natos e criados.

É um costume comum entre poetas e críticos opor a poesia à prosa, não como uma forma de arte à outra, mas como arte e não arte – isto é, identificar a prosa com a linguagem discursiva do pensamento prático. Coleridge, Poe, e, em nossos dias, o Prof. Pottle, dentre muitos outros, querem dizer com "prosa" o *in*-poético. Na realidade, entretanto, a prosa é um uso literário da linguagem e, portanto, em um sentido amplo, porém perfeitamente legítimo (considerando-se o significado de "poesis"), uma *forma poética*[34]. Ela deriva da poesia no sentido mais estrito, não da conversação; sua função é criativa. Isso aplica-se não apenas à prosa de ficção (o próprio termo "ficção" evidencia sua natureza artística), mas mesmo ao ensaio e ao genuíno escrito histórico. Mas esse é outro assunto.

---

34. A crença de que prosa é o mesmo que linguagem coloquial é tão generalizada que todo mundo está inocentemente disposto a rir do cavalheiro que ficou espantado ao descobrir que, durante toda a vida, estivera falado prosa. Em minha opinião, M. Jourdain tinha razão de ficar *étonné*; seu instinto literário dizia-lhe que a conversação era algo diferente da prosa, e apenas uma falta de filosofia forçou-o a aceitar o erro popular.

15. Memória Virtual

> "*La realité ne se forme que dans la mémoire*" – Proust*

Tudo o que é real deve ser transformado pela imaginação em algo puramente experiencial; esse é o princípio de *poesis*. O meio normal de efetuar a transformação poética é a linguagem; a maneira pela qual um evento é relatado dá-lhe a aparência de ser algo casual ou algo muito importante, trivial ou incomum, bom ou ruim, e mesmo familiar ou novo. Uma enunciação é sempre a formulação de uma ideia, e todo fato conhecido ou hipótese ou fantasia tira seu valor emocional em grande parte da maneira como é apresentado e considerado.

Esse poder das palavras é realmente espantoso. O próprio som delas pode influenciar nosso sentimento sobre aquilo que se sabe que elas significam. A relação entre o comprimento de frases rítmicas e o comprimento de cadeias de pensamento torna o pensar fácil ou difícil, e pode fazer com que as ideias envolvidas pareçam mais ou menos profundas. As tensões vocais que dão ritmo a algumas línguas, a duração das vogais em outras, ou a altura tonal em que as palavras são faladas em chinês e algumas outras línguas menos conhecidas, pode tornar uma maneira de frasear uma proposição parecer mais alegre ou mais

---

* "A realidade forma-se apenas na memória."

270 SENTIMENTO E FORMA

triste do que outra. Esse ritmo da linguagem é um traço misterioso que provavelmente evidencia unidades biológicas de pensamento e sentimento que ainda permanecem inteiramente inexploradas.

A exploração mais completa do ritmo e do som da linguagem, assonância e associações sensoriais, é feita na poesia lírica. É por isso que me dediquei em primeiro lugar a esse tipo de composição literária; não, como algumas pessoas podem supor, porque ela seja de alguma maneira superior a outros tipos, a mais antiga ou a mais pura ou a mais perfeita espécie de poesia. Não acho que ela tenha qualquer valor artístico mais elevado do que a poesia narrativa ou a prosa. Mas é a forma literária que depende mais diretamente de recursos verbais puros – o som e o poder evocativo das palavras, métrica, aliteração, rima, e outros artifícios rítmicos, imagens associadas, repetições, arcaísmos e inversões gramaticais. Ela é a criação mais obviamente linguística e, portanto, o caso mais acabado de *poesis*.

A razão pela qual a poesia lírica depende tanto do som e do caráter emocional da linguagem é que ela tem materiais muito escassos com que trabalhar. O motivo (o chamado "conteúdo") de uma lírica, usualmente, não é nada mais do que um pensamento, uma visão, um estado de ânimo, ou uma emoção pungente, que não oferece uma estrutura muito robusta para a criação de um trecho de história virtual. Assim como os compositores do cantochão tiveram de explorar os ritmos e acentos de seus textos latinos e os registros das vozes humanas (a cultivação do coro de eunucos origina-se desta necessidade musical) porque não possuíam nenhum dos recursos da métrica, polifonia, tônica e modulação, nem apoio instrumental com o qual trabalhar, do mesmo modo o poeta lírico usa toda qualidade da linguagem porque ele não dispõe nem de enredo nem de personagens fictícios nem, geralmente, de qualquer argumento intelectual que dê continuidade a seu poema. O atrativo da preparação e realização verbal precisa fazer quase tudo.

A história virtual que um poema lírico cria é a ocorrência de um pensamento vivo, o arrebatamento de uma emoção, a intensa experiência de um estado de ânimo. Este é um trecho genuíno de história subjetiva, embora geralmente seja um episódio único. Suas diferenças de outros produtos literários não são radicais, e não existe qualquer recurso característico da composição lírica que também não possa ser encontrado em outras formas. É a frequência e importância de certas práticas, mais do que seu uso exclusivo, que fazem da poesia lírica um tipo especial. A fala na primeira pessoa, por exemplo, pode ser encontrada em baladas, romances e ensaios; mas, ali, é um desvio do padrão usual, e, na lírica, é normal. Dirigir-se diretamente ao leitor é algo que se pode encontrar em novelas, baladas, romances – mas, na lírica, versos como:

> Hast thou named all the birds without a gun?

ou:

> Never seek to tell thy love
> Love that never can be told

ou:

> Tell me, where is fancy bred*

dificilmente parecem apóstrofes pessoais; a vocativa é formal, mais do que exortatória. Ao refletir sobre a expressão lírica à luz de outras obras literárias, verificaremos, logo, que nem a pessoa que fala, nem a pessoa a quem se fala é um ser humano real, o escritor ou o leitor; a forma retórica é um meio de criar uma *subjetividade impessoal*, que é a ilusão vivencial peculiar de um gênero que não cria nenhuma personagem e nenhum evento público.

O que um poeta se lança a criar, mais do que o que ele sente ou quer nos dizer, determina todas as suas práticas, e leva ao estabelecimento de formas literárias como a lírica, a novela, o conto, o romance. Os críticos que não reconhecem esse alvo universal de toda arte, e cada obra de arte, são facilmente desviados do caminho por usos que têm significados na arte bem diferentes de seus significados no discurso real; tais críticos supõem que um poeta que diz "você", sem colocar as palavras na boca de uma personagem dirigindo-se a outra, está falando com o leitor; e que a característica mais notável da poesia lírica – o uso do presente – significa que o poeta está enunciando seus próprios pensamentos e sentimentos momentâneos.

O estudo do tempo e seus usos literários é, de fato, uma abordagem reveladora do problema da criação poética; e o inglês é uma língua particularmente interessante para um tal estudo, porque possui certas sutilezas de formação verbal que faltam à maioria das línguas, notadamente as formas "progressivas" "I am doing", "I was doing", "I had been doing" etc., distintas das conjugações formais: "I do", "I did"**, e os tempos do particí-

---

* Em tradução literal: "Nomeaste todos os pássaros sem uma arma?", "Jamais procures dizer teu amor/ Amor que jamais pode ser dito", "Dize-me, onde se nutre a fantasia".

** Respectivamente: "eu estou fazendo", "eu estava fazendo", "eu tinha estado fazendo"; "eu faço", "eu fiz".

272 SENTIMENTO E FORMA

pio passado[1]. No uso de formas verbais encontram-se artifícios que revelam a verdadeira natureza da dimensão literária em que a imagem de vida é criada; verifica-se que o tempo presente é um instrumento muito mais sutil do que em geral os gramáticos e retóricos percebem e que tem muitos outros usos além da caracterização dos atos e fatos presentes.

No momento em que passamos da forma intensiva, pequena, da lírica, para obras de maior envergadura, deparamo-nos com um novo elemento dominante – a narrativa. Esse elemento não é desconhecido no verso lírico, mas é, aí, incidental;

> She dwelt among the untrodden ways,

ou:

> A sunny shaft did I behold,
> From sky to earth it slanted,*

são versos narrativos, mas servem apenas para introduzir uma situação, uma imagem ou um objeto para a reflexão e a emoção. Quando, entretanto, a narrativa é tratada como o motivo central de uma composição, um novo fator é introduzido, que é o *interesse da estória*. Isso altera toda a forma de pensamento que governa a obra. Um curso de acontecimentos impessoais é uma estrutura forte para a elaboração de uma ilusão poética; tende a tornar-se o plano básico, ou "enredo", da obra toda, afetando e dominando todo outro meio de criação literária. A vocativa, por exemplo, que é usualmente um recurso retórico nos escritos líricos, torna-se uma ação na estória, quando uma personagem fictícia se dirige a outra. A imagística, que é frequentemente a substância principal de um poema lírico, e pode parecer como gerada pela livre associação, cada visão evocando outra[2], deixa de ter a primazia na poesia narrativa e o de ser livre; ela tem de servir às necessidades da ação. Se não conseguir satisfazê-las, a obra perde o caráter orgânico que faz com que a poesia pareça parte da natureza, embora tudo nela seja fisicamente impossível.

A narrativa é um dos principais recursos de organização. É tão importante para a literatura quanto a representação o é para a pintura e escultura; quer dizer, não é a essência da literatura, pois

---

1. Por outro lado, faltam ao inglês as formas independentes correspondentes aos passados "imperfeito" e "definido" do francês. O "presente perfeito" do inglês corresponde ao "passado indefinido" francês, mas a distinção entre "J'étais" ("eu era") e "Je fus" ("eu fui") não pode ser feita sem circunlocuções.

* "Ela se demorava entre os caminhos não pisados." "Um feixe de sol eu contemplei,/ Do céu à terra ele se inclinava".

2. Shelley construiu as três primeiras seções de sua "Ode to the West Wind" por meio de uma tal concatenação de imagens semelhantes a um sonho.

MEMÓRIA VIRTUAL

(como a representação nas artes plásticas) não é indispensável, mas é a base estrutural sobre a qual é planejada a maioria das obras. É subjacente à "Grande Tradição" da arte poética em nossa cultura, de modo muito similar àquele pelo qual a representação é subjacente à "Grande Tradição" na arte escultórica e pictórica.

A profunda influência da narrativa em qualquer obra literária na qual ela entra fica difundidamente visível na mudança de tempo do presente, que é normal na expressão lírica, para o pretérito perfeito, que é o tempo característico das estórias. Uma vez que a maior parte da literatura é narração, o pretérito perfeito é, de longe, a forma verbal mais comum na ficção. É tão aceito que não parece exigir explicação, até que refletimos no fato de que o devaneio – com frequência considerado como a fonte de toda invenção literária – usualmente é formulado no presente. O devaneio é um processo de fingir, isto é, de "fazer de conta", afim ao jogo imaginativo das crianças; a estória é "vivida" ao ser contada, tanto pelo autor quanto pelos ouvintes. Se o propósito da arte literária fosse, como sustentava Tolstói[3], fazer o leitor viver na estória, sentir com as personagens e experimentar vicariamente as aventuras destas, por que o presente não é seu tempo natural, como ele o é na imaginação livre?

Porque a literatura, embora possa ser fantástica, emociona ou como um sonho, nunca é fantasia presente, servida por ideias nuas de ação e situações emocionais, voluntariamente como no jogo ou involuntariamente como no sonho. A vida virtual, tal como apresentada pela literatura, é sempre uma forma autossuficiente, uma unidade de experiência, em que cada elemento está organicamente relacionado com cada um dos outros, não importando quão caprichosos ou fragmentários se faz parecer os itens. Esse próprio capricho ou fragmentação é um *efeito total*, que requer uma percepção de toda a história como uma estrutura de eventos contributivos[4].

---

3. Leão Tolstói, *What is Art?*

4. P. W. Bateson, em *English Poetry and the English Language*, p. 77, cita uma passagem interessante de *The Architecture of Humanism*, de Geoffrey Scott, com referência a isso: "O detalhe do estilo barroco é grosseiro. [...] É rápido e inexato. Mas o propósito era exato, embora exigisse arquitetura 'inexata' para sua realização. Eles (os arquitetos barrocos) desejavam comunicar, através da arquitetura, uma sensação de vigor exultante e força transbordante [...] um enorme organismo gigante através do qual se poderia imaginar que corressem correntes de contínuo vigor. Uma falta de qualidade distintiva individual nas partes [...] era assim não uma negligência negativa, mas uma exigência positiva. Sua 'inexatidão' era uma invenção necessária." E Bateson continua: "O estilo barroco é rápido e inexato: é rápido *porque* é inexato. E o mesmo se dá com a dicção poética. O estilo de poetas como Thomson, Young, Gray e Collins é um estilo rápido; mas sua dicção é convencional. E a dicção é convencional porque o estilo é rápido. Uma dicção mais precisa e completa teria destruído a impressão de rapidez que o

A experiência real não tem uma forma assim fechada. Geralmente ela é desigual, sem acentos, de modo que as irritações desempenham o mesmo papel que sacrifícios, as diversões se alinham com elevadas realizações e os contatos humanos casuais parecem mais importantes do que os seres que se encontram por trás deles. Mas existe uma condição normal e familiar que enforma a experiência de um modo distinto, sob o qual ela pode ser apreendida e avaliada: é a memória. A experiência passada, à medida que a rememoramos, assume forma e caráter, mostra-nos pessoas em vez de vagas presenças e seus pronunciamentos, e modifica nossas impressões pelo conhecimento de coisas que vieram depois, coisas que modificam a avaliação espontânea da pessoa. A memória é o grande organizador da consciência. Ela simplifica e compõe nossas percepções em unidades de conhecimento pessoal. Ela é o verdadeiro criador da história – não da história registrada, mas do *senso de história* em si, do reconhecimento *do passado* como uma tessitura de eventos completamente estabelecida (embora não completamente conhecida), contínua no espaço e no tempo, e totalmente interligada causalmente[5]. Whitehead teceu observações sobre a peculiar indiferença do passado em face de todos os nossos desejos e lutas, como algo formado e fixo, enquanto que o presente é ainda amorfo, não usado, não modelado[6].

Relembrar um evento é experimentá-lo novamente, mas não da mesma maneira que da primeira vez. A memória é um tipo especial de experiência porque é composta por impressões selecionadas, enquanto que a experiência atual é um misto de coisas vistas, sons, sentimentos, tensões físicas, expectativas, e reações mínimas, não desenvolvidas. A memória peneira todo este material e o representa na forma de eventos distinguíveis. Algumas vezes os eventos estão ligados logicamente, de maneira que o ato puro de rememorar pode datá-los uns com respeito aos outros; isto é, em uma lembrança vivida de (digamos) descer uma colina, a sensação de estar no alto e de pisar pedregulhos secos fundiu-se com a de movimento acelerado, do horizonte

---

estilo transmite. É apenas porque as palavras individuais chamam tão pouco a atenção que a poesia é capaz de atingir sua sensação sem par e quase abrupta de movimento".

5. Cf. Georg Mehlis, "Das aesthetische Problem der Ferne" (*Logos*, VI, 1916/17, 173-184): "As profundezas enigmáticas da memória jamais foram perscrutadas e exaustivamente sondadas por qualquer homem. [...] Cada tempo de vida organiza-se em um nexo particular de eventos que podemos relembrar e em que nos podemos demorar. [...] Esses mundos de experiência e memória são nossas posses permanentes. [...] Eles têm a virtude de produtos terminados [...] um estado de completitude que o presente não tem."

6. Ver *Symbolism*: *Its Meaning and Effect*, especialmente p. 58-59.

elevando-se em torno, de lugares perto do fundo da trilha; e a série inteira de mudanças pode ser lembrada. Qualquer aventura especial no caminho encontra, então, sua moldura temporal na própria memória. Mas a maioria dos eventos é relembrada na qualidade de incidentes isolados, podendo-se datá-los apenas se forem pensados em uma ordem causal na qual não são "possíveis" exceto em determinadas ocasiões. Os outros itens nessa ordem causal são as várias outras memórias da pessoa, mas a ordem em si é um sistema intelectual. Crianças pequenas não têm senso histórico. O passado é simplesmente "antes"; "onde estávamos ontem" e "onde estávamos faz três dias" não são expressões significativas, a menos que os dois lugares tenham sido, por alguma outra maneira, identificados e relacionados com aquelas datas relativas. Antes de conhecermos quaisquer nomes para os dias da semana, para os meses, para a hora do dia, mesmo memórias muito recentes não têm ordem. As experiências das crianças ou ainda fazem parte do presente ilusório – como a batida que ainda dói – ou transformaram-se em lembranças, e fazem parte de um passado essencialmente atemporal.

Mesmo nossa história pessoal, como a concebemos, é, então, uma construção feita de nossas próprias memórias, relatos de memórias de outras pessoas, e suposições de vínculos causais entre os itens assim fornecidos. Ela não é, de forma alguma, inteiramente de lembranças. Nós não estamos realmente cônscios de nossa existência como contínua. Algumas vezes as recordações de diferentes lugares e atividades em que nos encontramos são tão incongruentes que temos de relembrar e arranjar uma série de eventos interpostos antes de ficarmos convencidos realmente de que duas situações tão diversas fazem parte da mesma vida. Especialmente quando a memória é muito vívida, ela não tem continuidade. O incidente profundamente impresso parece emergir do passado inteiramente só, às vezes com detalhes tão extraordinários que sugere uma experiência há pouco ocorrida, ainda muito pouco modificada pelo esquecimento; então, embora o evento rememorado possa ser de longa data, parece "como se tivesse acontecido ontem". Recordações recentes, por outro lado, podem existir como meras consciências de fatos, sem tom emocional, sem quaisquer detalhes, e podem mesmo tornar-se confusas com eventos imaginados, de maneira que podemos verdadeiramente dizer: "Lembro-me de que isso aconteceu, mas não consigo me lembrar claramente como foi."

A ilusão primária criada pela *poesis* é uma história inteiramente "experienciada"; e, na literatura propriamente dita (enquanto distinta do teatro, filme ou história retratada), essa história virtual está no modo tipificado pela memória. Sua forma é a forma fechada, completa, que, na realidade, apenas as memórias têm. Não é preciso que a literatura seja composta de memórias do autor (embora possa sê-lo), nem que necessariamente apresente eventos de maneira explícita *como* memórias de alguém (embora possa fazê-lo), mas o *modo* como aparecem os eventos é o modo da experiência completada, isto é, do passado. Isso explica porque o tempo normal da narração literária é o passado. A forma verbal – fator puramente linguístico – efetua a "projeção literária" ao criar um passado virtual.

Entretanto, esse passado, que a literatura engendra, tem uma unidade que a história pessoal não tem; pois nosso passado aceito não é inteiramente experiencial. Como nossas apreensões do espaço, do tempo e das forças que nos controlam, nosso senso de passado deriva de lembranças misturadas com elementos estranhos, suposições e especulações, que apresentam a vida como uma sucessão de eventos, mais do que como uma ação progressiva única. Na ficção, entretanto, não existe nada além da memória virtual; a ilusão de vida deve ser completamente experiencial. O mundo criado poeticamente não está limitado às impressões de um indivíduo, mas está limitado a impressões. Todas as suas conexões são conexões *vividas*, isto é, motivações, todas as causas e efeitos operam apenas como os motivos de expectativa, realização, frustração, surpresa. Eventos naturais são simplesmente os moldes em que são vazadas as experiências humanas; sua ocorrência tem de ser inerente à estória, que é uma *ação total*. Considere-se, por exemplo, a tempestade perfeitamente natural na balada de Sir Patrick Spens: é um "próximo passo" motivado psicologicamente depois de zarpar desafiadoramente da Noruega, porque os pouco hospitaleiros noruegueses o insultaram. Nem é ela introduzida por mero acaso, mas um de seus homens a prediz:

> I saw the new moon late yestreen
> Wi' the auld moon in her arm;
> And if we gang to sea, master,
> I fear we'll come to harm. *

Na vida real amiúde efetuamos tais predições racionais; e, se o evento esperado não ocorre, a predição logo é esquecida. Mas na poesia nada é esquecido exceto por pessoas na estória. Se o leitor esquece, ele será lembrado (presumindo-se que a es-

---

* "Vi a lua nova tarde ontem à noite/ Com a lua velha em seus braços;/ E se sairmos para o mar, mestre./ Receio que algum mal nos aconteça."

tória é bem contada); pois a concepção do poeta não inclui nada que não sirva à narrativa, que é a substância de sua criação. Reflexões, descrições versos preciosos, e mesmo personagens são apenas partes do *conto*, ou *do que é contado*,

A narrativa, então, tem sempre a semelhança de memórias, de maneira mais pura do que a história real, e mesmo mais que a história pessoal que tratamos como nossa própria memória; pois a poesia é criada, e se seus eventos forem empréstimos tomados à memória do artista, ele deve substituir cada fator não experiencial de seu "passado" real por elementos de caráter puramente experiencial, da mesma maneira como um pintor substitui aparências puramente visuais pelos fatores não visuais na percepção espacial ordinária. O poeta elabora uma semelhança de eventos que é *como-que-experiência*, mas universalmente acessível; uma "memória" objetivada despersonalizada, inteiramente homogénea, não importando quão explícita e quão implícita é.

O contraste entre o avanço caótico do presente real e a forma examinável da vida lembrada foi realçado por vários artistas-filósofos, notadamente Marcel Proust, que sustentava que aquilo que chamamos de "realidade" é antes um produto da memória do que o objeto do contato direto; o presente é "real" apenas por ser o material de memórias posteriores. Era uma peculiaridade do gênio de Proust trabalhar sempre com uma essência poética que era uma formulação espontânea e perfeita de algo na memória real. Essa recordação intensa, carregada emocionalmente, completamente articulada em cada detalhe, contudo tão repentina e imediata quanto uma experiência presente, não só era o catalisador que ativava a imaginação de Proust, mas também constituía seu ideal de ilusão poética, a ser atingido pela espécie mais consciente e sutil de narração de estórias.

A literatura, no sentido estrito, cria a ilusão de vida no modo do passado virtual. *Poesis* é um termo mais amplo do que literatura, porque há outros modos de imaginação poética, além da apresentação de vida através apenas da linguagem. O teatro e suas variações (pantomima, marionetes) e o cinema são essencialmente artes poéticas em outros modos, que irei discutir em um capítulo posterior; empregam palavras de maneira especial, e algumas vezes chegam até a dispensá-las completamente. A ilusão que criam é vida virtual, uma história experiencial, mas não na projeção mnemônica, não um Passado virtual. Este modo é peculiar à "literatura" no sentido estrito de arte verbal – obras de imaginação a serem ouvidas ou lidas.

278 SENTIMENTO E FORMA

O pretérito perfeito é um. recurso natural para produzir e manter uma ilusão de fato consumado. O que desafia o teórico é, antes, o uso ocasional do *presente* na narrativa, e especialmente seu uso normal na poesia lírica. É o presente e o *"present perfect"* * que exigem explicação. O papel dessas formas na criação da história virtual lança algumas luzes interessantes sobre a natureza da memória; pois a memória tem muitos aspectos que os psicólogos não descobriram, mas dos quais o poeta, que constrói sua imagem, está cônscio. Um poeta, porém, não é um psicólogo; seu conhecimento não está explícito mas implícito em sua concepção da imagem. O crítico, analisando a maneira pela qual a "rememoração" do Passado virtual é feita, é a pessoa que está em uma posição de descobrir os meandros da memória real através dos recursos artísticos que levam a cabo sua semelhança.

Existem certos usos ordinários, não literários, do presente que indicam suas possibilidades para finalidades criativas. Seu uso oficial é, evidentemente, designar ações que ocorrem no momento em que se fala. Os gramáticos geralmente citam o presente indicativo de um verbo em primeiro lugar, e, ao ensinar uma língua, nós o ensinamos primeiro, como se fosse a forma mais necessária, mais útil. Na realidade, é de pouca utilidade em inglês; raramente dizemos "I go", "I wait", ("eu vou", "eu espero") etc.; geralmente substituímos pela forma "progressiva". A razão é que o presente puro se refere a um desempenho momentâneo, o particípio com *I am* ("eu estou") a um desempenho mantido, um estado ativo; uma ação imediata em curso, de hábito é aparente, e não é preciso que seja mencionada[7]; assim, quando falamos de atos presentes, normalmente fazemo-lo para explicar nosso comportamento imediato como parte de uma ação prolongada e, portanto, usamos o presente "progressivo": "I am going home", "I am waiting for a bus".**

O uso mais importante do presente puro está na enunciação de fatos gerais, como as leis da natureza, ou de relações entre conceitos abstratos, como as proposições em um livro de álgebra. Ciência, filosofia e crítica normalmente são escritas no presente puro; "$2 + 2 = 4$" lê-se "dois mais dois *é* quatro", não "foi" ou "está sendo" ou "será". O presente em um tal contexto é o

---

* Correspondente, em português, ao pretérito perfeito composto.

7. Exceção feita das afirmações frequentes: "Eu acho...", "Eu não acredito.", "Eu sinto..."; pois os atos subjetivos não são aparentes por si mesmos.

** Literalmente: "Eu estou indo para casa", "Eu estou esperando um ônibus." Para manter o mesmo sentido do inglês, o primeiro exemplo deveria ser traduzido como "Eu vou para casa".

tempo da *atemporalidade*[8]. É usado quando o tempo é irrelevante – quando entidades abstratas são relacionadas, verdades gerais expressadas, ou meras ideias associadas independentemente de qualquer situação real, como no devaneio.

Talvez seja esse caráter "atemporal" do presente puro que faz com que os gramáticos o citem antes de todos os outros tempos; ele é como um módulo de conjugação verbal – uma forma algures entre o infinitivo, que meramente nomeia uma ação sem afirmar em absoluto sua ocorrência, e os tempos que não só a indicam, como a datam.

Na literatura, o presente puro pode criar a impressão de um ato, no entanto suspende a sensação de tempo em relação a ele. Isso explica seu uso normal na poesia lírica. Muitos críticos, supondo que o presente deve referir-se ao momento presente, foram levados, por essa suposta evidência gramatical, a acreditar que a poesia lírica é sempre a enunciação das crenças e sentimentos reais do próprio poeta[9]. Eu mantenho, porém, que a composição lírica é arte e, portanto, criativa; e o uso de seu tempo característico deve servir à criação que é peculiar a esse tipo de poesia.

Como já disse antes neste capítulo, a semelhança criada com maior frequência numa lírica é a de um evento muito limitado, de uma partícula concentrada de história – o pensar um pensamento emocional, um sentir algo a respeito de alguém ou alguma coisa. A estrutura é de ideias ocorrentes, não de acontecimentos externos; a contemplação é a substância da lírica que motiva e mesmo contém a emoção apresentada. E o tempo natural da contemplação é o presente. As ideias são atemporais; em uma lírica não se diz que elas ocorreram, mas que estão virtualmente ocorrendo; as relações que as ligam são atemporais também. A criação inteira em uma lírica é uma consciência de uma experiência subjetiva, e o *tempo da subjetividade é o presente "atemporal"*. Esse tipo de poesia tem o caráter "fechado" do modo

---

8. Na literatura da epistemologia, a observarão desse uso "atemporal" do presente pode ser encontrado em *Analysis of Meaning and Valuation*, de C. I. Lewis, p. 51.

9. Ver, por exemplo, o artigo de D. G. Brinton, "The Epilogues of Browning: Their Artistic Significance" ("Os Epílogos de Browning: Sua Significação Artística"), em *Poet Lore*, IV (1892), que enumera as seguintes conclusões:

"(1) Que Browning uniformemente trata o epílogo como um elemento, não de poesia dramática, mas de poesia lírica.

'(2) Que, com ele, o epílogo se aproxima da forma do solilóquio, e é destinado a produzir um relacionamento direto e pessoal entre ele e seu leitor.

"(3) Que seus epílogos são as únicas porções de seus escritos em que declaradamente abandona a tendência dramática de seu génio e expressa seus próprios sentimentos enquanto homem".

280 SENTIMENTO E FORMA

mnemônico, sem a fixidez histórica que eventos externos outorgam às memórias reais; ela está na "projeção histórica" sem cronologia. Escrever líricas é uma técnica especializada que constrói uma impressão ou uma ideia como algo experimentado, em uma espécie de presente eterno; dessa maneira, ao invés de oferecer proposições abstratas nas quais tempos e causação simplesmente não entram, o poeta lírico cria uma sensação de realidade concreta da qual foi anulado o elemento tempo, deixando uma sensação platônica de "eternidade".

Essa atemporalidade é na realidade um dos traços marcantes de muitas memórias. A rememoração de estados de espírito e atitudes, como a febre de primavera ou a pensatividade, normalmente não faz referência a ocasiões específicas; contudo uma experiência assim é definitivamente familiar e surge, na lembrança, com a vividez de algo muito recente. Amiúde os mais remotos estados de ânimo infantis voltam de súbito com um frescor completamente acronológico; contudo, não os defrontamos como se fossem novos, como o presente atual, mas como antigas posses. Nossa memória de pessoas com as quais vivemos geralmente tem esse caráter atemporal.

Se, agora, nos voltarmos da lírica, com seu caráter atemporal, pessoal, para a poesia narrativa, é bastante natural que encontremos o perfeito e o mais-que-perfeito como tempos normais para construir a moldura de eventos impessoais, físicos. Na simples enunciação discursiva de fatos históricos, usam-se apenas os tempos passados. Mas a enunciação poética tem um objetivo diferente; seu propósito não é informar as pessoas daquilo que aconteceu e quando, mas criar a ilusão de coisas passadas, a semelhança de eventos vividos e sentidos, como uma memória abstraída e consumada. Os poetas, portanto, exploram as formas verbais gramaticais para toda nuança de imediatidade ou indiretidade, continuidade ou finalidade, isto é, por seu poder de enformar a experiência virtual, mais do que por sua função literal de nomear ações e datá-las. Assim, encontramos o presente, mesmo aqui, em sua capacidade "atemporal", e também em algumas outras. Uma destas é o conhecido "presente histórico" que aumenta a vitalidade de uma ação ao ser esta contada "como se fosse agora". Esse artifício pode ser muito eficaz, mas tem sido usado tão espalhafatosamente por jornalistas e novatos que se transformou num truque óbvio. É interessante notar que, quando um verdadeiro mestre o emprega, o presente usualmente tem outra justificativa além de realçar a ação. Existe um genuíno "presente histórico" na "Rime of the Ancient Mariner":

MEMÓRIA VIRTUAL 281

Swiftly, swiftly flew the ship,
Yet she sailed softly too;
Sweetly, sweetly blew the breeze–
On me alone it blew.
Oh! dream of joy! is this indeed
The lighthouse top I see?
Is this the hill? is this the kirk?
Is this mine own countree?*

O presente de fato intensifica a alegria repentina do Marinheiro quando ele reconhece seu porto de partida, mas faz mais do que isso: encerra a viagem, como "agora" sempre encerra a história subjetiva da pessoa. A estória culmina no retorno do Marinheiro, como o passado culmina no presente. Note-se como o desembarque (descrito no passado) forma uma cadência que termina com outro "presente histórico", que, transbordando, para um futuro, a fim de reforçar o efeito:

I saw a third – I heard his voice:
It is the hermit good!
He singeth loud his godly hymns
That he makes in the wood.
He'll shrieve my soul, he'll wash away
The albatross's blood.**

Entretanto, o uso mais interessante, do presente em narrativas que realmente se movem no passado, é um uso que, até onde sei, jamais foi reconhecido como uma consecução técnica. Talvez os críticos literários não o tenham percebido porque têm a tendência de pensar sobre um poema como algo que o poeta *diz*, mais do que como algo que o poeta *faz*, e o que ele diz não é realçado por esse sutil jogo de tempos; refiro-me à mistura de construção no presente e no passado que comumente se apresentam em baladas, especialmente nas estrofes iniciais e finais. É uma prática gramaticalmente inconsistente, mas tão difundida que obviamente tem uma missão artística. Não dá a impressão de um solecismo, nem desorienta o leitor quanto ao tempo em que se passa a ação. Geralmente passa sem chamar a atenção. Nas antigas baladas tradi-

---

* "Rima do Antigo Marinheiro": "Rápido, rápido voava o navio./ Mas velejava suave também;/ Doce, soprava a brisa.../ Soprava só em mim./ Oh! sonho de alegria! será esse de fato/ O topo do farol que vejo? Será essa a colina? Essa a igreja?/ Será essa minha terra?"

** "Vi um terceiro – ouvi sua voz:/ É o bom ermitão!/ Ele canta alto seus divinos hinos/ Que ele faz na floresta./ Ele absolverá minha alma, ele lavará/ O sangue do albatroz."

282 SENTIMENTO E FORMA

cionais, a dicção frequentemente é tão coloquial que se pode atribuir a imprecisão de tempo verbal ao descuido popular; mas dificilmente poder-se-ia permiti-la com tais bases nas excelentes baladas escritas por poetas modernos. "The Rime of the Ancient Mariner", "The Lady of Shalott", ou a "Erlkönig" de Goethe, em todas as quais ela ocorre e, geralmente, nem chega a ser observada. É um dos recursos do baladista, e foi usada de modo tão natural tanto por poetas recentes quanto pelos antigos quando o espírito da balada pairava sobre eles.

Aduzindo alguns exemplos do acervo da poesia anônima inglesa: em "The Queen's Marie"[10], as primeiras três estrofes misturam tempos presente e passado; as estrofes quatro e cinco estão no passado; a sexta mescla os tempos novamente; a sétima e a oitava aparecem no presente; depois disso, começa a ação conexa, Marie é levada após o parto a levantar-se e cavalgar junto com a rainha, entra em Edimburgo, é acusada e condenada. Todas essas ações conexas, obra de um dia, são contadas no passado, até o final da estória.

Em "Sir Patrick Spens", a primeira estrofe está no presente, a segunda no passado, a terceira começa no perfeito composto (*present perfect*) e termina com o perfeito puro progressivo ("*was walking*", "estava andando"). Com o recebimento da carta, começa a aventura, e a narrativa prossegue no tempo passado até que o desastre termina; as últimas três estrofes, que são consequências, acham-se no presente de novo.

Se, agora, nos voltarmos para "The Rime of the Ancient Mariner", encontramos a mesma mistura de tempos. A primeira estrofe está no puro presente; a segunda deve ser descontada, uma vez que é discurso direto; a terceira, quarta e quinta são misturadas. Então começa a verdadeira estória em discurso direto, e contada no passado, com exceção de duas estrofes (as que empregam um genuíno "presente histórico") até que a estória é relatada e o Marinheiro fala do que é presente. É só no final que a narrativa impessoal é retomada, e nessas duas estrofes finais os tempos aparecem de novo mesclados:

> The mariner whose eye is bright,
> Whose beard with age is hoar,
> Is gone; and now the Wedding-Guest
> Turned from the bridegroom's door.
> He went like one that hath been stunned,
> And is of sense forlorn;

---

10. A maioria, se não todas, de tais antigas baladas é conhecida em muitas versões. A versão aqui citada é a do *The Oxford Book of Ballads*.

A sadder and a wiser man
He rose the morrow morn.*

Mesmo o uso de "hath" e "is" na comparação, embora formalmente correto, é inusitado, pois o tempo com que uma tal oração relativa geralmente concorda é o da oração principal. A forma estritamente acurada é aqui empregada em seu sentido estritamente acurado, que é *atemporal*, uma vez que que a referência não é a "um" qualquer em particular que *tinha* ficado aturdido. Esse toque de atemporalidade é exatamente aquilo que o poeta queria.

Na famosa balada de Tennyson, "The Lady of Shalott", as primeiras sete estrofes, que contam sobre o lugar, a dama, sua vida e sua canção, a maldição, o espelho, e a teia, estão no presente. Na oitava estrofe – a última da Segunda Parte – o perfeito é introduzido quase que imperceptivelmente. Depois disso, a ação prossegue a partir de uma ocasião definida (a passagem de Lancelote a cavalo) até o fim, e é contada de modo consistente no passado.

O princípio que governa tal uso parece ser o de que todo o necessário para criar o contexto da estória é apresentado como uma condição sem data. Isso se adequa à natureza da memória; todo o nosso conhecimento relevante está implícito na lembrança de um evento passado, mas não é em si "lembrado" como sendo dessa época. É o ambiente histórico ativo, não a história em si mesma; e, na poesia, onde a semelhança de história vivida é criada, e sua moldura de conhecimento implícito também tem de ser criada através da narração explícita, o senso da diferença entre eventos e suas circunstâncias motivadoras é frequentemente dado pelo jogo de tempos, que torna o senso de tempo indefinido para tudo, menos para a própria ação.

Isso, é claro, não é uma regra, mas um recurso que pode ou não ser usado. Há baladas em que o tempo presente jamais ocorre (por exemplo, "Clerk Saunders"), e há algumas em que é utilizado em meio à narrativa para indicar um salto na ação. Em "Binnorie" (tematicamente, aventuro-me a dizer, uma das mais antigas lendas em toda nossa tradição), a estória é contada no passado até o ponto em que a princesa jaz morta ao lado do dique, e o harpista passa:

---

* "O marinheiro, cujos olhos são brilhantes./ Cuja barba está branca de velhice,/ Foi-se; e agora o Conviva do Casamento/ Afastou-se da porta do noivo./ Ele foi como alguém que ficou aturdido,/ E está desolado; / Um homem mais triste e mais sábio/ Ele levantou-se na manhã seguinte."

284 SENTIMENTO E FORMA

And when he look'd that lady on,
He sigh'd and made a heavy moan.
He's made a harp of her breast-bane,
Whose sound wad melt a heart of stane.
He's ta'en three locks o' her yellow hair,
And wi' them strung his harp sae rare.
He went into her father's hall.
And there was the court assembled all.*

Assim a narrativa prossegue novamente, em sua forma natural .

Uma das manipulações mais incomuns e brilhantes do tempo na poesia narrativa ocorre na "Erlkönig" de Goethe: esta balada é, de ponta a ponta, uma obra-prima de estrutura retórica para efeito poético[11]. Há apenas quatro linhas de afirmação impessoal antes de que o diálogo tome posse inteiramente, e essas quatro linhas estão no presente. O poema termina, de forma semelhante, com quatro linhas de narrativa, todas no presente, exceto a última:

Dem Vater grauset's, er reitet geschwind,

---

* "E quando ele olhou para a dama,/ Suspirou e deu um profundo gemido./ Ele fez uma harpa com o esterno dela./ Cujo som derretia um coração de pedra./ Ele tomou três cachos de seu cabelo amarelo, / E com eles fez cordas para sua harpa./ Ele entrou no átrio do pai dela./ E lá estava toda a corte reunida."

11. Uma tensão quase incrível é erigida e constantemente aumentada por *perguntas* em todos os níveis de discurso e experiência; primeiro, a pergunta impessoal do poeta:
"Wer reitet so spät durch Nacht und Wind?"
A breve introdução narrativa é a resposta. Depois, a pergunta do pai:
"Mein Sohn, was birgst du so bang dein Gesicht?"
a que a criança responde com outra pergunta:
"Siehst, Vater, du den Erlkönig nicht?
Den Erlenkönig, mit Krön' und Schweif?"
O pai lança uma única linha de resposta tranquilizadora:
"Mein Sohn, es ist ein Nebelstreif."
Depois vem a suave tentação do Rei Amieiro, e a pergunta mais urgente da criança:
"Mein Vater, mein Vater, und hörest du nicht
Was Erlenkönig mir leise verspricht?"
Logo o próprio fantasma fala no modo interrogativo:
"Willst, feiner Knabe, du mit mir gehn?"
E a criança, novamente:
"Mein Vater, mein Vater, und siehst du nicht dort
Erlkönigs Töchter am düstern Ort?"
Dessa forma, todo o fantasma é criado de incertezas, assim, a declaração final:
"Ich liebe dich, mich reizt deine schöne Gestalt;
Und bist du nicht willig, so brauch' ich Gewalt!"
vem com uma força terrível, que traz à tona o grito:
"Mein Vater, Mein Vater, jetzt fasst er mich an!"
e faz com que a própria crise pareça uma solução, só porque é fato, e rompe a tensão de tantas perguntas:
"Erlkönig hat mir ein Leids getan!"
Isso é uma suprema composição, da primeira palavra à última.

MEMÓRIA VIRTUAL

Er hält in den Armen das ächzende Kind.
Erreicht den Hof mit Mühe und Not;
In seinen Armen das Kind war tot.

(O pai está abalado, cavalga apressado,
A criança está gemendo em seu abraço;
Ele chega à casa, com medo e pavor;
A criança em seus braços estava morta.)

Aqui a súbita incursão do *passado* encerra a aventura e o poema, com o poder de uma cadência completa – o tempo "perfeito", o fato consumado.

O presente ali serve a dois efeitos concomitantemente – seu caráter de estar "fora do tempo" ajuda a criar a atmosfera irreal em que surgem todas as perguntas e visões, e seu caráter imediato – a força do "presente histórico" – realça a ação. Além do mais, é claro, ele prepara o efeito da mudança de tempo na linha final.

A função normal do tempo de verbo no passado é criar a "projeção histórica", isto é, a aparência de eventos no modo mnemônico, como uma realidade vivida e lembrada. As pessoas tacitamente reconhecem essa função do "perfeito" (note-se como seu nome técnico evidencia seu poder de formulação e definição), ao evitá-lo quando contam simplesmente o enredo de uma obra literária. Ao esboçar a ação de uma estória, poema ou filme, habitualmente usamos o presente, pois não estamos *compondo* a ação em termos de alguma forma artística. A regra não escrita de que tais paráfrases sejam adequadamente relatadas no presente origina-se de um genuíno sentimento poético; o verbo no passado faria com que a simples enunciação de enredo tivesse a pretensão de *status* literário, e, como literatura, ela seria atrozmente má. Assim, deixamos nossas sinopses no "presente atemporal" a fim de indicar que estamos exibindo materiais, e não apresentando elementos, de arte.

A lenda, o mito e o conto de fadas não são em si mesmos literatura; não são em absoluto arte, mas, sim, fantasias; enquanto tais, entretanto, são os materiais naturais da arte. Por sua natureza, não estão ligados a quaisquer palavras determinadas, nem mesmo à linguagem, mas podem ser relatados ou pintados, representados ou dançados, sem sofrer distorção ou degradação[12]. Mas a literatura propriamente dita é o uso da linguagem a fim de criar história virtual, ou vida virtual, no modo mnemônico –

---

12. Essa circunstância foi-me apontada pela ilustradora Helen Sewell, que tem dedicado muita reflexão às relações entre literatura e pintura, e os direitos de ambas às nascentes da tradição (*lore*) popular.

286 SENTIMENTO E FORMA

a semelhança de memória, embora uma memória despersonalizada. Uma lenda apresentada como estória é uma criação tão nova quanto qualquer obra cujo enredo acabou de ser inventado; pois, narração à parte, a ação ou "enredo" não é uma "obra", não cria qualquer ilusão completa e organizada de algo vivido, mas está para a literatura como uma armação ou bloco rudemente talhado está para a escultura – uma primeira forma, uma fonte de ideias.

O principal instrumento de prova do uso artístico dos tempos verbais, em toda minha longa discussão, foi a arte dos antigos fazedores de baladas, de quem alguns poetas modernos aprenderam seu ofício; assim, é surpreendente, para não dizer desconcertante, constatar que alguns reconhecidos especialistas na balada popular sustentem vigorosamente que ela não é, de maneira alguma, arte literária, mas pertença à matriz primitiva da fantasia espontânea. Frank Sidgwick, por exemplo, em seu pequeno livro, *The Ballad*, afirma-o enfaticamente .

> Uma balada [diz ele], está, e sempre esteve, tão distante de ser uma forma literária que é, em seus elementos essenciais, não literária, e [...] não tem uma forma única. É um *gênero* não só mais antigo do que a Epopeia, mais antigo do que a Tragédia mas também mais antigo do que a literatura, mais antigo do que o alfabeto. É *tradição* (*lore*), e pertence aos iletrados.[13]

Até aqui, tudo bem; se se tomar "literatura" em seu sentido estrito, como uma arte de letras, então, é claro, a poesia de sociedades analfabetas não é "literatura". Mas quando o Prof. Sidgwick diz que a balada *não é poesia* tenho de discordar. O fato de toda balada possuir várias versões e, portanto, nenhuma forma *única*, não quer dizer que ela não possua forma *nenhuma*. Mitos são "lore"; não têm métrica, nem frases características, e são registrados com a mesma frequência em pinturas de vasos e baixos-relevos quanto em palavras. Uma balada, entretanto, é uma composição; e, embora seja multiforme, não vinculada a uma forma completamente determinada, ela é essencialmente poética. Como todas as obras transmitidas pessoalmente – canção popular, litania e dança (mesmo hoje) –, a balada viva tem uma forma *aberta*; ela pode sobreviver a muitas variações, porque sua concepção não é completamente verbalizada, embora as principais decisões quanto à sua progressão estejam todas tomadas. Como o baixo figurado, ela convida à elaboração.

13. *The Ballad*, p. 7-8.

A natureza essencialmente poética da balada folclórica fica bem atestada por uma prática que se desenvolveu no momento em que tais composições populares foram escritas – o costume de fornecer uma paráfrase consecutiva por meio de glosas marginais. Essa paráfrase é mantida no presente, e expressa a fantasia protopoética, o enredo puro, que poderia ser incorporado da mesma forma em uma peça, um conto, um friso, uma série de tapeçarias, ou uma ópera. A balada, por outro lado, emprega normalmente o tempo de verbo da verdadeira narrativa; cria uma ilusão poética no modo literário, embora sua verbalização seja pré-letrada. O que a torna memorável não é o enredo enquanto tal, mas o poema – o trecho criado de história virtual, que é uma forma expressiva não discursiva.

A afirmação amiúde repetida – em que o Prof. Sidgwick insiste – de que uma balada não possui autor, de que é um produto de grupo, "emoção cristalizada em uma multidão", parece-me não ter fundamentos. Ninguém jamais soube de uma multidão que inventasse uma canção, embora sucessivos membros desta possam elaborar uma, acrescentando estrofes ou propondo paródias, uma vez que seu tema poético, seu esquema de rimas e melodia tenham sido propostos (a métrica usualmente é ditada pela melodia). A ideia vem de ama pessoa; e uma canção séria, tal como um *spiritual*, geralmente é apresentada em uma forma completa, por mais simples que seja. A multidão a adota; e, se a canção é bem recebida, e é transmitida, sua autoria logo torna-se obscura, embora o compositor possa ter fama local como alguém frequentemente inspirado[14].

O conceito de *folk* como uma perfeita democracia de talentos é uma ficção pseudoetnológica que se origina, creio eu, da anonímia da arte folclórica. Mas, voltando à balada, é altamente improvável que ninguém haja inventado um poema como "The Wife of Usher's Well". Não importa quantas versões possam existir, alguém compôs a estória originalmente em métrica e rima, e forneceu o "cerne poético" de todas as variantes que podem ser reunidas sob o título.

---

14. Existe um interessante estudo de Elsa Mahler sobre a endecha russa como uma espécie de poesia camponesa. A forma métrica, as figuras de retórica e outras rubricas são tradicionais; mas a expectativa é que toda mulher seja capaz de improvisar uma endecha para seus mortos (essa é tarefa feminina). Naturalmente, talento e imaginação diferem grandemente; mas cada endecha, que é por certo "poesia do *folk*", é sempre a obra de um poeta. Uma vez que o costume exige um novo poema para cada ocasião, não há motivos para escrever nem mesmo os melhores. Ver Elsa Mahler, *Die russiche Totenklage, ihre rituelle u. dichterische Deutung.*

É esta "forma aberta" uma característica essencial da verdadeira balada? Se a "verdadeira balada" é um conceito etnológico, sim; mas se a considerarmos como categoria poética, não. Grafar as palavras de uma balada não a destrói, embora sua função sociológica possa ser alterada ou mesmo destruída. Teoricamente, todas as suas versões poderiam ser escritas, não sendo dado a nenhuma preeminência, exceto na prática, pelo favor popular, posto que toda a gente tem acesso a todas elas. Evidentemente, o fato é que, entre o público e a obra medeiam editores e publicadores, e eles padronizam as versões de sua escolha; os efeitos étnicos da alfabetização não podem ser evitados.

Como todo poema que se sabe de cor pode ser registrado por escrito, a balada, embora não seja "literatura" em seu estado prístino, estava destinada a *tornar-se* uma forma literária; e muitas versões de baladas oralmente lembradas eram sutis. Tão logo apareceram impressas, forneceram ao mundo letrado e literário uma forma altamente característica. Essa nova forma, entretanto, não é para cantar; não é sequer para recitar, mas – como a "literatura" mais madura – é para ser lida.

A vigorosa insistência do Prof. Sidgwick de que a balada não é poesia pode fundar-se não em algum mal-entendido sobre a forma de balada (o que seria muito pouco provável em uma pessoa com suas qualificações), mas naquilo que eu consideraria uma concepção demasiado estreita da arte poética: a identificação dessa arte com seu próprio desenvolvimento mais elevado, que é "literário" no sentido estrito, a feitura de estruturas verbais completamente fixadas, invariáveis – fixadas por serem escritas *ab initio* por seus autores. Tais poemas estão para a poesia folclórica como as chamadas "canções artísticas" estão para a canção folclórica; mas a canção popular, a toada simples com texto variável e qualquer tipo, ou nenhum tipo, de acompanhamento, é ainda música, e nada mais que música; e a balada tradicional com suas numerosas versões, algumas grosseiras e algumas formalmente belas, é ainda poesia no modo "literário" de memória virtual.

Talvez a concepção escrita da "literatura" como matéria de leitura origine-se de um protesto inconfessado mas bastante justificado contra uma teoria popular, sustentada também por muitos teóricos, de que a palavra escrita é um inimigo da experiência poética – de que toda poesia, e (dizem alguns) inclusive toda prosa, deveria na realidade ser lida em voz alta, e de que a leitura em silêncio é apenas um substituto pobre para a audição da palavra falada. Talvez a noção de que a literatura começa somente com as letras seja simplesmente uma excessiva reação compensatória ante essa doutrina bastante difundida, mas superficial. A arte da imprensa, de acordo com a teoria "oral" da poesia, privou-nos de muito prazer literário, pois nossa habilidade de preservar inúmeras palavras do esquecimento foi comprada ao preço de nossa experiência real destas. As palavras, como a música, são essencialmente algo para a audição física[15].

Se o princípio do Prof. Sidgwick de datar a "literatura" a partir do advento da alfabetização é de fato uma revolta contra tal teoria, posso apenas assentir em espírito enquanto critico a sua definição da poesia. O tratamento da poesia como som físico comparável à música baseia-se, acredito, em um total mal-entendido sobre aquilo que um escritor cria e sobre qual é o papel do som nessa criação. Existe poesia que aproveita, ou mesmo exige, a fala real[16] (E. E. Cummings, por exemplo, ganha tremendamente quando lido em voz alta; onde as palavras são usadas de maneira impressionista e não se pretende que a pessoa se detenha nelas e as examine para um sentido literal, a recitação é uma vantagem, pois não nos permite parar, mas nos força a passar por cima da palavra problemática e receber apenas a impressão que ela foi destinada a dar). Mas muita poesia e quase que toda a prosa devem ser lidas com rapidez algo maior do que a velocidade normal da fala[17]. Falar depressa não satisfaz essa exigência, porque se torna precipitado. A leitura silenciosa na realidade *é* mais rápida, mas não parece, porque não é apressada ante um ritmo mais rápido, enquanto que a enunciação física o é. As imagens querem passar mais céleres do que a palavra falada. E, além do mais, na ficção em prosa, bem como em um bom número de poemas, a voz de um elocutor tende a intrometer-se no mundo criado, transformando o vocativo lírico formal, como:

I tell you, hopeless grief is passionless*

---

15. A expressão desse ponto de vista por Calvin S. Brown, Jr., em sua *Music and Literature: A Comparison at the Arts*, já foi citada e discutida no Cap. 9, p. 134-135.

16. Muitas pessoas supõem que a poesia muito sonora ou musical, especialmente, perde sua beleza se não for falada. Tal poesia, porém, é, de fato, a mais fácil de "ouvir" interiormente.

17. Esse ponto de vista é corroborado nas palavras de H. W. Boynton, que escreveu, há cerca de meio século: "Fora da poesia, existem poucas formas de literatura que não fiquem tão bem ou melhores sem a interposição da voz. A razão disso parece ser que uma página impressa dota o ouvido de uma faculdade de audição rápida. O ouvido interior pode receber uma impressão de modo tão seguro quanto o ouvido exterior, e com muito maior rapidez. As palavras impressas representam som mais do que forma para a maioria das pessoas." ("Pace in Reading", em *Journalism and Literature, and Other Essays*, p. 62).

290   SENTIMENTO E FORMA

em discurso genuíno, dirigido pelo representante do poeta – o elocutor – a outra pessoa real, o ouvinte[18]. Um romance centralizado principalmente na criação de personalidades virtuais quase sempre sofre, quando lido em voz alta, pela presença periférica do leitor (contos de fadas, estórias de aventuras, e romances medievais não são grandemente influenciados dessa forma).

O signo mais seguro de que o fato de escrever e ler não mina a vida da arte poética é o fato histórico de que o verdadeiro desenvolvimento de tal arte – a emergência de suas formas especiais, tanto na poesia quanto na prosa – processa-se em uma cultura somente depois que a escrita é estabelecida. É o poeta letrado que explora os meios técnicos permitidos por sua arte, inventa novos elementos estilísticos, e estende seus numerosos projetos de modo a englobar mais e mais material. Somente na escrita poderia a prosa tornar-se um meio artístico. Essa e todas as outras formas especiais desenvolveram-se, creio, pela exploração de técnicas alternativas; cada meio de criar a ilusão poética produziu sua própria espécie de composição. Traçar essa evolução das grandes formas literárias, cada uma à base de seus principais recursos, é a maneira mais rápida de demonstrar que toda "escritura criativa" é poesia e, na medida em que trabalha só com palavras, cria a mesma ilusão: memória virtual, ou história ao modo de um Passado experimentado.

---

* "Digo-lhe, a mágoa desesperada não é apaixonada."

18. A confusão torna-se ainda mais desastrosa quando o vocativo direto é colocado na boca de um personagem, e pressupõe alguém que responde e não é explicado no poema, por exemplo:

> "Nay, but you, who do not love her,
> Is she not pure gold, my mistress7"

> ("Não, mas você, que não a ama,
> Não é ela ouro puro, minha senhora?")

ou:

> "Let us go then, you and I,
> When the evening is spread out against the sky
> Like a patient etherised upon a table."

> ("Vamos, então, você e eu,
> Quando a noite está espalhada contra o céu
> Como um paciente eterizado sobre uma mesa.")

Um crítico recente, Morris Weitz, propôs como uma interpretação óbvia, que Prufrock – uma pessoa fictícia, um elemento no todo poético – tome o leitor para que nós *nos* vejamos andando com ele por ruas semidesertas, e que o poema não crie, mas revele, confidente, "a indecisão de Prufrock e a nossa"! (Ver *Philosophy of the Arts*, p. 96).

16. As Grandes Formas Literárias

Todas as convenções artísticas são recursos para criar formas que expressam alguma ideia de vitalidade ou emoção. Qualquer elemento em uma obra de arte pode contribuir para a dimensão ilusória em que tais formas são apresentadas, ou para sua aparência, sua harmonização, sua claridade e unidade orgânica; pode servir a muitos de tais objetivos ao mesmo tempo. Tudo, portanto, que faz parte de uma obra é expressivo; e todo artifício é funcional. Supor que um bom poeta usou um determinado vocabulário simplesmente porque este era considerado como a linguagem adequada para a poesia em sua época é uma explicação a-histórica. A pergunta importante é por que os poetas, em sua época, utilizaram tais palavras – que tipo de semelhança estavam produzindo, e por qual meio, isto é, o que tais palavras estavam fazendo na literatura.

O vocabulário poético de uma época consiste das maneiras de falar que os poetas estavam explorando naquele tempo. Que um homem introduza um novo giro de frase, uma nova imagem, ou um novo recurso rítmico para (digamos) expandir uma ação, ou apressá-la, ou demorar-se nela, outros poetas evidentemente serão afetados pela técnica daquele. Os mais fracos imita-la-ão; mas seus verdadeiros pares irão usar soluções análogas para seus próprios problemas e desenvolverão outros recursos em harmonia e combinação com esta. Não sabemos, por exemplo, quem

292 SENTIMENTO E FORMA

foi o primeiro poeta a empregar um verso de apenas um ou dois acentos, detendo o fluxo de uma estrofe que depois continua com uma cadência mais lenta; mas a prática é comum na poesia elisabetana e serve para mais de um propósito. Herrick a emprega para aprofundar um sentimento ou um pensamento, como em seu poema "To Daffodils"; Donne usa-a para gerar uma sensação de rigidez e frieza:

> Though she were true, when you met her,
> And last till you write your letter,
>   Yet she
>   Will be
> False, ere I come, to two or three.*

Fletcher deixa que o verso curto sirva de resposta, de assentimento formal, como uma reverência:

> Cynthia, to thy power and thee
> We obey.**

Todos os usos desse pequeno instrumento, um por um, são explorados – não apenas para retardar um ritmo, mas também para detê-lo com uma nota de finalidade:

> Forbear therefore,
> And lull asleep
> Thy woes, and weep
> No more.***

Ele serve como pausa, como acento, como eco, como acorde final e, sem dúvida, uma pequena pesquisa iria revelar outras funções.

O verso de dois centos é uma convenção elisabetana. Até os impressores reconheceram seu valor e desenvolveram uma maneira adequada de centralizá-lo, para auxiliar o ouvido interior com uma ênfase para o olho[1]. Contudo, a suposição fácil de que os poetas a usavam puramente como um recurso do ofício, com o fito de fazer com que seus poemas se amoldassem a uma certa moda, é desmentida tão logo se olha para a variedade de fins que eram alcançados por meio dela. Para estudiosos a classificar as

---

* "Embora ela fosse sincera, quando você a encontrou, permaneceu/ E até que você escreveu sua carta./ Ainda assim ela./ Há de ser/ Falsa, ai chego eu, para dois ou três."

** "Cíntia, a teu poder e a ti/ Obedecemos."

*** "Tem paciência então./ E embala para dormir/ Tuas mágoas, e chora/ Não mais."

1. Na literatura que se oferece para a leitura silenciosa, a tarefa do tipógrafo torna-se uma tarefa artística, estreitamente afim à execução.

AS GRANDES FORMAS LITERÁRIAS

obras literárias, ela pode ser simplesmente uma marca registrada da poesia de um determinado estilo; mas, nas mãos dos poetas que estabeleceram esse estilo, era, em cada caso, um elemento expressivo. A "moda" desenvolveu-se a partir da versatilidade do recurso e de seu poder de fazer coisas que aqueles determinados poetas queriam fazer.

Estrutura, dicção, imagística, o uso de nomes, alusões são todos recursos criativos apreendidos pela imaginação de alguém ao elaborar a imagem de vida que deveria expressar sua "Ideia". Em uma época em que a poesia é viva e progressiva, existe uma unidade de interesses que leva muitos escritores a explorar os mesmos sentimentos predominantes, de modo que chega a ser uma certa solidariedade de estilo que é inteiramente genuína em cada contribuinte. Recursos, então, tornam-se tradições, no entanto servem a muitos e diferentes propósitos poéticos. São vantagens técnicas, não práticas imitativas, são empregadas por bons poetas até que suas possibilidades são exauridas, ou até que outra invenção os torna ineficazes, supérfluos e, consequentemente, banais.

O efeitos dos elementos artísticos, uns sobre os outros e, portanto, de um meio criativo sobre alguns ou todos os outros, tem sido frequentemente observado, mas jamais, que eu saiba, foi estudado seriamente. Contudo, é o princípio de construção artística que leva à evolução de formas especiais dentro de um grande campo geral de arte – formas tão distintas quanto a balada, o romance, a novela, o ensaio literário, o conto, o catecismo, o diálogo.

Há críticos, e especialmente professores de retórica e poética, que julgam a excelência de uma obra de acordo com o número de virtudes bem conhecidas que podem encontrar nela (de modo algo semelhante com a maneira pela qual cães em uma exposição são julgados por "pontos"): música das palavras, riqueza de imagens, sensitividade, intensidade emocional, economia, interesse na estória, "obliquidade", ironia, profundidade de pensamento, realismo, caracterização dramática, vigor, e qualquer outra coisa que é usualmente elogiada e recomendada como valor literário[2]. Existem diferenças de opinião quanto a qual é o valor principal: imagens ou musicalidade na lírica, personagens ou enredo nos romances, realismo ou "profundidade" no conto, ironia ou intensidade de sentimentos ou economia, ou seja lá o que for em tudo. Mas, seja qual for o traço tomado como o *sine qua non* da literatura, ou do gênero particular em questão, pensa-se que uma

---

2. Um excelente exemplo dessa prática pode ser encontrado em *The Basis of Criticism in the Arts*, de Stephen Pepper, Cap. VT, p. 115-120, a avaliação "do mecânico". O Prof. Pepper não indica em parte alguma que julga tal avaliação passível de objeções.

obra sempre é enriquecida pela presença de qualidade adicionais, e a falta completa de qualquer das virtudes principais é considerada como uma "limitação"[3]. Assim, um poema cheio de imagens sensoriais é, por princípio, considerado melhor do que um que não as tenha, uma asserção econômica, sempre melhor do que uma circunlocução prolixa, e assim por diante.

O que estes críticos (alguns dos quais são teóricos sérios) deixam de ver é que tais "valores" não são em absoluto a substância da literatura, mas apenas recursos para a feitura dos verdadeiros elementos que constituem a ilusão poética. Seu uso é propriamente relativo ao propósito criativo do poeta; pode ser que ele precise de muitos destes recursos, que os explore ao máximo ou mude livremente de um para outro; da mesma maneira que alguns artífices têm uma ferramenta favorita que lhes serve quase em toda a parte, ao passo que outros escolhem um implemento diferente para cada tarefa especial. O princípio cardial é que cada artifício empregado deve ser empregado para um propósito poético, e não porque é divertido, ou porque é a moda, ou porque usá-lo é uma nova experiência[4]. Consequentemente, um recurso técnico pode tornar outro, ou mesmo muitos outros, desnecessários; e, também, uma vez que duas práticas que podem ser ambas valiosas na mesma obra, podem, contudo, ser incompatíveis, é possível que uma tenha de ser sacrificada.

Se se traz sempre em mente que tudo o que um poeta escreve é uma pincelada na criação de um pedaço de história virtual, pode-se encarar a evolução de cada gênero literário como a exploração de algum princípio técnico preeminente e sua influência – positiva ou negativa – no valor poético de todas as outras práticas e materiais disponíveis. Como o emprego da narrativa torna suficiente a versificação simples e a dicção simples e, portanto, excelentes, a balada folclórica, governada por uma estória, não tem nada da intensidade de pensamento e sentimento que pode ser encontrada na canção lírica folclórica[5]. Ao invés de concentração, ela tem alcance; a estrutura usual, que é uma série de eventos sucedendo-se uns aos outros em uma única cadeia

3. Essa prática não se restringe à crítica literária; um crítico alemão de música considera o gênio de Mozart "limitado" porque este não tem amor pela vida ao ar livre.

4. Práticas ou meios genuinamente novos, tais como os grandes artistas algumas vezes introduzem, e talvez apontam com entusiasmo, não são "experiências"; pois o artista não os usa apenas para ver o que acontece; ele parte de uma nova concepção que lhe determina uma tarefa para a qual ele sabe que aqueles servirão, e meramente mostra como eles resolvem seu problema de uma maneira eminentemente adequada. Cf. a afirmação de Picasso, citada na p. 129.

5. Uma forma poética mais comum na Alemanha, Escandinávia e Rússia do que na Inglaterra ou nos países latinos, que amam as estórias.

AS GRANDES FORMAS LITERÁRIAS 295

causal, leva o poema a mover-se rápido através de muitas estrofes; e, tendo em vista o interesse de manter a estória clara, as estrofes geralmente são construídas com comprimentos de verso que se alternam regularmente e com rimas alternadas. Tudo se destina a continuar a estória. Isso elimina muitos dos meios poéticos favoritos: descrições, comparações, protestos de sentimento e, com eles, os giros de frases e as variações métricas que enriquecem uma poesia mais contemplativa.

Uma ação progressiva simples, entretanto, não é o único padrão em que uma narrativa pode desenrolar-se. Com habilidade adestrada e crescente, os contadores de estórias elaboraram suas histórias a fim de abranger uma cena mais ampla, eventos mais complicados, mesmo aventuras paralelas que ocasionalmente se tocavam, envolvendo mais do que um jogo de agentes; a forma resultante foi o "romance". Sua finalidade maior requeria meios mais fortes de sustentar a ilusão de eventos e de manter claras suas formas e movimentos do que o simples quarteto rimado e enunciação vigorosa que a balada fornecia. Isso levou a bem conhecida, mas geralmente incidental, arte da descrição a um papel novo e proeminente. Foi dito com frequência que os trovadores (e seus imitadores) introduziram seus relatos detalhados de armas e vestimentas, torneios, banquetes e funerais pelo puro prazer da imaginação sensorial. Mas, independentemente de quão deliciosos sejam tais ingredientes, não poderiam ser inseridos em um poema em função deles mesmos, mais do que uma libra extra de açúcar poderia ser alegremente despejada em uma massa de bolo só porque o açúcar é tão bom. Eles são, efetivamente, poderosos elementos formais; retêm a narrativa e fazem com que os eventos pareçam espalhados como em uma terceira dimensão, em vez de se precipitarem para uma conclusão, como as aventuras de Sir Patrick Spens ou Thomas the Rhymer. Se a audiência do trovador regalava-se com suas descrições e pedia-lhe que as expandisse, o senso artístico deste exigia outros elementos literários que motivassem e sustentassem uma exuberância de imagens. A estória, tornada mais lenta e mais ampla pelas imagens e detalhes a fim de permitir que suas ações complexas se entremeassem, produziu um novo fator estrutural, os constantes relacionamentos de caracteres uns com os outros. Na poesia folclórica, os atores aparecem e desaparecem à medida que são necessários O rei senta-se em Dunfermline Town mas, depois de ter escrito sua "carta entrançada", desaparece. Não lhe incumbe fazer qualquer gesto de elogio ou pesar pelo herói quando o desastre é consumado. Os agentes nos romances medievais, entretanto, permanecem em segundo plano quando não são necessários, porque existe um plano de fundo. Ao invés do implícito cenário natural de mar, charco, país encantado, ou chorões de cemitério, o romance tem um cenário social explícito: a corte do rei, o acampamento militar, o átrio. É em tais ambientes humanos que as ações se cortam naturalmente, e as estórias são tecidas em um só todo.

O rei que está sentado em Dunfermline Town pode desaparecer quando Sir Patrick vai para o mar, mas o rei que está sentado em Camelot permanece sentado até ter outra coisa a fazer. Contudo, não há nada mais a seu respeito do que o requerido pela estória para a sua continuação e a criação de seu ambiente humano uniforme. Os caracteres do romance, como todos sabem, são estritamente personagens, não personalidades. Sua importância deriva de seu *status*. Manuais escolares de história da literatura geralmente ressaltam que os trovadores e *minnesingers* ainda não haviam aprendido a desenvolver personagens individuais. Parece mais provável, entretanto, que eles não nutrissem qualquer desejo de fazer com que suas personagens "vivessem" como homens e mulheres, porque o que realmente devia "viver" era o mundo social, o mundo do poema, dominado por ações espetaculares; e essa vida romântica não seria beneficiada em absoluto por uma maior individuação de personagens. Personagens era exatamente o que se necessitava: realeza, clero, cavaleiros sempre de armadura, damas sempre belas. Estes não são produtos da fé naquilo que se quer crer ou da ingenuidade – são os elementos humanos necessários em um tipo especial de obra poética.

A verdadeira novidade e força desse gênero encontra-se na descrição de *como* as coisas são feitas; e essa longa demora em cada ação dá mesmo aos eventos mais familiares – viajar, amar, morrer – uma nova forma. É como pintar repentinamente em três dimensões, em vez de em duas. A técnica descritiva detém um movimento da estória enquanto outro prossegue; isso atira sutilmente toda a experiência virtual em distorção e produz a aparência de existências e acontecimentos no plano de fundo, eventos que não estão sendo "seguidos", mas que podem emergir novamente em pleno foco a qualquer tempo[6]. O fato de que tais paradas na ação nem sempre são "semelhantes à vida", nem sempre feitas onde a ação aberta se detém naturalmente, fez com que muitas pessoas acreditassem que os detalhes expansivos, cheios de cor, fossem decorações acrescentadas em excesso, e rissem dos momentos "irrealistas" de demora que eles causam no pro-

---

6. Comparar a análise de tensões incomensuráveis na consciência, p. 119-120.

AS GRANDES FORMAS LITERÁRIAS

gresso da estória. Mas tais expansões descritivas são exatamente o que dá ao verdadeiro romance sua vitalidade. É esse uso especial de imagens sensoriais e procedimentos articulados, mais do que o fato de existirem genuínos cursos de ação contemporâneos, que produz o efeito de um tecido, em vez de um fio, de história.

Uma vez que o tratamento descritivo de eventos é, aqui, o principal recurso poético, mesmo o interesse narrativo tem de ser contido. Não só as personagens, mas também suas aventuras, tendem a ser típicas: a procura, a missão, a contenda, o salvamento, o compromisso cumprido. Torneios e recepções a estrangeiros e cenas de mortes reais ou de núpcias pululam no mundo da cavalaria. Matanças de dragões, cruzadas e provações de amor dão à sua vida forma dramática; mas, em essência, ela é espetacular.

O romance medieval possui abundância de recursos poéticos. A moldura narrativa é tal que maior número de elementos da estória podem ser desenvolvidos quase em toda a parte; é por isso que a busca – do Graal, ou de torres escuras com damas cativas, ou de um unicórnio branco – é um motivo favorito. Ele pode acomodar aventuras subsidiárias. Além da estrutura narrativa, há pessoas de toda gradação; há a Igreja com toda sua lenda; visões, avisos, promessas. Acima de tudo, o poeta medieval dispunha do tema do amor a dar calor e encanto a quase todo canto.

Com uma tal riqueza de meios técnicos, o poema na realidade não precisava dos poderes hipnóticos da fala rimada a fim de manter seus ouvintes cativados. Havia muitos outros meios para sustentar a ilusão poética e para desenvolver sua forma expressiva. A versificação, portanto, tornou-se uma convenção que chamava a atenção; especialmente depois que os livros ocuparam o lugar dos cantores como meios de apresentação, a tradição, mais do que a necessidade, conservou vivas as antigas formas de verso. Um tal estado é a velhice de uma tradição, em que ela, propriamente, morre. Métrica e rima morreram com o romance de cavalaria à medida que as convenções deste, vivas (e, portanto, despercebidas), tornaram-se ricas e dotadas de bastante segurança para dispensar auxílios puramente auditivos.

A ficção em prosa surgiu quando seus requisitos poéticos foram preenchidos; mas entre ela e a poesia, no senso estrito, as diferenças são puramente técnicas[7]. Como David Daiches escreveu, em um livro recente:

---

7. Sobre a diferença de função que os meios técnicos, por exemplo as imagens poéticas, podem sofrer no desenvolvimento de novas formas, cf. C. Day Lewis, *The Poetic Image*, p. 86-87.

298 SENTIMENTO E FORMA

Na ficção em prosa, a disposição da ação leva a maior carga, enquanto que na poesia é o uso dos recursos da linguagem em relação uns com os outros que suporta o maior peso. *Ambos visam a alcançar o mesmo tipo de fim.*[8]

A ficção em prosa é a forma literária favorita de nossa própria sociedade. O conto, a "Novelle" alemã, a fantasia (satírica ou profética) e, acima de tudo, a novela* são nossa principal dieta poética. A novela moderna desempenha o papel em nossa vida intelectual que o romance desempenhava na da Idade Média: ela retrata o cenário contemporâneo. A recitação do trovador, com seu plano pitoresco, convidando a se fazer uso de personagens e instituições, era modelada em realidades e acentuava os interesses mais imediatos de uma época em que o crescimento de uma ordem social, a partir do caos tribal e colonial da Europa, era ainda uma conquista moderna. De maneira similar, a novela é particularmente adequada para formular nossa vida moderna, ao tomar nossos interesses mais difundidos como tema – a avaliação e os riscos da personalidade. Esse tópico central normalmente acarreta a consideração da ordem social a partir do ponto de vista da vida individual; assim, a criação de "personagens", ou pessoas genuínas, leva de modo tão natural à representação de nosso mundo contemporâneo como as personagens de uma literatura mais antiga levavam ao retrato do mundo daquele tempo. Nosso interesse na personalidade é o que torna nosso mundo diferente e a maioria de seus problemas relativamente novos. A origem dessa mudança de interesse é, evidentemente, histórica: econômica, religiosa, política, todas em conjunto. Mas, seja o que for que a tenha causado, a nova visão da realidade emergente não está ainda totalmente em foco e, portanto, é emocionalmente baralhadora. Sentimentos não familiares nos levam a sentir medo de nós mesmos e dos outros; sua presença fugidia persegue nossas mentes, e desafia a imaginação artística a realizá-los em formas perceptíveis.

O romance é uma resposta a esse desafio. Cria uma experiência virtual de alcance relativamente grande; sua forma é elástica e permite complicação ou simplificação praticamente ilimitadas, porque seus recursos estruturais são imensamente variados e ricos. Pode empregar a narrativa factual rápida, ou as mais indiretas semienunciações, descrições reluzentes ou descrição alguma; pode ser a estória de uma única alma, ou de uma robusta multidão de bucaneiros, uma sociedade inteira, ou

8. *A Study of Literature*, p. 139.
* A tradução de *novel* por "novela" e não por "romance", como é de uso generalizado em português, se deve à utilização subsequente que a autora faz do termo.

mesmo uma reunião de vivos e mortos (como em *Les jeux sont faits* de Sartre). É um gênero recente, ainda em evolução, tomando tudo o que é característico no cenário "moderno" como fonte de fornecimento de seus materiais temáticos, de motivação para desenvolver sua ilusão de vida.

Contudo ela é ficção, *poesis*, e sua significação é o sentimento formulado, não a teoria sociológica ou psicológica; sua meta é, como declarou o Prof. Daiches, simplesmente a meta de toda literatura e, aliás, de toda arte. Sua avaliação crítica, portanto, deve ser, sob todos os aspectos, um juízo literário. Uma vez, entretanto, que o cenário da estória é geralmente uma imagem do tempo e lugar em que seus leitores vivem, é fácil demais para estes ficarem inteiramente absortos nas representações do autor, julgá-las como verdadeiras ou falsas, e tratar o livro como sendo o comentário dele sobre problemas reais e uma confissão de seus próprios sentimentos. A maioria dos críticos literários de hoje tende a elogiar ou criticar um romance contemporâneo como documento e não como obra de ficção com um objetivo poético a alcançar. Seu caráter ficcional é tratado como um artifício retórico a fim de fazer com que o leitor escute toda uma enunciação, que ele estaria inclinado a interromper e contestar, fosse ela apresentada em discurso direto. Frequentemente um romance é encarado como um exemplo da vida humana individual para ilustrar uma condição social, e é medido inteiramente por sua relevância face aos problemas atuais, políticos, psiquiátricos ou morais. *Darkness at Noon* de Koestler e *Dr. Faustus* de Mann devem sua recepção entusiástica, pelo público culto principalmente, se não inteiramente, a sua retratação e avaliação da cultura contemporânea. No fluxo de discussão provocada por Kafka e Sartre, dificilmente ouve-se qualquer palavra sobre os poderes literários destes, mas apenas sobre seus alegados sentimentos pessoais e atitudes morais, suas esperanças e temores ante o mundo atual, sua crítica da vida. Porém a maior parte dessa "crítica" não é uma consideração artística da vida em si, tal como se encontra em Joyce, Proust, Turguenev, Thackeray, Goethe; é opinião raciocinada, mais ou menos ficcionalizada, e é recebida como tal – como o comentário do autor, sábio ou rabugento ou desesperado, conforme for, sobre nossa civilização de após-guerra.

Não há razão por que tal comentário não deva existir na ficção; o único requisito artístico é que, se ele tem de existir, deve ser necessário à obra. Em *A Morte de Ivan Ilyich* de Tolstói, a crueldade de uma sociedade "refinada" e a vacuidade dessa vida sem emoções são o tema da estória; a estória em si, entretanto,

SENTIMENTO E FORMA

não ressalta simplesmente essa sociedade, com os comentários do autor, mas usa-a a fim de formar o ambiente para a intensa experiência humana de Ivan, o anseio de vida e amor, que aumenta à medida que sua doença lentamente o afasta do mundo das simulações, destrói seu poder como personagem e não lhe deixa nada além de suas necessidades enquanto pessoa, até que ele desata no grito de protesto que para apenas com a morte.

A dificuldade em que muitas pessoas se deparam ao julgar a ficção em prosa como boa ou má ficção reside largamente no meio – linguagem discursiva, nem mesmo formalizada pela métrica ou rima –, exatamente a mesma linguagem discursiva que usamos na conversação; é difícil não se deixar induzir ao engano de supor que o autor pretende, por seu uso de palavras, exatamente aquilo que pretendemos com o nosso – informar, comentar, inquirir, confessar, em suma: falar às pessoas[9]. Um romancista, contudo, pretende criar uma experiência virtual, completamente formada e inteiramente expressiva de algo mais fundamental do que qualquer problema "moderno": o sentimento humano, a natureza da vida humana em si.

O romance, embora seja nossa produção literária mais exuberante, característica e popular, é um fenômeno relativamente recente, e sua forma artística ainda está desenvolvendo-se, ainda surpreendendo críticos com efeitos sem precedentes e com concepções completamente novas de estruturas e meios técnicos[10]. Assim, talvez seja natural que eles ainda se inclinem a preocupar-se fundamentalmente com seus aspectos representativos: referências a eventos reais, retratação de pessoas no ambiente do autor (particular ou público), comentários sobre a cena que passa, e revelações sobre sua própria personalidade, através de uma personagem fictícia ou mesmo através de um grupo de *personae*, que são consideradas como símbolos de "eus" separados, algumas vezes conflitantes, em seu próprio Eu. Tais aspectos,

---

9. Cf. as opiniões de A. C. Ward manifestadas em seu *Foundations of English Prose*, p. 28: "A exigência que se faz ao romance no séc. XX é que ele retrate a vida tão completamente quanto possível na literatura; que nos informe sobre muitas questões importantes; e que nos ilumine com crescentes conhecimentos e sabedoria."

Também Winfield Rogers, "Form in the Art-Novel" (*Helicon*, II, 1939), p. 3: "O artista está tentando transmitir uma soma da maneira pela qual a vida está agrupada, em um determinado momento ou período, uma soma, é claro, que pode dar lugar a outras no futuro. [...] Todos os aspectos da técnica são meios pelos quais o romancista tenta transmitir sua atitude ou filosofia e são a expressão natural de filosofia."

10. Edith Warton, em 1924, começou seu livro, *The Writing of Fiction*, com as palavras: "Tratar da prática de ficção é lidar com a mais nova, mais fluida e menos formulada das artes."

AS GRANDES FORMAS LITERÁRIAS

ao menos, podem sempre ser encontrados e comentados, mesmo se seu uso na criação poética é muito pouco claro para o crítico.

Contudo, uma espécie mais ponderada de crítica está em bom caminho; e, reunindo as observações verdadeiramente literárias sobre romances e a escritura de romances desde que Flaubert e Henry James reconheceram esse novo gênero como uma forma de arte genuína, pode-se ver seus objetivos artísticos, e os consequentes problemas de atingir uma forma completamente virtual, vital (isto é, orgânica), emergindo com o avanço da arte em si. De Quincey ainda trata apenas de poesia como verdadeira "literatura", mas observa com surpresa que mesmo "o romance mais comum, movendo-se em aliança com os temores e esperanças humanos", faz parte, de alguma maneira, de "a literatura de poder" – uma literatura que propõe metas humanas e emoções diretamente, não para o entendimento discursivo, mas para "o coração, isto é, o grande órgão *intuitivo* (ou não discursivo)"[11].

Quarenta anos mais tarde, Henry James declarou explicitamente que o romance era uma obra de arte e, além do mais, uma espécie de história; embora a relação dessa "história" com a história genuína, a memória ou recuperação de eventos reais, lhe escapasse, de modo que recorreu a uma negativa e ao mesmo tempo observou que a história de ficção tinha suas próprias premissas.

> A única razão para a existência de um romance é que ele tenta representar a vida [...]. e a analogia entre a arte do pintor e a arte do romancista é, até onde posso ver, completa. Sua inspiração é a mesma, seu processo (levando-se em consideração a qualidade diferente do veículo) é o mesmo, seu sucesso é o mesmo [...].como a pintura é realidade, assim o romance é história. É essa a única descrição geral (capaz de fazer justiça) que podemos dar do romance.[12]

James sentia que, de alguma forma, essa "história" era objetiva e vinculava o romancista à sua procura fiel. Ele não reconheceu que a comparação que fez entre a obra do escritor com a do pintor continha ao mesmo tempo a justificação de suas alegações e sua limitação: o romance é história *assim como a pintura é realidade*. Não compreendia em que sentido a pintura é realidade, de modo que pode apenas registrar sua convicção de que o romance deve ser *tratado* exatamente como a história. Falando sobre Anthony Trollope, ele disse:

11. Thomas De Quincey, "Alexander Pope". Publicado pela primeira vez em *North British Review*, 1848, republicado em seu *Literary Criticism*, 1908. Ver p. 96. A glosa entre parênteses é de Quincey.

12. "The Art of Fiction', em *American Critical Essays*, editado por Norman Foerster. Ver pág. 158.

302 SENTIMENTO E FORMA

Em uma digressão, um parênteses ou um aparte, ele concede ao leitor que ele e seu amigo leal estão apenas "fazendo de conta". Admite que os eventos que narra não aconteceram realmente, e que ele pode dar à sua narrativa qualquer curso que o leitor possa gostar mais. Uma tal traição de um ofício sagrado parece-me, confesso, um crime terrível; [...] e choca-me tanto em Trollope quanto me iria chocar em Gibbon ou Macaulay. Isso implica em que o romancista está menos ocupado em procurar a verdade (a verdade, quero dizer, por certo, que ele supõe, as premissas que temos de atribuir-lhe, sejam elas quais forem) do que o historiador, e, ao fazê-lo, fica privado de um só golpe de toda sua estatura. Representar e ilustrar o passado, as ações dos homens, é a tarefa de qualquer dos dois escritores.

Sim, mas com uma profunda diferença; pois o novelista explora um passado virtual, um passado de sua própria criação, e "a verdade que ele supõe" tem suas raízes nessa história criada. O problema com as admissões feitas por Trollope (onde elas nos perturbam) é que destroem a ilusão poética, fazem com que suas estórias *pareçam* não ser verdadeiras: em vez de nos apresentar um passado virtual, ele nos convida a partilhar de sua própria experiência real de entregar-se a fantasias irresponsáveis. Não é de espantar que James, o artista, reconhecendo que o romance é uma obra de arte, ficasse chocado com uma concepção tão nociva do ofício do autor.

O escritor de ficção em prosa, como qualquer outro poeta, fabrica uma ilusão de vida inteiramente vivida e sentida, e apresenta-a na perspectiva "literária" que eu denominei de "modo mnemônico" – como a memória, só que despersonalizada, objetivada. Sua primeira tarefa é tornar essa ilusão convincente, isto é, fazê-la, por mais distante da realidade que ela esteja, parecer real. James, apesar de sua reflexão perturbada sobre o romance enquanto história, sabia que a *aparência* de história era a medida real daquela; e, no mesmo ensaio que registrava seu horror com a atitude de Trollope, ele prosseguiu, um pouco mais adiante, para dizer:

... o ar de realidade (solidez de especificação) parece-me ser a virtude suprema de um romance – o mérito do qual todos os seus outros méritos (inclusive aquele propósito moral consciente de que fala Besant) desesperada e submissamente dependem. Se não estiver ali, todos eles são como nada, e se estes estiverem ali, eles devem seu efeito ao êxito com que o autor produziu a ilusão de vida[13].

Para produzir essa ilusão de vida, os escritores têm empregado muitos e variados meios, começando com o truque óbvio de fingir escrever história ou memórias reais. Se você puder fa-

13. *Op. cit.*, p. 168-169.

AS GRANDES FORMAS LITERÁRIAS

zer com que as pessoas tomem sua ficção como fato, parece que "o ar de realidade" deve ter sido atingido. Contudo, de modo bastante estranho, é bastante comum que a notícias de jornal, que geralmente (de acordo com seus redatores) tem "fundamento nos fatos", falte exatamente esse ar de realidade imediata e importante que Augusto Centeno chama de "viveza" – a *sensação de vida* mais do que os conteúdos familiares desta[14]. A pretensão à verdade histórica (tal como Defoe reivindicou para *The Journal of the Plague Year*) ou a alguma autoria estrangeira (*Sonnets from the Portuguese* ou os poemas de Ossian) não é parte integral da obra, que poderia produzir uma ilusão genuinamente *literária*, mas um pretexto que, supõe-se, irá "vender-lhe" o trabalho, ou irá absolver o autor da responsabilidade por suas imperfeições, ou talvez irá escudar uma poetisa vitoriana de qualquer suspeita de que ela está indelicadamente revelando seus próprios sentimentos.

A "viveza" de uma estória é realmente muito mais certa, e frequentemente maior, do que a da experiência real. A vida em si pode, algumas vezes, ser bastante mecânica e passar despercebida por aqueles que a vivem; mas a percepção de um leitor jamais deve ficar em suspenso. As pessoas do livro podem ser tediosas e deprimentes, mas não o livro em si. Eventos virtuais, por contida que seja a sua exposição, têm caráter e sabor, aparência distinta e tonalidade de sentimento, ou simplesmente deixam de existir. Algumas vezes elogiamos um romance por se aproximar da viveza de eventos reais; geralmente, entretanto, ele os excede em viveza. Uma transcrição servil da vida real é pálida ao lado das experiências criadas pelas palavras da vida virtual, como uma máscara de gesso feita diretamente de um ser vivo é uma contrafação morta quando comparada ao retrato em escultura mesmo dos mais "conservadores"[15]. Em uma crítica de uma estória autobiográfica – *Brainstorm* de Charlton Brown –, o crítico descreveu o livro como não sendo "bem um romance, embora parte dele, particularmente as linhas escritas em um hospital para doentes mentais, tenha a intensidade e participação da ficção"[16]. O que é essa "participação" que caracteriza a ficção e algumas vezes ocorre na realidade? A qualidade de ser com-

14. Ver sua Introdução a *The Intent of the Artist*, pág. 11: "Viveza é uma sensação de vida, profunda e intensa, emergindo de relacionamentos espirituais e para ser apreendida somente pela intuição. O que o ritmo é para o tempo, pode-se sugerir, é a relação que a viveza tem com a vida."

15. Ver a comparação em *Origins of Modern Sculpture*, de W. R. Valentiner, entre uma escultura "realista" e uma máscara, p. 34 (Figs. 20, 21 e 22).

16. Lorine Pruette no *Herald Tribune* de New York, 31 de dezembro de 1944.

pletamente sentido – "viveza", como diz Centeno ou, nas palavras de Henry James, "vida sentida".

Onde o estabelecimento da ilusão primária acarreta uma semelhança da assim chamada "vida real" deve haver, por certo, uma constante salvaguarda contra a possibilidade de confundir a obra com seu modelo, identificar a personagem central conosco mesmos e consequentemente deixar que os eventos do romance substituam nossas próprias experiências, por acaso reais ou, de outro modo, simplesmente imaginadas. DeWitt Parker disse que a tarefa do poeta é "fazer-nos sonhar um sonho interessante"[17]; eu afirmo que a tarefa do poeta é impedir-nos de introduzir nossos sonhos, de maneira que possamos ver suas abstrações poéticas – formas essenciais de estória – compostas em símbolos transparentes do próprio sentimento.

A segunda grande preocupação da literatura, portanto, correlativa com ter de dar a uma obra "o ar de realidade", é o problema de *mantê-la como ficção*. Muita gente reconhece os recursos pelos quais um escritor alcança a similaridade com a vida; mas poucos têm consciência dos meios que sustentam a diferença entre arte e vida – a simplificação e manipulação da imagem de vida que torna aquela essencialmente diferente de seu protótipo. O estilo é, em grande parte, determinado pelas maneiras segundo as quais os autores lidam com esses dois requisitos básicos. C. E. Montague, em um livro loquaz mas refletido, chamado *A Writer's Notes on his Trade*, observa o estranho fenômeno pelo qual, na ficção, eventos passados parecem ganhar autenticidade ao serem recontados em segunda ou terceira mão – contados por alguma personagem que pode mesmo alegar ter ouvido a história de outro: "Só tou te contando o que ele me contou."[18] Na vida real, esse ouvir dizer por certo não é qualquer prova de verdade. Por que será que ele aumenta o valor de eventos virtuais?

Porque os projeta imediatamente no modo experiencial, e garante sua forma essencialmente literária. Uma pessoa que narra um evento naturalmente o "torce" um pouco porque deve ter algum interesse nele que a leve falar nele. Aquilo que a estória ganha ao ser meramente relatada não é autencidade, mas transformação poética; lembranças transformam "ouvi-dizer" em ficção (enquanto que, na vida real, uma estória se torna menos convincente cada vez que é recontada). A apresentação de eventos passados, em um romance, pelo discurso direto de uma

17. *The Analysis of Art*, p. 70.
18. Ver p. 39 e ss.

AS GRANDES FORMAS LITERÁRIAS 305

das personagens, é uma técnica simples que quase sempre funciona; ela permite que uma história longa e esparsa seja reunida e abreviada, sem convertê-la em mero preparo para a ação apresentada, pois torna-se um ingrediente dessa mesma ação.

O êxito com que esse método assegura alguma espécie de orientação no "mundo" virtual da estória levou, acho, à convenção (pois não é mais do que isso) de limitar os eventos às impressões e avaliações de uma personagem: o "ponto de vista unificado" que é o ângulo de visão, ou experiência, de alguém na estória. A personagem em questão não está contando um conto, mas está experienciando os eventos, de modo que todos eles assumem a aparência de que teriam para aquela pessoa. Filtrá-los todos através de uma mente assegura, é claro, sua concepção em termos de encontro e sentimento pessoal, e dá à obra inteira – ação, cenário, falas e tudo – a unidade natural de uma perspectiva. Edith Warton chamou esse método de nada menos do que princípio da escritura de ficção.

> A impressão produzida por uma paisagem, uma rua ou uma casa [disse ela em *The Writing of Fiction*] deveria sempre, para o romancista, ser um evento na história de uma alma, e o uso da "passagem descritiva", e seu estilo, deveriam ser determinados pelo fato de que precisa retratar apenas aquilo que a mente em questão teria percebido, e sempre em termos dentro do registro dessa mente.[19]
>
> Aplicado ao romance, isso pode parecer injusto, uma vez que a passagem mais longa de tempo e o campo de ação mais apinhado pressupõem, de parte da personagem visualizadora um estado de onisciência e onipresença capaz de abalar o senso de probabilidade do leitor. A dificuldade é contornada mais frequentemente pela mudança de ponto de vista de uma personagem para outra de modo que compreenda toda a história e, contudo, preserve a unidade de impressão.[20]

É costume contrastar com esse método o desenvolvimento de uma estória de um ponto de vista que se origina além de qualquer das personagens em si. Van Meter Ames, em sua *Aesthetics of the Novel* (livro que perpetua um número demasiado de concepções erradas que atravancam a estética, desde a arte como devaneio até a arte como ética social), diz sobre esta última maneira:

> O método comum tem sido o do autor onisciente que constantemente se interpõe na estória para contar ao leitor o que este precisa saber. A artificiali-

19. *Op. cit.*, p. 85.
20. *Ibid.*, p. 87. Um par de páginas mais adiante ela observa, entretanto, que todos os usos do princípio são simplesmente convenções.

306 SENTIMENTO E FORMA

dade desse procedimento tende a destruir a ilusão da estória e, a menos que o autor seja excepcionalmente interessante em si mesmo, tal intrusão não é bem recebida.[21]

Parece-me que um autor muito interessante seria ainda mais criticável do que um autor monótono, porquanto iria interromper com mais eficácia nossa concentração em sua estória. A questão, porém, é realmente ociosa, pois se origina de uma compreensão errada, a saber, que o autor é uma pessoa de algum modo vinculada à estória. O Prof. Ames critica a mudança de ponto de vista feita por Conrad em *Almayer's Folly*, onde, diz,

> Conrad era o autor onisciente. Enquanto a estória é contada do ângulo de Almayer, o leitor recebe uma impressão consistente e parece como se Conrad tivesse de algum modo obtido o relato de Almayer mesmo. Mas, quando o ponto de vista é desnecessariamente mudado para os pensamentos da mulher malaia de Almayer e de outros personagens, o efeito unificado é perdido, a ilusão de realidade é prejudicada. O leitor começa a imaginar se todas essas pessoas haviam contado seus segredos a Conrad.[22]

Ora, não existe nenhum Sr. Conrad na estória, a quem alguém pudesse ter contado algo; o problema não é que o autor seja representado como onisciente, mas que um leitor determinado queira ir mais além da estória e fazer de conta que ela realmente aconteceu, e que "Conrad tivesse de algum modo obtido o conto de Almayer mesmo" ou de alguma outra pessoa no livro. Mas Conrad, que não está nele, não precisava e não podia tê-lo "obtido" de maneira nenhuma; e não posso encontrar uma única passagem em que sua personalidade repentinamente se intrometa no mundo virtual. Pretender que a ficção se baseie em memórias reais ou rumores pertence aos primórdios da arte do romancista quando as estórias previamente tinham todas sido contadas, não escritas, e uma narrativa em prosa composta propositalmente parecia exigir alguma semelhança com o cenário do contador de estórias[23]. A mudança gerou uma forma de transição em que o novo tipo de apresentação ainda estimula o antigo; da mesma forma como as primeiras colunas de pedra, gregas, simulavam troncos de árvores, e que nossas primeiras lâmpadas elétricas

21. *Aesthetics of the Novel*, p. 179.
22. *Loc. cit.*
23. Essa herança explica, penso, o fato comentado pelo Prof. Daiches com alguma perplexidade: "Nos primórdios da novela inglesa, os escritores usavam todo recurso possível a fim de persuadirem seus leitores de que aquilo que lhes estavam contando havia realmente acontecido." (*A Study of Literature*, p. 91.)

eram feitas para parecer com velas ou lamparinas de querosene, tanto quanto possível.

Essa transferência de narração de estória para a escritura de estórias também foi, indubitavelmente, a fonte do truque antiquado de usar expressões como "minha heroína", "caro leitor", "não posso começar a contar...", que é uma verdadeira intromissão do autor no mundo virtual de suas personagens. Dickens, cujo realismo foi revolucionário, pode ter lançado mão dele algumas vezes para compensar aquela extrema verossimilhança e garantir o caráter ficcional de sua obra; mas ele é, mesmo para essa finalidade, um recurso infeliz, despindo um santo para vestir outro. O contador de estórias nebuloso e o ouvinte hipotético são formulados demasiado ligeiramente para que não se tornem idênticos ao autor real sentado à sua escrivaninha e ao leitor real sentado em sua poltrona. O realismo da estória perde seu poder excessivo à medida que as pessoas se acostumam a uma técnica que outrora parecia violenta, mas o vocativo direto jamais deixa de flertar com a realidade e, logo, ao invés de apenas manter os eventos relatados no reino da ficção, ele gera a impressão que Trollope causou em James – que a estória não é séria, mas uma mera fantasia pela qual o autor entretém a si mesmo ou a sua companhia.

Os eventos em um romance são eventos puramente virtuais, "conhecidos" apenas por pessoas igualmente virtuais; o "autor onisciente" é tanto uma quimera, quanto o autor que vê ou julga através da mente de seu herói[24]. Mesmo uma estória contada na primeira pessoa, se for literatura, é completamente transformada pela imaginação poética, de maneira que a pessoa chamada "eu" é simplesmente uma personagem chamada assim. Pode ser que todo evento tenha seu modelo na memória real do autor, e que toda personagem seja um retrato; um retrato, porém, não é a pessoa que posou – nem mesmo um autorretrato o é. Da mesma forma, eventos realmente observados, talvez registrados em jornais e cartas, não são elementos literários, mas materiais literários.

A observação é o instrumento da imaginação [como disse David Daiches], e a imaginação é o que pode ver significação potencial nos eventos aparentemente mais casuais.[25]

24. A falácia de considerar o autor e o leitor como dados pela estória parece-me ser subjacente à atitude moralista da Sra. Wharton, também, que é expressada em seu livro em geral admirável, *The Writing of Fiction*, p. 27: "Sob uma forma ou outra, deve haver alguma espécie de resposta racional à pergunta interior, inconsciente mas insistente, feita pelo leitor: 'Para que estão-me contando esta estória? Qual Juízo de vida ela contém para mim?'". Uma estória que pareça "verídica" pode provocar um tal juízo do leitor; mas ela pode *conter* apenas um para as pessoas em seu mundo.

25. *The Novel and the Modern World*, p. 85.

308 SENTIMENTO E FORMA

A imaginação, contudo, sempre cria; ela jamais registra. Em uma passagem posterior, o Prof. Daiches ilustra sua opinião com o *Retrato do Artista quando Jovem* de Joyce:

> É ficção, [diz ele] no sentido em que a seleção e arranjo dos incidentes produzem uma obra com um padrão artístico, uma totalidade em que não há nada supérfluo, em que cada detalhe é artisticamente, bem como biograficamente, relevante. Joyce, de fato, deu-nos um dos poucos exemplos na literatura inglesa de uma autobiografia empregada com êxito como modo de ficção.[26]

A escassez de tais exemplos corrobora a opinião de Edith Warton de que "o dom autobiográfico não parece estar relacionado muito intimamente com o da ficção"[27]. Penso que a razão disso é que muitas pessoas têm efetivamente um talento literário limitado e, quando a armação de uma estória está de antemão preparada para elas e o ponto de vista é automaticamente dado, como em suas próprias histórias de vida, conseguem tratá-la poeticamente com razoável êxito; mas essas são as pessoas que "têm apenas um livro dentro de si". Possuem o dom autobiográfico, mas não a imaginação fecunda de um verdadeiro romancista, para quem sua própria vida é apenas um tema dentre muitos. A própria estória escassamente ficcionalizada, então, traz a marca de sua origem: pois os incidentes não estão consistentemente projetados no modo da memória. Apresentam-se tingidos em vários graus com essa modalidade, dependendo se brotam da memória real, registros disponíveis ou invenções que preenchem os vazios da lembrança. Nas mãos de um verdadeiro romancista, pelo contrário, sua própria estória é inteiramente material em bruto, e o produto final, inteiramente ficção. A Sra. Wharton ressalta esse fato ao falar de *A Sonata de Kreutzer* de Tolstói:

> Existe um abismo entre um livro assim e "Adolphe". O conto de Tolstoi, embora quase reconhecido como o estudo de sua própria alma torturada, é tão objetivo quando Otelo. A transposição mágica teve lugar; ao ler a estória não nos sentimos dentro de um *mundo real* ressuscitado (uma espécie de Museu Tussaud de figuras de cera com vestimentas reais), mas naquele outro mundo, que é a imagem de vida transposta no cérebro do artista, um mundo em que o sopro criativo tornou todas as coisas novas.[28]

A moral dessa estirada crítica é que a ficção em prosa é exatamente uma criação tão elevada e pura quanto a poesia lírica,

26. *Ibid.*, p. 101.
27. *Op. dt.*, p. 77.
28. *Op. cit.*, p. 79.

AS GRANDES FORMAS LITERÁRIAS

ou o teatro (que será examinado no próximo capítulo) e, embora seu material seja a linguagem discursiva, nem sequer modificada e distinguida da fala comum pelas convenções do verso, o produto, contudo, não é discurso, mas a ilusão de vida diretamente vivida, um mundo em que pensar e conversar podem ocorrer. Com o fito de criar essa história virtual, o escritor de prosa escolhe suas palavras com tanta precisão quanto o escritor de versos, e urde suas linhas aparentemente casuais com o mesmo cuidado. Um nome ou um giro de frase em uma estória podem ser o meio de criar um ambiente ou uma situação com um só toque. Considere-se, por exemplo, o romance peculiar alcançado pelos *Livros da Selva* de Kipling, especialmente nos contos de "Mowgli", que os torna atraentes não para as crianças muito pequenas, que são quem normalmente gostam de estórias de animais falantes, mas para jovens adolescentes e até para adultos. A "realidade" fantástica é obtida principalmente com a linguagem: os animais falam um inglês arcaico chamam-se de "thou" ("tu"), usam o subjuntivo ("for we be lonely in the Jungle without thee, Little Brother" – "pois ficamos sós na Selva sem ti, Irmãozinho") e o presente simples ao invés da forma progressiva usual ("I go now" – "eu vou agora" – em vez de "I am going" – "eu estou indo"); suas falas, consequentemente, têm o sabor de uma tradução, o que lhes dá um ar sutil de falas "em tradução" da linguagem animal. A disseminação de palavras hindus ajuda a torná-la uma linguagem da selva. As personagens portam nomes hindus, também, o que as vincula a uma terra estranha, e essa estranheza é realçada por um recurso puramente poético: descrição exagerada, em pouquíssimas palavras, de um cenário já exótico. Contudo, esses mesmos nomes dão ao cenário uma localização geográfica autêntica; mesmo enquanto a tornam extraordinária, salvam-na de tornar-se uma "terra encantada" e proporcionam às estórias uma semelhança de proximidade com a natureza – maior proximidade, efetivamente, do que a vida real da maioria das pessoas parece estar.

Essas estórias juvenis são criações poéticas altamente engenhosas. Citei-as porque sua magia é bastante fácil de analisar, e a análise revela aquilo que pode, de fato, ser encontrado em qualquer estória bem contada – que toda a trama de eventos ilusórios recebe sua aparência e valor emocional inteiramente da maneira pela qual as enunciações que realmente compõem a estória se dispõem em palavras, da maneira pela qual as sentenças fluem, param, repetem-se, permanecem isoladas etc., as concentrações e expansões de asserções, as palavras carregadas ou

310 SENTIMENTO E FORMA

desnudas. Os modos de contar formam o lugar, a ação, as personagens, na ficção; e nada, em minha opinião, poderia estar mais irremediavelmente errado do que a distinção entre poesia e prosa feita por F. W. Bateson:

> A estrutura da prosa é, na acepção mais ampla da palavra, *lógica*; suas asserções são sempre redutíveis, em última análise, a uma forma silogística. Uma passagem de prosa, *qualquer* passagem, sem exclusão sequer da chamada prosa "poética", resolve-se inteiramente, sob análise, em uma série de explicações, definições e conclusões. É por esses meios que o livro vai adiante. Eles são a moldura em que o conteúdo da prosa – seu tema – deve ser, de alguma maneira, encaixado. [...]
> A estrutura da poesia, por outro lado, é determinada, em última análise, por sua técnica. [...][29]
> As palavras da prosa não são notáveis porque formam parte de uma estrutura lógica. Elas são apenas fichas. [...] E, assim, uma palavra em prosa não tem valor em si mesma. [...]
> As palavras da poesia são mais conspícuas, mais *sólidas*, porque são parte de uma estrutura que elas mesmas criam.[30]

Se Bateson não tivesse incluído sua observação sobre a "chamada prosa 'poética'", poder-se-ia achar que estivesse salientando a diferença entre a linguagem usada na fala e a linguagem usada na arte. Mas, aparentemente, ele sustenta que todo verso, simplesmente enquanto tal, é criativo – mesmo "Mary had a little lamb"*; e toda prosa, simplesmente enquanto tal, oferece explicações, definições e conclusões – mesmo "The morning stars sang together"*.

A diferença entre ficção em prosa e em poesia é puramente uma diferença de dispositivos e de seus efeitos. Ambas as formas literárias criam a ilusão poética, isto é, criam uma história virtual em que todos os eventos são experiências – anseios e frêmitos, reflexões, promessas, casamentos, assassinatos. A ilusão é efetuada pelo uso de palavras, seja esse uso a tortuosa tessitura de versos em uma ode horaciana, seja ele as sentenças rápidas, mesmo coloquiais, da narrativa em prosa – "esse cuidadoso artifício que é a verdadeira falta de cuidado da arte"[31].

---

29. *English Poetry and the English Language*, p. 20.

30. *Ibid.*, p. 23. Uma identificação semelhante de prosa com enunciação discursiva é feita por A. C. Ward, em *Foundations of English Prose* (ver especialmente p. 20-22), e por S. Alexander, em "Poetry and Prose in the Arts", embora nenhum desses dois escritores a faça de maneira tão irrestrita quanto Bateson.

* Poema aproximadamente do tipo de "Batatinha quando nasce".

* "As estrelas da manhã cantavam juntas."

31. Wharton, *op. ext.*, p. 48.

AS GRANDES FORMAS LITERÁRIAS   311

A literatura é uma arte flexível, elástica, que colhe seus motivos em todos os cantos do mundo e todos os aspectos da vida. Ela cria lugares e acontecimentos, pensamentos, ações, pessoas. O romance centraliza-se no desenvolvimento de pessoas; a tal ponto, na verdade, que as pessoas frequentemente perdem de vista qualquer outro elemento desta, e elogiam como sendo grande qualquer obra que apresenta uma personagem interessante[32]. Um romance, porém, para ser vital, precisa mais do que estudo de personagens; requer uma ilusão de um mundo, de história percebida e sentida – "um canto de vida visto através de um temperamento", como disse Zola.

Clive Bell, saindo de seu papel usual de esteta puramente visual, uma vez escreveu um pequeno livro sobre Marcel Proust, no qual estudava não sua própria emoção estética, mas o segredo de uma criação literária. Aqui, onde estava livre de qualquer responsabilidade pela emoção difícil, ele examinou profundamente a obra em si para ver o que a torna tão estranha e no entanto tão vigorosa; e uma longa experiência com outras artes além da poética permitiu-lhe perceber seus elementos artísticos, não obscurecidos por um excesso de princípios de crítica literária. Acima de tudo, ele julga a ficção inteiramente como arte.

> Sua psicologia [diz a respeito de Proust] dificilmente pode ser louvada em excesso, e a coisa mais fácil do mundo, contudo, é louvar demais a psicologia. A psicologia não é a coisa mais importante na arte literária ou em qualquer outra. Pelo contrário, as supremas obras-primas derivam seu esplendor, seu poder sobrenatural, não de lampejos de percepção, nem da caracterização, nem mesmo de uma compreensão do coração humano, mas da forma — emprego a palavra em seu sentido mais rico, quero dizer a coisa que os artistas criam, sua expressão. Quer isso seja chamado de "forma significante" ou de outra coisa qualquer, a qualidade suprema na arte é formal; tem a ver com ordem, sequência, movimento e forma.[33]

Bell, ao contemplar essa forma, lançou luz sobre a fonte tanto de sua singularidade quanto de seu poder de revelar uma nova espécie de verdade.

> Proust põe à prova nossa paciência enquanto esperamos que sua estória se mova para a frente: não sendo essa a direção em que ela está destinada a mover-se. [...] É de estados, não de ação, que ele trata. O movimento é o de

---

32. Cf. Arnold Bennett, "Is the Novel Decaying?" (Em *Things That Have Interested Me*, Terceira Série, pág. 193): "A base da boa ficção é a criação de personagens, e nada mais."

33. *Proust*, p. 67.

312   SENTIMENTO E FORMA

um inseto ou flor que se expande. [...] Proust não vai para a frente, queixa-mo-nos. Por que deveria? Será que não existe outra linha de desenvolvimento no universo?[34]

O traço mais notável de Proust é seu senso de tempo; o tempo não é algo que ele menciona, mas algo que ele cria para a percepção direta da pessoa. É uma ilusão secundária em seus escritos, como o espaço o é na música, e, como as mais cuidadosas descrições do "espaço musical" inconscientemente ecoam os princípios da concepção do espaço plástico, assim a explicação dada por Bell à ilusão poética de tempo de Proust apoia-se em uma comparação musical e apresenta o tempo como um *plenum* em que formas e movimentos existem.

O tempo é a substância de que é composta *A la recherche du temps perdu*: as personagens existem no tempo e, se o senso de tempo fosse abstraído, deixariam de existir. No tempo, elas se desenvolvem; seus relacionamentos, cor e extensão são todos temporais. Assim elas crescem; as situações desdobram-se, nem sequer como flores, mas como canções. [...]
Proust lida com o tempo da mesma forma como os pintores modernos lidam com o espaço. O pintor não permite que leis de perspectiva e relações espaciais cientificamente obtidas restrinjam sua imaginação[35].
A la recherche du temps perdu é uma forma no tempo; não é um arabesco no tempo. Está construída em três dimensões. [...]

Em outro lugar, o engenhoso crítico fala do tratamento que Proust dispensa aos fatos, que são os "modelos" do poeta como os objetos são os do pintor ou do escultor; e, de maneira absolutamente inconsciente, fala deles como "objetos", e seu comentário sobre o método de Proust é um notável paralelo ao de Cézanne sobre seu próprio trabalho.

Foi a contemplação, a compreensão, dos fatos que provocou o poeta nele. Ele mantinha seu olhar no objeto, mais ou menos como os grandes impressionistas haviam feito: observava, analisava, reproduzia; mas o que ele via não era o que os escritores de sua geração viam, mas o objeto, o fato, em sua significação emocional[36].

Finalmente, depois de expor todas essas práticas e efeitos que tocam sutilmente as outras artes, Bell presta homenagens à criação proustiana da própria ilusão poética:

34. *Ibid.*, p. 16.
35. *Ibid.*, p. 55-56.
36. *Ibid.*, p. 26.

AS GRANDES FORMAS LITERÁRIAS   313

Tão agudo era seu senso daquele mundo inventado e, ao mesmo tempo tão crítica, tão vívida e histórica sua maneira de apresentá-lo, que, lendo-se sua ficção, a gente tem a sensação de estar lendo memórias[37].

A ficção em prosa é um tópico tão amplo que poder-se-ia prosseguir indefinidamente analisando suas técnicas e realizações; mas em um livro que trata sozinho de todas as artes, é preciso interromper-se. Simplesmente não há espaço para discutir o romance histórico, a fantasia simbólica (tal como a que Kafka escreve em forma de novela), a biografia ficcionalizada (por exemplo, *Mozart auf der Reise nach Prag* de Mörike), o romance de propaganda e de sátira. Uma grande ordem literária, porém, tem ainda de ser considerada: a não ficção.

Esta categoria inclui o ensaio crítico, que serve para expor as opiniões do autor e para definir suas atitudes; a filosofia, a análise de ideias; a história, apresentando os fatos comprováveis de um passado real em sua unidade causal; a biografia, ou história pessoal; relatos; e todo tipo de exposições.

O que todas essas espécies de composição têm em comum é sua relação com a realidade. O autor não usa eventos dados, condições, propostas e teorias meramente como motivos para desenvolver uma ficção; ele não cria pessoas e acontecimentos à medida que precisa deles, mas haure cada item, mesmo em seu mínimo detalhe, da vida. Tais escritos são, em essência, não poesia (toda poesia é ficcional; "não ficção" é "não poesia"). Contudo, quando é bem feita, alcança um padrão que é essencialmente literário, isto é, um padrão artístico.

Os escritos discursivos – é a designação adequada para toda esta categoria – são uma forma altamente importante da assim chamada "arte aplicada". Em geral pensa-se primeiramente em têxteis, cerâmica, móveis e signos comerciais sob essa rubrica; mas o escrito discursivo é realmente seu exemplo mais puro, e expõe suas relações, tanto positivas quanto negativas, com a arte "liberal" ou livremente criativa de modo mais claro que qualquer outro caso. Assim, seguindo a regra prática de tratar um problema que pertence a várias artes apenas em conexão com a que o apresente de modo mais perfeito, reservei a discussão teórica sobre a "arte aplicada" para este contexto apropriado, mesmo se algo inesperado.

Na primeira discussão sobre "semelhança", salientei que esta não é necessariamente enganosa; apenas que, quando uma semelhança perfeitamente normal – a aparência visual de um

---

37. *Ibid.*, p. 79.

vaso, por exemplo – é revelada de modo tão sensível que todo nosso interesse no objeto está centralizado em seu aspecto visual, o objeto mesmo parece como pura visão. O espectador torna-se tão cônscio de sua forma quanto ficaria se ele não fosse nada além de uma forma, isto é, de uma ilusão.

O pensamento lógico, literal, tem uma forma característica, que é conhecida como "discursiva", porque é a forma do discurso. A linguagem é o instrumento fundamental do pensamento, e o produto traz o selo do instrumento que o molda. Um escritor com imaginação literária percebe mesmo essa forma familiar como um veículo de sentimento – o sentimento que é naturalmente inerente à reflexão erudita, a crescente intensidade de um problema à medida que ele se torna mais e mais complexo e, ao mesmo tempo, mais definido e "pensável", até que a exigência de resposta se faz urgente, tocada pela impaciência; a retenção do assentimento enquanto a explicação é preparada; o sentimento cadenciado de solução, e a expansão da consciência em um novo conhecimento. Se todas essas fases fundirem-se em uma passagem configurada, o pensamento, por mais difícil que seja, é natural; e o pináculo do estilo discursivo é a encarnação de um tal padrão de sentimento, modelado, palavra por palavra, no argumento que progride. O argumento é o motivo do escritor, e absolutamente nada mais pode entrar nele. Tão logo ele dirige o sentimento para longe do pensamento motivador, para (digamos) uma reação mística ou moral, ele não está mais sustentando o processo de entendimento.

Um desvio sutil da enunciação literal em um discurso é a base daquilo que é comumente chamado de "retórica". No escrito retórico, o discurso é um motivo usado com maior ou menor liberdade; o objetivo do escritor é fazer com que a conclusão do argumento representado pareça aceitável, mais do que tornar o argumento inteiramente visível. O bom discurso procura, acima de tudo, ser transparente, não como um símbolo do sentimento, mas como um veículo do sentido; a forma artística está vinculada estritamente à função literal. Daí por que tais escritos não são poesia; o escritor não tem a liberdade de criar qualquer semelhança de experiência intelectual ou imaginativa que seu motivo, um pensamento discursivo, coloca ao alcance de sua imaginação, mas está comprometido com a contemplação de uma experiência viva – a experiência intelectual de seguir esse discurso. O sentimento apresentado tem de ser na realidade apropriado ao assunto representado, ao "modelo"; e a excelência de um estilo de exposição depende de dois fatores, em vez de um –

AS GRANDES FORMAS LITERÁRIAS

a unidade e viveza do sentimento apresentado (que é o único critério da arte "livre"), e a relação ininterrupta desse sentimento com o progresso real do discurso representado.

Não existem muitas artes "aplicadas" tão intimamente vinculadas à realidade quanto o escrito discursivo. Outra que vem à mente é o desenho científico. Em alguns antigos livros de botânica, encontram-se desenhos coloridos de plantas, com detalhes ampliados de suas partes diminutas, tão belos quanto as flores e animais de Dürer, mas meticulosamente fiéis a um ideal científico. A beleza dessas ilustrações está no espaçamento dos itens, na proporção do campo ante as figuras, na tonalidade das tintas, na escolha da cor – sempre pálida e discreta, mas bastante variada – do fundo. A simplicidade e a clareza das formas mostradas, que têm de ser botanicamente acuradas e elaboradas, são transformadas em uma convenção artística, mais do que em uma limitação artística. Tal desenho é arte, embora sirva à ciência; como a arquitetura ou escultura religiosa é arte, embora sirva à fé e à exaltação.

É um erro fatal pensar na "arte aplicada" como um acréscimo de fantasias artísticas a objetos que são essencialmente comuns e banais. Essa, infelizmente, é a ideia mais popular, que domina a chamada "arte comercial". As melhores escolas de *design* estão gradualmente destruindo-a; mas mesmo seus membros nem sempre perceberam a relação precisa entre arte e artefato, que o artefato é tomado como o motivo essencial da obra de arte; a aparência criada é uma aparência "verdadeira" (no sentido ordinário de "verdadeiro", isto é, "fatual"), o objeto apresenta-se ao olhar como é, e atrai nossa visão por sua semelhança de unidade orgânica, exatamente como o faz o *design* decorativo.

Em arquitetura, esse princípio é conhecido como "funcionalismo". Algumas vezes tem sido considerado como o princípio supremo da arte do construtor. Acho que isso é um erro; a arquitetura é essencialmente uma arte criativa[38]. Mas uma grande parte da "arte aplicada" faz parte dela, pois móveis e acessórios são parte da arquitetura. O "domínio étnico" está, de fato, relacionado tão intimamente a funções específicas que só a própria arquitetura pode realizar a sua abstração para nossa percepção; e a passagem a partir da arte livremente criativa à arte aplicada neste campo deve, de modo apropriado, ser quase invisível.

Similarmente, a passagem a partir da ficção, em que o material temático é completamente transformado, e não "dado" em absoluto como uma realidade, para a verdadeira exposição, em

---

38. Ver, acima, Cap. 6, especialmente p. 99.

que o uso discursivo da linguagem é enfatizado de maneira que o discurso real se torna manifesto, pode, algumas vezes, ser uma transição fluida. Os diálogos de Platão são uma tal "ficção didática"; e assim também são muitas "utopias", alegorias e fantasias proféticas. Manifestos, credos e orações formalmente compostas são, todos, discurso real tratado poeticamente.

Todas as espécies de literatura podem, de fato, entrecortar-se, porque sua separação jamais é absoluta. Elas surgem do poder de diferentes recursos. Nos capítulos precedentes, iniciei a análise das formas literárias com a da lírica, porque a poesia lírica emprega a menor quantidade de material a fim de criar seus elementos poéticos, e consequentemente explora esses materiais ao máximo. Intelectualmente, os projetos maiores podem ser sucessivamente aumentados, acrescentando-se meios de criação mais poderosos – narração, ação e mesmo ações contemporâneas, descrição extensa, personagem, ambiente realista, conversas, e seja lá o que for. Mas, historicamente, esse não foi o processo de produção dos vários tipos de literatura. A forma mais antiga provavelmente foi aquela em que todos os desenvolvimentos separados estavam implícitos – o gênero épico.

O épico é realmente, como a verdadeira balada, poesia pré-literária; e é a grande matriz de todos os gêneros poéticos. Todos os recursos da arte ocorrem nele mais cedo ou mais tarde – mas jamais todos ao mesmo tempo. Há versos líricos, buscas românticas, descrições da vida quotidiana, incidentes autônomos que podem ser lidos como uma balada. Nos épicos gregos, encontram-se conflitos políticos, histórias pessoais, personagens que crescem junto com suas ações; na Edda existem enigmas e provérbios, no Kalevala, fantasias cosmológicas; e em todos os épicos, inovações e louvores aos deuses. O épico é uma mistura de criações literárias, vaga no entanto grandiosamente abarcadas por uma estória – a oniabrangente estória do mundo.

Foi provavelmente a descoberta que diferentes práticas poéticas produziam diferentes efeitos, causando estados de ânimo e movimentos variados em partes sucessivas do épico, que deu origem às formas literárias especiais. Cada meio isolado de criação poética podia ser explorado e engendrou um gênero de menor alcance, mas de forma mais organizada. Ao mesmo tempo, que é possível que indícios de menor envergadura se verificassem no canto: por exemplo, em endechas e peãs, falas mágicas, encantamentos e recitações místicas. Co-

AS GRANDES FORMAS LITERÁRIAS

nhecemos pouco dos primórdios da literatura. Mas sabemos
que a grande tradição poética, em todas as línguas, foi alcançada com o desenvolvimento da escrita e, de fato, apenas com
o uso livre de letras; a arte das palavras não é essencialmente
uma arte da oratória, inadequadamente registrada por símbolos
visuais e algo degradada durante esse processo, mas é verdadeira e justamente chamada "literatura".

17. A Ilusão Dramática

A maioria dos tratamentos teóricos da literatura haure seu material e evidência tanto do drama quanto de obras líricas e narrativas. Uma análise séria da arte literária com uma menção apenas ocasional, de passagem, a Shakespeare pode ter parecido, a muitos leitores, uma curiosa inovação. A razão para tal, entretanto, é bastante simples, e já foi sugerida acima: Shakespeare é essencialmente um dramaturgo e o teatro não é, no sentido estrito, "literatura".

Contudo, é uma arte poética, porque cria a ilusão primária de toda poesia – história virtual. Sua substância é uma imagem da vida humana – fins, meios, ganhos e perdas, realização, declínio e morte. É uma estrutura de experiência ilusória, e esse é o produto essencial da *poesis*. Mas o drama não é, meramente, uma forma literária distinta; é um modo poético especial, tão diferente da genuína literatura quanto a escultura o é da arte pictórica, ou qualquer dessas duas o é da arquitetura. Quer dizer, efetua sua própria abstração básica, o que lhe dá um caminho próprio de realizar a semelhança de história.

A literatura projeta a imagem de vida ao modo da memória virtual; a linguagem é seu material essencial; o som e significado das palavras, sua ordem e uso familiar ou incomum, mesmo sua apresentação na página impressa, criam a ilusão de vida como um reino de eventos – completados, vividos, à medida que as

320 SENTIMENTO E FORMA

palavras os formulam – eventos que compõem um Passado. O drama, porém, apresenta a ilusão poética sob uma luz diferente: realidades ou "eventos" não acabados, mas respostas visíveis, imediatas, de seres humanos, efetuam sua semelhança de vida. Sua abstração básica é o ato, que emerge do passado, mas se dirige ao futuro, e está sempre cheio de coisas por vir.

Ao usar palavras comuns, tais como "evento" ou "ato", como termos analíticos, corre-se o perigo de sugerir conceitos bem menos gerais, e de fato um grande número deles, todos igualmente inadequados para a finalidade presente. "Evento", nos capítulos precedentes, foi usado no sentido dado por Whitehead, para cobrir toda ocorrência espaço-temporal, mesmo a persistência de objetos, os ritmos repetitivos de vida, o ensejo de um pensamento bem como a de um terremoto. De modo semelhante, com "ato" quero dizer uma espécie de resposta humana, física ou mental. A palavra é usada normalmente, é claro, em sentidos mais especializados. Pode significar uma das principais divisões de uma peça – Ato I, Ato II etc.; ou pode referir-se a comportamento evidente, como apressar-se, pôr as mãos em alguém, tomar ou entregar um objeto, e assim por diante; ou pode significar um ato fingido, como quando se diz, a respeito de uma pessoa, que ela pensa de uma forma e "atua" de outra.* No sentido geral empregado aqui, entretanto, todas as *reações* são atos, visíveis ou invisíveis; assim no drama, qualquer ilusão de atividade física ou mental é aqui chamada de "ato", e a estrutura total de atos é *uma história virtual ao modo da ação dramática*.

Um ato, quer instintivo, quer proposital, está normalmente orientado em direção ao futuro. O drama, embora implique ações passadas (a "situação"), move-se, não em direção ao presente, como procede a narrativa, mas em direção a algo que está além; lida essencialmente com compromissos e consequências. Também as pessoas, no drama, são puramente agentes – quer consciente, quer cegamente, fazedores do futuro. Esse futuro, que é feito perante nossos olhos, dá importância aos próprios inícios dos atos dramáticos, isto é, aos motivos dos quais brotam os atos, e as situações em que eles se desenvolvem; a sua feitura é o princípio que unifica e organiza o contínuo da ação no palco. Tem sido dito repetidas vezes que o teatro cria um perpétuo momento presente[1];

---

* Em inglês, "act", ato, como verbo significa também representar (uma peça) e simular.

1. Por exemplo, R. E. Jones, em *The Dramatic Imagination*, p. 40, diz: "Isto é drama; isto é teatro – *ter consciência do Agora*". E Thornton Wilder, em "Some Thoughts on Playwriting", enumera como uma das "quatro condições fundamentais do drama", que "sua ação tenha lugar em um perpétuo tempo presente". – "No palco, é sempre agora." (*The Intent of the Artist*, p. 83).

A ILUSÃO DRAMÁTICA

mas é apenas um presente preenchido com seu próprio futuro que é realmente dramático. Uma pura imediatidade, uma experiência direta imperecível sem o ameaçador movimento para a frente da ação consequente, não o seria. Como a literatura cria um passado virtual, o drama cria um futuro virtual. O modo literário é o modo da Memória; o dramático é o modo do Destino.

O futuro, como o passado, é uma estrutura conceitual, e a expectativa, muito obviamente mais ainda do que a memória, é um produto da imaginação[2]. O "agora" criado pela composição poética está sempre sob a égide de alguma visão histórica que o transcende; e sua pungência deriva não de qualquer comparação com a realidade, mas do fato de que os dois grandes campos de contemplação – passado e futuro – intersectam-se no presente, que, consequentemente, não tem a forma imaginativa pura nem da memória, nem da profecia, mas uma peculiar aparência própria que designamos como "imediatidade" ou "agora".

Na vida real, o futuro iminente é sentido de modo muito vago. Cada ato isolado visa ao futuro – pomos uma chaleira no fogo esperando que ferva, entregamos uma nota a alguém e esperamos receber o troco, subimos em um ônibus com a confiança casual de que desceremos dele novamente no ponto desejado, ou tomamos um avião com um interesse algo mais consciente em nossa saída em perspectiva de seu interior. Mas geralmente não dispomos de qualquer ideia do futuro como experiência total que está vindo por causa de nossos atos passados e presentes; um tal senso do destino surge apenas em momentos pouco comuns sob tensões emocionais peculiares.

No drama, entretanto, esse senso de destino é de suprema importância. É o que faz com que a ação presente pareça como parte integrante do futuro, não obstante esse futuro não se ter ainda desenrolado. A razão disso é que, no palco, todo pensamento expresso em conversação, todo sentimento traído pela voz ou pelo olhar, é determinado pela ação total do qual é parte – talvez uma parte embrionária, a primeira sugestão do motivo que logo ganhará força. Mesmo antes de ter-se qualquer ideia sobre qual será o conflito (isto é, antes de ter sido feita a "exposição"), sente-se a tensão desenvolvendo-se. Essa tensão entre passado e futuro, o "momento presente" teatral, é o que dá a atos, situações, e mesmo a elementos constituintes, tais como

2. Comparem as observações de Georg Mehlis, citadas na nota da p. 274. Mehlis compreendeu mal a natureza do efeito "distanciador" da memória e expectativa, que julgou estar baseada na tendência que as pessoas têm para deixar de lado o desagradável, e uma consequente "melhoria estética" dos fatos; mas, apesar desse erro, ele notou com acerto o poder de transformação de ambas as projeções.

322 SENTIMENTO E FORMA

gestos e atitudes e tonalidades, a intensidade peculiar conhecida como "qualidade dramática".

Em um volume pouco conhecido, trazendo o título modesto, impessoal, *Essays by Divers Hands* (um volume de "Transactions" da Royal Society of Literature da Inglaterra)[3], existe um ensaio filosófico muito rico em ideias, de Charles Morgan, intitulado "The Nature of Dramatic Illusion", em que me parece que ele tanto formulou quanto respondeu a pergunta sobre o que é criado na obra de arte dramática plenamente desenvolvida – a peça representada.

Com todo desenvolvimento da técnica dramática [escreveu ele ali] e cada desvio da estrutura clássica, aumenta a necessidade de uma nova discussão que [...] irá estabelecer para o palco, não efetivamente uma regra formal, mas uma disciplina estética, elástica, racional, e aceitável para este nas circunstâncias modernas.

É meu propósito, então, descobrir o princípio a partir do qual tal disciplina pode surgir. A esse princípio, chamo princípio de ilusão[4].

A ilusão, da maneira pela qual a concebo, é forma em suspenso. [...] Em uma peça, a forma não tem valor *em si mesma*; só o estar em suspenso da forma tem valor. Em uma peça, a forma não é e não pode ter valor em si mesma, porque enquanto a peça não terminar não existe forma. [...]

A representação de uma peça ocupa de duas a três horas. Até o final, sua forma está latente nela. [...]

Esse suspenso da forma, pelo qual se quer significar a incompletude de uma conhecida completude, deve ser nitidamente distinguido do *suspense* comum – o *suspense* do enredo – a ignorância do que irá acontecer, [...] pois o *suspense* do enredo é um acidente estrutural, e o suspenso da forma é, como o entendo, essencial à forma dramática em si. [...]

Qual forma é escolhida [...] importa menos do que, enquanto o drama esteja em movimento, *uma* forma esteja sendo preenchida.[5]

"Preenchida" é aqui a palavra-chave para a ideia de forma dramática. Tudo, é claro, tem uma forma de alguma espécie: o célebre milhão de macacos batendo em um milhão de máquinas de escrever por um milhão de anos, produzindo combinações casuais de letras, estariam fornecendo inúmeras formas fonéticas (embora algumas pudessem não encorajar sua pronúncia); de modo semelhante, o mais aleatório conglomerado de eventos, atos, enunciações, ou seja lá o que for, iria *produzir* uma forma quando tomado em conjunto; porém, antes de tais coleções serem completadas (o que ocorreria simplesmente quando, por qualquer razão, parassem

3. N. S. v. 12, editado por R. W. Macan, 1933. O artigo em questão ocupa as p. 61 a 77.

4. *Ibid.*, p. 61.

5. *Ibid.*, p. 70, 72.

A ILUSÃO DRAMÁTICA

de coletá-la), ninguém poderia imaginar sua forma. É preciso que exista um senso do todo, alguma antecipação do que pode ou deve vir, se se quiser que a produção de novos elementos dê a impressão de que "uma forma está sendo preenchida".

A ação dramática é uma semelhança de ação construída de modo tal que um trecho inteiro, indivisível, de história virtual está nela implícito, como forma ainda não realizada, bem antes de que a apresentação se complete. Essa ilusão constante de um futuro iminente, essa aparência vívida de uma situação que se desenvolve antes de que qualquer coisa espantosa haja ocorrido, é "forma em suspenso". É um destino humano que se desdobra ante nós, sua unidade é manifesta desde as palavras ou até a ação silenciosa iniciais, porque no palco vemos atos em sua inteireza, como não os vemos no mundo real exceto em retrospecto, isto é, pela reflexão construtiva. No teatro, eles ocorrem em forma simplificada e acabada, com visíveis motivos, direções e fins. Uma vez que a ação no palco não está, como a ação genuína, enraizada em um caos de feitos irrelevantes e interesses dividi-dos, e que as personagens no palco não têm complexidades des-conhecidas (embora possam ser muito complexas), é possível, ali, ver os sentimentos de uma pessoa tornarem-se em paixões, e tais paixões externarem-se em palavras e atos.

Sabemos, de fato, tão pouco sobre as personalidades à nossa frente no início de uma peça que cada movimento e palavra de-las, mesmo sua vestimenta e forma de andar, são itens distintos para nossa percepção. Em virtude de não estarmos tão envolvidos com elas quanto com as pessoas reais, podemos considerar cada mínimo ato em seu contexto, como um sintoma de caráter e con-dição. Não precisamos descobrir o que é significativo; a seleção foi feita – seja o que for que estiver ali é significativo, e não é demais para ser examinado *in toto*. Uma personagem se nos de-para como um todo coerente. O que se aplica a personagens, aplica-se a situações: ambos tornam-se visíveis no palco, trans-parentes e completos, como não o são seus análogos do mundo[6].

---

6. Um crítico alemão, Peter Richard Rohden, viu essa diferença em nossa com-preensão de pessoas ilusórias e reais, respectivamente, como algo paradoxal. "O que", escreveu ele, "distingue uma personagem no palco de uma pessoa 'real'? Obviamente o fato de que aquela está frente a nós como um todo plenamente articulado. Percebemos nossos semelhantes apenas de modo fragmentário, e nosso poder de auto-observação é geralmente reduzido, pela vaidade e cobiça, a zero. O que chamamos de 'ilusão dramá-tica é, portanto, o fenômeno paradoxal de sabermos mais sobre os processos mentais de um Hamlet do que sobre nossa própria vida interior. Pois o poeta-ator Shakespeare mostra não só os feitos, mas também os motivos deste, e, de um modo na verdade mais perfeito do que jamais os vemos em conjunto na vida real." (Ver "Das Schauspielerische Erlebnis", na coleção de ensaios de Ewald Geissler, *Der Schauspieler*, p. 36)

Mas o que realmente assegura a unidade artística que Morgan chamou de "forma em suspenso" é a própria ilusão de Destino que é dada no drama, e que se origina principalmente da maneira pela qual o dramaturgo manipula a circunstância. Antes de que uma peça haja seguido muito adiante, já se tem consciência não apenas de vagas condições de vida em geral, mas de uma situação especial. Como a distribuição de peças em um tabuleiro de xadrez, a combinação de personagens forma um padrão estratégico. Na vida real, geralmente reconhecemos uma situação distinta apenas quando ela atingiu, ou quase atingiu, uma crise; mas, no teatro, vemos todo o arranjo de relacionamentos humanos e interesses conflitantes bem antes de ter ocorrido qualquer evento anormal que poderia, na vida real, colocá-lo em foco. Enquanto no mundo real iríamos testemunhar algum ato extraordinário e gradualmente compreender as circunstâncias que se encontram por trás dele, no teatro percebemos uma situação ameaçadora e vemos que alguma ação de longo alcance deve brotar a partir dela. Isso cria a tensão peculiar entre o presente dado e sua consequência ainda não realizada, "forma em suspenso", a ilusão dramática essencial. Tal ilusão de um futuro visível é criada em toda peça – não apenas em peças muito boas, mas em tudo o que reconhecemos como peça, e não como dança, pompa ou outras "artes teatrais" não dramáticas[7]. É a ilusão primária da poesia, ou história virtual, no modo peculiar ao drama. O futuro aparece como já uma entidade, embrionária no presente. Isso é o Destino.

O destino é, evidentemente, sempre um fenômeno virtual – não existe coisa assim nos fatos nus e crus. É uma pura semelhança. Mas aquilo a que se "assemelha" (ou, na linguagem aristotélica que ultimamente tem sido revivida, o que ele "imita") é, não obstante, um aspecto da experiência real e, efetivamente, um aspecto fundamental, que distingue a vida humana da existência que levam os animais: o senso de passado e futuro como partes de um contínuo e, portanto, da vida como uma realidade única.

Essa ampla percepção, que devemos a nosso talento peculiarmente humano de expressão simbólica, está enraizada, entretanto, nos ritmos elementares que partilhamos com todos os outros organismos, e o Destino criado pela arte dramática traz a marca do processo orgânico – de função predeterminada, tendência, crescimento e conclusão. A abstração de tais formas vitais por meio

---

7. Pode ser que neste ponto Morgan não concorde comigo. Tendo enunciado que a "forma em suspenso" é a própria ilusão dramática, e o suspenso da forma algo "sem o qual não existe drama", ele fala, da ilusão dramática como uma rara experiência, "a recompensa mais elevada de assistir-se a peças". Não sei se emprega dois conceitos ou apenas um, de modo algo diferente do meu.

A ILUSÃO DRAMÁTICA 325

da arte já foi considerada no Cap. 4, com referência ao desenho primitivo. Em toda arte ela é alcançada de modo diferente; mas penso que em cada uma isso se faz de modo igualmente sutil – não uma simples referência a casos naturais dessa forma, mas uma manipulação genuinamente abstrativa de seu reflexo sobre estruturas não viventes ou mesmo não físicas. Literalmente, "processo orgânico" é um conceito biológico; "vida", "crescimento", "desenvolvimento", "declínio", "morte" – todos esses são termos estritamente biológicos. São aplicáveis apenas a organismos. Na arte, eles são retirados de seu contexto literal, e, imediatamente, em lugar de processos orgânicos, temos formas dinâmicas: em vez de metabolismo, progressão rítmica, em vez de estímulo e resposta, complexidade, em vez de maturação, realização, em vez de procriação, a repetição do todo em suas partes – aquilo que Henry James chama de "reflexo" nas partes[8], e Heinrich Schenker, "diminuição"[9], e Francis Fergusson, "analogia"[10]. E, em lugar de uma lei de desenvolvimento, tal como a estabelecida pela biologia, na arte temos o destino, o futuro implícito.

A finalidade de abstrair-se formas vitais de suas exemplificações naturais é, evidentemente, torná-las disponíveis para uso artístico sem empecilhos. A ilusão de crescimento, por exemplo, pode ser produzida em qualquer meio, e de inúmeros modos: linhas que se alongam ou fluem, que não representam qualquer criatura viva; graus que se elevam ritmicamente, embora dividam ou diminuam; complexidade crescente de acordes musicais, ou repetições insistentes; uma dança centrífuga; versos poéticos de seriedade cada vez mais profunda; não há necessidade de "imitar" qualquer coisa literalmente viva a fim de transmitir a aparência de vida. As formas vitais podem ser refletidas em qualquer elementos de uma obra, com ou sem representação de coisas vivas.

No drama, a *situação* possui seu próprio caráter "orgânico", quer dizer, desenvolve-se, ou cresce, à medida que a peça prossegue. Isso porque todos os acontecimentos, para serem dramáticos, devem ser concebidos em termos de atos, e os atos pertencem apenas à vida; eles têm motivos, mais do que causas e, por sua vez, motivam atos posteriores, que compõem *ações* integradas. Uma situação é um complexo de atos pendentes. Ela altera-se de momento para momento ou, antes, de movimento para movimento, à medida que os atos diretamente iminentes são realizados e que o futuro por trás deles se torna distinto e pleno de excitação.

8. *The Art of Fiction*, p. 170.
9. Cf. Cap. 8, p. 136.
10. *The Idea of a Theater*, p. 104.

Dessa forma, a *situação* em que agem as personagens difere do "meio ambiente" destas – um termo com o qual ela algumas vezes é confundida, através da influência das ciências sociais que invadiram o teatro há uma geração e geraram uma progênie prolífera, mesmo se de vida breve, de peças sociológicas, com uns poucos verdadeiros dramas entre elas. O meio ambiente em que as personagens se desenvolveram e pelo qual são atrofiadas ou endurecidas, refinadas ou falsamente polidas, está quase sempre implícito (*quase* sempre, isto é, exceto quando se torna um fator consciente de interesse para alguém na peça). A situação, por outro lado, sempre é explícita. Mesmo em um mundo romântico vago como o de Pelleas e Mélisande, distanciado de toda história real, e tão ageográfico que o meio ambiente na realidade é só paredes de castelo e uma floresta, sem população (o coro de mulheres na cena da morte simplesmente surge *ex nihilo* – não havia habitantes no segundo plano antes, como existem nos castelos de Shakespeare), a situação que provoca a ação é clara.

A situação é, de fato, parte da ação; é inteiramente concebida pelo dramaturgo e é dada, por ele, aos atores para que estes a compreendam e representem, da mesma forma em que ele lhes dá as palavras que devem ser ditas. A situação é um elemento criado na peça; ela cresce até seu clímax, frequentemente ramificando-se em detalhes elaborados no curso de seu desenvolvimento, e, no final, é resolvida pelo término da ação.

Onde o "meio ambiente" chega de alguma forma a entrar no drama, entra como uma ideia nutrida por pessoas na peça, tais como visitantes de cortiços e reformistas na peça "radical" de problemas. Eles mesmos, entretanto, não aparecem em um meio ambiente, porque esta abstração sociológica não tem significado para o teatro. Eles aparecem em um cenário. "Meio ambiente" é uma constante invisível, mas "cenário" é algo imediato, algo sensorial ou poeticamente presente. O dramaturgo pode utilizar um cenário como o fez Strindberg em suas primeiras peças, a fim de estabelecer o sentimento de vida quotidiana, ou pode destiná-lo à finalidade oposta de distanciar a cena de todas as associações familiares, como Wagner tentou fazer com suas extravagantes exigências cênicas. O cenário é um fator altamente variável, que os poetas de tempos antigos costumavam confiar às pessoas que montavam as peças daqueles no tablado; prática que abriga perigos, mas que também evidencia uma fé saudável no poder do *script* para guiar a imaginação teatral que deve projetá-lo. Existe uma grande liberdade dada pela simples indicação: "Tebas".

A ILUSÃO DRAMÁTICA 327

Das escolhas feitas por artistas executantes o drama é mais variável, mais tolerante do que outra qualquer arte e modo. Por essa razão, a "forma dominante", que é estabelecida pelo dramaturgo, deve ser clara e vigorosa. Ela tem de governar o emaranhado de muitas mentes imaginosas e mantê-las, a todas – o diretor, os atores, os projetistas de cenários e iluminação e vestimentas –, em uma concepção essencial, uma inconfundível "essência poética". O poeta, porém, deve dar a seus intérpretes também um certo campo; pois o drama é essencialmente um poema representado e, se a representação pode apenas duplicar aquilo que as falas já efetuam, haverá uma redundância não intencional e um tumulto aparente de elementos supérfluos que torna a forma total impura e opaca (tais falhas de concepção clara, não o uso de materiais "pertencentes" a outras artes, não arrojadas ilusões secundárias, são a fonte de impureza em uma obra; se a forma dominante é orgânica e sua realização é econômica, os materiais mais anormais serão assimilados, os efeitos mais intensos de poder, tempo ou espaço abstraído tornar-se-ão parte da pura obra dramática).

Se o drama não é feito de palavras, como o é uma obra de literatura, como se pode dizer que o poeta, que compõe apenas as "linhas", cria a forma dominante? "Linhas"* em uma peça são apenas a substância das falas, e as falas são apenas alguns do atos que constituem o drama.

Elas são, entretanto, atos de tipo especial. A fala é uma atividade altamente especializada na vida humana, e sua imagem em todos os modos da poesia, portanto, tem usos peculiares e poderosos. A proferição verbal é a vazão aberta de uma resposta emocional, mental e corpórea, maior, e sua preparação em sentimentos e consciência, ou na intensidade crescente de pensamento, está implícita nas palavras ditas. A fala é como um quintessência da ação. Edith Wharton descreveu sua relação com o resto de nossas atividades de modo muito adequado, quando indicou seu uso no próprio meio poético dela, a ficção em prosa:

> O uso do diálogo na ficção [...] deve ser reservado para os momentos culminantes e considerado como o borrifo em que se quebra a grande onda da narrativa ao curvar-se em direção ao observador na praia.[11]

A metáfora da onda de Wharton é mais adequada do que sua afirmação literal, porque pensamos naturalmente em "momentos culminantes" como momentos raros, pontos altos da estória,

---

* Em inglês, "*lines*", "linhas", significa também versos (de um poema) e falas (de um personagem em uma peça.)

11. *The Writing of Fiction*, p. 73.

328 SENTIMENTO E FORMA

enquanto que a culminação do pensamento e do sentimento na fala é uma ocorrência frequente, como a culminação e a quebra de cada onda em uma constante rebentação.

Se, além do mais, contempla-se a metáfora com um pouco mais de profundidade, ela transmite uma outra relação da fala com os elementos poéticos que a rodeiam, a saber, que ela é sempre da mesma natureza que eles, sujeita à abstração básica do modo em que é usada. Na narrativa, é um evento, como todos os eventos que compõem o Passado virtual – os eventos particulares que culminam em "discurso direto", os eventos públicos que se entrecortam na experiência do elocutor e aqueles que a fala, como um novo evento, engendra. No drama, a fala é um ato, uma expressão, motivada por outros atos visíveis e invisíveis e, como estes, dando forma ao Futuro que se aproxima.

Um teatrólogo que escreve apenas as falas proferidas em uma peça marca uma longa série de momentos culminantes no fluxo da ação. É claro que indica os principais atos não verbais, mas isso pode ser feito com o menor número possível de palavras: *entra Fulano*, *sai Fulano*, ou indicações lacônicas tais como: *morre, eles lutam, excursões e alarmas*. Os dramaturgos modernos algumas vezes escrevem páginas de instruções para os atores, até mesmo descrevendo a figura e rosto da heroína, ou o estilo dos movimentos e posturas de alguma personagem (Strindberg diz ao ator principal de *Srta. Julia* que ele deve parecer um homem semieducado!). Tais "indicações de cena" são realmente tratamentos literários da estória – aquilo que Clayton Hamilton chamou de "o tipo das indicações de cena que, embora interessantes para o leitor, não são de qualquer proveito para o ator"[12], porque não partilham da forma dramática. Ibsen prefaciou suas cenas iniciais com descrições minuciosas de pessoas e cenário; mas seus maiores intérpretes têm sempre tomado liberdades com eles. As falas de uma peça são a única orientação que um bom diretor ou ator precisa. O que torna a peça trabalho do autor é que as falas são realmente os pontos altos de uma ação perpétua, progressiva, e determinam o que pode ser feito com a peça no palco.

Uma vez que cada proferição é o final de um processo que se iniciou dentro do corpo de quem fala, uma enunciação representada é parte de um ato virtual, brotando aparentemente no momento do pensamento e sentimento; assim, o ator tem de criar a ilusão de uma atividade interior que resultam em discurso es-

---

12. *The Theory of the Theatre*, p. 307. Alguns parágrafos mais tarde, ele observou sobre as peças de Granville-Barker: "A indicações de cena, impressas, escritas por Barker, são pequenas novelas em si mesmas."

A ILUSÃO DRAMÁTICA

pontâneo, se é que suas palavras devam ter um efeito dramático e não retórico. Como um autor alemão muito interessante, Ferdinand Gregori, o expressou,

O gesto é mais antigo do que as palavras, e, na criação dramática do ator, também, é preciso que o gesto seja o arauto delas. Quer seja visível para a audiência ou não, deve ser sempre o precursor. Quem quer que comece com as palavras e depois fique à cata do gesto apropriado para acompanhá-las, mente tanto frente à arte quanto à natureza.[13]

A necessidade de preparar toda proferição por alguns elementos de expressão e comportamento que a prenunciam, levou muitos teóricos e quase todos os espectadores ingênuos à crença de que um ator precisa mesmo sofrer de verdade as experiências emotivas que apresenta – que é preciso que ele "viva" seu papel, e produza falas e gestos a partir de uma paixão genuína. É claro que a ocorrência cênica não é sua própria vida, mas (de acordo com esse ponto de vista) é mister que ele pretenda ser o indivíduo que representa, até que sinta na realidade as emoções que lhe cabe registrar. É bastante estranho que as pessoas que acreditam nisso não perguntem se é preciso que o ator também tenha realmente os motivos e desejos de seu *alter ego* – ou seja, se é preciso que ele realmente pretenda ou, ao menos, deseje matar seu antagonista, ou divulgar um segredo.

A imputação de sentimentos e emoções genuínos ao ator no palco seria apenas um erro popular negligenciável não fosse ela parte de uma falácia mais ampla – a confusão de representação teatral com "faz-de-conta", ou fingimento, que tem sempre levado, tanto os teatrólogos, quanto os diretores, a conceber erradamente a relação da plateia com a peça, e os tem sobrecarregado com o problema gratuito e tolo da credulidade do espectador. A expressão clássica dessa preocupação é, evidentemente, o aviso dado por Castelvetro em sua *Poética*, publicada em 1570:

O tempo da representação e aquele da ação apresentada devem ser exatamente coincidentes. Não há possibilidade de fazer com que os espectadores acreditem que se passaram muitos dias e noites, quando eles mesmos obviamente sabem que apenas algumas horas se escoaram realmente; eles se recusam a ser assim enganados.[14]

---

13. "Die Vorbildung des Schauspielers", na coleção *Der Schauspieler* de Ewald Geissler. Ver p. 46.

14. Reproduzido em *The Great Critics, An Anthology of Literary Criticism*, editado por J. H. Smith e E. W. Parks. Ver p. 523.

330 SENTIMENTO E FORMA

Corneille, uma geração depois, ainda aceitava o princípio, embora ele se queixasse de que limitar uma ação dramática de modo bastante estrito a um quarto e ao lapso de tempo de uma visita ao teatro frequentemente "é tão desastrado, para não dizer impossível, que alguma ampliação de lugar deve, por necessidade, ser encontrada, bem como de tempo"[15].

Um princípio artístico que não pode ser aplicado plena e sinceramente, mas requer compromissos e evasões, deve ser imediatamente suspeito; contudo, o princípio de que os espectadores devem ser levados a crer que estão presenciando acontecimentos reais tem sido aceito até nossos dias[16] e, embora a maioria dos teóricos haja visto o erro, ele ainda aflora na crítica contemporânea e – ainda pior – na prática teatral. Já nos recuperamos razoavelmente bem da epidemia do naturalismo, tipo de encenação que procurava dispensar todo artifício e, consequentemente, tomava emprestado material vivo do mundo real – "empregados de lojas recrutados para personificar a si mesmos em lojas reais transferidas fisicamente ao palco", como Robert Edmond Jones descrevia essa espécie de dramaturgia. Ora, é verdade que a arte real *pode* ser feita de tais recursos; nenhum recurso em si próprio é tabu, nem mesmo mendigos cênicos vestidos com roupas pedidas a mendigos reais (Edward Sothern, em sua autobiografia, relembra sua aquisição de um tal tesouro pouco sedutor). Mas a teoria de que a peça é um jogo de "faz-de-conta" projetado pelo poeta, executado pelos atores e sustentado por uma audiência desejosa de fingir que a história no palco é real, que ainda persiste, e com sua contrapartida prática – o princípio de iludir a plateia, auxiliando o "faz-de-conta" público ao fazer a peça parecer tão real quanto possível – é outra estória.

Todo o conceito de teatro como ilusão está intimamente vinculado à crença de que a audiência deve ser forçada a partilhar das emoções dos protagonistas. A maneira mais rápida de realizá-lo é estender a ação cênica para além do palco nos mo-

15. *Ibid.*, p. 531. De *Discurso Sobre as Três Unidades.*

16. Strindberg, por exemplo, estava convencido de que os espectadores no teatro se deixavam iludir, induzir na crença ou no fazer-de-conta que o que viam era vida real desenrolando-se em sua presença, e ele temia seriamente aquilo que a educação do povo, e o esclarecimento geral que se esperava que provocasse, faria para a credulidade do povo. No célebre prefácio de *Srta. Júlia*, observa que "o teatro sempre tem servido de escola primária para jovens, mulheres e aqueles que adquiriram um pouco de conhecimentos, todos os quais retêm a capacidade de enganar-se e de ser enganado", mas que "em nossa época, quando os processos de pensamento rudimentares, incompletos, operando através de nossa fantasia parecem estar-se desenvolvendo em reflexão, pesquisa e análise, o teatro pode estar a ponto de ser abandonado como uma forma decadente, para cujo desfrute carecemos, das condições requeridas".

A ILUSÃO DRAMÁTICA 331

mentos mais tensos, fazer com que os espectadores se sintam realmente presentes como testemunhas da cena. O resultado, porém, é artisticamente desastroso, uma vez que cada pessoa se torna cônscia não apenas de sua própria presença, mas da de outras pessoas também, e do teatro, do palco, da diversão em andamento. Rosamond Gilder relatou uma tal experiência em seu comentário sobre a encenação de Orson Welles de *Native Son*; descrevendo a cena em que Bigger Thomas é encurralado por seus perseguidores, ela disse:

> Aqui, luzes lampejantes, jogo de armas, gritos e tiros convergem sobre o palco a partir do balcão e camarote. A ilusão teatral, longe de ser aumentada, é rompida, e a torna-se nada mais do que uma versão 1941 de Elisa cruzando o gelo.[17]

Também eu me lembro vividamente, até hoje, do choque terrível de um tal chamado à realidade: quando criança, vi Maude Adams em *Peter Pan*. Era minha primeira visita ao teatro, e a ilusão era absoluta e esmagadora, como algo sobrenatural. No ponto mais alto da ação (a Fadinha havia tomado o remédio envenenado de Peter a fim de poupá-lo de fazer isso, e estava morrendo), Peter virou-se para os espectadores e pediu-lhes para manifestar sua crença nas fadas. Instantaneamente, a ilusão se desvanecera; havia centenas de crianças, sentadas em filas, batendo palmas e mesmo gritando, enquanto Miss Adams, vestida como Peter Pan, nos falava como uma professora estudando conosco uma peça em que ela mesma desempenhava o papel principal. Eu não entendi, é claro, o que tinha acontecido; mas uma aguda aflição obliterou o resto da cena e ela não se dissipou inteiramente enquanto a cortina não se ergueu revelando um novo cenário.

A falácia central em tal montagem de peça, e o conceito de drama que pressupõe, é o total desrespeito pelo que Edward Bullough, em um ensaio que já se tornou merecidamente célebre[18], chamou de "Distância psíquica". Toda apreciação de arte – pintura, arquitetura, música, dança, seja lá o que for – exige um certo desvinculamento, que tem sido chamado de modo variado de "atitude de contemplação", "atitude estética" ou de "objetividade" do espectador. Como já ressaltei em um capítulo anterior deste livro[19], é parte da tarefa do artista fazer com que sua obra suscite essa atitude em vez de exigir que o sujeito da percepção

17. "Glamor and Purpose", em *Theatre Arts*, maio de 1941, p. 327-335.
18. "'Psychical Distance' as a Factor in Art and an Aesthetic Principle", *British Journal of Psychology*, junho de 1912.
19. Ver Cap. 4.

332   SENTIMENTO E FORMA

traga consigo uma disposição de espírito ideal. O que o artista estabelece por recursos estilísticos deliberados não é realmente a atitude do espectador – esse é um produto secundário – mas uma relação entre a obra e seu público (inclusive ele mesmo). Bullough denomina esse relacionamento de "Distância", e ressalta, com bastante acerto, que "objetividade", "desvinculamento" e "atitude" são completos ou incompletos, isto é, perfeitos ou imperfeitos, mas não admitem gradações.

A distância, pelo contrário, admite naturalmente gradações, e difere não apenas de acordo com a natureza do *objeto*, que pode impor um maior ou menor grau de Distância, mas também varia de acordo com a *capacidade do indivíduo* de manter um grau maior ou menor.[20]

Ele descreve (mais do que define) seu conceito, não sem lançar mão da metáfora, ainda que de maneira bastante clara para torná-la uma vantagem filosófica:

A Distância [...] é obtida ao separar-se o objeto e sua atração do próprio eu da pessoa, ao deseng-relá-lo das necessidades e finalidades práticas. [...] Mas isso não quer dizer que a relação entre o eu e o objeto fique rompida a ponto de tornar-se "impessoal". [...] Pelo contrário, ela descreve uma relação *pessoal*, amiúde com coloração altamente emocional, mas *de caráter peculiar*. Sua peculiaridade *está em que o caráter pessoal da relação foi, por assim dizer, filtrado*. Foi limpa da natureza prática, concreta, de sua atração. [...] Um dos exemplos mais conhecidos encontra-se em nossa atitude com respeito aos eventos e personagens do drama [...].[21]

Essa relação "de caráter peculiar" é, creio, nossa relação natural com um símbolo que incorpora uma ideia e a apresenta à nossa contemplação, não para a ação prática, mas "limpa da natureza prática, concreta, de sua atração". É por causa dessa remoção que a arte lida inteiramente com ilusões, que, em virtude de sua falta de "natureza prática, concreta", são prontamente distanciadas como formas simbólicas. Mas a delusão – mesmo a quase delusão do "faz-de-conta" – visa ao efeito oposto, à maior proximidade possível. Procurar delusão, crença e "participação da audiência" no teatro é negar que o drama é arte.

Existem os que efetivamente o negam. Existem críticos muito sérios que veem seu valor essencial para a sociedade não no tipo de revelação que é apropriado à arte, mas em sua função como forma de ritual. Francis Fergusson e T. S. Eliot trataram

20. *Op. cit.*, p. 94.
21. *Op. cit.*, p. 91. A atitude a que se faz referência é, evidentemente, a famosa "atitude estética", tratada aqui como um índice do grau adequado de distância.

A ILUSÃO DRAMÁTICA   333

do drama sob esse aspecto[22], e vários críticos alemães encontraram no costume de bater palmas um último vestígio da participação da audiência que é na realidade o perdido direito inato do público[23]. Há outros que consideram o teatro não um templo, mas fundamentalmente um lugar de entretenimento e exigem do drama que agrade, que nos iluda por algum tempo e que, incidentalmente, pregue moral e o "conhecimento do homem". Brander Matthews ampliou a exigência de diversão – toda e qualquer espécie de diversão – a todas as artes; mas, como seu renome está baseado inteiramente em sua crítica e ensinamento dramáticos, sua visão de "arte" é realmente uma visão do teatro estendida casualmente a todos os outros campos.

> A finalidade primária de todas as artes é entreter [disse Matthews] mesmo que toda arte deva também alcançar seu objetivo próprio. Alguns desses entretenimentos exercem sua atração sobre o intelecto, alguns sobre as emoções, e alguns apenas sobre os nervos, sobre nosso gosto pela excitação pura e pela sensação bruta; mas cada uma delas, à sua própria maneira, procura, antes de mais nada, entreter. Elas devem, cada uma delas, ser incluídas no *show business*.[24]

Aqui temos por certo dois extremos de teoria dramática; e a teoria que sustento – que o drama é arte, uma arte poética em um modo especial, com sua própria versão da ilusão poética a governar cada pormenor da peça executada – essa teoria não se encaixa em lugar algum entre esses extremos. O drama não é nem ritual, nem *show business*, embora possa ocorrer na estrutura de um ou de outro; é poesia, que não é nem uma espécie de circo, nem uma espécie de igreja.

Talvez a maior cilada no curso de nossa reflexão sobre o teatro seja seu livre jogo com os materiais padrão de todas as outras artes. As pessoas acham-se tão acostumadas a definir cada arte por seu meio característico que, quando a pintura é usada no teatro, classificam o resultado como "a arte do pintor", e, porque o cenário exige construção, consideram o seu projetista um arquiteto. O drama, por conseguinte, tem sido descrito, com

---

22. Cf. Francis Fergusson, *The Idea of a Theater*. Um livro tão cheio de ideias, erudição e discernimento que, mesmo discordando dele, eu o recomendaria a todos os leitores.
T. S. Eliot, em "A Dialogue on Dramatic Poetry" (em *Selected Essays, 1917-1932*), p. 35, permite que "E." diga: "A única satisfação dramática que encontro agora é o que surge em uma Missa Cantada bem executada."

23. Por exemplo, Theodor Wiesengrund-Adorno, "Applaus", *Die Musik*, 23 (1930-1931), p. 476; também A. E. Günther, "Der Schauspieler und wir", em *Der Schauspieler* de Geissler, p. 144.

24. *A Book About the Theater*, p. 6.

334 SENTIMENTO E FORMA

tanta frequência como uma síntese de várias ou mesmo todas as artes, que sua autonomia, seu *status* como modo especial de uma grande arte única, está sempre em risco. Já foi tratado como essencialmente dança, em virtude de confusão com danças pantomímicas que têm enredo dramático; foi concebido como quadro vivo e cerimonial realçado por fala e ação (Gordon Craig sustentava que o projetista de seus aspectos visuais era seu verdadeiro criador), e como recitação poética acompanhada de gestos, algumas vezes gestos de dança. Este último ponto de vista é tradicional na Índia, onde é sustentado devido às origens épicas óbvias das peças hindus (como sempre, supõe-se que encontrar a origem de um fenômeno é revelar sua natureza "real"). Os estetas hindus, portanto, consideram o drama como literatura, e o julgam segundo padrões literários[25]. Nietzsche encontrou a origem do drama no "espírito da música" e, consequentemente, considerava a verdadeira natureza dele como musical. Thornton Wilder descreve-o como uma forma exaltada de narrativa:

> O teatro [escreve] eleva a arte da narração a um poder maior do que o romance ou o poema épico. [...] O dramaturgo deve ser por instinto um contador de estórias.[26]

Mas contar estórias, narração, é algo bem diferente da representação de estórias em um teatro. Muitos contadores de estórias de primeira não conseguem produzir uma peça, e os mais altos desenvolvimentos da narrativa, tais como o romance moderno e o conto, apresentam recursos próprios que não têm qualquer significado para o palco. Eles projetam uma história em retrospecto, enquanto que o drama é história que está vindo. Mesmo enquanto artes de representação, a narração e a dramatização são distintas. O antigo rapsodo, com toda sua gesticulação e inflexões, não era um ator e, hoje, também, há pessoas conhecidas como bons leitores de poesia ou prosa que nem por isso precisam ter qualquer aptidão para o teatro.

O conceito de drama como literatura embelezada com concorrentes atrativos ao sentido da visão é contradito com maior convicção na própria sociedade em que desfruta sua voga tradi-

25. Cf. Sylvain Lévi, *Le théâtre indien*, p. 257: "Eles (os teóricos indianos) estão acostumados a considerar o drama como a justaposição de duas artes, que perseguem simultaneamente seus fins respectivos, a saber, a poesia e a dança mímica. [...] Dança e máscara, encenação e cenário combinam-se para intensificar a ilusão e o prazer exercendo atração sobre vários sentidos. A representação, portanto, ultrapassa a leitura por uma diferença quantitativa de emoção; não há diferença qualitativa entre elas." Ver também A. B. Smith, *The Sanskrit Drama*, p. 294-295.

26. "Some Thoughts on Playwriting", p. 86.

A ILUSÃO DRAMÁTICA   335

cional; o fato de na Índia o drama clássico ter sobrevivido como arte popular por séculos depois de tanto o sânscrito, quanto os vários prácritos em que era composto terem-se tornado línguas mortas, compreendidas apenas por eruditos, prova que a ação no palco não era um mero acompanhamento, mas era instintivamente desenvolvida pelos atores até a autossuficiência, tornando dispensáveis os significados precisos das palavras das falas; que esse drama é, de fato, aquilo que Cocteau chamou de "poesia do teatro", bem como "poesia no teatro".

Quanto à dança, embora provavelmente tenha precedido o drama no tablado, e embora use enredos dramáticos de maneira própria, ela não dá origem ao drama – nem mesmo à verdadeira pantomima. Qualquer ação dramática direta tende a suspender a ilusão balética. O fato de que o drama grego emergiu em meio à dança ritual levou vários historiadores da arte a considerá-lo como um episódio de dança; mas a dança era, de fato, apenas uma moldura perfeita para o desenvolvimento de uma arte inteiramente nova; no instante em que dois antagonistas se destacaram do conjunto coral e se dirigiram, não à congregação, mas um ao outro, eles criaram uma ilusão poética, e o drama tinha nascido em meio ao rito religioso. A dança coral em si foi assimilada ao mundo da história virtual que eles apresentavam.

Uma vez que tenhamos reconhecido que o drama não é nem dança, nem literatura, nem uma democracia de várias artes funcionando juntas, mas é poesia ao modo de ação, as relações de todos os seus elementos entre si e com a obra toda tornam-se claras: a primazia do texto, que fornece a forma dominante; o uso do palco, com ou sem cenário representativo, para delimitar o "mundo" em que a ação virtual se dá; a necessidade de tornar a cena um "lugar", de modo que muitas vezes o projetista produz uma ilusão plástica que, aqui, é secundária, mas que é primária na arte da arquitetura[27]; o uso de música e algumas vezes de dança a fim de manter a história fictícia apartada da realidade e garantir sua abstração artística[28]; a natureza do tempo dramático, que é "musical" ao invés de tempo prático, e algumas vezes torna-se notavelmente evidente – outra ilusão secundária na poesia, mas

27. Cf. Jones, *op. cit.*, p. 75: "A energia de uma determinada peça, seu conteúdo emocional, sua aura, por assim dizer, tem suas próprias dimensões físicas definidas. Ela se estende até um certo ponto do espaço e não vai mais além. As paredes do cenário devem ser colocadas precisamente nesse ponto."

George Beiswanger, em um pequeno artigo intitulado "Opera for the Eye", (*Theatre Arts*, janeiro de 1943, p. 59), faz uma observação semelhante: "Cada ópera tem suas próprias dimensões ideais, e sua ilusão deve ser criada seja o palco real grande ou pequeno."

28. Schiller, em seu célebre prefácio a *Die Braut von Messina*, chamava o coro grego, que ele reviveu em sua peça, de "uma parede viva" para preservar a Distância da obra.

primária na música. O princípio diretor no uso de tantas ilusões efêmeras tomadas de empréstimo é a elaboração de uma *aparência*, não sob circunstâncias normais, como pretexto ou convenção social, mas sob as circunstâncias da peça. Sua totalidade emocional total é como a "paleta" de uma pintura, e controla a intensidade de cor e luz, o caráter sóbrio ou fantástico dos cenários, os requisitos tais como aberturas, interlúdios e seja lá o que for.

Acima de tudo, a tonalidade emocional guia o estilo dos atores. Os atores são os principais intérpretes – normalmente, os únicos indispensáveis – das criações incompletas mas dominantes do poeta. Um ator não expressa suas emoções, mas as de uma pessoa fictícia. Ele não sofre e dá vazão a emoções; ele as concebe, em seus mínimos detalhes, e as representa.

Alguns dos críticos hindus, embora subordinem e mesmo desaprovem a arte dramática em favor dos elementos literários que ela envolve, compreendem muito melhor do que seus colegas ocidentais os vários aspectos da emoção no teatro, que nossos escritores confundem tão livre e perniciosamente: os sentimentos experimentados pelo ator, os experimentados pelos espectadores, os apresentados como sendo os que animam as personagens da peça, e, finalmente, o sentimento que brilha através da peça em si – o sentimento vital da peça. A este último, eles denominam de *rasa*; é um estado de conhecimento emocional, que chega apenas àqueles que por muito tempo estudaram e contemplaram a poesia. Supostamente é de origem sobrenatural, porque não é como a emoção e o sentimento mundano, mas é apartado, mais do espírito do que das vísceras, puro e edificante[29].

Rasa é, de fato, aquela compreensão do diretamente experimentado ou de vida "interior" que toda arte transmite. O *status* sobrenatural atribuído à sua percepção demonstra a perplexidade que assaltou os antigos teóricos quando se confrontaram com o poder de um símbolo ao qual não reconheciam como tal. As plateias que podem dispensar os auxílios que a caixa do palco, vestimentas e cenários representativos, e várias propriedades do palco prestam à nossa imaginação poética, provavelmente têm um melhor entendimento do drama como arte do que nós, que exigimos um *pot-pourri* de meios. No drama indiano, chinês e japonês – mas, com maior consistência, no do Extremo Oriente – não só eventos e emoções, mas mesmo coisas são representadas. Existem adereços cênicos, mas seu uso é mais simbólico do que naturalista. Mesmo a simulação de sentimento pode ser sacrificada a fim de realçar o valor formal, o efeito emocional da peça como um todo.

29. Sylvain Lévi, op. *cit.*, p. 295.

A ILUSÃO DRAMÁTICA

Os objetos envolvidos na ação são simplesmente implicados pelo gesto[30]. Na índia, alguns acessórios cênicos ocorrem – carros, dragões, e mesmo elefantes – e são cuidadosamente feitos de papel, bambu, verniz etc.; outros ficam a cargo da imaginação. O fator decisivo parece ser se a ação gira em torno do elemento não humano, ou não. Um rei que, de modo casual, sobe em uma carruagem, indica simplesmente a existência desta por um ato, mas em *A Carrocinha de Barro*, a carroça é realmente posta no palco. Os espectadores europeus das peças chinesas julgam sempre surpreendente e ofensivo que ajudantes em roupas comuns fiquem andando de um lado para o outro no tablado; mas, para a plateia de iniciados, as roupas não teatrais dos ajudantes parecem ser suficiente para tornar a presença deles tão irrelevante quanto para nós, em nossa perspectiva, o é a intrusão de um lanterninha que acompanha as pessoas até um assento.

No palco japonês, um ator pode sair de seu papel dando um sinal e dirigir-se à plateia e, depois, por outro signo formal, reassumir seu papel.

Um público que se delicia com tal representação pura entrega-se à ilusão dramática sem qualquer necessidade de enganos sensoriais. Mas satisfação sensória ele quer de fato: cortinas e vestes maravilhosas, exibição profusa de cores, e sempre música (de um tipo que os ocidentais frequentemente não acham que seja vantagem). Tais elementos tornam a peça dramaticamente convincente precisamente por mantê-la à parte da realidade; eles garantem a "Distância psíquica" do espectador, ao convidá-lo a considerar a ação como uma peça do comportamento natural. Pois, no teatro, em que um futuro virtual se desenrola frente a nós, a significação de cada pequeno ato é aumentada, porque mesmo o menor ato está orientado para esse futuro. O que vemos, portanto, não é um comportamento, mas a autorrealização de pessoas em ação e paixão; e, como todo ato possui importância exagerada, as respostas emocionais de pessoas em uma peça são outrossim intensificadas. Mesmo a indiferença é uma atitude concentrada e significativa.

Como todo ato e enunciação registrados no texto do poeta serve para criar um destino perceptível, todos os elementos plásticos, coreográficos ou musicais que são acrescentados à sua peça no teatro devem sustentar e realçar aquela criação. A ilusão dramática é poética e, onde é primária – quer dizer, onde a obra é um drama – ela transforma todos os empréstimos de outras artes em elementos poéticos. Como diz Jones em *The Dramatic Imagination*:

30. Ver Jack Chen, *The Chinese Theater*; A. E. Zucker, *The Chinese Theater*; Noél Peri, *Cinq nô: Drames lyriques japonais*. Este último faz um relato mais detalhado dessa técnica.

338   SENTIMENTO E FORMA

Em última análise, a criação de cenários para o palco não é problema de um arquiteto ou de um pintor ou de um escultor ou mesmo de um músico, mas sim de um poeta.[31]

É o pintor (ou arquiteto, ou escultor) transformado em poeta que compreende a forma dominante que o autor compôs ao escrever as falas da peça, e que leva essa forma ao estádio posterior de visibilidade, e é o poeta-ator que conduz a obra inteira – palavras, cenários, acontecimentos, e tudo – através da fase final de sua criação, em que palavras se tornam enunciações e a cena visível é fundida na ocorrência da vida virtual.

A imaginação histriônica é o mesmo talento fundamental tanto no teatrólogo, quanto nos atores principais, nos coadjuvantes mesmo de papéis menores na medida em que sejam atores genuínos, em que projeta os cenários e a iluminação, no compositor ou no selecionador de música incidental, no mestre de balé e no diretor que considera o conjunto para sua satisfação ou desespero. O trabalho em que se empenham é uma só coisa – a aparição do Destino.

Desde os gregos até Ibsen, o ator tem representado, por elocução, bem como por movimentos, o caráter humano e o destino humano. [...] Quando o drama assume o caráter abstrato da música ou dança pura, deixa de ser drama. [...]

O dramaturgo [...] é um escritor, um poeta, antes de ser um músico ou coreógrafo. Wagner, é claro, demonstrou que muitos elementos dramáticos podem ser incorporados à música orquestral; os filmes mudos demonstraram o quanto pode ser feito só com o elemento visual; mas se se somar Wagner a Eisenstein e multiplicar por dez, ainda não se tem um Shakespeare ou um Ibsen. Isso não quer dizer que o drama é melhor do que a música, dança ou artes visuais. Só que é diferente.

Os defensores das artes do teatro devem estar contaminados pelas comodidades do teatro se podem esquecer que todas as "artes teatrais" são meios com vistas a um fim: a apresentação correta de um poema.[32]

31. p. 77.
32. De E. R. Bentley, "The Drama at Ebb" *Kenyon Reviw*, VII, 2 (primavera de 1945), 169-184.

18. As Grandes Formas Dramáticas: O Ritmo Cômico

De todas as artes, as mais expostas à crítica e interpretação não artística são a ficção em prosa e o drama. Da mesma maneira como o romance tem sofrido por ser tratado como um documento psicobiográfico, o drama tem sofrido de moralismo. No teatro, a maioria das pessoas – e especialmente os espectadores mais competentes – acham que a visão de destino é a essência da obra, a coisa que se desenrola frente a seus olhos. Em retrospecto crítico, elas esquecem que esse futuro que cresce visivelmente, esse destino a que estão comprometidas as pessoas na peça, é a forma artística que o poeta empreendeu fazer, e que o valor da peça está nessa criação. Como críticos, elas tratam a forma como um recurso para transmitir um conteúdo social e moral; quase toda análise e comentário de drama preocupa-se com a luta moral envolvida na ação, com a justiça do resultado, o "caso" da sociedade contra o herói trágico ou o vilão cômico, e a significação moral das várias personagens .

É verdade que a tragédia geralmente – talvez mesmo sempre – apresenta uma luta moral, e que a comédia com muita frequência castiga fraquezas e vícios. Mas nem uma grande questão moral, nem a loucura que atrai o riso e o embaraço fornecem em si mesmos um princípio artístico; nem a ética, nem o bom senso produzem qualquer imagem de forma orgânica. O drama, entretanto, sempre exibe uma tal forma; ele o faz criando

340 SENTIMENTO E FORMA

a semelhança de uma história e compondo seus elementos em uma única estrutura rítmica. O conteúdo moral é material temático que, como tudo o que entra em uma obra de arte, tem de servir para elaborar a ilusão primária e articular o padrão de "vida sentida" que o artista pretende.

"O tema trágico" e "o tema cômico" – culpa e expiação, vaidade e desmascaramento – não são a essência do drama, nem mesmo os determinantes de suas formas principais, tragédia e comédia; são meios de construção dramática, e, como tais, não são, é claro, indispensáveis, por mais difundido que seja o seu uso. Mas são, para o drama europeu, o que a representação de objetos é para a pintura: fontes da Grande Tradição. Moralidade, o conceito de feito e merecimento, ou "o que cabe a quem faz", é um assunto tão óbvio para a arte que cria um futuro virtual quanto a retratação de objetos o é para a arte que cria um espaço virtual. A razão para a existência desses dois temas principais, e para seus respectivos conteúdos particulares, ficará mais clara no momento em que considerarmos a natureza das duas grandes formas, o drama cômico e o trágico.

Supõe-se comumente que comédia e tragédia têm a mesma forma fundamental, mas diferem em pontos de vista – na atitude que o poeta e seus intérpretes tomam, e que os espectadores são convidados a tomar, no tocante à ação[1]. A diferença, porém, na realidade é mais profunda do que um tratamento superficial (isto é, relativa leviandade ou *pathos*). Ela é estrutural e radical. O drama abstrai da realidade as formas fundamentais da consciência: o primeiro reflexo da atividade natural na sensação, consciência e expectativa, que é próprio a todas as criaturas mais elevadas e pode ser chamado, portanto, de puro senso de vida; e, além disso, o reflexo de uma atividade que é ao mesmo tempo mais elaborada e mais integrada, tendo um começo, eflorescência e fim – o senso pessoal de vida, ou autorrealização. Este último provavelmente é próprio unicamente aos seres humanos e, a eles, em graus variados.

O senso puro de vida é o sentimento subjacente de comédia, desenvolvido de inúmeras formas diferentes. Dar um nome a um fenômeno geral não é tornar todas as suas manifestações uma só coisa, mas apenas agrupá-las conceitualmente sob um título. A

---

1. Cf., por exemplo, as cartas de Athene Seyler e Stephen Haggard, publicadas com o título: *The Craft of Comedy*. Seyler escreve: "a comédia é simplesmente um ponto de vista. É um comentário sobre a vida, do exterior, uma observação sobre a natureza humana. [...] A comédia parece ser a postura externa de uma personagem ou situação e a indicação de nosso prazer em certos aspectos deste. Por tal razão ela exige a cooperação de [...] a audiência e é, em essência, o mesmo que contar uma boa estória à mesa do jantar" (p. 9).

O RITMO CÔMICO 341

arte não generaliza e classifica; a arte expõe a individualidade de formas que o discurso, sendo essencialmente geral, tem de suprimir. O senso de vida é sempre novo, infinitamente complexo, portanto infinitamente variável em suas expressões possíveis. Esse senso, ou "desfrute", como o chamaria Alexander[2], é a percepção em sentimento direto daquilo que distingue a natureza orgânica da inorgânica: autopreservação, auto restauração, tendência funcional, finalidade. A vida é teleológica, o resto da natureza é, aparentemente, mecânico; guardar o padrão de vitalidade em um universo não vivo é o propósito instintivo mais elementar. Um organismo tende a manter seu equilíbrio em meio ao bombardeiro de forças sem objetivo que o assediam, a recuperar o equilíbrio quando este foi perturbado e a desenvolver uma sequência de ações ditadas pela necessidade de manter todas as suas partes independentes constantemente renovadas, sua estrutura intacta. Só os organismos têm necessidades; objetos sem vida ficam girando ou deslizando ou caindo, são quebrados e espalhados, juntados, amontoados, sem mostrar qualquer impulso de voltar a alguma função e condição preeminente. Mas coisas vivas empenham-se em persistir em determinado equilíbrio químico, em conservar determinada temperatura, em repetir funções determinadas, e em desenvolver-se segundo determinadas linhas, atingindo um crescimento que parece ser preformado em sua mais primitiva estrutura protoplásmica, rudimentar.

Este é o padrão biológico básico de que todas as coisas vivas partilham: o ciclo de processos orgânicos condicionados e condicionantes que produz o ritmo de vida. Quando esse ritmo sofre perturbações, todas as atividades no complexo total são modificadas pelo rompimento; o organismo como um todo fica desequilibrado. Mas, dentro de uma ampla gama de condições, ele luta para recuperar sua forma dinâmica original, superando e removendo o obstáculo ou, se isso se mostrar impossível, desenvolve uma ligeira variação de sua atividade e forma típica e prossegue a vida com um novo equilíbrio de funções – em outras palavras, ele se adapta à situação. Uma árvore, por exemplo, que esteja privada da luz solar por causa da invasão de sua área por outras árvores, tende a crescer alta e fina até que possa espalhar seus próprios ramos à luz. Um peixe, que teve a maior parte da cauda arrancada a mordidas, supera parcialmente a perturbação de seus padrões de locomoção com a formação de novo tecido, substituindo parte da cauda, e adapta-se parcialmente à sua nova condição, modificando os usos normais de

---

2. S. Alexander, *Space, Time and Deity*. Ver vol. I, p. 12.

suas barbatanas, nadando efetivamente sem tentar corrigir a inclinação de seu corpo inteiro na água, como fazia a princípio.

O impulso de sobreviver, porém, não é gasto apenas em defesa e acomodação; aparece também no poder variado que têm os organismos de aproveitar oportunidades. Considere-se como os andorinhões de chaminé, que costumavam fazer ninho nas fendas de rochas, exploraram os produtos da arquitetura humana, e quão infalíveis são os ratos em descobrir o calor e outras delícias de nossas cozinhas. Todas as criaturas vivem de oportunidades, em um mundo repleto de desastres. Esse é o padrão biológico em termos mais gerais.

Esse padrão, entretanto, não se desenvolve esporadicamente em meio a sistemas mecânicos; quando ou como ele começou na terra não sabemos, mas, na fase atual da constituição deste planeta, parece não haver "geração espontânea", É preciso vida para produzir outra vida. Todo organismo, portanto, está historicamente vinculado a outros organismos. Uma célula única pode morrer, ou pode dividir-se e perder sua identidade na reorganização do que antes fora seu protoplasma em torno de dois núcleos em vez de um. Sua existência como célula que amadurece é uma fase em um *continuum* de processos biológicos que varia seu ritmo em pontos definidos de crescimento, começando de novo com multiplicados exemplares de formas imaturas. Cada indivíduo dessa progressão que morre (isto é, depara-se com o desastre) em vez de dividir-se, é um ramo colateral do processo contínuo, um fim, mas não uma quebra na biografia comunal.

Existem espécies de tal vida elementar que estão difundidas no ar e na água, e algumas que se juntam em colônias visíveis; acima de tudo, existem estruturas orgânicas geneticamente relacionadas que tendem a interagir, a modificar umas às outras, a variar de maneiras especiais, e juntas – frequentemente centenas, milhares, milhões em conjunto – a produzir um único organismo mais alto. Em tais organismos superiores, a propagação não ocorre mais pela fissão binária e, consequentemente, o indivíduo não é uma fase passageira em um progresso metabólico interminável; a morte, que é um acidente na existência ameboide, transforma-se no destino de todo indivíduo – não um acidente, mas uma fase do próprio padrão de vida. A única porção "imortal" de um tal organismo complexo é uma classe de células que, durante seu tempo de vida, forma novos indivíduos.

Em formas relativamente inferiores de vida individualizada, por exemplo os criptógamos, espécimes novos podem surgir inteiramente de um genitor, de modo que toda a ascendência de um organismo forma uma única linha. Mas a tendência evolucionária principal tem sido em direção a uma forma mais complexa de hereditariedade: duas células de estrutura complementar, e de indivíduos diferentes, fundem-se e transformam-se em um descendente comum. Esse elaborado processo acarreta a divisão da raça em dois sexos, e afeta radicalmente as necessidades e instintos de seus membros. Para a água-viva, o desejo de continuidade é suficiente; ela procura alimento e evita influência destrutivas. Seu ritmo é o ciclo metabólico interminável do crescimento celular, pontuado por fissões e rearranjos, porém sem idade, exceto quanto aos estádios de cada individuação passageira e, em princípio, imortal. Os organismos superiores, entretanto, que não abdicam de si mesmos pela divisão em novas unidades de vida, estão todos fadados a morrer; a morte é inerente em uma forma de vida que atinge a completa individuação. O único vestígio, neles, da interminável vida protoplásmica que passa através de um organismo para outro, é sua produção das células "imortais", óvulos e espermatozoides; essa pequena fração deles ainda desfruta a vida mais longa da linhagem.

O impulso sexual, que presumivelmente pertence apenas a criaturas bissexuadas (sejam quais forem os equivalentes que possam existir em outros processos de procriação), está intimamente entrelaçado ao impulso de vida; em um organismo maduro, é parte integrante do ímpeto vital global. Mas é uma parte especializada, porque as atividades que sustentam a vida do indivíduo são variadas e adaptáveis a muitas circunstâncias, mas a procriação exige ações específicas. Essa especialização reflete-se na vida emocional de todos os animais superiores; a excitação sexual é a mais intensa e, ao mesmo tempo, a experiência de padrão mais elaborado, tendo seu próprio ritmo, no qual a criatura toda se engaja, seu aumento, crise e cadência, em um grau muito mais alto do que qualquer outra resposta emotiva. Consequentemente, é usual que todo o desenvolvimento de sentimento, sensibilidade e temperamento irradie dessa fonte de consciência vital, ação sexual e paixão.

A humanidade também tem seu ritmo de existência animal – o esforço de manter um equilíbrio vital em meio às mudanças estranhas e imparciais do mundo, complicadas e aumentadas por desejos passionais. O puro senso de vida origina-se desse ritmo básico, e varia desde o bem-estar sereno do sono à intensidade do espasmo, raiva, ou êxtase. O processo de viver, porém, é incomparavelmente mais complexo para os seres humanos do que para os animais, mesmo os superiores; o mundo do homem é, acima de tudo, intricado e enigmático. Os poderes da linguagem e imaginação o apartam completamente dos de outras criaturas. Na sociedade humana, um indivíduo não está exposto, como membro de um rebanho ou uma colmeia, apenas a outros que visível ou tangivelmente o rodeiam, mas está conscientemente ligado a pessoas que se acham ausentes, talvez bem distantes, no momento. Até mesmo os mortos podem ainda exercer influência em sua vida. Sua consciência de eventos é muito maior do que o alcance de suas percepções físicas. A construção simbólica formou esse mundo largamente enredado e extenso: e a aptidão mental é sua principal qualidade para explorá-lo. O padrão de seu sentimento vital, portanto, reflete sua profunda relação emocional com aquelas estruturas simbólicas que são suas realidades, e sua vida instintiva modificada em quase todas as maneiras pelo pensamento – um oportunismo cerebrino face a um universo essencialmente horrível.

Esse sentimento de vida humano é a essência da comédia. É ao mesmo tempo religioso e dissoluto, cognoscível e desafiante, social e extravagantemente individual. A ilusão de vida que o poeta cômico cria é o futuro iminente repleto de perigos e oportunidades, isto é, com eventos físicos ou sociais que ocorrem casualmente e constroem as coincidências com que os indivíduos se deparam, de acordo com suas luzes. Esse inelutável futuro – inelutável porque seus inúmeros fatores estão além do controle e conhecimento humano – é a Fortuna. O Destino disfarçado de Fortuna é a estrutura da comédia; é desenvolvida pela ação cômica, que é o abalo e a recuperação do equilíbrio do protagonista, sua luta com o mundo e seu triunfo pelo espírito, sorte, poder pessoal, ou mesmo a aceitação humorística, ou irônica, ou filosófica do infortúnio. Seja qual for o tema – sério e lírico como em *A Tempestade*, palhaçada grosseira como em *Schwänke* de Hans Sachs, ou sátira social inteligente e polida – o senso imediato de vida é o sentimento subjacente à comédia e dita sua unidade ritmicamente estruturada, isto é, sua forma orgânica.

A comédia é uma forma de arte que surge naturalmente sempre que as pessoas se reúnem para celebrar a vida, em festivais de primavera, triunfos, aniversários, casamentos ou iniciações. Pois ela expressa as soluções e tensões elementares da natureza animada, os impulsos animais que persistem mesmo na natureza humana, o prazer que o homem tem com seus dotes mentais especiais que o tornam senhor da criação; é uma imagem de vitalidade humana sustentando sua posição no mundo em meio às surpresas da coincidência não planejada. As ocasiões mais ób-

O RITMO CÔMICO

vias para o desempenho de comédias são as graças ou os desafios à fortuna. O que justifica o termo "Comédia" não é que a antiga procissão ritual, o Comus, em honra ao deus desse nome, foi a fonte desta grande forma de arte – pois a comédia originou-se em muitas partes do mundo, onde o deus grego com seu culto particular era desconhecido – mas que o Comus era um rito da fertilidade, e o deus que celebrava, um deus da fertilidade, um símbolo de renascimento perpétuo, vida eterna.

A tragédia tem um sentimento básico diferente e, portanto, uma forma diferente; daí por que possui também material temático bem diferente, e por que exposição de caráter, grandes conflitos morais e sacrifício são suas ações usuais. *É também o que torna a tragédia triste*, como o ritmo de pura vitalidade torna a comédia alegre. Para compreender esta diferença fundamental, devemos mais uma vez nos voltar para as reflexões biológicas feitas acima e levá-las um pouco adiante.

Nas formas mais elevadas de vida, um organismo não se cinde em outros organismos de modo a deixar sua carreira como indivíduo propriamente dito terminar sem morte e decomposição; cada corpo isolado, nos níveis mais altos, depois de completar seu crescimento e, normalmente, depois de reproduzir-se, torna-se decadente e, finalmente, morre. Sua vida tem um começo, ascensão, ponto culminante, descensão e final definidos (salvo destruição acidental da vida, tal como a que células simples também podem sofrer); e o final é inevitavelmente a morte. Animais – mesmo os altamente desenvolvidos – procuram instintivamente evitar a morte quando se veem repentinamente confrontados com ela, e presume-se que não percebem sua aproximação se e quando morrem naturalmente. Mas os seres humanos, em virtude de seu horizonte semanticamente ampliado, têm consciência da história individual como uma passagem do nascimento até a morte. A vida humana, portanto, possui um padrão subjetivo diferente da existência animal; como "vida sentida" (para ficar mais uma vez com a frase de Henry James), ela tem uma dimensão diferente. Juventude, maturidade e velhice não são simplesmente estados em que pode acontecer que uma criatura se encontre, mas fases através das quais as pessoas têm de passar. A vida é uma viagem, e ao final dela está a morte.

O poder de conceber a vida como uma extensão única permite-nos também pensar em sua condução como um único empreendimento, e em uma pessoa como um ser unificado e desenvolvido, uma personalidade. A juventude, então, é toda potencialidade, não só de crescimento físico e procriação, mas também de crescimento mental e moral. O desenvolvimento corporal é, em grande parte, inconsciente e involuntário, e os instintos que o auxiliam tendem simplesmente a manter os ritmos vitais de momento em momento, evitando a destruição, deixando que o organismo cresça à sua maneira altamente especializada. Sua maturação, impulso de procriação, depois o período bastante longo de "manutenção da posição" sem aumento ulterior e finalmente a perda gradual de ímpeto e elasticidade – esses processos formam uma evolução e dissolução orgânica. A extraordinária atividade do cérebro humano, entretanto, não acompanha automaticamente essa carreira biológica. Ela se subtrai à ordem de interesses animais, algumas vezes confundindo os instintos desta, algumas vezes exagerando-os (como a simples paixão sexual, por exemplo, é alçada pela imaginação em paixão romântica e eterna devoção), e dá a sua vida um novo padrão dominado por sua presciência da morte. Em vez de passar simplesmente pela sucessão natural de sua existência individualizada, ele pondera sobre seu caráter único, sua brevidade e limitações, os impulsos de vida que a formam e o fato de que, no final, a unidade orgânica será rompida, o eu irá desintegrar-se e não mais existir.

Há muitas maneiras de aceitar a morte; a mais comum é negar que é um fim, é imaginar uma existência que continua "além" dela – pela ressurreição, reencarnação, ou separação da alma do corpo e geralmente do mundo com que estamos familiarizados, para uma existência sem morte no hades, nirvana, céu ou inferno. Mas, não importando o que as pessoas inventem para reconciliar-se com sua mortalidade, isso imprime um selo na concepção que elas têm da vida: uma vez que a luta instintiva para continuar vivendo está destinada a encontrar a derrota no final, elas procuram *tanta vida quanto possível* entre o nascimento e a morte – aventura, variedade e intensidade de experiência, e a sensação de crescimento que o desenvolvimento de personalidade e de *status* social podem dar muito tempo depois que o crescimento físico cessar. A limitação conhecida da vida lhe dá forma e faz com que ela pareça, não meramente como um processo, mas como uma carreira. Essa carreira do indivíduo é concebida variadamente como uma "vocação", a consecução de um ideal, a peregrinação da alma, "provação da vida", ou autorrealização. Esta última designação é, talvez, a mais esclarecedora no presente contexto, porque contém a noção de uma personalidade potencial limitada, dada com o nascimento e "realizada", ou desenvolvida sistematicamente, no curso da atividade total do sujeito. Sua carreira, então, parece ser-lhe preformada; suas sucessivas aventuras no mundo são outros tantos desafios para levar a cabo seu destino individual.

O destino visto dessa forma, como um futuro moldado essencialmente de antemão e apenas incidentalmente por acontecimentos casuais, é o Fado; e o Fado é o "futuro virtual" criado na tragédia. O "ritmo trágico de ação", como é chamado pelo Prof. Fergusson, é o ritmo da vida do homem no cimo de seus poderes nos limites de sua carreira única, destinada à morte. A tragédia é a imagem do Fado, como a comédia é da Fortuna. Suas estruturas básicas são diferentes; a comédia é essencialmente contingente, episódica e étnica; ela expressa o equilíbrio constante de pura vitalidade que é próprio da sociedade e é exemplificado brevemente em cada indivíduo; a tragédia é um preenchimento, e sua forma, portanto, é fechada, final e passional. A tragédia é uma forma madura de arte, que não surgiu em todas as partes do mundo, nem sequer em todas as grandes civilizações. Sua concepção requer um senso de individualidade que algumas religiões e algumas culturas – mesmo culturas superiores – não geram.

Isso, porém, é assunto para uma discussão posterior, em conexão com o teatro trágico enquanto tal. No momento desejo apenas salientar a natureza radical da diferença entre os dois tipos de drama, comédia e tragédia; uma diferença que, entretanto, não é a de opostos – as duas formas são perfeitamente capazes de combinações variadas, incorporando elementos de uma na outra. A matriz da obra é sempre ou trágica ou cômica; mas dentro dessa moldura as duas frequentemente atuam uma sobre a outra.

Onde a tragédia é conhecida e aceita em geral, a comédia normalmente não atinge seu desenvolvimento mais alto. O estado de espírito sério é reservado para o palco trágico. Contudo a comédia pode ser séria; existe o drama heroico, o drama romântico, o drama político, todos no padrão cômico, contudo inteiramente sérios; a "história" é geralmente comédia exaltada. Ela apresenta um incidente na vida imortal de uma sociedade que se depara com boa e má fortuna em inúmeras ocasiões, mas jamais conclui sua procura. Depois da estória vem mais vida, mais destino preparado pelo mundo e pela raça. Até onde a estória vai, os protagonistas "viveram felizes para sempre" – na terra ou no céu. Essa fórmula de contos de fadas é tacitamente entendida no final de uma comédia. Está implícita na estrutura episódica.

348 SENTIMENTO E FORMA

Dante chamou a seu grande poema de comédia, embora seja inteiramente sério – visionário, religioso e algumas vezes terrível. O nome *Divina Commedia*, que as gerações posteriores ligaram à obra, se lhe ajusta, mesmo que não demasiado literalmente, uma vez que na realidade não é um drama, como o título sugere[3]. Algo análogo ao padrão da comédia, juntamente com os tons de elevada seriedade que os poetas europeus geralmente alcançaram apenas na tragédia, produz uma obra que provoca o nome paradoxal.

Paradoxal, entretanto, apenas para nossos ouvidos, porque nosso sentimento religioso é essencialmente trágico, inspirado pela contemplação da morte. Na Ásia, a designação "Divina Comédia" ajustar-se-ia a inúmeras peças; especialmente a Índia, deuses triunfantes, amantes divinos unidos após várias provações (como no perenemente popular romance de Rama e Sita), são os temas favoritos de um teatro que não conhece o "ritmo trágico". O clássico drama sânscrito era comédia heroica – poesia elevada, ação nobre, temas quase sempre tirados dos mitos – um drama sério, concebido religiosamente, porém no padrão "cômico", que não é um desenvolvimento orgânico completo que atinge uma conclusão previamente determinada, inevitável, mas é episódico, restaurando um equilíbrio perdido e implicando um novo futuro[4]. A razão dessa imagem de vida coerentemente "cômica" na índia é bastante óbvia: tanto o hindu quanto o budista consideram a vida como um episódio na carreira muito mais longa da alma que tem de efetuar muitas reencarnações antes de atingir seu objetivo, o nirvana. Suas lutas no mundo não a exaurem; de fato, elas mal chegam a ser dignas de ser registradas exceto no teatro de passatempo, "comédia" em nosso sentido – sátira, farsa e diálogo. As personagens cujas fortunas interessam seriamente são os deuses eternos; e, para estes, não há morte, não há limite de potencialidade, daí não haver qualquer destino a ser cumprido. Existe apenas o ritmo equilibrado da senciência e da emoção, mantendo-se de pé em meio às mudanças de natureza material.

---

3. Tanto o Prof. Fergusson quanto T. S. Eliot tratam de *A Divina Comédia* como um exemplo de drama genuíno. O primeiro chega mesmo a falar de "o drama de Sófocles e Shakespeare, a *Divina Commedia* de Dante – em que a ideia de um teatro foi realizada sumariamente". (*The Idea of a Theater*, p. 227.) Entre o drama e a narrativa dramática, porém, existe um mundo de diferença. Se tudo que esses dois críticos eminentes dizem a respeito do grande drama aplica-se também ao poema de Dante, isso não quer dizer que o poema seja um drama, mas que os críticos atingiram uma generalização que se aplica a mais do que o drama.

4. Cf. Sylvain Lévi, *Le théâtre indien*, p. 32: "A comédia heroica (*nataka*) é o tipo consumado de drama indiano; todos os elementos dramáticos encontram nela lugar."

O RITMO CÔMICO

As personagens do *nataka* (o drama heroico sânscrito) não sofrem qualquer desenvolvimento de caráter; elas são boas ou ruins, conforme o caso, no último ato como o eram no primeiro. Esse é, essencialmente, um traço de comédia. Em virtude de o ritmo cômico ser o da continuidade vital, os protagonistas não mudam durante o curso da peça, como normalmente o fazem na tragédia. Nesta, existe um desenvolvimento; naquela, desenvolvimentos. O herói cômico luta contra obstáculos apresentados ou pela natureza (que inclui monstros míticos, tais como dragões e também "forças" personificadas como a "Rainha da Noite", ou impessoais como inundações, incêndios e pestes), ou pela sociedade; isto é, sua luta é contra obstáculos e inimigos, aos quais sua força, sabedoria, virtude ou outras qualidades permitem superar[5]. É uma luta com o mundo incompatível, o qual ele afeiçoa à sua própria fortuna. Lá onde o sentimento básico da arte dramática sempre tem o ritmo cômico, a comédia desfruta de um desenvolvimento muito maior do que lá onde a tragédia usurpa suas honras mais altas. Nas grandes culturas da Ásia, ela passou por todos os estados de ânimo, do mais leve ao mais solene, e por todas as formas – a pasquinada de um ato, a farsa, a comédia de costumes, mesmo por dramas de proporções wagnerianas.

Na tradição europeia, a comédia heroica tem tido uma existência esporádica; a *Comedia* espanhola foi talvez seu único desenvolvimento popular e extenso[6]. Quando ela atinge algo semelhante ao caráter de exaltação do *nataka*, nossa comédia tem sido tomada geralmente por tragédia, simplesmente por causa de sua dignidade, ou "sublimidade", que associamos apenas à tragédia. Corneille e Racine consideravam seus dramas como tragédias, porém o ritmo da tragédia – o crescimento e plena realização de uma personalidade – não se encontra nelas; o Fado com que suas personagens se deparam é na realidade a infelicidade e elas vão a seu encontro heroicamente. Esse caráter triste, contudo não trágico, do drama clássico francês foi notado por vários críticos. C. V. Deane, por exemplo, em seu livro, *Dramatic Theory and the Rhymed Heroic Play*, diz a respeito de Corneille:

---

5. No drama chinês, até mesmo heróis exaltados frequentemente conquistam seus inimigos mais pelo ardil do que pelo valor; ver Zucker, *The Chinese Theater*, especialmente a p. 82.

6. Brander Matthews descreve a *Comedia* como não sendo "muitas vezes comédia em geral, de acordo com nossa compreensão inglesa do termo, mas, antes, um jogo de intrigas, povoado de heróis de sangue quente". (Introdução à *Arte Nuevo de Hacer Comedias*, de Lope De Vega Carpio.)

350 SENTIMENTO E FORMA

Em suas tragédias, os incidentes estão dispostos de maneira a expor plenamente o conflito entre uma vontade sobrepujante e as forças do Fado, mas o interesse está centralizado na intrépida resignação do indivíduo, e há poucas tentativas de examinar ou sugerir o problema moral universal inerente à natureza da Tragédia, nem personagens principais se submetem à moralidade ordinária; cada um é uma lei em si, em virtude de seu tipo particular de heroísmo.[7]

Já anteriormente, no livro, ele havia observado que a criação de personalidades humanas não era o objetivo desses dramaturgos[8] e, em um comentário sobre a tradução feita por Otway de *Bérénice* de Racine, expôs realmente – talvez sem tê-lo percebido – a verdadeira natureza de suas tragédias, pois ele disse que Otway foi capaz "de reproduzir o espírito do original" embora não fosse escrupulosamente fiel ao texto francês.

Mesmo Otway, contudo, adapta, mais do que traduz [observou] e a tendência para o final feliz em sua versão evidencia uma aquiescência com a justiça poética estereotipada que os dramaturgos ingleses (sob influência apreciável da prática de Corneille) julgavam inseparável da interação de heroísmo e honra. (p. 19)

Como poderia um editor-tradutor levar uma peça trágica a um final feliz e ainda "reproduzir o espírito do original"? Apenas em virtude da estrutura não trágica, do movimento fundamentalmente cômico da peça. Esses imponentes clássicos gálicos são na realidade comédias heroicas. São classificados como tragédias devido a seu tom sublime, que é associado, em nossa tradição europeia, à ação trágica[9], mas (como ressaltou Sylvain Lévi)[10] eles são realmente semelhantes em forma e espírito ao

7. *Dramatic Theory and the Rhymed Heroic Play*, p. 33.
8. *Ibid.*, p. 14: "É verdade que, no curso de sua história, a peça heroica raras vezes conseguiu criar personagens que fossem críveis como seres humanos; isso, entretanto, na realidade estava além de seu propósito."
9. A força dessa associação é tão grande que alguns críticos na realidade tratam a "sublimidade" como a condição necessária e suficiente da tragédia. O próprio Racine disse: "Basta que sua ação seja grande, seus atores heroicos, que as paixões sejam, nela, excitadas; e que o todo forneça a experiência de tristeza majestosa em que reside todo o prazer da tragédia." (Citado por Fergusson, *op. cit.*, P. 43.)
Os mesmos critérios são evidentemente aplicados pelo Prof. Zucker quando escreve: "A tragédia não é encontrada no drama chinês. Abundam, nas peças, situações tristes, mas não existe nenhuma que, por sua nobreza e sublimidade, merecesse ser chamada de trágica." (*Op. cit.*, p. 37.) Jack Chen, por outro lado, em seu livro *The Chinese Theater*, diz que durante a dinastia Ching "a tragédia histórica estava grandemente em voga. O *Leque Ensanguentado*, que tratava dos últimos dias dos Mings e O *Palácio da Vida Eterna* [...] são perenemente populares ainda hoje" (p. 20). Esta última peça, que trata da morte de Lady Yang, é por certo uma tragédia genuína.
10. Ver *Le théâtre indien*, p. 425.

nataka. As personagens heroicas de Corneille e Racine são semelhantes a deuses em sua racionalidade; como os seres divinos de Kalidasa e Bhavabhuti, não passam por qualquer *agon* real, qualquer grande luta moral ou conflito de paixões. Sua moralidade (tão extraordinária quanto possa ser) é perfeita, seus princípios, claros e coerentes, e a ação deriva das mudanças de fortuna com que eles se deparam. A fortuna pode trazer ocasiões tristes ou alegres, e não é preciso que um curso diferente de eventos viole "o espírito do original". Mas não se discute quanto ao modo como os heróis enfrentarão as circunstâncias; enfrentá-las-ão racionalmente; a razão, mais alta virtude da alma humana, será vitoriosa. Essa razão não cresce, através de lutas interiores contra obstáculos passionais, de uma faísca original ao esclarecimento completo, como seria exigido pelo "ritmo trágico de ação", mas é perfeita desde o início[11].

O drama romântico, tal como o *Wilhelm Tell* de Schiller, ilustra o mesmo princípio. É outro espécime da comédia heroica séria. Tell aparece como uma personagem exemplar no começo da peça, como cidadão, marido, pai, amigo e patriota; quando se desenvolve uma extrema crise política e social, ele se mostra à altura da situação, sobrepuja o inimigo, liberta seu país, e retorna à paz, dignidade e alegria harmoniosa de seu lar. O equilíbrio da vida é restaurado. Como personagem, é impressionante; como personalidade, é muito simples. Ele tem as emoções-padrão – indignação honrada, amor paterno, fervor patriótico orgulho, anseios etc. – em suas condições óbvias. Nada na ação exige que ele seja mais do que um homem de muita coragem, espírito independente, e outras virtudes, tais como as de que se vangloriavam os montanheses da Suíça, para opor-se à arrogância e vaidade dos opressores estrangeiros. Mas esse varão ideal, ele o era desde o princípio, e o episódio de Gessler lhe dá meramente a oportunidade de mostrar sua ousadia e habilidade indomável.

Tais são os produtos sérios da arte cômica; são também seus exemplos mais raros. A veia natural da comédia é humorística – tanto é assim, que "cômico" se tornou sinônimo de "engraçado". Em virtude de a palavra "cômico" ser aqui usada em um sentido

---

11. Cf. a análise de *Bérénice* feita por Fergusson: "As cenas de diálogo correspondem aos *agons*; mas o polido intercâmbio entre Arsace e Antiochus, no primeiro ato, está muito longe do terrível conflito entre Oedipus e Tiresias, em que os seres morais dos antagonistas estão em jogo. [...] (Em *Bérénice*) o ser moral é inconfundível e impossível de perder enquanto a vida no palco continua [...] a própria possibilidade de intercâmbio depende da autoridade da razão, que garante o ser moral em qualquer contingência. [...] Porém, se o ser moral está garantido *ex hypothesi*, [...] não pode haver de maneira alguma *pathos* no sentido sofocliano." (Op. *cit.*, p. 52).

352　　SENTIMENTO E FORMA

um tanto técnico (contrastando "o ritmo cômico" com "o ritmo trágico"), é aconselhável dizer *comical** quando se quer usar no sentido popular. Existem todos os graus de humor na comédia, desde a rápida réplica que provoca um sorriso por sua inteligência, sem chegar a ser intrinsecamente engraçada, até o absurdo que faz com que jovens e velhos, pessoas simples e sofisticadas, gargalhem de alegria. O humor tem seu lugar em todas as artes, mas é no drama cômico que tem sua morada. A comédia pode ser frívola, farsesca, dissoluta, ridícula em qualquer grau, e ser ainda verdadeira arte. O riso brota da própria estrutura desta.

Existe uma íntima correlação entre humor e o "senso de vida", e muita gente tentou analisá-la a fim de encontrar a base desta função caracteristicamente humana, o riso; a principal fraqueza de tais tentativas, penso eu, deve ter sido que todas elas começaram com a pergunta: Que tipo de coisa nos faz rir? Por certo o riso é frequentemente provocado por ideias, cognições, fantasias; ele acompanha emoções específicas, tais como o desdém, e algumas vezes o sentimento de prazer; mas também rimos quando nos fazem cócegas (o que pode não ser em absoluto um prazer), e na histeria. Essas causas predominantemente fisiológicas não têm qualquer relação direta com o humor; e nem o tem, aliás, alguns tipos de prazer. O humor é uma das causas do riso.

Marcel Pagnol, que publicou sua teoria do riso em um pequeno livro intitulado *Notes sur le rire*, observa que todos os seus predecessores – ele cita especialmente Bergson, Fabre e Mélinand – procuraram a fonte do riso em coisas ou situações engraçadas, isto é, na natureza quando ela realmente se encontra no sujeito que ri. O riso sempre – sem exceção – indica uma repentina sensação de superioridade. "O riso é um canto de triunfo", diz ele. "Expressa a descoberta repentina que faz quem ri de sua momentânea superioridade em relação à pessoa de quem ri." Isso, sustenta Pagnol "explica todos os acessos de riso em todos os tempos e em todos os países" e permite-nos dispensar toda classificação do riso por diferentes tipos ou causas: "Não se podem classificar ou arranjar os raios de um círculo."[12]

Contudo, prossegue sem mais dividindo o riso em espécies "positiva" e "negativa", de acordo com sua inspiração social ou

---

* Ao contrário do português, em que existe apenas "*cômico*" para designar tanto "engraçado" quanto "relativo à comédia", em inglês existem *comic* e *comical*, que significam, respectivamente, "o que provoca o riso relativo à comédia" e "humorístico; que provoca o riso; ridículo".

12. *Notes sur le rire*, p. 41. Sua argumentação, infelizmente, não é tão boa quanto suas ideias, e, finalmente, leva-o a incluir o canto do rouxinol e o canto do galo como formas de riso.

O RITMO CÔMICO

antissocial. Isso indica que ainda estamos lidando com *situações ridículas*, embora tais situações sempre envolvam a pessoa para quem são ridículas, de modo que se pode dizer que "a fonte do cômico (*comical*) está no riso"[13]. A situação, além do mais, é algo que o sujeito tem de descobrir, isto é, o riso requer um elemento conceitual; nisso, M. Pagnol está de acordo com Bergson, Mélinand e Fabre. Quer, segundo a mui debatida concepção de Bergson, vejamos seres vivos seguindo a lei do mecanismo, ou vejamos o absurdo em meio à plausibilidade, como diz Mélinand, ou, como pretende Fabre, uma confusão seja criada apenas para ser dispersada repentinamente, sentimos nossa própria superioridade em detectar o elemento irracional; mais especialmente, sentimo-nos superiores em relação àqueles que realizam ações mecânicas, introduzem absurdos ou fazem confusões. Consequentemente, M. Pagnol alega que sua definição do riso se aplica a todas estas situações supostamente típicas.

Provavelmente se aplica; mas é, ainda, estreita demais. *O que é risível* não explica a natureza do riso, mais do que o que é racional explica a natureza da razão. A fonte última do riso é fisiológica, e as situações variadas em que ele surge são simplesmente seus estímulos normais ou anormais.

O riso, ou a tendência ao riso (a reação pode deter-se aquém do espasmo respiratório concreto, e afetar apenas os músculos faciais, ou mesmo deparar-se com a completa inibição), parece emergir de uma onda de sentimento vital. Essa onda pode ser muito pequena, da mesma forma que pode ser bastante repentina para que se possa senti-la distintamente; mas pode também ser grande, e não especialmente rápida, e atingir um clímax acentuado, sendo que nesse ponto rimos ou sorrimos de alegria. O riso não é um simples ato aberto, como a palavra única sugere; é o final espetacular de um processo complexo. Tal como o discurso é a culminação de uma atividade mental, do mesmo modo o riso é uma culminação do sentimento – a crista de uma vaga de vitalidade sentida.

Uma repentina sensação de superioridade acarreta uma tal "elevação" de sentimento vital. Mas a "elevação" pode ocorrer também sem autolisonja; não é preciso que estejamos rindo de alguém. Um bebê rirá ruidosamente de um brinquedo que surge de repente, repetidas vezes, por cima da beirada do berço ou do espaldar de uma cadeira. Seria necessária uma interpretação muito artificiosa para demonstrar que este cumprimento de sua tensa expectativa faz com que ele se sinta superior. Superior em

---

13. *Ibid.*, p. 17.

relação a quem? À boneca? Um bebê de oito ou nove meses ainda não está bastante socializado para pensar: "Isso, eu sabia que você vinha!" e acreditar que a boneca não poderia enganá--lo. Um tal aplauso a si mesmo requer a linguagem e bastante experiência para estimar probabilidade. O bebê ri porque seu desejo é gratificado; não porque acredita que a boneca obedeceu a seus desejos, mas simplesmente porque o *suspense* é rompido e suas energias são liberadas. O súbito prazer aumenta seu tônus geral de sentimento, de modo que ele ri.

No chamado "humor negro" – o áspero riso na desgraça – a "elevação" de sentimento vital é simplesmente um lampejo de autoafirmação. Algo similar causa provavelmente o riso descon-solado da histeria: na resposta desorganizada de um pessoa his-térica, o senso de vitalidade irrompe através do medo e depressão espasmodicamente, de modo que causa riso explosivo, algumas vezes alternando com soluços e lágrimas.

O riso é, de fato, uma coisa mais elementar do que o humor. Frequentemente rimos sem achar que qualquer pessoa, objeto ou situação seja engraçada. As pessoas riem de alegria no fol-guedo ativo, na dança, ao cumprimentar amigos; ao devolver um sorriso, reconhece-se o valor da outra pessoa ao invés de alardear a própria superioridade e achar que o outro é engraçado.

Mas todas essas causas de riso ou de sua forma reduzida, o sorriso, que operam diretamente sobre nós, pertencem à vida real. Na comédia, o riso do espectador tem apenas uma fonte legítima: sua apreciação do humor na peça. Ele não ri com as personagens, nem mesmo das personagens, mas sim de seus atos – de suas situações, do que elas fazem, de suas expressões, frequentemente de seu desânimo. M. Pagnol sustenta que rimos das personagens, diretamente, e considera o fato uma corrobo-ração de sua teoria: nosso prazer no teatro cômico está em ver pessoas em relação às quais nos sentimos superiores[14].

Existe, entretanto, um defeito sério nessa opinião, que é o de supor que o espectador tenha consciência de si mesmo como um ser no mesmo "mundo" das personagens. Para compará-las, mesmo subconscientemente, a si mesmo, é preciso que ele ab-dique de sua Distância psíquica e se sinta copresente com elas, como ao lermos uma notícia anedótica como algo à parte de nossa própria vida, mas ainda no mundo real, e somos compe-lidos a dizer: "Como é que ela pode fazer uma coisa dessas! Imagine alguém tão tolo!" Se a pessoa experimentar uma tal

---

14. *Ibid.*, p. 92. Há uma discussão posterior sobre este problema no final do pre-sente capítulo.

reação no teatro, isso será algo distanciado de sua percepção da peça como produção poética; ela perdeu, pelo momento, a Distância, e sente-se dentro do quadro.

O humor, então, seria um produto secundário da comédia, não um seu elemento estrutural. E se o riso fosse provocado assim de passagem, não faria qualquer diferença para o valor da obra em que ocorresse; um acidente no palco, um mau ator que fizesse todo ator amador na plateia sentir-se superior, deveria servir tão bem quanto qualquer fala inteligente ou situação engraçada na peça para divertir a audiência. De fato, rimos de tais falhas; mas não elogiamos a comédia por esse entretenimento. Numa boa peça, os "risos" são elementos poéticos. Seu humor, bem como seu *pathos*, faz parte da vida virtual, e o prazer que sentimos com ela é o prazer com algo criado para a nossa percepção, não um estímulo direto a nossos próprios sentimentos. É verdade que as figuras cômicas são frequentemente bufões, simplórios, palhaços; mas tais personagens são quase sempre simpáticos e, embora sejam jogados de um lado para o outro e maltratados, são indestrutíveis, e eternamente autoconfiantes e bem-humorados.

O bufão é, de fato, uma personagem importante da comédia, especialmente no teatro do povo. Ele é essencialmente uma personagem folclórica, que persistiu através de estádios mais sofisticados e literários da comédia como Arlequim, Pierrô, o Karaguez persa, o bobo da corte elisabetano, o *Vidusaka* do drama sânscrito; mas, nas formas mais humildes do teatro que entretinham os pobres e especialmente os camponeses em toda parte antes que aparecessem os filmes, o bufão tinha uma existência mais vigorosa como Hans Wurst, como o Punch das marionetes, o palhaço da pantomima, o Karagöz turco (tomado da tradição persa) que pertence apenas ao teatro de sombras[15]. Estas personagens populares desde a Antiguidade demonstram aquilo que o bufão realmente é: a indomável criatura viva lutando por si mesma, caindo e tropeçando (como o palhaço ilustra fisicamente) de uma situação em outra, entrando em apuro após apuro e saindo de novo, levando ou não uma surra. Ele é o *élan vital* personificado; suas aventuras e desventuras casuais, sem muito enredo, embora muitas vezes com complicações bizarras, suas absurdas expectativas e desapontamentos, de fato toda sua existência improvisada tem o ritmo da vida primitiva, selvagem, se não animalesca, competindo com um mundo que está sempre enveredando por novos rumos imprevistos, frustrante, mas ex-

---

15. Ver N. N. Martinovitch, *The Turkish Theater*, passim.

356 SENTIMENTO E FORMA

citante. Ele não é nem bom homem, nem mau, mas é genuinamente amoral, – ora triunfante, ora derrotado e pesaroso, mas
em seu pesar e desânimo é engraçado, porque sua energia não é
na realidade diminuída e cada fracasso prepara a situação para
um novo movimento fantástico[16]. O mais direto desses infanti-
listas é o Punch inglês, que leva a cabo todo impulso com força
e rapidez de ação – bate na mulher, joga o filho pela janela, bate
no policial, e finalmente atravessa o diabo com uma lança e o
carrega triunfalmente em um forcado. Punch não é um verdadeiro bufão, ele é por demais bem-sucedido; sua atração é provavelmente subjetiva, um apelo aos desejos reprimidos das
pessoas por vingança geral, revolta e destruição. Ele é psicologicamente interessante mas, na realidade, uma figura degenerada e estereotipada e, como tal, possui pequeno valor artístico
porque não tem descendência poética. O que causou sua persistência em um papel único, principalmente vulgar e não especialmente espirituoso, eu não sei, e nem este é o lugar para
investigá-lo; porém, quando apareceu pela primeira vez na Inglaterra como Punchinello, um empréstimo das marionetes ita-
lianas, ainda era o puro protagonista de comédia. Segundo uma
afirmação de R. M. Wheeler, na *Encyclopaedia Britannica*, que
podemos, presumivelmente, tomar como autoridade,

O antigo Punchinello era muito menos restringido em suas ações e circunstâncias do que seu moderno sucessor. Lutava contra figuras alegóricas
representando a necessidade e a exaustão, bem como contra sua mulher e contra a polícia, tinha intimidade com os patriarcas e os sete campeões da Cris-
tandade, sentava-se no colo da rainha de Sabá, tinha duques e reis por companheiros, e enganava a Inquisição, bem como o carrasco comum.

A elevada companhia desse Punch original está inteiramente
de acordo com os ambientes nobres em que ele se apresenta. No
mesmo artigo, ficamos sabendo que suas aparições mais antigas
de que se tem registro na Inglaterra foram em uma peça de marionetes da Criação do Mundo e em outra representando o Di-
lúvio. Para o espírito religioso moderno, solene, estórias das
Escrituras podem parecer um estranho contexto para uma personagem tão secular, e talvez essa aparente incongruência tenha
levado à amplamente difundida crença de que o palhaço na comédia moderna deriva do diabo dos dramas sacros medievais[17].
O diabo está, é claro, bem à vontade em ambientes sacros. Não

16. Falstaff é um exemplo perfeito do bufão elevado a "personagem" humana na
comédia.
17. Ver o artigo "Clown" (não assinado) na *Encyclopaedia Britannica*.

O RITMO CÔMICO

é impossível que essa relação entre diabo e bobo (em suas várias formas como palhaço, bufão, monstro) seja sustentável; contudo, se o for, isso será um acidente histórico, devido à peculiar concepção cristã que identifica o diabo com a carne, e o pecado com a luxúria. Uma tal concepção faz com que o espírito da vida e o pai de todo mal, que normalmente são polos opostos, aproximem-se muito. Pois não há como negar que o Bobo é um sujeito de sangue quente; ele está, de fato, próximo ao mundo animal; na tradição francesa, usa uma crista de galo em seu boné, e o nariz de Punchinello é provavelmente o resíduo de um bico. Ele é todo movimento, capricho e impulso – a própria "libido".

Contudo, ele é provavelmente mais antigo do que o diabo cristão e não precisa de qualquer conexão com essa notabilidade para entrar em precintos religiosos. Ele sempre esteve próximo dos deuses. Se o encararmos como o representante da humanidade em sua luta com o mundo, fica claro, de imediato, porque seus gestos e impertinências frequentemente são parte integrante de ritos religiosos – por que, por exemplo, as ordens bufônicas na sociedade Pueblo eram muito honradas[18]: o palhaço é Vida, é a Vontade, é Cérebro e, pela mesma razão, é o bobo da natureza […] desde as primitivas religiões exuberantes que celebram a fertilidade e o crescimento, ele tende a aparecer sempre nos cultos ascéticos, e tropeçar e fazer prestidigitações, com toda a inocência, perante a Virgem.

Na comédia, a figura corrente do bufão é um recurso óbvio para a construção do ritmo da comédia, isto é, a imagem da Fortuna. Mas, no desenvolvimento da arte, ele não permanece como a figura central que era no teatro popular: a inclinação e equilíbrio de vida que ele introduzia, uma vez apreendidos, são reproduzidos em invenções poéticas mais sutis, que envolvem personagens plausíveis e uma *intrigue* (como os franceses a chamam) que produz uma ação dramática coerente, global. Algumas vezes ele permanece como um truão, servo ou outra personagem subsidiária cujos comentários, tolos ou espirituosos ou sagazes, servem para apontar o padrão essencialmente cômico da ação, onde a verossimilhança e complexidade da vida cênica ameaçam obscurecer sua forma básica. Esses pontos normalmente são "risos"; e isso nos traz ao problema estético da piada na comédia.

18. Sobre as sociedades secretas de palhaços, ver F. H. Cushing, *Zuni Creation Myths* (Report of the Bureau of American Ethnology, 1892), referente à ordem de "Koyemshi" ("Cabeças de Lama").

Em virtude de a comédia abstrair e reencarnar para nossa percepção o movimento e ritmo de viver, ela realça nosso sentimento vital, de modo muito semelhante à maneira pela qual a apresentação de espaço na pintura realça nossa consciência do espaço visual. A vida virtual no palco não é difusa e apenas semissentida, como a vida real usualmente é: a vida virtual, sempre movendo-se visivelmente em direção ao futuro, é intensificada, acelerada, exagerada; a exibição de vitalidade cresce até um ponto de ruptura, até alegria e risos. Rimos no teatro de pequenos incidentes e gracejos que dificilmente mereceriam uma risadinha fora do palco. Não é por tais razões psicológicas que vamos lá para sermos entretidos, nem por elas é que somos forçados pelas regras de polidez a escondermos nossa hilaridade, mas essas tolices de que rimos são na realidade mais engraçadas *onde elas ocorrem* do que o seriam em outro lugar; elas são *empregadas* na peça, e não simplesmente introduzidas casualmente. Ocorrem onde a tensão do diálogo ou outra ação atinge um ponto alto. Da mesma forma como o pensamento irrompe no discurso – que a onda quebra em espuma – a vitalidade irrompe em humor.

O humor é o esplendor do drama, uma repentina intensificação de ritmo vital. Uma boa comédia, portanto, erige-se gradualmente a cada riso; uma representação recheada de pilhérias, à vontade do comediante ou do autor, pode provocar uma longa série de risos, e no entanto deixar o espectador sem qualquer impressão clara de uma peça muito engraçada. As risadas, além do mais, tenderão provavelmente a ser de uma mesmice peculiar, quase perfunctórias, o reconhecimento formal de um caso oportuno.

O caráter amoral do protagonista da comédia abarca toda a gama do que pode ser chamado de a comédia do riso. Mesmo os produtos mais civilizados dessa arte – peças que George Meredith honraria com o nome de "comédia", porque elas provocam o "riso pensativo" – não apresentam distinções e questões morais, mas apenas as maneiras da sabedoria e da tolice. Aristófanes, Menandro, Molière – praticamente os únicos autores que este crítico dos mais exigentes admitiu como verdadeiros poetas cômicos – não são moralistas, contudo não ostentam nem desaprovam a moralidade; eles, literalmente, "não têm uso" para princípios morais – isto é, não os utilizam. Meredith, como praticamente todos os seus contemporâneos, trabalhava sob a crença de que a poesia deve dar lições à sociedade, e que o valor da comédia media-se pelo que revelava com respeito à ordem so-

O RITMO CÔMICO

cial[19]. Ele tentou com afinco manter a exposição de fraquezas e defesa do bom senso dentro de um padrão ético; todavia, em seus próprios esforços de justificar as personagens amorais apenas admitiu a natureza amoral e o simples gosto pela vida destes caracteres, como ao dizer:

> As heroínas da comédia são como mulheres do mundo, não necessariamente desalmadas por serem perspicazes. [...] A comédia é uma exibição clara. [...] A comédia é uma exibição da batalha delas com os homens, e da destes com elas.

É isto, em suma: o combate de homens e mulheres – o combate mais universal, humanizado, de fato, civilizado, contudo ainda o primitivo desafio jubiloso, a autopreservação e autoafirmação cujo progresso é o ritmo cômico.

Esse ritmo é capaz das apresentações mais diversas. É por isso que a arte da comédia se desenvolve, em toda cultura, a partir de começos casuais – mimos, palhaçadas, às vezes danças eróticas – em alguma arte dramática especial e distinta, e por vezes em muitas de suas formas dentro de uma cultura, embora jamais pareça repetir suas obras. Pode produzir uma tradição de drama nobilitado, brotando do ritual solene, mesmo funéreo, com um movimento emocional lento demais para culminar em humor num ponto qualquer; então, outros meios têm de ser encontrados para dar-lhe encanto e intensidade. É provável que a comédia heroica mais pura não contenha passagens humorísticas, mas empregue o truão apenas de maneira ornamental, reminiscente da tragédia, e, de fato, use muitas técnicas da tragédia. Pode mesmo parecer que transcenda o padrão cômico amoral ao apresentar heróis e heroínas virtuosos. Mas a virtude destes é uma questão formal, uma qualidade social; como Deane observou em relação aos heróis clássicos franceses[20], eles não

19. Seu pequeno trabalho muito conhecido é chamado *An Essay on Comedy, and the Uses of the Comic Spirit*. Estes usos são inteiramente não artísticos. Elogiando as virtudes do "bom senso" (que é tudo o que tem valor de sobrevivência aos olhos da sociedade), ele diz: "Os franceses possuem uma imponente escola de comédia à qual podem recorrer em busca de renovação sempre que hajam se afastado dela; e o fato de terem uma tal escola é a razão principal pela qual, como ressaltou John Stuart MUI, eles conhecem os homens e as mulheres de modo mais acurado do que nós." (p. 13-14). E, algumas páginas mais adiante: "A *Femmes Savantes* é um dos principais exemplos dos usos da comédia para ensinar ao mundo a compreender aquilo que o aflige. Os franceses haviam sentido o peso dessa nova insensatez (a mania da erudição acadêmica, logo depois da mania de precisão e refinamento excessivo da linguagem, que havia marcado as *Precieuses*); mas eles tiverem de ver a comédia várias vezes antes de serem consolados em seu sofrimento por verem a sua causa exposta." (p. 19-20).

20. Cf. *supra*, p. 350.

se submetem à moralidade ordinária; sua moralidade é o "heroísmo", que é essencialmente força, vontade e persistência em face do mundo. Tampouco têm as divindades do drama oriental qualquer "moralidade ordinária"; são perfeitas na virtude quando matam e quando poupam, sua bondade é glória, e sua vontade é lei. Elas são o Super-Homem, o Herói, e o padrão básico de sua vitória sobre os inimigos, cuja única maldade é a resistência, é o padrão de vida amoral de duelar com o diabo – homem contra morte.

O humor, então, não é a essência da comédia, mas apenas um de seus elementos mais úteis e naturais. É também seu elemento mais problemático, porque provoca nos espectadores o que parece ser uma resposta emocional direta às pessoas em cena, de maneira alguma diferente de sua resposta às pessoas reais: divertimento, riso.

O fenômeno riso no teatro coloca em foco todo o problema da distinção entre emoção apresentada simbolicamente e emoção estimulada diretamente; e, na verdade, um *pons asinorum* da teoria que esta distinção é radical, porque ela nos apresenta o que provavelmente é o exemplo mais difícil. O riso da plateia em uma boa peça é, evidentemente, autoexpressivo, e denota uma "elevação" de sentimento vital em cada pessoa que ri. Contudo, ele tem um caráter diferente do riso na conversa, ou na rua, quando o vento leva embora um chapéu com o "penteado" preso nele, ou na "casa do riso" em um parque de diversões, onde as vítimas complacentes deparam-se com espelhos deformantes e com coisas que gritam "bu". Todos esses risos da vida quotidiana são respostas diretas a estímulos separados; podem ser tão esporádicos quanto as piadas trocadas em jovial companhia, ou podem ser encadeados propositalmente como os eventos esperados e no entanto imprevistos, da "casa do riso", ainda assim continuar sendo outros tantos encontros pessoais que parecem engraçados apenas quando a gente está com disposição de espírito adequada. Algumas vezes rejeitamos ditos espirituosos e ficamos entediados com truques e palhaçadas.

No teatro, é diferente: a peça nos possui e rompe nosso estado de ânimo. Ela não o modifica, mas simplesmente o ab-roga. Mesmo se chegamos com uma disposição jovial, isso não aumenta de modo notável nossa apreciação do humor na peça; pois o humor em uma boa comédia não nos atinge diretamente. O que nos atinge diretamente é a ilusão dramática, a ação do palco à medida que se desenrola; e a pilhéria, em vez de ser tão engraçada quanto nossa resposta pessoal a faria, parece tão engraçada quanto sua ocorrência na ação total a torna. Uma piada muito suave no lugar certo pode arrancar grande gargalhada. A ação culmina em um dito espirituoso, em um absurdo, em uma surpresa; os espectadores riem. Mas, depois da explosão, não existe o abatimento que se segue ao riso normal, porque a peça prossegue sem o momento de pausa que normalmente damos a nossos pensamentos e sentimentos depois de um chiste. A ação prossegue de uma risada a outra, algumas vezes bastante espaçadas; as pessoas estão rindo *da peça*, não de uma série de gracejos.

O humor na comédia (como, de fato, em toda arte humorística) faz parte da obra, não de nosso ambiente real; e, se é tomado do mundo real, sua aparência na obra é o que realmente o torna engraçado. Alusões políticas ou atuais em uma peça divertem-nos porque elas são *usadas*, não porque se referem a algo intrinsecamente muito engraçado. É tão seguro que esse recurso de jogar com coisas da vida real há de provocar risos que o escritor de comédia médio e comediante improvisado abusam dele a ponto de arruinar o trabalho artístico; daí o fluxo constante de *shows* que têm imensa popularidade mas nenhuma essência dramática, de maneira que não duram mais do que o momento de suas alusões passageiras.

A verdadeira comédia introduz na plateia uma sensação de jovialidade geral, porque apresenta a própria imagem da "vivacidade" e a sua percepção é excitante. Seja qual for a estória, assume a forma de um triunfo temporário sobre o mundo circundante, complicada e, assim distendida, por uma sucessão emaranhada de coincidências. Essa ilusão de vida, a vida no palco, tem um ritmo de sentimento que não é transmitido a nós por sucessivas estimulações isoladas, mas, antes, por nossa percepção de sua inteira *Gestalt* – todo um mundo movendo-se em direção a seu próprio futuro. A "vivacidade" do mundo humano é abstraída, composta e apresentada a nós; com ela, os pontos altos da composição que são iluminados pelo humor. Eles fazem parte da vida que vemos, e nosso riso faz parte da jovialidade teatral, que é universalmente humana e impessoal[21]. Não é o que a pilhéria significa para nós que mede nosso riso, mas o que ela faz na peça.

Por essa razão tendemos a rir de coisas no teatro que poderíamos não achar engraçadas na realidade. A técnica da comédia frequentemente precisa limpar o caminho de seu humor evitando qualquer deslize para "o mundo do interesse ansioso e da solicitude egoísta". Ela o faz através de vários recursos – coincidên-

---

21. O leitor deve reportar-se ao ponto de vista hindu mencionado no Cap. 17, p. 336.

362 SENTIMENTO E FORMA

cias absurdas, expressões estereotipadas de sentimento (como os lamentos de desânimo do palhaço), um ritmo acelerado de ação e outros efeitos não realistas que servem para dar ênfase à estrutura da comédia. Como disse o Prof. Fergusson,

quando compreendemos uma convenção da comédia, vemos a peça com onisciência semelhante à dos deuses. [...] Quando Scaramouche apanha, não sentimos os golpes, mas a ideia de uma surra, naquele momento, nos atinge como sendo engraçada. Se a surra é realista demais, se ela rompe o leve ritmo de pensamento, a graça se esvai, e a comédia é destruída[22].

Esse "leve ritmo de pensamento" é o ritmo da vida; e a razão pela qual é "leve" é que todas as criaturas amam a vida, e a simbolização de seu ímpeto e fluxo nos torna realmente cônscios dela. O conflito com o mundo pelo qual um ser vivo mantém sua própria unidade orgânica complexa é um encontro prazenteiro; o mundo é tão promissor e tentador quanto é perigoso e contrariante. O sentimento da comédia é um sentimento de vitalidade intensificada, espírito e vontade desafiados, comprometida no grande jogo com a Sorte. O verdadeiro antagonista é o Mundo. Uma vez que o antagonista pessoal na peça é na realidade esse grande desafiador, raramente é um vilão completo; ele é interessante, divertido, sua derrota é um sucesso hilariante, mas não sua destruição. Não há derrota permanente e triunfo humano permanente exceto na tragédia; pois a natureza deve prosseguir se a vida prossegue, e o mundo que apresenta todos os obstáculos também fornece o sabor da vida. Na comédia, portanto, ocorre uma trivialização geral da batalha humana. Seus perigos não são desastres reais, mas embaraços e humilhações. É por isso que a comédia é "leve" em comparação com a tragédia, que exibe uma tendência exatamente oposta, de exagero geral de questões e personalidades.

O mesmo impulso que levou as pessoas, mesmo em tempos pré-históricos, a representar ritos de fertilidade e a celebrar todas as fases de sua existência biológica, sustenta seu interesse eterno na comédia. É da natureza da comédia ser erótica, picante, e sensorial, se não sensual, irreverente, e mesmo maldosa. Isso garante-lhe um interesse emocional espontâneo, contudo um interesse perigoso: pois é fácil e tentador dominar uma plateia pela estimulação direta do sentimento e fantasia, não pelo poder artístico. Mas quando a formulação do sentimento é realmente alcançada, ela provavelmente reflete o inteiro desenvolvimento

22. Op. *cit.*, p. 178-179.

da humanidade e do mundo do homem, pois o sentimento é a imagem entalhada da realidade. A sensação de precariedade que é a típica tensão da comédia ligeira desenvolveu-se indubitavelmente na eterna luta com a sorte que todo lavrador conhece muito bem – com o tempo, as pragas, os bichos, os pássaros, os insetos. Os embaraços, perplexidades e pânico crescente que caracterizam este gênero favorito, a comédia de costumes, pode ainda refletir os labores do ritual e do tabu que complicavam a existência do homem das cavernas. Mesmo o elemento de agressividade na ação da comédia serve para desenvolver um traço fundamental do ritmo cômico – a sua profunda crueldade, na medida em que toda vida se alimenta de vida. Não existe verdade biológica que o sentimento não reflita e que a boa comédia, portanto, não esteja propensa a revelar.

Mas o fato de o ritmo da comédia ser o ritmo básico da vida não quer dizer que a existência biológica seja o "significado mais profundo" de todos os seus temas, e que compreender a peça seja interpretar todas as personagens como símbolos e a estória como uma parábola, um rito de primavera ou magia de fertilidade disfarçada, executada quatrocentas e cinquenta vezes na Broadway. As personagens características são provavelmente simbólicas tanto em sua origem quanto em sua atração. Existem tais fatores independentemente simbólicos, ou resíduos deles, em todas as artes[23], mas seu valor para a arte encontra-se no grau em que sua significação pode ser "englobada" pelo símbolo único, a obra de arte. Não a derivação de personagens e situações, mas o ritmo da "vida sentida" que o poeta coloca nelas, parece-me ser de importância artística: o sentimento cômico essencial, que é o aspecto senciente de unidade orgânica, de crescimento e autopreservação.

---

23. Por exemplo, a simbolização do zodíaco em algumas obras de arquitetura sacra, de nossa orientação corporal quanto ao plano da pintura, ou da medida dos passos, uma medida primitiva do tempo real, na música. Mas um estudo dessas funções simbólicas não artísticas iria exigir uma monografia.

19. As Grandes Formas Dramáticas: O Ritmo Trágico

Da mesma forma como a comédia apresenta o ritmo vital da autopreservação, a tragédia exibe o da autoconsumação.

O avanço cadenciado do eterno processo de vida, mantido indefinidamente ou temporariamente perdido e restaurado, é o grande padrão vital geral que exemplificamos dia a dia. Mas as criaturas que estão destinadas, mais cedo ou mais tarde, a morrer – isto é, todos os indivíduos que não passam vivos a novas gerações, como águas-vivas e algas – mantêm o equilíbrio da vida apenas precariamente, no quadro do movimento total que é inteiramente diverso; o movimento do nascimento até a morte. Ao contrário do processo metabólico simples, o avanço em direção à morte de suas vidas individuais processa-se através de uma série de estações que não são repetidas; crescimento, maturidade, declínio. Esse é o ritmo trágico.

A tragédia é uma forma cadenciada. Sua crise é sempre a virada rumo a um encerramento absoluto. Esta forma reflete a estrutura básica da vida pessoal, e, destarte, do sentimento quando a vida é encarada como um todo. É essa atitude – "o sentido trágico da vida", como Unamuno o chamou – que é objetivada e posta diante de nossos olhos na tragédia. Mas, no drama, ela não é apresentada como Unamuno a apresenta, a saber, por uma percepção intelectual de morte iminente, que, por constituição, somos incapazes de aceitar e, portanto, à qual nos opomos com uma

366 SENTIMENTO E FORMA

crença irracional em nossa imortalidade pessoal, em ritos "imortalizantes" e graças sobrenaturais[1]. O irracionalismo não é introvisão, mas desespero, reconhecimento direto de instintos, necessidades e, com isso, de nossa impotência mental. Uma "crença" que desafie convicções intelectuais é uma mentira freneticamente defendida. Essa defesa pode constituir um grande tema trágico, mas não é, em si mesma, uma expressão poética do "sentido trágico da vida"; é expressão real, patética, originando--se de um conflito emocional.

A tragédia dramatiza a vida humana como potencialidade e realização. Seu futuro virtual, ou Destino, é portanto bem diferente daquele criado na comédia. O Destino da Comédia é a Fortuna – aquilo que o mundo há de trazer, e que o homem há de colher ou perder, encontrar ou escapar; o Destino trágico é o que o homem traz e o que o mundo exigirá dele. Esse é seu Fado.

Aquilo que ele traz é sua potencialidade: seus poderes mentais, morais e mesmo físicos, seus poderes de agir e sofrer. A ação trágica é a realização de todas as suas possibilidades, que ele desdobra e exaure no curso do drama. Sua natureza humana é seu Fado. O Destino concebido como Fado é, portanto, não caprichoso, como a Fortuna, mas é predeterminado. Eventos exteriores são meramente ocasiões para sua realização.

"Sua natureza humana", portanto, não se refere a seu caráter *geralmente* humano; não quero dizer que um herói trágico deva ser considerado fundamentalmente como um símbolo da humanidade. O que o poeta cria é uma personalidade; e, quanto mais individual e poderosa for essa personalidade, mais extraordinária e irresistível será a ação. Uma vez que o protagonista é o agente principal, sua relação com a ação é óbvia; e, uma vez que o curso da ação é a "fábula" ou "enredo" da peça, também é óbvio que criar as personagens não é algo à parte do trabalho de construir o enredo, mas é parte integrante dele. Os agentes são os elementos primários na ação; mas a ação é a própria peça, e os elementos artísticos existem sempre com vista ao todo. Penso que tenha sido isso que fez com que Aristóteles dissesse:

---

1. Ver seu O *Sentido Trágico da Vida, passim*. Os sentimentos de Unamuno são fortes e naturais; seus aforismos frequentemente são poéticos e memoráveis. Com suas asserções filosóficas, entretanto, não se pode entrar em debate porque ele se orgulha de ser incoerente, tendo por base que a "vida é irracional", a "verdade não é lógica" etc. Ele considera a coerência de enunciações como a marca de sua falsidade. Como algumas damas exasperantes, que reivindicam "o direito de uma mulher de ser incoerente", ele não pode, portanto, ser batido em uma discussão, mas – também como elas – não pode ser levado a sério.

O RITMO TRÁGICO 367

A tragédia é essencialmente uma imitação[2], não de pessoas, mas de ação e vida, de felicidade e infelicidade. Toda felicidade ou infelicidade humana assume a forma de ação; o objetivo para o qual vivemos é um certo tipo de atividade, não uma qualidade. A personagem nos dá qualidades, mas é em nossas ações – naquilo que fazemos – que somos felizes ou o contrário. Em uma peça, de acordo com isso, elas não agem a fim de retratar as Personagens; elas incluem as Personagens tendo em vista a ação. De modo que é a ação nela, isto é, sua Fábula ou Enredo, que é o fim e o propósito da tragédia; e o fim é, em toda parte, a coisa principal.[3]

Esse "fim" é a obra enquanto tal. O protagonista e todas as personagens que o sustentam são introduzidos de forma que possamos ver o cumprimento de seu Fado, que é simplesmente a realização completa de sua "natureza humana" individual.

A ideia do Fado pessoal foi concebida, em termos míticos, muito antes de a relação de história de vida com a personagem ser compreendida discursivamente. A tradição mítica da Grécia tratava o fado de seus "heróis" – as personalidades oriundas de certas grandes famílias, altamente individualizadas – como um poder misterioso inerente ao mundo, antes do que presente no homem e em seus ancestrais; era concebido como um incubo particular outorgado a ele no momento do nascimento por uma divindade vingativa, ou, mesmo através de uma maldição proferida por um ser humano. Algumas vezes nem chega a ser dada uma tal causa específica de seu destino peculiar; mas um oráculo profecia o que ele irá fazer. É interessante notar que esta concepção de Fado usualmente está centralizada na misteriosa previsibilidade de *atos* que alguém irá executar. As ocasiões dos atos não são previstas; o mundo irá fornecê-las.

Para o desenvolvimento da tragédia, tal determinação dos atos aparentes, sem circunstâncias e motivos, fornecia um ponto de partida ideal, pois constrangia os poetas a inventar personagens cujas ações resultariam naturalmente nos exigidos feitos fatídicos. A profecia dos oráculos, então, tornou-se um símbolo intensificador da necessidade que era na verdade dada com a personalidade do agente; sendo a "fábula" apenas um caminho possível, o mundo poderia provocar sua completa autorrealização no empenho, erro e descoberta, paixão e punição, até o limite de seus poderes. O melhor exemplo dessa passagem da ideia mítica de Fado para a criação dramática do Fado como destino natural, pessoal, do protagonista, é, evidentemente, o *Oedipus*

---

2. "Imitação" é usada por Aristóteles em um sentido bem semelhante ao que eu uso em "semelhança". Evitei a palavra porque ela acentua a semelhança com a realidade, mais do que a abstração da realidade.

3. *De Poética*, Cap. 6, II (1450a), tradução por W. R. Roberts.

Tyrannus de Sófocles. Com esse exemplo impressionante de autoafirmação, autovaticínio e auto exaustão, nasceu a "Grande Tradição" da tragédia na Europa.

Existe outra concepção mítica de Fado que não é um antecessor da tragédia mas, possivelmente, de alguns tipos de comédia: é a ideia de Fado como a vontade de poderes sobrenaturais, talvez decretada há muito tempo, talvez espontânea e arbitrária. É o "Fado" do verdadeiro fatalista, que não toma muito cuidado com sua vida por julgar que ela está inteiramente nas mãos de Alá (ou de algum outro Deus), que matará ou poupará, de acordo com sua vontade, não importando o que a pessoa fizer. Essa é uma noção bem diferente do "Fado" oracular da mitologia grega; a vontade de um deus que dá e toma, derruba ou eleva, por inescrutáveis razões próprias é *Kismet*, e esse é na realidade um mito da Fortuna[4]. *Kismet* é aquilo com que uma pessoa se depara, não aquilo que ela é. Ambas as concepções frequentemente existem lado a lado. O escocês que tem de "suportar seu fado" acredita, não obstante, que suas fortunas estão, a cada momento, nas mãos da Providência. As Bruxas de Macbeth eram perfeitamente aceitáveis para uma plateia cristã. Mesmo na antiga tradição de nossos contos de fadas, a Bela Adormecida está destinada a picar-se – isto é, ela tem um destino pessoal. Na tradição grega, por outro lado, onde a noção de "Fado oracular" era em geral tão alimentada que o Oráculo era uma instituição pública, o Fado como vontade momentânea de um Poder governante é representado no mito das Norns germânicas ou Moirai helênicas (Parcas), que fiam os fios das vidas humanas e os cortam onde desejam; as Três Deusas são tão despóticas e caprichosas quanto Alá, e o que elas fiam é, na realidade, *Kismet* (Destino).

A tragédia pode nascer e florescer apenas lá onde as pessoas têm consciência da vida individual como um fim em si mesma e como uma medida de outras coisas. Nas culturas tribais onde o indivíduo está ainda vinculado tão intimamente com sua família que não só a sociedade, mas também ele considera sua existência como um valor comunitário, que pode ser sacrificado a qualquer tempo para finalidades comunitárias, o desenvolvimento da personalidade não é um padrão de vida conscientemente apreciado. De forma semelhante, lá onde os homens creem que o Karma,

---

4. Cf. N. N. Martinovitch, *The Turkish Theatre*, p. 36: "Segundo a especulação islâmica, o homem quase não tem influência no desenvolvimento de seu próprio fado. Alá é soberano, fazendo o que lhe apraz e não prestando contas a ninguém. E a tela do *haial* (o teatro de sombras cômico) é a dramatização deste conceito especulativo do mundo."

O RITMO TRÁGICO   369

ou o registro de seus feitos, pode ser mantido para a recompensa ou a expiação em outra vida terrena, sua encarnação do momento não pode ser vista como um todo autossuficiente em que suas potencialidades todas devem ser realizadas. Portanto, a tragédia genuína – o drama que exibe "o ritmo trágico de ação", como é chamado pelo Prof. Fergusson[5] – é uma forma especializada de arte, com problemas e recursos próprios.

A palavra "ritmo", que usei livremente com respeito ao drama, pode parecer uma petição de princípio, tomada ao reino da fisiologia – onde, efetivamente, as funções vitais básicas são geralmente rítmicas – e transposta com uma certa volubilidade ao reino dos atos conscientes, que, na maior parte das vezes – e, por certo, na parte mais interessante – não são repetitivos. Mas é precisamente o *ritmo* da ação dramática que torna o drama "uma poesia do teatro" e não uma imitação (no sentido usual, não aris- totélico) ou faz de conta da vida prática. Como disse Hebbel:

> Nas mãos do poeta, o Vir-a-Ser deve sempre constituir uma passagem de *forma para forma* (von *Gestält* zu *Gestalt*), jamais deve parecer, como o barro amorfo, caótico e confuso aos nossos olhos, mas deve parecer, de algum modo, uma coisa perfeita.[6]

A análise e definição da estrutura rítmica, dada no Cap. 8 em referência a formas musicais[7], pode aplicar-se sem ser dis- torcida ou forçada à organização de elementos em qualquer peça que alcança forma "viva".

Um ato dramático é um compromisso. Ele cria uma situação em que o agente ou agentes devem necessariamente fazer um lance ulterior; isto é, ele motiva um ato (ou atos) subsequentes. A situação, que é o completamento de um dado ato, já é o ímpeto para outro – como, ao correr, a passada que sustenta nosso peso no final de um salto já nos impulsiona para a frente a fim de acabar no outro pé. Não é preciso que os saltos sejam idênticos mas, sim, proporcionais, o que significa que o ímpeto de qual- quer salto especialmente grande deve ter sido preparado e reu- nido em alguma parte, e qualquer repentina diminuição deve ser equilibrada por algum movimento que faça passar a força im- pulsora. Os atos dramáticos estão ligados, de modo análogo, uns aos outros, de maneira que cada um deles direta ou indiretamente

5. Em *The Idea of a Theater*, especialmente na p. 18.
6. Friedrich Hebbel, *Tagebücher*, coligido em *Hebbel als Denker* de Bernhard Münz (1913). Ver p. 182.
7. Ver p. 133-136.

370 SENTIMENTO E FORMA

motiva o que o segue[8]. Destarte, um genuíno ritmo de ação é armado, que não é simples como o de um processo repetitivo físico (por exemplo, correr, respirar), mas frequentemente mais intricado, mesmo enganoso, e, é claro, não dado primordialmente a qualquer sentido particular, mas sim à imaginação, através de seja qual for o sentido que empregarmos para perceber e avaliar a ação; o mesmo ritmo geral de ação aparece em uma peça quer a estejamos lendo ou ouvindo sua leitura, quer estejamos desempenhando-a nós mesmos ou vendo sua representação. Esse ritmo é a "forma dominante" da peça; ele brota da concepção original feita pelo poeta da "fábula" e dita as principais divisões da obra, o estilo leve ou pesado de sua apresentação, a intensidade do sentimento mais agudo e do ato mais violento, o número pequeno ou grande de personagens e os graus de desenvolvimento destes. A ação total é uma forma cumulativa; e em virtude de ser ela construída por um tratamento rítmico de seus elementos, parece *crescer* a partir de seus inícios. Essa é a criação que o dramaturgo faz da "forma orgânica".

O ritmo trágico, que é o padrão de uma vida que cresce, floresce e declina, é abstraído ao ser transferido dessa atividade natural à esfera de uma ação caracteristicamente humana, onde é exemplificado em crescimento mental e emocional, amadurecimento e renúncia final de poder. Nessa renúncia encontra-se o verdadeiro "heroísmo" do herói – a visão de vida como realizada, isto é, da vida em sua totalidade, a sensação de cumprimento que o ergue acima de sua derrota.

Uma expressão notável dessa ideia de tragédia pode ser encontrada no mesmo livro onde fui buscar, alguns parágrafos acima, a frase "o ritmo trágico de ação". Falando de Hamlet, o Prof. Fergusson observa:

"No Ato V [...] ele sente que seu papel, com exceção do derradeiro episódio, já foi desempenhado. [...] Ele se contenta, agora, em deixar o fim predestinado chegar como quiser. [...] Poder-se-ia dizer que sente a justeza poética de sua própria morte. [...]
Como quer que seja interpretada, quando a morte de Hamlet chega ela "fica bem", é o único final possível para a peça. [...] Certamente pretende-se que sintamos que Hamlet, embora possa ter trabalhado obscura e incertamente, discerniu a maneira de ser obediente a seus valores mais profundos e

---

8. Pode-se dizer que um ato motiva outros atos indiretamente se o faz através de uma situação total que ajuda a criar; os pequenos atos de significação psicológica que criam meramente a personalidade são deste tipo.

O RITMO TRÁGICO 371

efetuou algum tipo de progresso purgatório para consigo mesmo e para com a Dinamarca.[9]

A segunda cena do Ato V, [continua a crítica] com o duelo entre Hamlet e Laertes, mostra a solução de todas as intrigas na peça. […] Mas esses eventos, que literalmente finalizam as narrativas na peça, e levam o regime de Cláudio a seu fim temporal, não nos dizem nada de novo, exceto o fato de que a sentença, que o fado ou a providência pronunciaram há muito tempo, foi agora executada. É a pompa, a mascarada cerimonial, em suma, o caráter virtual desta última cena que nos faz senti-la como a epifania final.[10]

O drama trágico é planejado de modo que o protagonista cresça mental, emocional ou moralmente, segundo a exigência da ação, que ele mesmo iniciou, até a completa exaustão de seus poderes, o limite de seu desenvolvimento possível. Ele se desgasta no curso de uma ação dramática. Isto, evidentemente, é uma tremenda abreviação de vida; ao invés de sofrer o longo processo, físico e psíquico, multilateral, de uma biografia real, o herói trágico vive e amadurece em algum aspecto particular; todo seu ser está concentrado em um objetivo, uma paixão, um conflito e derrota derradeira. Por esta razão, o agente primordial da tragédia é heroico; seu caráter, a situação que se desenrola, a cena, embora ostensivamente familiares e humildes, são, todos, exagerados, carregados com mais sentimento do que as realidades comparáveis possuiriam[11]. Essa intensificação é necessária para alcançar e manter a "forma em suspenso" que é ainda mais importante no drama trágico do que no cômico, porque a solução de uma comédia, não assinalando um término absoluto, precisa apenas restaurar um equilíbrio, mas o final trágico precisa recapitular toda a ação para ser o cumprimento visível de um destino que estava implícito no início. Esse recurso, que pode ser chamado de "exageração dramática", lembra a "exageração épica", e pode ter sido adotado de maneira inteiramente inconsciente com os temas épicos da tragédia antiga. Mas isso não significa que seja um fator acidental, um legado puramente histórico de uma tradição poética mais antiga; convenções herdadas não se preservam por muito tempo em qualquer arte, a menos que sirvam os seus propósitos. Eles podem ter sua antiga *raison d'être*

9. *Op. cit.*, p. 132-133. "Ser obediente a seus valores mais profundos" não é mais do que realizar suas próprias potencialidades, cumprir seu verdadeiro destino.

10. *Op. cit.*, p. 138.

11. Como Robert Edmond Jones o formulou: "O grande drama não trata de pessoas cautelosas. Seus heróis são tiranos, marginais, pessoas errantes. Desde Prometeu, o primeiro de todos, o ladrão que roubou a fogo divino do céu, todos esses protagonistas são apaixonados, excessivos, violentos, terríveis. 'Ávidos de perdição', como a saga islandesa os chama." *The Dramatic Imagination*, p. 42.

em novas formas de arte, ou assumir funções inteiramente novas, mas, enquanto puros ornamentos – requisitos tradicionais –, seriam descartados pelo primeiro gênio que não pudesse descobrir um uso para eles.

O drama não é psicologia, nem (embora a literatura crítica tenda a dar-lhe tal aparência) é filosofia moral. Não oferece qualquer discurso sobre os dotes inatos do herói ou da heroína que nos permita estimar em qualquer ponto da ação quão próximos devem estar da exaustão. A própria ação deve revelar o limite dos poderes do protagonista e marcar o fim de sua autorrealização. E isso, de fato, ela o faz: o ponto decisivo da peça é a situação que ele não pode resolver, onde ele comete seu "erro trágico" ou exibe sua "fraqueza trágica". Ele é levado por sua própria ação e pelas repercussões desta no mundo a responder com mais e mais competência, mais e mais audácia a um desafio que se acumula constantemente; assim, seu caráter "cresce", isto é, ele desdobra sua vontade e conhecimento e paixão, à medida que a situação amadurece. Sua carreira não é uma mudança de personalidade, mas amadurecimento. Quando atinge o limite de seu desenvolvimento mental e emocional, ocorre a crise; então vem a derrota, ou pela morte, ou, como em muitas tragédias modernas, pelo desespero que é o equivalente da morte, a "morte da alma", que encerra a carreira.

Tem sido reiterado tantas vezes que o herói da tragédia é um homem forte com uma fraqueza, um homem bom com uma falha, que toda uma ética da tragédia se desenvolveu em torno da significação dessa única jaça. Capítulos e mais capítulos – mesmo livros – têm sido escritos sobre a mistura necessária de bem e mal em seu caráter, de modo que ele inspire piedade e, no entanto, sua queda não repugne ao "nosso senso moral". Críticos e filósofos, de Aristóteles a Croce, escreveram sobre a aceitação, por parte do espectador, do destino do herói como um reconhecimento da ordem moral que ele desafiou ou ignorou, sobre o triunfo da justiça que supõe-se, o próprio herói aceita em sua "conciliação" final ou "epifania". A restauração da grande ordem moral através do sofrimento é encarada como o Fado que ele precisa cumprir. Ele tem de ser imperfeito para romper a lei moral, mas fundamentalmente bom, isto é, lutando por perfeição, a fim de atingir a salvação moral no sacrifício, renúncia, morte.

Toda essa preocupação com a significação filosófica e ética dos sofrimentos do herói, contudo, provoca um desvio da significação *artística* da peça, para ideias discursivas sobre vida, caráter e o mundo. Deparamo-nos imediatamente com o dilema

O RITMO TRÁGICO 373

usual do crítico que vê a arte como uma representação da vida real e uma forma de arte como uma *Weltanschauung*: não se pode realmente dizer que toda obra do gênero expressa a *Weltanschauung* que supostamente a caracteriza, nem que ela nos dá uma mesma imagem geral do mundo, tal como a "ordem moral" em que a justiça é inevitavelmente feita, ou a "ordem cósmica" amoral em que o homem é um joguete de forças que estão além de seu controle. Então o crítico pode chegar à desesperadora conclusão de que o gênero não pode ser definido, mas é, na realidade, apenas um nome, que muda de significado essencial de época para época. Uma autoridade de uma envergadura tão grande quanto a de Ashley Thorndike chegou à conclusão de que a tragédia é realmente indefinível; pode-se traçar a evolução histórica de cada concepção, mas não o atributo definidor que corre através de todas e as agrupa, com correção, sob um único nome. Como traços comuns a todas as tragédias os únicos que ele encontrou eram a representação de "ações dolorosas e destrutivas" e "críticas da vida"[12]. Qualquer destes aspectos, é claro, poderia ocorrer também em outras formas de arte. A. C. Bradley, em seu excelente *Shakespearean Tragedy*, salienta que Shakespeare, ao contrário dos tragediógrafos gregos, não postulava um poder sobre-humano a determinar as ações dos homens e os acidentes, nem uma Nêmeses especial, invocada por crimes passados, pertencente a certas famílias ou pessoas; ele pretende, de fato, que não se encontra qualquer representação do Fado em Shakespeare[13]. Mesmo a justiça, sustenta ele, não é ali ilustrada, porque os desastres que os homens atraem sobre si mesmos não são proporcionais a seus pecados; mas algo que se poderia chamar de "ordem moral", uma ordem não do certo e errado, mas, ao menos, do bem e do mal. O acidente tem seu papel, mas, em linhas gerais, os agentes é que se precipitam voluntariamente para a

12. "A qualquer definição precisa e exata faltará com certeza alcance e veracidade. [...] Parece que somos forçados a rejeitar a possibilidade de qualquer limitação exata para a espécie dramática, a incluir como tragédias todas as peças que apresentam ações dolorosas ou destrutivas, a aceitar os elementos diretores de uma tradição literária derivada dos gregos como indicadores dos vínculos comuns entre tais peças no passado, mas a admitir que essa tradição, embora ainda poderosa, é variável, incerta e sem autoridade." (*Tragedy*, p. 12.) No final do livro ele estabelece, como o único padrão comum, "uma inquirição altruísta, social, moral à vida" (p. 376).

13. Em uma nota à p. 30 ele escreve: "Não levantei qualquer objeção ao uso da ideia de fado, porque ela ocorre com tanta frequência quer na conversação quer nos livros sobre tragédias de Shakespeare que devo supor que ela seja natural a muitos leitores. Contudo, duvido que isso fosse assim se a tragédia grega jamais tivesse sido escrita; e devo confessar, com sinceridade, que para mim ela não ocorre amiúde quando estou lendo, ou quando acabei de ler, uma tragédia de Shakespeare."

374 SENTIMENTO E FORMA

queda[14]. Edgar Stoll, exatamente ao contrário, sustenta que a ação nas tragédias de Shakespeare "no fundo, não se desenvolve a partir da personagem"[15]. Poder-se-ia prosseguir quase que indefinidamente citando exemplos de contradição ou exceção aos vários padrões de ação trágica, especialmente ao padrão fatalista.

A falácia que leva a este emaranhado de interpretações e opiniões é a falácia familiar de confundir o que o poeta cria com o que ele representa. É a falácia de procurar, não a função artística de tudo quanto ele representa e a maneira pela qual ele o representa, mas algo que suas representações supostamente ilustram ou sugerem – algo que pertence à vida, não à peça. Se, então, a tragédia é chamada de imagem do Fado, espera-se que ilustre as obras do Fado. Isso, porém não é necessário; ela pode muito bem ilustrar as obras da maldade, neurose, fé, justiça social, ou qualquer outra coisa que o poeta ache que é utilizável a fim de motivar uma ação ampla, integral. O mito do Fado, frequentemente usado nas tragédias gregas, era um motivo óbvio, como, em peças posteriores, o era o amor romântico que desafia as circunstâncias, ou as largas consequências de uma transgressão. Mas não se deve esperar que uma das principais formas de arte esteja vinculada a um único motivo, sejam quais forem suas variações ou mesmo seus disfarces; reduzir os números temas que podem ser encontrados na tragédia, desde Ésquilo até O'Neill, a "obra do Fado", e as muitas *Weltanschauungen* que a obra permite extrair (ou introduzir) a outros reconhecimentos de uma ordem sobrenatural, uma ordem moral, ou uma ordem casual pura, leva apenas a intermináveis buscas de significados mais profundos, substituições simbólicas e implicações de longo alcance que nenhum espectador poderia possivelmente inferir, de modo que não teriam utilidade no teatro.

O Fado na tragédia é a forma criada, o futuro virtual como um todo terminado. Não é, em absoluto, a expressão de uma crença. O fado de Macbeth é a estrutura de sua tragédia, não um exemplo de como as coisas acontecem no mundo. Esse futuro virtual tem a forma de uma vida completamente individualizada e, portanto, mortal – uma vida medida, a ser exaurida em um pequeno lapso de tempo. Mas crescimento, eflorescência e exaustão – o protótipo do Fado – não é aquilo sobre o qual é a peça; é apenas como é o movimento da ação. A peça é sobre os

14. A discussão da justiça (Conferência I, "The Substance of Tragedy", p. 5) é digna de menção especialmente por seu reconhecimento da *irrelevância do conceito* para a arte dramática.

15. *Shakespeare and Other Masters*, p. 31.

O RITMO TRÁGICO 375

desejos, atos, conflito e derrota de alguém; sejam como forem
motivados seus atos, sejam como forem aniquilantes seus feitos,
a ação total é o fado dramático. A ação trágica tem o ritmo da
vida e morte natural, mas não se refere a elas ou às ilustra; abstrai a sua forma dinâmica e imprime-a em assuntos inteiramente
diferentes, em um espaço de tempo diferente – a autorrealização
inteira pode ter lugar em dias ou horas em vez das décadas da
consumação biológica, de maneira que o "ritmo trágico" permanece afastado de qualquer ocasião natural e transforma-se
em uma forma perceptível.

O tipo de teoria da arte que mede o valor do drama pelo
modo que este representa a vida, ou pelas crenças implícitas do
poeta sobre a vida, não só desvia a crítica, da poesia, para a filosofia, religião ou ciência sociais, mas também induz as pessoas
a pensar no protagonista como sendo um indivíduo comum a
quem devem aprovar ou condenar e, de um ou de outro modo,
de quem devem apiedar-se Essa atitude, que indubitavelmente
deriva – quer errada quer corretamente – de Aristóteles, deu origem a muitas das exigências morais com respeito ao caráter do
herói: ele deve ser admirável, mas não perfeito, deve provocar
a simpatia do espectador mesmo se incorre em sua censura; estes precisam sentir o destino dele como sendo o seu etc.[16].

Na verdade, acredito que o herói da tragédia deve nos *interessar* o tempo todo, mas não como uma pessoa a quem conhecemos. Seu erro, crime ou outra falha trágica não é introduzida
por razões morais, mas com propósitos estruturais: marca o limite
do poder dele. Suas potencialidades aparecem no palco apenas
como atos bem-sucedidos; no momento em que suas intenções
declaradas ou, de alguma maneira, óbvias, ou que seus atos re-
caem sobre ele e causam-lhe dor, seu poder atingiu o máximo,
ele está no final de sua carreira. Nisto, por certo, o drama é completamente diferente da vida. A falha moral no drama não é um
incidente normal, algo a ser esquecido como um deslize, presumivelmente nem a primeira transgressão do agente, nem a última;
o ato que constitui o erro ou culpa trágico do protagonista é o
momento culminante de sua vida e, daí por diante, a maré baixa.
Sua "imperfeição" é um elemento artístico: é por isso que uma
única falha é suficiente.

16. Thorndike considerava a tragédia como a forma de arte mais alta, porque,
como afirmou, "ela nos faz compreender as imagens de nossas mágoas, e purifica o espírito através do extravasamento de nossas simpatias, mesmo de nosso horror e desespero, pela infelicidade de nossos companheiros" (Op. *cit.*, p. 19). Pouco antes, admitira
que ela também pode nos dar – dentre outros prazeres – "deleite estético em uma obra-
-prima" (p. 17).

376 SENTIMENTO E FORMA

Todas as práticas persistentes na arte têm uma função criativa. Elas podem servir a várias finalidades, mas a principal é a moldagem da obra. Isso se aplica não só aos traços de caráter que tornam uma personagem dramática crível ou simpática, mas também a outro recurso muito debatido do drama – o chamado "alívio cômico", a introdução de interlúdios triviais ou humorísticos em meio à ação trágica, séria, ameaçadora. O termo "alívio cômico" indica a suposta finalidade dessa prática: dar à audiência uma pausa ante uma excessiva tensão emocional, permitir que ela tenha entretenimento bem como "piedade e medo". Aqui, de novo, a crítica tradicional apoia-se com demasiada confiança, julgo, nas observações de Aristóteles, que – afinal – não eram os *insights* de um dramaturgo, mas as reflexões de um homem com inclinações científicas, interessado na psicologia. Aristóteles considerava o interlúdio cômico como uma concessão à fraqueza humana; e "alívio cômico" tem sido seu nome desde então.

Os interlúdios humorísticos na tragédia são simplesmente momentos em que o espírito cômico se eleva até o ponto da hilaridade. Tais momentos podem resultar de todo tipo de exigências poéticas; o célebre porteiro bêbado em *Macbeth* estabelece um contraste macabro com a situação por trás da porta em que está batendo e é introduzido obviamente para aumentar, mais do que para aliviar, o tenso segredo do assassinato.

Mas o fato mais importante nesses famosos toques de "alívio cômico" é que eles sempre ocorrem em peças nas quais, de ponta a ponta, a veia cômica é mantida a maior parte do tempo abaixo do nível do riso. Essa veia pode ser usada para efeitos especiais, mesmo para uma cena inteira, a fim de tornar a ação mais lenta ou fraca ou para aumentá-la com reflexos grotescos. Naquelas tragédias heroicas que são rebaixadas pela incursão da farsa e não são afetadas estruturalmente por sua omissão, não existe qualquer comédia integral, implícita – qualquer vida quotidiana – no "mundo" da peça, à qual pertençam naturalmente as palhaçadas e do qual elas possam ser derivadas sem desorganização do todo[17]. Em *Macbeth* (e, de fato, em todas as peças de Shakespeare), existe uma vida quotidiana ampla, social, de soldados, cavalariços, intrigantes, cortesões e homens do povo, que fornece uma subestrutura essencialmente cômica para a ação heroica. A maior parte do tempo esse substrato inferior é reprimido, dando uma impres-

---

17. Thorndlke observa que *Tamburlaine* é desse gênero: "Originalmente", diz ele, "a peça continha cenas cômicas, omitidas na forma publicada e evidentemente sem valor na estrutura ou concepção" (*Op. cit.*, p. 90).

Ver também J. B. Moore, *The Comic and the Realistic in English Drama*.

são de realismo sem qualquer ação colateral óbvia; mas esse realismo sustenta o ritmo cômico fundamental de onde podem emergir interlúdios grotescos com perfeita lógica dramática.

O fato de que os dois grandes ritmos, cômico e trágico, são radicalmente distintos não significa que sejam os opostos um do outro, ou mesmo formas incompatíveis. A tragédia pode estar solidamente baseada em uma subestrutura cômica e, contudo, ser pura tragédia[18]. Isso é bastante natural, pois a vida – de onde brotam todos os ritmos sentidos – contém a ambos, em todo organismo mortal. A sociedade é contínua, embora seus membros, mesmo os mais fortes e mais belos, vivam suas vidas e morram; e mesmo enquanto cada indivíduo preenche o padrão trágico, ele participa também da continuidade cómica[19]. A tarefa do poeta, evidentemente, não é copiar a vida, mas organizar e articular um símbolo para o "senso de vida"; e, no símbolo, um ritmo sempre governa a forma dinâmica, embora outro possa percorrer a peça toda ao modo de um contraponto. O mestre dessa prática é Shakespeare.

Será que o inflexível Fado individual da mais pura tragédia grega eliminava, por seu intenso movimento no sentido da morte, o sentimento cômico do eternamente cheio e ondulante fluxo de vida? Ou foi a riqueza que o contraponto cômico-trágico cria em outras tradições poéticas fornecidas a Ésquilo e Sófocles pela dança coral que emoldurava e embelezava a peça? A peça satírica ao final da longa apresentação trágica pode muito bem ter sido necessária a fim de assegurar a veracidade à estrutura da realidade subjetiva por uma celebração exuberante da vida.

Há, todavia, um outro fator no drama que é comumente, e penso que erradamente, tratado como uma concessão ao gosto popular: o uso do espetáculo, da pompa, do *show* brilhante. Muitos críticos acreditam aparentemente que um dramaturgo providencia efeitos espetaculares de maneira inteiramente independente de seu intento e juízo poético, simplesmente a fim de atrair o público ao teatro. Thorndike, efetivamente, afirma que o uso do espetáculo evidencia

---

18. Um exemplo notável é a pequena tragédia de J. M. Barrie, que data da Primeira Guerra Mundial, *The Old Lady Shows her Medals*. Apesar do tratamento consistentemente cômico, fica-se na expectativa da inevitável (e sem palavras) cena final.

19. Existe também um gênero conhecido como "tragicomédia" (os alemães a chamam de *Schauspiel*, diferenciando-a tanto da *Lustspiel* quanto da *Trauerspiel*), que é um padrão cômico alternado com o trágico; sua estrutura-enredo é *tragédia evitada*, contemporizando com o senso de destino, que geralmente inspira uma dicção trágica, pouca ou nenhuma exuberância (humor), e frequentemente cai no melodrama. Um estudo de seus poucos sucessos artísticos, e das relações precisas destes com a comédia pura e a tragédia pura, poderia levantar problemas interessantes.

378 SENTIMENTO E FORMA

o duplo propósito, dificilmente separável do drama e particularmente manifesto nos dramaturgos elisabetanos, os dois desejos, de agradar suas plateias e de criar literatura[20].

Brander Matthews disse claramente que não só o teatro, mas qualquer arte é *show business*, seja o que for além disso.

A arte, e especialmente a arte dramática, está cheia de compromissos, pois um efeito possível é geralmente obtido às custas de outro; nem todas as ideias e recursos que ocorrem ao poeta são copossíveis. Toda decisão envolve uma rejeição. Além do mais, o palco, os fundos disponíveis, as capacidades dos atores, talvez tenham que ser levados todos em consideração. Mas nenhum artista pode fazer concessões quanto ao que considera mau gosto, sem arruinar sua obra. Ele simplesmente não pode pensar como artista e aceitar formas inexpressivas ou admitir um elemento que não possua função orgânica no todo. Se, portanto, deseja apresentar cenas espetaculares, é preciso que parta de uma ideia que exija uma apresentação espetacular.

Toda peça tem uma audiência a que é destinada, e nessa audiência há um membro preeminente: o autor. Se a peça é destinada a um público, digamos, elisabetano, esse membro honorário será um frequentador de teatros elisabetanos, partilhando do melhor gosto elisabetano e algumas vezes lançando sua moda. Nossos críticos escrevem como se os poetas do passado fossem pessoas de hoje fazendo concessões a interesses que já se desgastaram faz muito. Mas os poetas que subministraram espetáculos cênicos tinham ideias espetaculares, e trabalhavam com elas até que as possibilidades expressivas destas se exaurissem.

O elemento de puro espetáculo tem uma função importante na arte dramática, pois tende a intensificar o sentimento, seja o que for o sentimento. Procede do mesmo modo na vida real: um saguão esplêndido, um arranjo de mesa ornamentado, visitas em traje a rigor, fazem com que uma festa pareça maior e a reunião mais ilustre do que uma mesa simples em uma lanchonete, refeitório ou ginásio, com os convidados em roupas esporte. Um funeral esplêndido, passando em procissão atrás de sacerdotes a cantar, é mais solene do que um funeral banal, embora talvez ninguém no serviço espetacular se sinta mais triste do que no serviço incolor. No teatro, o elemento de espetáculo é um meio de acentuar a atmosfera, seja ela de alegria, de terror ou de pesar; assim, é, antes de mais nada, um auxiliar disponível.

20. *Op. cit.*, p. 98.

Mas na tragédia também exerce uma função mais especializada e essencial. A tragédia, que expressa a consciência da vida e da morte, deve fazer com que a vida pareça valer a pena, rica, bela, fazer com que a morte pareça terrível. Os esplêndidos exageros do palco servem ao sentimento trágico elevando a atração do mundo. O mundo belo, vem como o tom emocional da ação, é multiplicado pelo elemento do espetáculo – por luzes e cores, cenário e agrupamentos, música, dança, "excursões e alaridos". Alguns dramaturgos recorrem livremente a essa ajuda; outros dispensam-na quase inteiramente (jamais totalmente; o teatro é espetacular em qualquer momento), porque têm outros meios poéticos de dar à vida virtual a glória que a morte leva embora, ou que o desespero – a "morte da alma" – corrompe.

O espetáculo é um ingrediente poderoso em várias artes. Considere-se o que fontes luminosas podem fazer para um jardim ou praça, e como uma procissão cerimonial traz o interior de uma catedral à vida visível! O desenho arquitetônico pode ser maravilhosamente alterado por um suplemento de espetáculo fortuito. A Ponte Gálata sobre o Corno Dourado no meio de Istambul, com milhares de pessoas e veículos passando por ela, vindos de colinas íngremes em ambos os lados, parece como se estivesse pendurada das alturas coroadas de mesquitas; sem a pompa de seu abundante tráfico cosmopolitano encolhe-se em uma simples rodovia através do rio, entre suas cabeças-de-ponte reais. Uma esplanada sem o movimento da água sob ela seria completamente inexpressiva; banhada de luar, que realça o movimento superficial da água, ou permanecendo imóvel contra um mar agitado, pode transformar-se realmente no sonho de um arquiteto.

Mas o espetáculo puro, não assimilado a qualquer arte, não constitui uma "obra". Acrobacias, jogo de tênis, alguns belos ritmos ocupacionais, tais como lançar redes, girar martelos, ou as evoluções de berços em uma corrida, são fascinantes, esteticamente emocionantes, de modo que mantêm o espectador em um transe jovial; mas não são arte. Para a obra de arte, esse transe é apenas um requisito. O espetáculo, embora belo, é sempre um *elemento* na arte. Pode muito bem ser um elemento principal, como o era nos balés de Noverre, e nas mascaradas da corte, mas mesmo esses produtos largamente espetaculares são classificados como "obras" porque tinham alguma outra coisa que motivava a exibição; uma essência imaginativa, uma "forma dominante". Um circo poderia ser uma obra de arte se dispusesse de algum sentimento central e alguma ilusão primária, infalível. Tal como é, o circo às vezes contém pequenas "obras" genuínas – um número de montaria que na realidade é uma dança equestre, uma cena de palhaços que chega a ser comédia genuína. Mas, globalmente, o circo é um "espetáculo", não uma obra de arte, embora seja uma obra de habilidade, planejamento e adequação, e algumas vezes lide com problemas que surgem também nas artes. O que lhe falta é o primeiro requisito para a arte – uma concepção de sentimento, algo a expressar.

Em virtude de uma obra dramática ter uma tal essência, tudo nela é *poesis*. Ela não é, portanto, nem um produto híbrido, com peças juntadas segundo a exigência de muitos interesses, nem uma síntese de todas as artes – nem mesmo de um mais modesto "várias" artes. Pode ter uso para tintas e gesso, madeira e tijolo, mas não para pintura, escultura ou arquitetura; ela emprega música, mas utiliza-se nem sequer de um fragmento de programa de concerto; pode exigir dança, mas tal dança não é autônoma – intensifica uma cena, frequentemente abstrai uma quintessência de seu sentimento, a imagem de puros poderes emergindo como ilusão secundária em meio à história virtual.

O drama é uma grande forma, que não só convida à expressão do sentimento humano elementar, mas também permite um certo grau de articulação, complexidade, detalhe dentro de detalhe, em suma: desenvolvimento orgânico, que formas poéticas menores não podem exibir sem confusão. Dizer que tais obras expressam "um conceito de sentimento" é enganoso, a menos que se tenha em mente que é toda a vida do sentimento – seja ela chamada de "vida sentida", "subjetividade", "experiência direta", ou o que se quiser – que encontra sua expressão articulada na arte e, acredito, apenas na arte. Uma forma tão grande e tão plenamente elaborada quanto (digamos) uma tragédia de Shakespeare pode formular o modo característico de percepção e resposta, sensibilidade e emoção e suas sugestões simpatéticas, que constitui uma personalidade global. Aqui vemos o processo de expressão artística "escrito à graúde", como diria Platão; pois a menor obra faz o mesmo que a maior, em sua própria escala: ela revela os padrões de sensibilidade, vitalidade e mentalidade possíveis, objetivando nosso ser subjetivo – a "Realidade" mais íntima que conhecemos. Essa função, e não o registro de cenas contemporâneas, atitudes políticas ou mesmo morais, é o que vincula a arte à vida; e a grande desdobração do sentimento no padrão orgânico, pessoal, de uma vida humana, surgindo, crescendo, cumprindo seu destino ou encontrando a perdição – o que é a tragédia.

Parte III

O Poder do Símbolo

20. Expressividade

Uma obra de arte é um símbolo indivisível, único, embora seja um símbolo altamente articulado; não é, como um discurso (que também pode ser considerado como uma forma simbólica única), composto, analisável em símbolos mais elementares – sentenças, orações, frases, palavras e mesmo partes separadamente significativas de palavras: raízes, prefixos, sufixos etc.; selecionados, arranjados e permutáveis de acordo com "leis da linguagem" publicamente conhecidas. Pois a linguagem, falada ou escrita, é um *simbolismo*, um sistema de símbolos; uma obra de arte é sempre um símbolo primário. Ela pode, efetivamente, ser analisada, visto que sua articulação pode ser rastreada e podem ser distinguidos nela vários elementos; mas jamais é possível construí-la por um processo de síntese de elementos, porque fora dela não existe qualquer elemento assim. Estes ocorrem apenas em uma forma total; da mesma maneira como se pode notar que as superfícies convexa e côncava de uma concha são caracterizadoras de sua forma, mas uma concha não pode ser composta, sinteticamente, "do côncavo" e "do convexo". Não existem tais fatores antes de que exista uma concha.

Até agora tratei sistematicamente da feitura dos símbolos da arte, cada um dos quais é uma "obra". Agora que os princípios de sua criação e articulação foram discutidos com respeito a cada uma das grandes dimensões tradicionais: arte plástica, música, dança, poesia (é claro que pode haver outras, mesmo outras "ilusões primárias", por certo outros modos das que foram mencionadas), chegou o momento de atacar alguns dos principais problemas filosóficos que esta teoria da arte levanta. Na primeira parte do livro, isso não era possível; não se pode elucidar completamente as afirmações gerais antes que seus usos estejam claros. Porém, no final, há um desafio epistemológico a ser aceito. Há, também, muitas questões psicológicas que surgem naturalmente, algumas das quais poderiam levar diretamente ao âmago da antropologia e mesmo da biologia. Vou reservar tais questões para uma obra subsequente. Mas, embora este livro não seja uma Psicologia da Arte, ele pode tocar assuntos psicológicos, porque algumas respostas características do artista aos temas e materiais, ou do percebedor a uma obra, mostram a natureza da arte; e fugir de tais questões com base no fato de que elas pertencem à psicologia (como Clive Bell rejeitou o problema do que causava sua "emoção estética") é bloquear o progresso do pensamento sistemático com as barreiras artificiais de classificações estanques pseudocientíficas. Um problema pertence à disciplina em que surge logicamente e para a qual sua solução produz consequências.

As questões centrais, entretanto, são lógicas e epistemológicas:

1) Como pode uma obra de arte que não envolve sequência temporal – uma pintura, uma estátua, uma casa – expressar qualquer aspecto da experiência vital, que é sempre progressiva? Qual comunhão de forma lógica pode haver entre um tal símbolo e a morfologia do sentimento?

2) Como é que a significação de uma obra é conhecida por alguém mais além do artista?

3) Qual a medida da boa arte? Consequentemente: O que é "bom gosto" na arte?

4) O que é beleza e como ela se relaciona com a arte?

5) Qual a importância pública da arte?

Tentarei responder essas perguntas pela ordem.

A arte plástica, como toda outra arte, apresenta uma interação daquilo que os artistas de qualquer campo chamam "tensões". As relações entre massas, a distribuição de tônicas, direção de linhas, de fato todos os elementos da composição constroem *tensões-espaço* no espaço virtual primário. Cada escolha que o artista faz – a profundidade da cor, a técnica –, suave ou arrojada,

EXPRESSIVIDADE

delicadamente sugestiva como os desenhos japoneses, cheia e luminosa como vitrais, *chiaroscuro*, ou seja lá o que for – cada uma de tais escolhas é controlada pela organização total da imagem que ele quer sugerir. Não partes justapostas, mas elementos interatuantes a compõem. Seu persistente contraste fornece tensões-espaço; mas o que os une – a singularidade de qualidade que impregna toda boa obra – é a solução-espaço. Equilíbrio e ritmo, o recesso e a fusão de elementos coadjuvantes que ocorre de um modo tão natural e perfeito que nem se sabe o que decide entre projeto e fundo, cada recurso que integra e simplifica a visão, cria o complemento das tensões-espaço, as soluções-espaço. Se esse complemento não fosse constantemente aparente, todo o sistema de tensões passaria despercebido; e isso significa que não existiria, pois "tensão-espaço" é um atributo que pertence apenas ao espaço virtual, onde *esse est percipi*. No espaço real, comum, não existe uma tal coisa[1].

Seres sencientes reagem a seu mundo mudando constantemente suas próprias condições totais. Quando a atenção de uma criatura passa de um centro de interesse a outro, não só os órgãos imediatamente implicados (os dois olhos vendo um novo objeto, os dois ouvidos recebendo e "situando" um som etc.) mas centenas de fibras no corpo são afetadas. Cada mínima alteração da consciência provoca um reajustamento, e, em circunstâncias ordinárias, tais reajustamentos fluem facilmente um para outro. Sob esse processo variável, de que se poderia chamar de "vida de vigília", constantemente influenciada por coisas externas à pele da criatura, está outra sequência de mudanças, mais simplesmente rítmica, o sistema de funções vitais. Se essa sequência reflete as funções da consciência exterior todo o tempo, ou apenas quando esta se eleva acima de um determinado grau de perturbação, não sei; mas certamente grandes excitações vindas de fora põem todo o sistema – músculos voluntários e involuntários, coração, pele e glândulas, bem como olhos e membros – em atividade inusitada.

A mesma coisa pode ocorrer, ao menos em seres humanos, não por causas exteriores, mas por crises no processo continuado (se não contínuo) da ideação. Pouco sabemos acerca da vida mental dos animais, e, felizmente, isso não nos preocupa aqui; mas, por certo, na vida humana as funções intelectuais e imagi-

---

1. Pode-se argumentar, é claro, que o espaço real existe apenas em virtude de tensões físicas, diferentes do campo eletromagnético em objetos e eventos físicos. Mas tensões desse tipo não são sentidas *como tais*; no nível "de massas", em que se encontra uma comparação entre experiência real e virtual, o espaço real é homogêneo e estático.

nativas têm uma parcela de influência controladora na atividade da vigília. No sono, eles têm provavelmente quase um monopólio (não completo, ao menos em adultos, pois nós de fato *aprendemos* a não cair da cama – isto é, a recuar da beirada do colchão – e a controlar nossas vísceras mesmo no sono).

Essa atividade mental e sensitividade é o que determina principalmente a maneira pela qual uma pessoa vai ao encontro do mundo circundante. A sensação pura – ora dor, ora prazer – não teria unidade e modificaria a receptividade do corpo diante de dores e prazeres futuros apenas em termos rudimentares. É a sensação lembrada e prevista, temida ou procurada ou mesmo imaginada e esquivada que é importante na vida humana. É a percepção moldada pela imaginação que nos dá o mundo externo que conhecemos. E é a continuidade de pensamento que sistematiza nossas reações emocionais em atitudes com distintas tonalidades de sentimento, e estabelece uma certa amplitude para as paixões de um indivíduo. Em outras palavras: em virtude de nosso pensamento e imaginação, temos não só sentimentos, mas uma *vida de sentimento*.

Essa vida de sentimento é um fluxo de tensões e soluções. Provavelmente toda emoção, toda tonalidade emocional, estado de ânimo ou mesmo "senso de vida" pessoal ou "senso de identidade" é uma interação especializada e intricada, mas definida, de tensões – tensões reais, nervosas e musculares, que ocorrem em um organismo humano. Esse conceito daquilo que é chamado, com toda propriedade, de "vida interior" já foi discutido no Cap. 8; e sua imagem no "fluxo" de som composto não é difícil de achar. Mas o fato de a música ser um fenômeno temporal, progressivo, desvia-nos facilmente e leva-nos a pensar em sua passagem como uma *duplicação* de eventos psicofísicos, uma *cadeia de eventos* paralela à passagem da vida emotiva, mais do que como uma projeção simbólica que não necessita partilhar das condições daquilo que simboliza, isto é, não precisa apresentar sua significação na ordem temporal porque essa significação é algo temporal. O poder simbólico da música reside no fato de que ela cria um padrão de tensões e soluções. Como sua substância – sua ilusão primária – é um Tempo virtual (bastante irrealista em termos científicos), a tessitura de tensões musicais é temporal. Mas um mesmo tipo de padrão se nos apresenta em uma projeção não temporal nas artes plásticas. A abstração efetuada pelo símbolo provavelmente não é maior ali, mas é mais evidente. Pintura, escultura, arquitetura e todas as artes afins fazem o mesmo que a música.

EXPRESSIVIDADE

Em um livro que já tive várias ocasiões de citar – *The Idea of a Theater* de Francis Fergusson – há uma passagem que demonstra quão rapidamente a compreensão artística pode prescindir da apresentação temporal e encontrar seu caminho na imagem atemporal: falando da estrutura de *Tristan und Isolde*, diz o Prof. Fergusson:

> Wagner arranjou os incidentes da estória de tal modo que pudesse mostrar sempre, no palco, momentos de paixão. Esses momentos sucessivos constituem uma sequência, ou ritmo de sentimento, ou (se se pensar neles em conjunto, em vez de pensá-los na sucessão temporal em que os temos) um espectro de emoções geradas por paixão absoluta.[2]

Esse espectro de emoções é a "ideia" organizadora nas artes não temporais. A vida do sentimento é mostrada em projeção atemporal. Apenas a arte, que cria seus elementos ao invés de tomá-los do mundo, pode exibir tensão e solução simultaneamente, através da ilusão de "tensões-espaço" e "tensões-solução".

Mas, embora uma obra de arte possa abstrair o caráter temporal da experiência, o que ela nos dá em sua própria projeção lógica deve corresponder no projeto à estrutura da experiência. É por isso que a arte parece essencialmente orgânica; pois todos os padrões de tensão vital são padrões orgânicos. Deve-se lembrar, é claro, que uma obra de arte não é um organismo real, mas apenas apresenta a aparência de vida, crescimento e unidade funcional. Sua constituição material é ou inorgânica, como pedra, ou matéria orgânica morta como madeira ou papel, ou não é uma "coisa" em absoluto. A música é uma perturbação do ar. A poesia é a mesma coisa, a menos que seja uma trilha de tinta. Mas exatamente porque a aparência criada é tudo o que tem estrutura orgânica, uma obra de arte mostra-nos a *aparência* de vida; e a semelhança de unidade funcional é indispensável se se quiser que o padrão de tensão ilusório conote tensões sentidas, experiência humana. Tecnicamente, isso significa que cada elemento deve parecer, ao mesmo tempo, distinto, isto é, ele mesmo, e também contínuo com respeito a uma forma maior, autossuficiente (cf. a análise feita por Hildebrand do espaço pictórico, Cap. 5); penso que esse relacionamento integral seja o que produz a qualidade frequentemente observada de "vividez" em todas as obras bem-sucedidas. E dado o fato de a arte ser uma apresentação simbólica e não uma cópia do sentimento, pode haver tanto conhecimento de sentimento projetado na

2. P. 79.

forma articulada atemporal de uma pintura, ou de um vitral, ou de um templo grego com sutis relações proporcionais, quanto nas formas fluidas da música, dança ou recitação.

Se sentimento e emoção são realmente complexo de tensões, então toda experiência afetiva deveria ser um processo desse tipo determinado de modo único; então toda obra de arte, sendo uma imagem de um tal complexo, deveria expressar sem ambiguidade um certo sentimento particular; em vez de ser o "símbolo não consumado" postulado em *Filosofia em Nova Chave*, poderia, de fato, ter uma única referência. Suspeito que esse é o caso, e que os diferentes valores emocionais atribuídos a uma obra de arte situam-se em um plano mais intelectual do que sua significação essencial: pois o que uma obra de arte exprime – o curso da sensibilidade, sentimento, emoção, e o próprio *élan vital* – não tem correspondente em vocabulário algum. Seus elementos, portanto, são conhecidos discursivamente por nós apenas como figuram em ações e situações típicas; nomeamo-os tendo em vista condições associadas. O mesmo progresso de excitação, porém, pode ocorrer em circunstâncias inteiramente diferentes, em situações que se intensificam até o desastre e em outras que se dissolvem sem maiores consequências práticas. O mesmo sentimento pode ser ingrediente na dor e nas alegrias do amor. Uma obra de arte a expressar um tal efeito ambiguamente associado será chamada de "alegre" por um intérprete e "melancólica" ou mesmo "triste" por outro. Mas o que ela transmite na realidade é apenas uma passagem inominada de "vida sentida", cognoscível através de sua encarnação no símbolo artístico, mesmo que o espectador jamais a tenha sentido em sua própria carne.

Até o artista não precisa ter experimentado na vida real cada emoção que é capaz de expressar. Através da manipulação de seus elementos criados pode suceder que ele descubra novas possibilidades de sentimento, estranhos estados de ânimo, talvez maiores concentrações de paixão do que seu próprio temperamento jamais poderia produzir, ou do que suas fortunas jamais suscitaram. Pois, embora uma obra de arte revele o caráter de subjetividade, ela é em si mesma objetiva; seu propósito é objetivar a vida do sentimento. Como forma abstraída ela pode ser tratada de maneira inteiramente à parte de suas fontes e fornecer padrões dinâmicos que surpreendam até mesmo o artista. Todas as influências alheias em sua obra constituem tais contribuições a seu conhecimento humano (não digo conhecimento "psicológico", porque a psicologia é uma ciência, e apenas o conhecimento discursivo pode fazer parte dela). A arte bizantina, a arte

EXPRESSIVIDADE

negra, a arte hindu ou chinesa ou polinésia tornam-se importantes para nossa vida artística somente na medida em que nossos artistas apreendem os sentimentos dessas obras exóticas.

Isso nos leva à segunda grande pergunta, que é epistemológica: Como pode a significação de um símbolo de arte (isto é, de uma obra de arte) ser conhecida de alguém que não seja seu criador?

Pelo processo intelectual mais elementar – excetuando da categoria "intelectual" aquele reconhecimento de *coisas* como entidades práticas que Coleridge chamou de "imaginação primária", e que provavelmente partilhamos com os animais superiores – o ato intelectual básico da *intuição*.

A palavra "intuição", usada no contexto da teoria filosófica da arte, traz naturalmente à mente dois grandes nomes – Bergson e Croce. Mas, se se pensar na intuição nos termos que eles tornaram familiares, soa paradoxal falar-se "intuição intelectual" porque – sejam quais forem as diferenças que suas doutrinas possam mostrar – um ponto em que estão de acordo é na natureza não intelectual da intuição. Croce alega explicitamente ter "libertado o conhecimento intuitivo de qualquer sugestão de intelectualismo"[3]; a oposição feita por Bergson à intuição, revelação direta da realidade, e ao intelecto, falsificação da realidade para propósitos práticos, é demasiado bem-conhecida para que se torne necessária qualquer nova exposição aqui[4]. Mas a intuição, da maneira como Bergson a concebeu, está tão próxima da experiência mística que ela realmente foge à análise filosófica; ela é simplesmente uma iluminação súbita, conhecimento infalível, raro, e incomensurável com o resto da vida mental. Croce tem uma noção mais usável, a saber, percepção imediata, que é sempre de uma coisa, evento, imagem, sentimento individual – sem qualquer juízo sobre seu *status* metafísico, isto é, se é fato ou fantasia[5]. Mas aqui o ato de intuição não é, como Bergson o entendia, uma cega "tomada de posse" ou experiência emocional da "realidade"; ela é, para Croce, um ato de percepção pelo qual o conteúdo é *formado*, o que quer dizer, para ele, *convertido em forma*[6]. Esse é um conceito difícil, embora não sem justificação; não irei elaborá-lo ou

3. *Aesthetic as Science of Expression and General Linguistic*, p. 5.

4. Qualquer leitor que não esteja familiarizado com ela pode encontrar sua formulação clássica no pequeno livro de Bergson, *Introduction to Metaphysics*.

5. *Op. cit.*, p. 4: "A intuição é a unidade indiferenciada da percepção do real e da simples imagem do possível. Em nossas intuições, não nos colocamos em oposição como seres empíricos à realidade externa, mas simplesmente objetivamos nossas impressões, sejam elas quais forem."

6. *Ibid.*, p. 15-16: "No fato estético, não se acrescenta atividade expressiva ao fato das impressões, mas estas são formadas e elaboradas por aquela. [...] O fato estético, portanto, é forma, e apenas forma."

390 SENTIMENTO E FORMA

criticá-lo aqui, pois isso nos levaria a adentrar muito a metafísica. É, penso, essencialmente, o mesmo conceito que o de Kant sobre os *dados* da experiência, os quais já estão formados pela atividade da percepção – já tornados perceptuais, o que é a forma mais inferior de ser inteligível. A falta de precisão de Croce no uso de palavra tais como "fato", "atividade", "matéria", dá à sua *Estética* uma aparência mais críptica e duvidosa do que era necessário, ao menos no que diz respeito à teoria da arte. Acho que tal frouxidão de linguagem provoca e disfarça alguns passos logicamente inadmissíveis que levam a sua metafísica de "o Espírito"; na estética, isso produz apenas uma confusão de grandes consequências – a identificação de intuição e expressão[7], que finalmente conduz à doutrina de que uma obra de arte é essencialmente algo na mente do artista e que sua duplicação em termos materiais é incidental. Essa conclusão infeliz foi, adequadamente, analisada e criticada por Bernard Bosanquet, L. A. Reid, e outros[8]; é, de fato, um erro que Croce jamais deveria ter cometido, e não teria, não fosse uma ideia errada básica que é comum à maioria dos teóricos que lidam com a intuição – a falsa concepção da relação da intuição com o simbolismo.

O que Croce quer dizer com "intelectual" é, de acordo com toda a evidência interna, simplesmente "discursivo". A "atividade expressiva" pela qual as impressões são "formadas e elaboradas" e tornam-se acessíveis à intuição, acredito que seja o processo de feitura de símbolos elementares, pois os símbolos básicos do pensamento humano são imagens que "significam" as impressões passadas que as geraram e também as futuras que irão exemplificar a mesma forma. Esse é um nível muito baixo de simbolização; é, contudo, nesse nível que principia a mentalidade caracteristicamente humana. Nenhuma impressão humana é apenas um sinal do mundo exterior; ela sempre é *também* uma imagem em que são formuladas impressões possíveis, isto é, um símbolo para a concepção de *tal* experiência.

A noção de "tal" indica uma abstração elementar, ou consciência de forma. Acredito que seja isso que Croce queria dizer com a "intuição" que é indistinguível da "expressão", quando escreveu, finalizando seu primeiro capítulo:

O conhecimento intuitivo é conhecimento expressivo [...] intuição ou representação são distinguidas como *forma* do que é sentido e sofrido, do fluxo

---

7. Outro exemplo da difundida falácia de simplesmente identificar quaisquer dois termos que mantenham uma relação constante e íntima um com o outro.

8. Ver especialmente Bernard Bosanquet, *Three Lectures on Aesthetics*; Louis Arnaud Reid, "The Problem of Artistic Production" *Journal of Philosophical Studies*, V (1930), 533-544.

EXPRESSIVIDADE 391

ou onda de sensação, ou da matéria psíquica; e essa forma, essa tomada de posse, é expressão. Intuir é expressar; e nada (nada mais, mas nada menos) além de expressar.[9]

Formulação, representação, abstração: essas são as funções características dos símbolos. Enquanto tais, elas têm sido estudadas, entretanto, principalmente em conexão com símbolos discursivos; e é por isso, como disse Croce, que

existe uma ciência muito antiga do conhecimento intelectual, admitida por todos sem discussão, a saber, a Lógica; porém uma ciência do conhecimento intuitivo é defendida, timidamente e com dificuldade, por apenas uns poucos[10].

Enquanto a intuição é tratada à parte de qualquer correlato objetivo, nem suas variedades, nem suas relações com a razão, imaginação, ou qualquer outro traço mental não animalesco, podem ser estudadas. Os lógicos podem olhar para as complexas e frequentemente fugidias funções da linguagem (quer a linguagem "natural", quer a "artificial", isto é, técnica) a fim de registrar suas experiências cognitivas – concepção, coordenação de conceitos, inferência, juízo – e encontrar algum padrão de atividade intelectual refletido no discurso padronizado que a medeia. Mas contemplando-se intuições como experiências diretas, não mediadas, não correlacionadas a nada que seja público, não se pode registrá-las ou sistematizá-las, muito menos construir uma "ciência" do conhecimento intuitivo, que será "o verdadeiro análogo da lógica"[11]. O processo de formulação, da maneira como é apresentado por Croce, é transcendental: uma intuição – um ato puramente subjetivo – tem lugar espontaneamente, e sem qualquer meio, em uma mente. Não há tipos diferentes de intuição. Consequentemente – uma vez que a intuição é, aqui, igualada à expressão – não pode haver tipos diferentes de expressão, embora hajam conteúdos diferentes. Isso tem uma implicação de longo alcance para a teoria da arte, a saber, que não há variedades de arte, não há modos, não há estilos – não há diferenças entre música e pintura e poesia e dança, mas apenas conhecimento intuitivo de alguma experiência única[12].

Quando Croce diz: "Toda verdadeira intuição ou representação é também *expressão*", ele realmente mostra o caminho para um possível estudo da intuição, pois, com expressão, ele

9. *Op. cit.*, p. 11.
10. *Ibid.*, p. 1.
11. *Ibid.*, p. 14.
12. *Ibid.*, Cap. IV, *passim*.

392 SENTIMENTO E FORMA

quer dizer aquilo que eu chamei de "expressão lógica", não importando o quanto poderia protestar contra a palavra "lógica". Ele não quer dizer sintomas emocionais, mas formulação. Penso que não existe formulação sem projeção simbólica; o que sua "ciência" do conhecimento não intelectual esperava era um reconhecimento da simbolização não discursiva. Ele mesmo observou que

como regra geral, dá-se um significado demasiado restrito à palavra expressão. Geralmente, ele é restringido apenas ao que são chamadas de expressões verbais. Mas existem também expressões não verbais, tais como as da linha, cor e som, e a todas elas deve ser estendida nossa afirmação. [...] Mas seja pictórica, ou verbal, ou musical, [...] a nenhuma intuição pode ser insuficiente a expressão em uma de suas formas; ela é, de fato, uma parte inseparável da intuição[13].

Foi Cassirer quem forneceu a propedêutica a um estudo da intuição em sua grande *Philosophie der symbolischen Formen*; e, ao estudar as funções de símbolos de várias espécies, em vários níveis, descobre-se que eles se relacionam com não apenas um tipo de intuição, a consideração de experiências como formas individuais, inteligíveis, *esta* coisa, *este* evento etc. (o que dá uma resposta à noção de Croce), mas também com outros tipos. Toda cognição de forma é intuitiva; todo relacionamento – distinção, congruência, correspondência de formas, contraste e síntese em uma *Gestalt* total – pode ser conhecido apenas pela introvisão direta, que é a intuição. E não só a forma, mas a *significação formal*, ou importe, é vista intuitivamente (motivo pelo qual algumas vezes se diz que ela é "sentida"), ou não é vista de modo algum; esse é o valor simbólico básico que provavelmente precede e prepara o significado verbal[14].

A compreensão da forma em si, através de suas exemplificações em percepções formadas ou "intuições", é *abstração* espontânea e natural; mas o reconhecimento de um valor metafórico de algumas intuições, que se origina da percepção de suas formas, é *interpretação* espontânea e natural. Tanto a abstração quanto a interpretação são intuitivas e podem lidar com formas não discursivas. Elas se encontram na base de toda

13. *Ibid.*, p. 8. Este trecho evidencia a impossibilidade de prescindir de tipos, ou formas diferentes, de expressão (intuição).

14. Uma discussão mais completa sobre o "senso de significação" e a natureza da linguagem pode ser encontrada em *Nova Chave*, Cap. 5, *passim*.

EXPRESSIVIDADE   393

mentalidade humana e são as raízes de onde surgem quer a linguagem quer a arte[15].

Filósofos que reconhecem o caráter intuitivo da apreciação artística parecem nutrir, de modo bastante geral, um forte preconceito quanto à concepção científica e às demonstrações lógicas. Parecem achar necessário desprezar a lógica a fim de aumentar o valor e a dignidade da intuição e, usualmente, fazem grande alarde da oposição entre os dois "métodos do saber". Mas, na realidade, não há essa oposição – quanto mais não fosse porque a intuição não é de modo algum um "método" mas, sim, um evento. Além disso, ela é o início e o fim da lógica; todo raciocínio discursivo goraria sem ela. A simples concatenação de proposições conhecida como "silogismo" é apenas um recurso para levar uma pessoa de uma intuição para outra. Quem quer que, convencido de que todos os homens são mortais e mesmo aceitando que Sócrates é um homem, ainda não reconheça que *portanto* Sócrates é mortal, é destituído de entendimento lógico porque não responde com intuição normal a cada estádio do discurso. Mesmo em um nível mais baixo, a racionalidade falharia se a intuição não ocorresse devidamente: se essa pessoa espantosamente pouco dotada conhecesse os significados de todas as palavras, "Sócrates", "homem", "é" e "um", mas deixasse de entender o sentido de "Sócrates é um homem" porque a ordem das palavras não caldeia o sentido destas em um único conceito para ele, tal indivíduo não poderia sequer chegar ao obstáculo do "portanto". Até mesmo pessoas de inteligência normal, quando confrontadas com uma língua declinada como o latim ou o alemão, podem dar consigo olhando para palavras que não se fundem em uma proposição; mas, quando os signos sintáticos (inflexões, formas verbais), bem como as denotações de todas as palavras são realmente compreendidas, o significado da sentença emerge repentinamente. Essa emergência de significado é sempre uma intuição lógica ou introvisão. Todo discurso visa a aumentar cumulativamente, mais e mais complexas intuições lógicas.

A significação de um símbolo artístico não pode ser erigido como o significado de um discurso, mas precisa ser vista *in toto* em primeiro lugar, isto é, o "entendimento" de uma obra de arte começa com uma intuição de todo o sentimento apresentado. A contemplação, então, gradualmente revela as complexidades da

---

15. A dupla natureza da linguagem, como um registro de concepção mítica e também a origem da generalização e concepção científica, é tratada longamente na *Philosophie der symbolischen Formen* de Cassirer, e brevemente em vários ensaios, especialmente em *Linguagem e Mito*.

394 SENTIMENTO E FORMA

peça, e de sua significação. No discurso, o significado é construído sinteticamente por uma sucessão de intuições; mas na arte o todo complexo é visto ou antecipado em primeiro lugar[16]. Isso cria um impasse epistemológico real: a significação artística, ao contrário do significado verbal, pode apenas ser exibida, mas não demonstrada a qualquer pessoa para quem o símbolo de arte não seja lúcido. Uma vez que não há unidades semânticas com significações consignadas que, por paráfrase ou tradução, poderiam ser transmitidas por símbolos equivalentes, como as palavras podem ser definidas ou traduzidas, não há maneira pela qual se possa fazer uma identificação ulterior do importe de uma obra. A única maneira de tornar público o conteúdo-sentimento de um desenho, melodia, poema ou qualquer outro símbolo artístico, é apresentar a forma expressiva de modo tão abstraio e vigoroso que qualquer pessoa com sensibilidade normal para a arte em questão veja sua forma e sua "qualidade emotiva" (cf. Cap. 2, especialmente páginas 22 e 23: Baensch e a emoção como qualidade de uma obra de arte).

Não se pode realmente dizer que um símbolo que não pode ser separado de seu sentido se refira a algo exterior a ele mesmo. "Referir" não é a palavra correta para sua função característica. E onde o símbolo não tem uma referência aceita, o seu uso não é o de "comunicação" propriamente. Contudo, sua função é expressão, no sentido lógico, não no biológico (chorar, ficar enraivecido, abanar a cauda); e na boa arte a expressão é verdadeira, na má arte é falsa, e na arte pobre é malsucedida. Quando não entra qualquer intenção ou impulso de expressar algo, o produto – mesmo se for uma figura humana, como o manequim de um alfaiate ou uma boneca – não é arte. O manequim de um alfaiate pode ser arte, e as bonecas podem e o são algumas vezes.

Em matéria de verdade e falsidade artísticas, estou de pleno acordo com, ao menos, um esteta eminente, R. G. Collingwood. O fato me é tanto mais agradável, e espero que o seja para ele também, quanto não li seus *Principles of Art* a não ser quando minhas próprias ideias estavam completamente formadas, de modo que a semelhança de nossas conclusões é uma corroboração

16. Cf. meu ensaio "Abstraction in Science and Abstraction in Art", em *Structure, Method, and Meaning: Essays in Honor of Henry M. Sheffer*, p. 171-182. Em uma resenha sobre o ensaio (*Jornal of Aesthetics*, X, 3), o Prof. Eliseo Vivas imputa-me o dogma de que "em um caso, a abstração vai da parte ao todo e, no outro, do todo à parte". Isso, evidentemente, é tolice; a abstração não tem nada que ver com todo e partes; é a *percepção*, seja em que nível de abstração for, que se realiza dessas diferentes maneiras. A abstração na ciência é efetuada pelas sucessivas *generalizações*, e, na arte, sem nenhum de tais passos intelectuais. O Prof. Vivas deixou passar ou esqueceu de mencionar a generalização, mas acontece que ela é a diferença entre os dois modos de abstração.

EXPRESSIVIDADE

mútua. Com sua epistemologia não posso concordar inteiramente; o ingrediente da autoconsciência, e, de fato, a estrita limitação da expressão artística à experiência real, parecem-me equivocadas; porém falarei mais a esse respeito adiante, quando abordar o resto de nossas diferenças. O problema atual é o da verdade.

A arte é visualização de sentimento, o que envolve sua formulação e expressão naquilo que chamo de símbolo e Collingwood chama de "linguagem". (Evidentemente, é uma infelicidade que palavras sejam usadas de modo tão diferente por diferentes autores – ele usa "símbolo", apenas para denotar o que os semantólogos chamam hoje de "linguagem artificial", tal como o simbolismo matemático ou as linguagens construídas artificialmente que Carnap analisa – porém tomando suas palavras com o significado que ele, evidentemente, quer que elas tenham, suas afirmações sobre expressão e visualização soam verdadeiras.) Essa visualização, entretanto, pode sofrer interferências de emoções que não estão formadas e reconhecidas, mas afetam a imaginação de outra experiência subjetiva. A arte que é assim distorcida em sua própria origem por falta de candor é arte de má qualidade, e é má porque não corresponde a *o que uma visualização cândida teria sido*. O candor é o padrão: "ver retamente", diz o vernáculo. Como afirma Collingwood, onde a visualização é falsa, não se pode, na realidade, falar nem de erro nem de mentira, porque o erro surge somente no nível mais alto do "intelecto" (pensamento discursivo), e a mentira pressupõe "conhecer mais"; a falta de visão cândida, porém, efetua-se no nível profundo da imaginação. A esse tipo de falsidade ele chama, portanto, de "corrupção da consciência"[17]. *A arte ruim é arte corrompida*. É falsa da pior maneira porque essa falsidade não pode ser corrigida subsequentemente, tal como uma mentira pode ser revelada e retratada, e um erro pode ser descoberto e corrigido. A arte corrompida pode ser apenas repudiada e destruída.

Uma má obra de arte [diz ele] é uma atividade em que o agente tenta expressar uma emoção dada, mas falha. Essa é a diferença entre arte de má qualidade e a arte que é falsamente chamada assim [...] Na arte falsamente chamada assim não existe falha de expressão, porque não há nela tentativa de expressão; há apenas uma tentativa (bem-sucedida ou não) de fazer alguma outra coisa[18].

17. Ver *The Principles of Art*, p. 219.
18. *Ibid.*, p. 282. A seção inteira (Cap. XE, "Art as Language", §3, "Good Art and Bad Art") é relevante no caso, mas evidentemente é longa demais para ser citada aqui; portanto aconselhamos ao leitor que a leia em sua fonte – e, de fato, que leia o livro inteiro.

396 SENTIMENTO E FORMA

A essas distinções entre arte e não arte de um lado, arte boa e má do outro, eu acrescentaria uma outra, embora menos fundamental dentro da esfera da arte essencialmente boa, a saber, arte livre e arte obstruída ou arte *pobre*.

Isso surge em um nível de atividade imaginativa correspondente ao nível "intelectual" da mentalidade, ou seja, o nível da *obra de arte*. Collingwood não admite o ofício de artista como um desenvolvimento assim elevado, porque ele sustenta que a arte não pode ser ofício; a arte não tem técnica[19]. Nesse ponto, não posso fazer-lhe companhia. Nossa diferença pode ser "verbal", mas mesmo assim ela é importante, porque a maneira pela qual usamos palavras não é arbitrária; ela revela nossas concepções básicas; assim, a crítica de sua terminologia, que se segue, é realmente uma crítica daquilo que considero como suas noções inadequadas.

Essas noções são, principalmente, seus conceitos de obra, de meios e fins, de meio artístico, e as relações das várias atividades humanas umas com as outras. Nas críticas, nutre uma tendência para o que se poderia chamar de "rejeição simples": examinando o alegado relacionamento de dois termos, tais como, por exemplo, representação e expressão artística, encontrando que a relação proposta não é sustentável e, consequentemente, achando que os termos *não tem qualquer relação* um com o outro[20]. Essa tendência impede-o de sujeitar o processo de criação artística à detalhada e frutífera espécie de estudo que ele dedicou ao processo de visualização imaginativa, e leva-o finalmente a considerar a imaginação, pelo artista, do sentimento (que é tudo o que ele realmente analisou) como a obra de arte em si. A certa altura, escreve que "uma obra de arte pode estar completamente criada quando foi criada como uma coisa cujo único lugar é na mente do artista" (p. 130), e pouco mais adiante: "A música, a obra de arte, não é a coleção de ruídos, é a melodia na cabeça do compositor" (p. 139). Asserções semelhantes espalham-se através de todo o Livro I. Neste, encontra-se a iden-

---

19. *Ibid.*, p. III: "A expressão é uma atividade da qual não pode haver técnica."

20. Por exemplo: "Decidir qual a reação psicológica que uma obra de arte produz (por exemplo, perguntar-se a si mesmo como um determinado poema 'faz você sentir-se') não tem absolutamente nada a ver com decidir se ela é uma verdadeira obra de arte ou não" (p. 32). Existe um sentido em que o sentimento é o guia mais seguro para a boa arte; o sentimento de excitação sobre a obra que denota sua importância *como arte*, e não como outra coisa. Ou novamente: "A origem da perspectiva [...] foi relacionada com o uso da pintura como um adjunto da arquitetura. [...] Para pinturas que podem ser movidas, a perspectiva é mero pedantismo" (p. 253 e ss.). Sua finalidade nas pinturas de cavalete é, efetivamente, não a de realçar o plano de uma parede; mas pode-se consequentemente dizer, com tanta volubilidade, que ela não tem outra finalidade?

EXPRESSIVIDADE

tificação croceana de expressão e intuição (embora Collingwood use "conhecimento" – "intuição" não aparece nem mesmo no índice), e sua ulterior identificação com a arte; a estátua vista completamente na imaginação, a pintura não pintada.

O mais duvidoso de seus dogmas, entretanto, é o de que um artista não pode saber que tipo de obra – mesmo em linhas das mais gerais, e. g., se é uma comédia ou uma tragédia – ele está a ponto de criar; porque

> Se a diferença entre tragédia e comédia é uma diferença entre as emoções que expressam, essa não é uma diferença que pode estar presente na mente do artista quando está começando sua obra; se o fosse, ele saberia qual emoção iria expressar antes de tê-la expresso. Nenhum artista, portanto, […] pode partir da determinação de escrever uma comédia, uma tragédia, uma elegia, ou coisa semelhante. Na medida em que é um artista propriamente dito, é exatamente tão provável que ele escreva qualquer delas, seja de uma seja de outra.[21]

No Livro III, Collingwood parece retirar muitas de suas afirmações quixotescas. Ele admite que os artistas pintam a fim de formular sua visão e expressar seus sentimentos, e que a pintura é parte de um ver criativo, uma coisa diferente de "olhar para o objeto sem pintá-lo" (p. 308); e também que os músicos "compõem para a execução", e que os executantes "não apenas recebem permissão, mas exige-se deles que preencham os detalhes" (p. 320-321). Com a melhor boa vontade do mundo para seguir suas transições, nem sempre é possível reconciliar tais admissões com o que as precedeu; como podem os executantes, a audiência e mesmo outros artistas "colaborarem" em uma peça que é "uma melodia na cabeça do compositor" ou em qualquer outra obra (talvez plástica) "completamente criada […] na mente do artista"?

Talvez a melhor maneira de superar as dificuldades de sua porção crítica (Livro I) seja perguntar *por que* ele está ansioso em negar à habilidade de ofício qualquer papel na arte e, consequentemente, em rejeitar o conceito de técnica, e por que precisa condenar o ideal de expressão literária na ciência e filosofia e tratar a linguagem como essencialmente expressão de sentimento com um conteúdo conceitual apenas incidentalmente veiculado. Algo está faltando na estrutura epistemológica. A deficiência de seus argumentos contra a "teoria da técnica" e a concepção da "arte como ofício", e contra todas as variadas teorias de formas linguísticas e significado literal, evidencia um temor de conclusões inaceitáveis: e isso não é nada menos do

---

21. *Ibid.*, p. 116. O contexto dessa passagem é o tratamento mais radical que já encontrei sobre a arte como "uma bela exaltação" sem plano ou contexto.

que uma falta de sinceridade filosófica – "corrupção da consciência" –, uma falta tão comum e natural na filosofia quanto na arte. Ele mesmo constatou este fato:

> A corrupção da consciência não é um pecado oculto que se apossa apenas de uns poucos infortunados ou malfadados; é uma experiência constante na vida de qualquer artista, e sua vida é uma guerra constante e, no todo, uma guerra bem sucedida contra ela. [...]
> Uma consciência sincera dá ao intelecto fundações firmes sobre as quais construir; uma consciência corrupta força o intelecto a construir sobre areia movediça.[22]

Procuremos as evidências do pecado. Elas são, no Livro I, as distorções com que ele apresenta os conceitos que deseja rejeitar, por exemplo, a redução de todo "ofício" a "maneiras de levar seres humanos a determinadas condições mentais", o que é obviamente sofístico e feito apenas com o fato de identificar qualquer aceitação do *ofício na arte* com uma concepção de *arte como ofício*, e esta, por sua vez, com *arte como estímulo emocional* – que é a ideia que ele realmente, e de modo adequado, para combater. Algo provocou a fusão de todos esses conceitos em uma massa informe.

Em segundo lugar, na p. 108, ele faz a afirmação categórica: "O elemento que a teoria técnica chama de fim (isto é, de objetivo da arte) é definido por esta como o despertar de emoção". Mas ele não citou qualquer defensor de algo que poderia denominar-se de "teoria técnica" para dar a impressão de que o propósito da técnica é despertar emoção, e muito menos provou que todos os que a ela aderem concordariam com isso. Os dogmas da "teoria técnica" são, de fato, o que ele mesmo resolveu amontoar sob esse nome; e, mais uma vez, é da *arte como estímulo de sentimentos* que ele realmente quer livrar-se e a "técnica" está vagamente associada com essa falsa teoria.

A fraqueza de tais argumentos inverídicos aparece claramente no fato de que as definições de termos que se diz não pertencerem à arte, mas a outras esferas, são tão rígidas e estéreis que não seriam mais utilizáveis em seus lugares alegadamente apropriados do que na arte. Sua definição de "símbolo", por exemplo, é tão estreita que é sinônima de "linguagem artificial"; porém, uma vez que se diz que a linguística e a lógica se baseiam no uso de símbolos, a definição estreita serve para fazer com que essas disciplinas se pareçam com artifícios triviais. Isso é imperícia filosófica. É o mesmo pecado cometido pelos positivistas

---

22. *Ibid.*, pág. 284.

EXPRESSIVIDADE

quando agrupam todos os problemas da arte, sobre os quais nada sabem, sob a "reação emocional", que então relegam a uma "ciência da psicologia" da qual tampouco nada sabem.

Finalmente, Collingwood afirma que a linguagem não é a estrutura semântica que se supõe ser, mas não tem nem vocabulário, nem sintaxe; é pura expressão, criada pela "consciência"; é arte, e não tem técnica, não tem "utilização" (correta ou incorreta), e não tem função simbólica – é expressão de sentimento, como a dança, a pintura ou a música. Toda fala é poesia. Gramática e sintaxe e mesmo o reconhecimento de palavras são invenções puramente arbitrárias para retalhá-la (algo um tanto semelhante, podemos supor, aos "versos" em que os eruditos medievais dividiam as Escrituras para uma rápida identificação de qualquer trecho). Aqui, porém, onde mais necessário se torna um argumento forte a fim de estabelecer uma doutrina tão radical, seus poderes de demonstração falham completamente. Ele se contenta em mostrar que a linguagem sempre tem algo a ver com o sentimento, que ela pode existir apenas onde a imaginação já apreendeu e formou o "sentimento psíquico" e, como essa imaginação é a raiz da arte, toda linguagem é arte e toda arte é linguagem; o que ele prova difamando os gramáticos ("Um gramático não é uma espécie de cientista [...] é uma espécie de açougueiro"[23]) e insultando I. A. Richards (referindo-se a sua "enfadonha boca de Cambridge" etc.)[24]. Tal maneira de escrever é indigna de um homem que tem coisas verdadeiras a dizer. Aqui, ele se encontra em areia movediça intelectual; aqui, trata-se da rejeição emotiva de algum conceito que não deve ser alimentado, o temor de alguma Besta Negra da estética.

A Besta Negra temida pela maioria dos estetas que sustentam uma teoria da arte como expressão, é o conceito do Símbolo de Arte. O fato inadmitido que os persegue é o de que uma forma expressiva é, no fim de contas, uma forma simbólica. No momento em que se encara tal fato, todos os principais paradoxos e anomalias desaparecem – "forma significante" que não é significante de nada[25], poesia e música das quais "podemos dizer, se quisermos, que ambas são expressivas", mas devemos evitar problemas "insistindo que elas não 'expressam' nada, nada em absoluto"[26], a teoria de Croce da expressão artística que não requer

23. *Ibid.*, p. 257.
24. *Ibid.*, p. 264.
25. A referência é, evidentemente, à frase de Clive Bell.
26. O. K. Bowsma, "The Expression Theory of Art", na antologia de Max Black, *Philosophical Analysis*. Ver p. 97.

400   SENTIMENTO E FORMA

qualquer meio, e o conceito semelhante de Collingwood, do "ato expressivo", que ocorre apenas na cabeça do artista, como a obra de arte em si. Enquanto se tenta esquivar da forma simbólica que veicula a "expressão da Ideia", não se pode estudar o processo dessa expressão, nem apontar precisamente como ela difere de outras atividades. Mas no momento em que se admite que a "forma expressiva" é um tipo especial da forma simbólica, apresentam-se interessantes problemas a serem resolvidos, e evita-se com segurança alguns perigos sempre iminentes de *mésalliance* entre estética e ética ou ciência. Não há perigo de abraçar um "intelectualismo vicioso" uma vez compreendida a diferença entre um símbolo de arte e um símbolo científico – ou, melhor, *simbolismo* científico: eles são tão diferentes quanto a arte o é da ciência: é, efetivamente, a diferença radical entre suas respectivas formas simbólicas que faz da arte e do discurso (lógica, ciência, assunto banal) campos fundamentalmente diferentes, e remove a esperança (ou temor, conforme o caso) que têm certos filósofos de que em uma "idade da ciência" a arte aspire e finalmente atinja à dignidade do pensamento científico[27].

O primeiro problema crucial que encontra solução é como uma obra de arte pode ser ao mesmo tempo uma criação puramente imaginativa, intrinsecamente diferente de um artefato – não, de fato, uma "coisa" física propriamente – e, contudo, ser não apenas "real", mas também objetiva. O conceito da coisa

---

27. Santayana, em *Reason in Art*, p. 111, fala de "aquele mundo semimítico através do qual os poetas, por falta de uma educação racional, até agora vagueiam", e espera um *rapprochement* entre poesia e ciência: "A visão de um poeta racional teria as mesmas funções morais que o mito devia preencher, e preenchia de modo tão traiçoeiro; ela empregaria as mesmas faculdades reais que o mito expressava de modo confuso e apressado. Teriam sido acrescentados mais detalhes e maior variedade na interpretação. [...] Uma tal poesia estaria enraizada mais profundamente na experiência humana do que qualquer fantasia casual, e, portanto, seria mais atraente para o coração".

"Se o conhecimento fosse geral e adequado, as belas-artes seriam, de acordo com isso, induzidas a expressar a realidade. [...] Assim, não haveria separação entre artes úteis e belas-artes." (*Ibid.*, pág. 214.)

Em *L'Esthetique* de Eugène Véron, expressa-se a mesma esperança de que a arte abandone a imaginação mítica e se torne científica. Strindberg esperava o mesmo desenvolvimento, mas temia que o esclarecimento do público fosse o fim do drama, que exige uma plateia facilmente iludível (Prefácio a *Srta. Júlia*).

A colocação extrema da atitude servil tomada por toda uma geração de artistas e críticos em relação à ciência, pode ser encontrada em um pequeno livro publicado em 1913 por dois autores que eram classificados, naquela época, de *avantgarde*: *The Modern Evolution of Plastic Expression* por M. De Zayas e P. B. Havilland. Ali consta: "A arte está sendo grandemente influenciada e possivelmente absorvida pela ciência porquanto ela expressa um fenômeno científico que pode ser expressado apenas através da forma. [...] Está tentando fazer da forma um veículo para a psicologia e a metafísica" (p. 19). Mas, em uma passagem anterior, eles admitiram, algo tristemente: "Não achamos que a arte já tenha atingido um estádio em que possa ser considerada como uma pura expressão científica do homem" (p. 13).

EXPRESSIVIDADE

criada como não real, isto é, ilusória, mas presente em termos de imaginação e mesmo sensoriais, funcionando como um símbolo, mas não como um dado físico, não apenas responde à pergunta imediata, mas a responde de uma maneira que sugere a resposta a seu corolário, o problema da técnica. Afirmar que a arte não tem técnica, nem relação íntima com um ofício é, afinal, um *tour de force*; e, em pequenas passagens, aqui e ali, o autor dessa doutrina tenta suavizá-la, dizendo que, embora "a pintura não seja a obra de arte no sentido adequado dessa frase", todavia "Sua produção está de alguma forma relacionada necessariamente com a atividade estética, isto é, com a criação da experiência imaginativa que é a obra de arte."[28] Ele se propõe mostrar a necessidade dessa conexão; mas a demonstração é sempre precária e evasiva.

Se, entretanto, considerarmos a pintura como o símbolo de arte que expressa a experiência imaginativa, isto é, a visualização que o artista faz do sentimento, então a pintura *é* a obra de arte "no sentido próprio dessa frase", e somos poupados do problema de saber por que o sentido "próprio" é um sentido que jamais foi usado; pois mesmo bons artistas, e daqueles que refletem sobre teoria da arte, dizem sobre a "Última Ceia" de Leonardo que ela é uma obra de arte, e não dizem, a respeito de si mesmos, que estão "tendo" uma tal obra quando veem ou pensam na pintura. A pintura, efetivamente, não é a tinta sobre a parede, mas a ilusão que Leonardo criou por meio de tinta sobre gesso molhado. A tinta, infelizmente, desapareceu em grande parte; mas restou o suficiente para sustentar a ilusão, de modo que a pintura ainda está ali. Se o tempo apagar essa última e pálida pigmentação, a obra de arte terá desaparecido, não importando quão bem alguém possa saber e lembrar de seu importe vital – as harmonias de sentimento que revelava.

O trabalho do artista é a feitura do símbolo emotivo; essa feitura envolve graus variados de habilidade de ofício, ou técnica. Além dos rudimentos que todos aprendem – como usar um lápis, como usar a linguagem, como talhar um pedaço de madeira, lascar uma pedra, entoar uma canção – ele aprende seu ofício tal como necessita para seu propósito, que é criar um objeto virtual que será uma forma expressiva. Mas um ofício, ou técnica, não é o procedimento mecânico, rotineiro, ditado, que Collingwood descreve; cada artista inventa sua técnica, e desenvolve sua imaginação à medida em que o faz. É por isso que pintar e ver são a mesma coisa quando uma pessoa está criando

---

28. Collingwood, *op. cit.*, p. 305.

402   SENTIMENTO E FORMA

uma pintura[29]; ouvir e compor ou, em um estádio posterior da obra musical, ouvir e tocar ou cantar, são atos indivisíveis.

Dado o fato de cada artista ter de dominar seu ofício de seu próprio modo, para suas próprias finalidades de simbolizar ideias de realidade subjetiva, pode existir uma arte *pobre*, que não seja corrompida, mas falhe em expressar aquilo que ele sabia por uma intuição demasiado breve. É difícil manter uma visualização sem um símbolo mais ou menos permanente; e ser confrontado com um símbolo *errado* pode destruir uma visão interior. Uma ferramenta com a qual não se está familiarizado, um instrumento musical inadequado, mas também uma mão fisicamente incontrolável, podem contradizer a imaginação e, nos momentos iniciais de uma ideia despontante, podem erradicá-la desapiedadamente. O resultado é um produto pobre, indefeso, bastante sincero, mas confuso e frustrado pela resistência do meio ou pela pura falta de liberdade técnica.

Não vejo vantagem em definir "técnica" de modo que signifique "manufatura", exceto como parte da campanha contra o tratamento de obras de arte como "bens" e de pessoas que lhes dão valor como "consumidores". Essa campanha é bem intencionada e bastante justificada; mas não é necessário que ela remova todas as relações da arte com as atividades que normalmente a alimentam – os ofícios, e o interesse mundial no puro entretenimento. Collingwood, como Brander Matthews, fala apenas em "diversão", o que tem uma conotação de autocomplacência, trivialidade e barateza, e é facilmente relegada à categoria da não arte[30]; mas o entretenimento é coisa diversa. O *Marriage de Figaro* de Mozart, a *Tempest* de Shakespeare, o *Pride and Prejudice* de Jane Austen são excelente diversão; são também arte muito boa. Admitir a possível coincidência de artesanato ou entretenimento com expressão artística não é suficiente[31]; eles se apresentam, evidentemente, em alguma relação íntima. E a conexão é realmente óbvia: os ofícios (incluindo os misteres literários e teatrais) fornecem os materiais e técnicas da criação artística. Uma pessoa que é, por intuição, um artista, não pode modelar um vaso ou criar uma canção para uma ocasião festiva sem sentir as possibilidades artísticas do projeto. Se

29. *Ibid.*, p. 303.

30. Matthews usou o termo para finalidade oposta – para mostrar que toda arte, "desde o Oeste Selvagem de Buffalo Bill até o 'Édipo' de Sófocles, era na realidade apenas diversão, daí, uma comodidade e, portanto, tão respeitável quanto o golfe e tão próximo aos corações dos americanos como pipoca e sorvete". Ver *A Book About the Theater*, Cap. I.

31. Collingwood, *op. cit.*, p. 277.

EXPRESSIVIDADE 403

o vaso é feio e a canção banal, isso não se deve ao fato de ter o artista feito o vaso para a loja de artigos baratos, ou a canção para propósitos "mágicos"; é porque quem os produziu não era artista, mas uma pessoa vulgar, que achava "bonito" o vaso feio ou "grandiosa" a canção banal, ou talvez não chegava nem a pensar em valores perceptivos, contanto que seu vaso tivesse capacidade para 350mm, ou que sua canção fosse aceita pela comissão organizadora do programa.

Os ofícios, em suma, fornecem oportunidades para fazer obras de arte; eles foram na realidade a escola do sentimento (o sentimento torna-se claro e consciente apenas através de seus símbolos), como foram os incentivos para a articulação e os primeiros formuladores da visão abstrativa. Que a arte seja praticada a serviço da religião ou do entretenimento, dentro de casa por mulheres que moldam cerâmica ou que tecem, ou, apaixonadamente, em sótãos esquecidos com claraboias vazantes, não faz diferença para seus próprios objetivos, sua pureza, ou sua dignidade e importância.

Um outro problema da criação artística, que foi resolvido por Collingwood de um modo que é ou estranho ou muito duvidoso, é o problema daquilo que ele chama de "espécies" de obra – tragédia, comédia, elegia, soneto – e, em outras artes, natureza morta ou paisagem, canção ou quarteto de cordas etc. Croce também alega que tais "espécies" de obra não existem; mas aquilo o que o seu protesto quer assinalar é que não existem padrões separados pelos quais se possa julgar diferentes "espécies" de pintura, poesia e assim por diante, e que qualquer classificação é, por conseguinte, do ponto de vista filosófico, trivial[32]. Isso é verdade; mas a futilidade que há em rotular as obras de acordo com seus temas, materiais, tamanho, ou seja lá o que for, é uma questão completamente diversa da suposta capacidade do artista em saber, desde o início, qual será o alcance e caráter geral de sua obra[33].

Ao criar um símbolo emotivo, ou obra de arte, o criador articula um importe vital que não lhe seria dado imaginar à parte de sua expressão e, consequentemente, não pode conhecer antes de expressá-la. Mas o ato de concepção que dá partida a seu trabalho, quer venha repentinamente como inspiração ou somente depois de muita confusão laboriosa e triste, é a visualização da "forma dominante", o sentimento fundamental a ser explorado e expressado. *Esta é a obra de arte na cabeça do artista.* Tão

32. *Aesthetic*, p. 35.
33. *Supra*, Cap. 8 *passim*.

logo concebe essa matriz da obra-a-ser ele sabe qual deve ser sua estrutura geral, suas proporções, seu grau de elaboração; uma tragédia começa com um bosquejo de seu "ritmo trágico" particular, que determina seu peso, sua dicção, toda sua economia; uma poesia lírica brota de um sentimento lírico total, não é uma série de pequenos relances-sentimento que pode se encordoar em uma peça ou romance sem uma intenção determinada do artista. De fato, não é provável que um verdadeiro artista parta da resolução: "Quero escrever uma poesia lírica", mas, antes, da descoberta: "Tenho uma ideia para uma poesia lírica". Contudo, mesmo tais supostas marcas do "verdadeiro artista" devem ser acolhidas com reservas. Um pintor competente, aceitando uma encomenda de um retrato, mural, ou qualquer outra "espécie" de trabalho, simplesmente confia na possibilidade de que, ao contemplar os poderes do meio ele terá um súbita introvisão de um sentimento que tal meio pode expressar; e, trabalhando com ele, perseguirá e aprenderá e apresentará esse sentimento. O que ele provavelmente dirá, entretanto, é que, se pensar por bastante tempo no assunto encomendado, saberá "o que fazer com este". Por certo todo arquiteto tem de *encontrar* o sentimento a expressar em cada edifício que planeja. Ele não pode deixar sua necessidade interior decidir se há de planejar uma casa de campo ou uma catedral.

Tal oportunismo e complacência seriam absurdos se a significação total de uma obra de arte tivesse de ser uma emoção real experimentada por seu autor. Aqui, novamente, a suposição de que a obra é um símbolo livre, e não uma emoção (embora "filtrada" ou, nas palavras de Collingwood, "desnaturada"), nem uma confissão de emoções, salva o conceito de forma expressiva de levar a um "esteticismo" que eliminaria, por princípio, algumas obras genuínas – mesmo obras-primas – porque seria possível mostrar *teoricamente* que elas têm motivos "impuros" ou "não artísticos"[34]. O grande valor cognitivo dos símbolos é que eles podem apresentar ideias que transcendem a experiência passada do interpretante. Ora, a primeira pessoa a perceber o importe vital de uma forma artística, as possibilidades emotivas de um elemento, o valor expressivo de uma mudança em composição (talvez através de um pequeno detalhe), é o próprio artista. Ele é a primeira pessoa, a mais constante, e geralmente a mais competente, a perceber sua obra. E ele é um artista não tanto em virtude de seus próprios sentimentos, quanto de seu reconhecimento intuitivo de formas simbólicas de sentimento, e sua ten-

---

34. Cf. a discussão sobre "poesia pura", Cap. XIV, p. 255 e ss.

dência a projetar conhecimento emotivo em tais formas objetivas. Ao manipular sua própria criação, ao compor um símbolo de emoção humana, aprende, da realidade perceptível à sua frente, possibilidades de experiência subjetiva que ele não conhece em sua vida pessoal. Seu próprio alcance mental e o crescimento e expansão de sua personalidade estão, portanto, profundamente envolvidos em sua arte.

Dizer, porém, que ele não traduz suas próprias emoções seria simplesmente tolice. Todo conhecimento reporta-se à experiência; não podemos conhecer coisa alguma que *não tenha relação* com a nossa experiência. Só que essa relação pode ser mais complexa do que o supõe a teoria de expressão pessoal direta.

Uma vez ouvi um excelente artista, que é também um filósofo articulado, dizer: "Quando eu era pequeno – acho que antes de frequentar a escola – eu já sabia como seria minha vida. É claro que eu não podia adivinhar como seriam minhas vicissitudes, em que situações econômicas e em que eventos políticos eu me envolveria; mas, desde o início de minha autoconsciência, eu sabia *como teria de ser qualquer coisa que me acontecesse*."

Qualquer coisa que um artista pode visualizar é "como" a própria subjetividade dele, ou é, ao menos, relacionada com suas maneiras de sentir. Normalmente tais conexões ocorrem, para ele, através de seu conhecimento crescente da arte de outras pessoas; isto é, por revelação simbólica. A apreciação de uma arte nova é um desenvolvimento das possibilidades emotivas da pessoas; e isso, por certo, é uma expansão dos poderes inatos e não uma aceitação intelectual da novidade com um espírito tolerante. A tolerância é outra questão, e cabe precisamente quando *não* compreendemos as expressões de outras pessoas, porque elas são novas, exóticas ou muito individuais. A universalidade de um artista cresce com seu crescente pensamento artístico, sua liberdade de variar, construir e desenvolver formas, e a descoberta progressiva do importe através de sua própria imaginação consolidada. Mesmo suas próprias obras – que nascem de sua experiência interior – podem, e felizmente o fazem, superar o âmbito de sua vida pessoal e mostrar-lhe, em uma visão muito maior, como deve ser qualquer coisa que possa acontecer à humanidade. O conhecimento de sua própria subjetividade torna-se parte dessa visão maior, embora esta permaneça no centro. O conhecimento que ele tem da vida vai até onde sua arte pode alcançar.

É o suficiente para o artista e sua obra, a ideia e sua forma, concepção e expressão; mas a obra que sai das mãos de seu autor entra, assim, na vida de outras pessoas, e essa circunstância levanta as seguintes perguntas: Por quais padrões deverão elas medi-la? O que significa para elas? Qual é a importância pública da obra?

Essas são as derradeiras questões em uma filosofia da arte, porque pressupõem o conhecimento do símbolo de arte em si – sua natureza, sua significação e seu valor de verdade. É apenas no final de um estudo sistemático, portanto, que elas podem ser estudadas com algum proveito, na expectativa de alguma resposta bem fundamentada.

21. A Obra e Seu Público

Até agora, consideramos a arte quase inteiramente a partir do que se poderia chamar de "o ponto de vista do estúdio", vendo a obra de arte como uma expressão da "Ideia" de seu autor, isto é, como algo que toma forma à medida em que ele articula uma visualização de realidades que não podem ser adequadamente expressadas pela linguagem discursiva. O que ele faz é um símbolo – primariamente um símbolo para captar e manter sua própria imaginação do sentimento organizado, os ritmos de vida, as formas de emoção. Em um sentido, portanto, pode-se dizer que o artista produz cada peça para si mesmo, para sua própria satisfação.

Em outro sentido, contudo, ele a faz para outras pessoas; essa é uma das diferenças entre arte e devaneios. Uma obra de arte tem um público – ao menos um público hipotético (por exemplo, quando um prisioneiro no exílio compõe poesia em sua própria língua, sem saber se ela jamais chegará a um ouvido que a compreenda); e sua intenção social, que lhe é essencial, estabelece seu padrão de significação. Mesmo uma pessoa que produza uma obra tão pouco familiar, tão difícil e original que não alimenta esperanças de encontrar compreensão intuitiva por parte de seus contemporâneos, trabalha com a convicção de que, quando eles a tiverem contemplado suficientemente, a intuição de sua significação virá. Dispõe, além do mais, de outro artigo

408 SENTIMENTO E FORMA

de fé, sem o qual provavelmente não poderia trabalhar: que mesmo enquanto o público se retrai sob o choque de sua apresentação confusa e alienadora, haverá aqueles que percebem, de pronto, a forma orgânica dominante da obra como um todo, e suspeitam a grande visão emotiva que seria evidente se não estivessem atordoados pela excessiva novidade de sua projeção; que, consequentemente, os mais sérios e competentes juízes irão contemplá-la por tempo suficiente para poder transcender seu caráter "chocante" e achá-la lúcida.

A função pública do símbolo de arte impõe-lhe um padrão de completa objetividade. É preciso que seja inteiramente dado; estando tudo quanto é deixado à imaginação implícito e não faltante. Mas a implicação pode ser sutil. É um grande erro pensar que um artista deve sempre ter em mente o público particular que irá visitar a galeria ou a sala de concertos ou a livraria onde sua obra irá aparecer pela primeira vez[1]. Ele trabalha para uma audiência ideal. Mesmo quando pinta um mural, sabendo qual o público que irá usar o edifício que abriga sua obra, ele pinta para sua idealização desse público, ou pinta mal. Uma obra dirigida *ad hominem* é tão insignificante e sem valor quanto um argumento filosófico *ad hominem*; é o compromisso psicológico que Mr. Collingwood relega ao "ofício" e considera como uma tentativa de estimular a emoção direta (o que não é necessário; na verdade, em geral ela se torna confusa demais para ser algo tão racional, mesmo na esfera da não arte). O espectador ideal é a medida da objetividade de uma obra; pode ser que ele venha a existir realmente só depois de muitos anos de carreira desta criação.

Como espectadores, tentando ir ao encontro do artista, vemos sua obra não a partir "do ponto de vista do estúdio", mas do ponto de vista do amante da arte, "do ponto de vista da audiência"; e temos problemas próprios com referência a ela. Como saber se entendemos a mensagem de seu criador? Como julgar o valor dessa peça determinada, e classificá-la de modo adequado entre outras – de seu criador e de outras pessoas? Se não gostamos dela, será culpa nossa ou dele? Devemos aceitá-la mesmo se não a acharmos bela?

A maioria dessas perguntas não tem resposta direta, porque elas não são perguntas diretas; estão baseadas em ideias erradas

---

1. Penso que seja esta a falácia na teoria de Brander Matthews segundo a qual toda peça deve ser escrita para uma dada plateia em um dado teatro, e que seus defeitos se devam geralmente ao fato ela ter sido removida desse ambiente. Ver *A Book About the Theater*, Cap. I.

que estão expressadas nos termos que empregam. Frequentemente, quando uma pergunta é formulada de modo correto, não existe problema, ou sua solução é simples. Comecemos pela primeira questão: Como saber se entendemos a mensagem do artista?

Uma vez que o símbolo de arte não é um discurso, a palavra "mensagem" é enganosa. Uma mensagem é algo comunicado. Mas, como observei no capítulo anterior, não se pode dizer, com todo o rigor semântico, que uma obra de arte efetue uma comunicação entre seu criador e os contemporâneos deste; sua função simbólica, embora tenha muito em comum com a da linguagem (daí por que Croce inclui a arte sob "linguística", e Collingwood declara que a arte, não o discurso, merece "realmente" o nome de linguagem), tem um contato mais direto com a intuição do que o que mantemos através dos símbolos discursivos. O estudo da expressão não discursiva foi prejudicado e algo confundido por um infeliz "modelo de trabalho", que é o *comentário*. O uso desse modelo obscureceu a característica mais distintiva da arte – que sua significação não é separável da forma (pintura, poema, dança etc.) que expressa. Tem sido suposto, em geral, que, se uma obra de arte expressa algo, de um modo simbólico e não sintomático, então ela deve ser o comentário do autor sobre alguma coisa. Um comentário, porém, sempre dirige nosso interesse para algo diverso das palavras, gestos ou outros signos que o transmitem; estes são meros signos, apontam para um objeto considerado e transmitem alguma opinião a seu respeito. Assim, surgem as perguntas na crítica de arte: sobre o que o artista comenta, o que diz ele, e como ele o diz? Acredito que tais sejam perguntas espúrias. Ele não está dizendo coisa alguma, nem mesmo quanto à natureza do sentimento; ele está mostrando. Está-nos mostrando a aparência de sentimento, em uma projeção simbólica perceptível; mas não está se referindo a um objeto público, tal como uma "espécie" de sentimento conhecida em geral, externo à sua obra. É apenas até o ponto em que a obra é objetiva que o sentimento que ela exibe torna-se público; está sempre vinculado a seu símbolo. O efeito dessa simbolização é oferecer ao espectador uma maneira de conceber a emoção; e isso é algo mais elementar do que fazer juízos a respeito.

O amante da arte que vê, ouve ou lê uma obra "do ponto de vista da audiência" entra em uma relação diferente, não com o artista, mas com a obra. Ele responde a ela como responderia a

410 SENTIMENTO E FORMA

um símbolo "natural"[2], simplesmente encontrando sua significação, que provavelmente considerará como sendo "o sentimento dentro dela". Esse "sentimento" (que pode ir desde uma
pequena experiência passageira até o padrão subjetivo de toda
uma vida humana) não é "comunicado", mas revelado; a forma
criada o "tem", de modo que a percepção do objeto virtual – digamos, do célebre friso do Partenon – é ao mesmo tempo a percepção de seu sentimento espantosamente integrado e intenso.
Perguntar se o escultor queria transmitir esse sentimento particular é perguntar se ele fez o que queria fazer; e, em uma obra
tão inequivocamente bem sucedida, a pergunta é um tanto tola.

Uma vez que paramos de nos preocupar com a tentativa de
entender o escultor e nos entregamos puramente à obra, não parece que nos defrontamos com um símbolo em geral, mas com
um objeto de valor emocional peculiar. Existe uma emoção real
induzida pela sua contemplação deste, bem diversa do "sentimento dentro dela"; essa emoção real, que tem sido chamada de
"a emoção estética", não é expressa na obra, mas pertence à
pessoa que a percebe; é um efeito psicológico da atividade artística desta, essencialmente o mesmo, quer o objeto que prende
sua atenção seja um frágil trecho de poesia, quer uma obra de
terrível impacto e muitas dissonâncias torturantes como o *Ulis-
ses* de Joyce, quer o sereno friso do Partenon; a "emoção estética" é na realidade de um sentimento difuso de *jovialidade*,
inspirado diretamente pela percepção de boa arte. É o "prazer"
que se supõe que a arte dá. "Prazer" é uma palavra indiscrimi-
nada; seu uso levou a intermináveis confusões, de modo que é
melhor evitá-la completamente. Mas tantos artistas e bons críticos, desde os antigos, passando por Goethe, Coleridge e Keats,
até Santayana, e Herbert Read[3], usaram-na, que vale a pena notar seu significado exato com respeito à arte; uma vez que não
é provável que tais homens tenham trabalhado (ou trabalhem)
sob quaisquer das ideias errôneas originadas de seus significados
mais comuns. De minha parte, entretanto, acho melhor evitar
tanto "prazer" quanto "a emoção estética". De fato, não há muito
a dizer sobre o sentimento em questão, exceto que é um índice
da boa arte. Outras coisas além da arte podem evocá-lo, se e

2. O tema dos "símbolos naturais" foi discutido no Cap. 14, p. 245-248, e, com
maior amplitude em *Filosofia em Nova Chave*, Cap. 5; e, originalmente, por Cassirer,
Die Philosophie der symbolischen Formem, vol. II, *passim*.

3. Ver especialmente George Santayana, *The Sense of Beauty*, em que beleza é
definida como "prazer objetivado", e Herbert Read, *The Meaning of Art* (1931), p. 18:
"a arte é definida de modo mais simples e mais usual como uma tentativa de criar formas
agradáveis".

somente se elas excitam a mesma atividade intuitiva que a arte excita.

A percepção direta de formas emocionais pode ocorrer quando olhamos para a natureza com "os olhos do pintor", pensamos poeticamente em experiências reais, encontramos um motivo de dança nas evoluções dos pássaros etc. – isto é, quando algo nos atinge como sendo *belo*. Um objeto percebido dessa maneira adquire o mesmo ar de ilusão apresentado por um templo ou um tecido, que fisicamente são tão reais quanto pássaros e montanhas; é por isso que os artistas podem derivar temas e mais temas, inexaurivelmente, da natureza. Mas os objetos naturais tornam-se expressivos apenas para a imaginação artística, que descobre suas formas. Uma obra de arte é intrinsecamente expressiva; é destinada a abstrair e apresentar formas para a percepção – formas de vida e sentimento, atividade, sofrimento, individualidade – por meio das quais concebemos essas realidades, as quais, de outro modo, podemos apenas sofrer cegamente.

Toda boa obra de arte é bela; no momento em que a achamos assim, apreendemos sua expressividade, e até que o façamos, não a teremos visto como boa arte, embora possamos ter amplas razões intelectuais para acreditar que o é. Palavras belas podem conter elementos que, tomados isoladamente, sejam horríveis; as obscenidades que Ezra Pound empilha umas sobre outras nos Cantos XIV e XV são revoltantes, mas sua função no poema é a de uma violenta dissonância. Aí está uma criação do Inferno sem que ele seja nomeado (o que ocorre apenas em retrospecto, no Canto XVI, e, ali, apenas uma vez) e sem uma única menção de tortura, punição, fogo, ou qualquer outra imagem tradicional. A passagem que se segue a "Andiamo!", embora em si mesma não seja nada prazenteira, alcança a sensação de libertação muito antes que o pesadelo ter realmente nos deixado; as *palavras* deixar ir. Tais elementos são a força da obra, que deve ser grande para contê-los e transfigurá-los. A forma emergente, o todo, está vivo e, portanto, é belo, como as coisas feias podem sê-lo – como as gárgulas e as máscaras africanas são temíveis, e as tragédias gregas de incesto e assassinato são belas. A beleza não é idêntica ao normal, e por certo não ao encanto e à atração sensoriais, embora todas essas propriedades possam entrar em sua composição. A beleza é forma expressiva.

Toda a qualificação que se deve ter para compreender a arte é ser responsivo. Isso é, fundamentalmente, um dom natural, relacionado com o talento criativo, não sendo, contudo, a mesma coisa; tal como o talento, lá onde existir em qualquer grau ele

412 SENTIMENTO E FORMA

pode ser elevado pela experiência ou reduzido por circunstâncias adversas. Uma vez que é intuitivo, não pode ser ensinado; mas o livre exercício da intuição artística depende frequentemente da possibilidade de limpar a mente dos preconceitos intelectuais e das ideias falsas que inibem a responsividade natural das pessoas. Se, por exemplo, um leitor de poesia acha que não "compreende" um poema a menos que possa parafraseá-lo em prosa, e que as opiniões verdadeiras ou falsas do poeta são o que torna o poema bom ou mau, ele o lerá como um trecho de discurso e é provável que sua percepção da forma poética e do sentimento poético seja frustrada. É possível, naturalmente, que seja bastante sensível e responsivo à literatura, mas qualquer coisa que ele identificar como "poesia" parecer-lhe-á incompreensível ou, então, falaciosa. Sua atitude intelectual, nutrida por um convicção teórica, constitui um obstáculo a sua receptividade. De modo semelhante, se o treinamento acadêmico nos induziu a pensar em pinturas fundamentalmente como exemplos de escolas, períodos ou das classes vituperadas por Croce ("paisagens", "retratos", "interiores" etc.), tendemos a pensar *sobre* a pintura, reunindo rapidamente todos os dados disponíveis para juízos intelectuais, e assim, fechando e atravancando os caminhos da resposta intuitiva.

A alegria de uma experiência estética direta[4] indica a que profundidade da mentalidade humana essa experiência chega. Pode-se dizer verdadeiramente que uma obra de arte, ou qualquer coisa que nos afeta como o faz a arte, "provoca algo em nós", porém não no sentido usual – dar-nos emoções e estados de ânimo – que é negado, e com razão, pelos estetas. O que ela provoca em nós é uma formulação de nossas concepções de sentimento e nossas concepções da realidade visual, factual e audível, em conjunto. Ela nos dá *formas de imaginação e formas de sentimento*, inseparavelmente; quer dizer, clarifica e organiza a própria intuição. É por isso que ela tem a força de uma revelação e inspira um sentimento de profunda satisfação intelectual, embora não suscite qualquer trabalho intelectual consciente (raciocínio). A intuição estética apreende a forma maior e, portanto, a significação principal, imediatamente; não há necessidade de trabalhar através de ideias menores e implicações cerradas em

4. John Dewey, em *Art as Experience*, faz uma distinção entre a atitude "artística" e a experiência do "estético"; a divisão dele corresponde, acho, ao que chamei de "ponto de vista do estúdio" e "ponto de vista da audiência" respectivamente – imaginação criativa e responsividade. Na realidade, é claro, movemo-nos livremente de uma atitude para a outra; toda pessoa tem alguma imaginação criativa e, por certo, todo artista deve perceber e fruir arte, se não por outro motivo, pelo menos para ser seu primeiro público.

A OBRA E SEU PÚBLICO

primeiro lugar sem uma visão do todo, como no raciocínio discursivo, onde a intuição total de relacionamento vem na conclusão, como um prêmio. Na arte, é o impacto do todo, a revelação imediata da significação vital, que age como chamariz psicológico de uma longa contemplação.

Em uma obra que requer um extensão apreciável de tempo para a completa percepção física, tal como um romance, uma peça musical, uma dança ou uma peça, a primeira tarefa do autor é deixar implícito, desde o início, o alcance e a significação vital do todo. Se a imagem que ele tem da obra é clara, essa tarefa geralmente é desempenhada inconscientemente; e o "chamariz de sentimento" (para tomar emprestada uma frase de Whitehead) é estabelecido quase imediatamente. É verdade, portanto, que se deve ler ou testemunhar uma obra em sua totalidade antes de poder-se julgá-la, mas não antes de desfrutá-la.

O exemplo conspícuo do que se pode chamar de "antecipação intuitiva" é a excitação que se apossa de um verdadeiro amante de teatro quando a cortina sobe (ou, algumas vezes, mesmo antes). Essa excitação tem sido observada tantas vezes que algumas pessoas procuraram uma explicação para o fato fora da esfera da experiência da arte propriamente dita, e tomaram-na como um vestígio da emoção religiosa que estava supostamente associada com representações dramáticas em tempos passados[5]. Mas, para o aficionado instintivo do teatro, a experiência poética iminente parece ser suficiente justificar sua antecipação sem qualquer referência atávica à religião primitiva ou a interesses tribais. Charles Morgan, que evidentemente a conhece muito bem, encontra sua origem unicamente na função artística do drama.

Todo frequentador de teatro [escreve ele, no artigo já citado (p. 322)] torna-se cônscio de vez em quando, da existência no teatro de uma suprema unidade, um poder misterioso, uma ilusão transcendente e urgente que, por assim dizer, flutua acima da ação do palco e acima do espectador, [...] dotando-o de uma visão, uma sensação de translação e êxtase, estranhas ao conhecimento que ele comumente tem de si mesmo. A esperança dessa ilusão é a excitação, e experimentá-la é a recompensa mais alta da frequentação do teatro. [...] Repetidas vezes ficamos desapontados. [...] Mas, de vez em quando, a esperança de um frequentador persistente, ou parte dela, é realizada. A ordem de sua experiência é sempre a mesma – um choque, e depois do choque uma quietude interior, e dessa quietude uma influência emergente que o transmuda. Transmuda a *ele* – não a suas opiniões. Esse grande impacto não é nem uma persuasão do intelecto, nem uma sedução dos sentidos. [...] É o movimento

5. Cf. Cap. 17, p. 333.

414 SENTIMENTO E FORMA

envolvente do drama inteiro sobre a alma do homem. Rendemos-nos e somos modificados.[6]

Em uma passagem posterior ele explica – acho que corretamente – o que confere esse extraordinário valor a uma obra de arte que realmente nos comove, no sentido estético, e não no sentido comum:

A arte dramática tem [...] uma dupla função – primeira, apaziguar a mente preocupada, esvaziá-la da trivialidade, torná-la receptiva e meditativa; depois, fecundá-la. A ilusão é o poder fecundante. É aquela força espiritual na arte dramática que fecunda os silêncios do espectador [a referência aqui é ao "longo silêncio estéril" ao pé do fogo, de Wordsworth], permitindo-lhe imaginar, perceber, mesmo tornar-se, aquilo que por si mesmo ele não podia tornar-se ou perceber ou imaginar.[7]

Aquilo que Morgan diz do teatro pode ser dito de qualquer obra que se nos apresenta como uma experiência estética de envergadura: ela efetua uma revelação de nossa vida interior. Mas faz mais do que isso – dá forma à nossa imagem da realidade externa de acordo com as formas rítmicas de vida e sensibilidade, fecundando assim o mundo com valor estético. Como observou Kant na *Crítica do Juízo*, a beleza da natureza é sua conformidade com o nosso entendimento, e essa conformidade é algo imposto a ela originalmente por nossa intuição[8].

A vida como a vemos, agimos e sentimos é tanto produto da arte que conhecemos quanto da língua (ou línguas) que enformaram o nosso pensamento na infância. Guillaume Apollinaire, em uma pequena monografia sobre o cubismo (a primeira parte

6. "The Nature of Dramatic Illusion", p. 63-64.

7. *Ibid.*, p. 70. Uma observação muito semelhante é feita no pequeno livro informal, mas valioso, de C. E. Montague, *A Writer's Notes on his Trade*: "No clímax de uma tragédia, parece como se o homem, ou mulher, médio pudesse compreender quase tudo – mesmo coisas que podem tornar-se novamente incompreensíveis para ele no dia seguinte, quanto tentar compreender como as compreendeu" (p. 237). Mais adiante, observa que parte da emoção de ler ou ver uma grande tragédia é uma exultação "com nosso próprio poder, estranhamente aumentado, de sermos comovidos sem ficarmos entorpecidos, e de ver, como parece, diretamente dentro do coração incandescente da vida com uma clareza e calma não atingíveis em quase nenhum outro estado de ânimo" (p. 237). Só que, acho eu, que não é o estado de ânimo que torna viável tal *insight*, mas o *meio*; é inatingível por qualquer outro símbolo. Ele está, além do mais, bem cônscio do crescimento da consciência, o esclarecimento, que a experiência estética inicia: "Quando uma tragédia perfeita se apodera de nossa mente, por um momento parece que se está com mão próxima de alguma chave para toda essa região do enigma. Não se pode segurar a chave, mas, por aqueles momentos à beira do transe, tudo correu quase claro na mente; quando a experiência termina, a gente tem certeza de que o que se teve foi uma visão, não uma ilusão" (p. 238).

8. *Critique of Judgment*, Introdução, VIII; na tradução de Meredith (Oxford, 1911), p. 34 do texto.

A OBRA E SEU PÚBLICO · 415

grandemente viciada pelo uso irresponsável de termos tomados emprestados, "a quarta dimensão", "infinito" etc.), observou esse fato no efeito exercido por certos grandes pintores na concepção visual popular.

Sem poetas, [disse] sem artistas [...] a ordem que encontramos na natureza, e que é apenas um efeito da arte, desapareceria imediatamente.

E, mais adiante:

Criar a ilusão[9] do típico é o papel social e a finalidade peculiar da arte. Só Deus sabe como se falou mal das pinturas de Renoir e Monet! Muito bem! Mas é preciso só relancear sobre algumas fotografias da época para ver como as pessoas e coisas conformavam-se bem de perto aos retratos que esses grandes mestres fizeram deles.

Uma vez que, de todos os produtos plásticos de uma época, ás obras de arte tem máxima energia, essa ilusão parece-me bastante natural. A energia da arte impõe-se aos homens e torna-se para eles o padrão plástico da época. [...] Todas as obras artísticas de uma época terminam assemelhando-se às obras de maior energia, às mais expressivas e às mais típicas do período. As bonecas pertencem à arte popular; contudo, elas sempre parecem ser inspiradas pela grande arte do mesmo período.[10]

Como a pintura afeta a imaginação visual, a poesia (no sentido mais amplo, incluindo o verso, a prosa, a ficção e o drama) afeta a concepção que a gente tem dos eventos. Há um trecho de *Sons and Lover*, de D. H. Lawrence, que apresenta com grande autenticidade a necessidade que uma pessoa tem de *compor* eventos horríveis a fim de torná-los definidos, emocionalmente significativos, antes de enfrentá-los pratica e moralmente. A situação que é o contexto desse trecho foi desenvolvida gradualmente: Morel, um mineiro que está se convertendo em um bêbado inveterado, torna-se cada vez mais ofensivo e violento em relação a sua esposa grávida e fustigada pelas dificuldades, até que, no momento em questão, ele acaba por agarrá-la brutalmente, pela primeira vez, e a expulsa de casa. Na narrativa, lê-se:

Por um instante, ela não conseguiu controlar sua consciência; mecanicamente repassou a última cena, depois reviu de novo certas frases, certos movimentos que voltavam como ferro incandescente em sua alma; e a cada vez ela representava novamente a hora que tinha passado, a cada vez o ferro atingia os mesmos pontos, até que a marca ficasse queimada nela, e a dor se extinguisse, e finalmente ela voltou a si.

9. No sentido de delusão – causa de um erro – não no sentido de uma aparência criada.

10. *The Cubist Painters. Aesthetic Meditations* (traduzido por L. Abel), p. 13.

416   SENTIMENTO E FORMA

A vida é incoerente a menos que lhe demos forma. Geralmente, o processo de formular nossas próprias situações e nossa própria biografia não é tão consciente quanto a luta da Sra. Morel para conceber o ultraje que havia sofrido; mas segue o mesmo padrão – nós "o colocamos em palavras", contamo-lo a nós mesmos, compomo-lo em termos de "cenas", de modo que em nossas mentes possamos representar todos os seus momentos importantes. A base desse trabalho de imaginação é a arte poética que conhecemos, desde as primeiras quadrinhas infantis até o mais profundo, ou sofisticado, ou arrebatador drama ou ficção[11]. Aquilo que Apollinaire observou sobre a influência de Renoir e Monet na visualização das pessoas pode também ser dito sobre a influência de Wordsworth no vocabulário delas e de Balzac no senso de ironia.

Acima de tudo, entretanto, a arte penetra profundamente na vida pessoal porque, ao dar forma ao mundo, ela articula a natureza humana: sensibilidade, energia, paixão e mortalidade. Mais do que qualquer outra coisa na experiência, as artes moldam nossa vida real de sentimento. Essa influência criativa é uma relação mais importante entre arte e vida contemporânea do que o fato de os motivos serem derivados do ambiente do artista[12]. A arte, por certo, está enraizada na experiência; mas a experiência, por sua vez, é construída na memória e preformada na imaginação, de acordo com as intuições de artistas vigorosos, frequentemente mortos de há muito (leva tempo para que uma influência atinja os estratos mais profundos da mentalidade, e o que aprendemos na infância, para nunca mais perder, sempre se origina de uma época anterior), e mais raramente de profetas de nossa própria geração[13].

O treinamento artístico é, portanto, a educação do sentimento, da mesma maneira como nossa educação escolar normal em matérias factuais e habilidades lógicas, tais como o "cálculo" matemático ou a simples argumentação (os princípios dificilmente

---

11. Uma criancinha que conheço uma vez contou, a mesa do café, um sonho que ela tivera durante a noite – evidentemente um sonho paradisíaco vivido – e terminou com a reflexão extática: "Era tão maravilhoso – a grama embaixo das árvores, e tantos, tantos cachorrinhos na grama – e tudo em Technicolor!"

12. André Malraux, falando das esculturas da catedral de Rheims, diz: "O homem do século XIII encontrava tanto sua ordem interior quanto seu paradigma no mundo exterior." (*The Creative Act*, p. 81.)

13. Cf. a observação de Owen Barfield, em *Poetic Diction*, p. 143: "O *mot* de Oscar Wilde, – de que os homens são feitos pelos livros, mais do que os livros pelos homens – por certo não era puro contrassenso, existe um sentido muito real, por mais humilhante que pareça, em que aquilo que geralmente chamamos de *nossos* sentimentos são realmente o 'significado' de Shakespeare". Também Irwin Edman, diz, em *Arts and the Man*, p. 29: "Para muitas pessoas, é a literatura, mais do que a vida, que lhes ensina quais são suas emoções nativas."

A OBRA E SEU PÚBLICO   417

chegam a ser explicados), é a educação do pensamento. Poucas pessoas percebem que a verdadeira educação da emoção não é o "condicionamento" efetuado pela aprovação e desaprovação social, mas o contato tácito, pessoal, iluminador, com símbolos de sentimento. A educação da arte, portanto, é negligenciada, deixada ao acaso, ou considerada como um verniz cultural. Pessoas tão preocupadas com o esclarecimento científico de seus filhos que mantém Grimm fora da biblioteca e Papai Noel fora da chaminé, permitem que a arte das mais baratas, o pior do pior canto, a ficção sentimental mais revoltante sejam impingidos à mente das crianças o dia inteiro e todos os dias, durante a infância. Se as fileiras de jovens crescem em confusão e covardia emocional, os sociólogos procuram em condições econômicas ou relações familiais a causa dessa deplorável "fraqueza humana", mas não na influência ubíqua da arte corrupta, que mergulha a mente média em um sentimentalismo raso que arruína quaisquer germes de sentimento verdadeiro que poderiam se desenvolver nele. Só um ocasional devoto das artes vê a devastação, como, por exemplo, Percy Buck, que observou, há quase trinta anos:

> Parece haver completa indiferença, pelo menos, na Inglaterra, [...] se o lado emocional de um homem é desenvolvido de alguma maneira, em geral. A única convicção que tem um inglês sobre a emoção é que se deve aprender, o mais cedo possível, a suprimi-la inteiramente.
> [...] o que o exercício deve ser para o lado físico de nossas vidas, a religião para o estudo moral e o nosso lado intelectual, isso pode a arte ser, e nenhuma outra coisa exceto a arte, para o nosso lado emocional.[14]

E por fim:

> Todo planejamento e projeto, o que quer dizer toda estrutura, é a apresentação de sentimento em termos de entendimento.[15]

A arte não afeta a viabilidade da vida tanto quanto afeta sua qualidade; a esta, entretanto, afeta profundamente. Nesse sentido ela é afim à religião, que também, ao menos em sua fase primitiva, vigorosa, espontânea, define e desenvolve sentimentos humanos. Quando a imaginação religiosa é a força dominante na sociedade, a arte dificilmente é separável dela; pois uma grande abundância de emoções reais acompanha a experiência religiosa, e mentes intatas, sem mácula, lutam alegremente por sua expressão objetiva, e são levadas além da ocasião que desencadeou seus esforços

14. Percy C. Buck, *The Scope of Music*, p. 52.
15. *Ibid.*, p. 76.

a fim de perseguir as mais remotas possibilidades das expressões que encontraram. Em uma época em que se diz que a arte serve à religião, a religião na realidade está alimentando a arte. O que for sagrado para as pessoas inspira a concepção artística.

Quando as artes "libertaram-se", como se diz, da religião, elas simplesmente exauriram a consciência religiosa e alimentaram-se de outras fontes. Elas jamais estiveram vinculadas ao ritual ou à moral ou ao mito sacro, mas floresceram livremente em esferas sacras enquanto o espírito humano se concentrava nelas. No momento em que a religião se torna prosaica ou perfunctória, a arte aparece em outro lugar. Hoje em dia, a Igreja tolera pinturas e esculturas, literalmente más, e música banal, na crença de que Virgens adocicadas e harmonias de salão de barbeiro estão "mais próximas do povo" do que as "distantes" e visionárias Madonas, às quais grandes artistas deram (e ainda dão) suas almas e habilidades. E assim são elas, esses lembretes sentimentais de ideias pias; acham-se tão próximas quanto o gatinho de porcelana e a boneca de pernas longas, e tudo o que as diferencia de tais objetos mundanos é seu sentido literal. Corrompem a consciência religiosa que é desenvolvida em sua imagem e, mesmo enquanto ilustram os ensinamentos da Igreja, degradam tais ensinamentos a um nível de sentimento mundano. Música ruim, estátuas e pinturas ruins são irreligiosas, porque tudo o que é corrupto é irreligioso. A indiferença face à arte é o signo mais sério da decadência de qualquer instituição; nada evidencia sua velhice de modo mais eloquente do que o fato de que a arte, sob o seu patrocínio, torna-se literal e autoimitativa.

Então a arte mais impressionante, mais vívida, abandona o contexto religioso e alimenta-se de sentimento irrestrito em algum outro lugar. Não pode fazer outra coisa; mas, ao fazê-lo, perde sua esfera tradicional de influência, a solene, festiva populaça, e corre o risco de jamais ultrapassar o estúdio onde foi criada. Então os artistas falam heroicamente de "arte pela arte", como se a arte pudesse ter outros objetivos exceto os artísticos. O problema é simplesmente que, para a pessoa média, a obra deles não tem mais um lugar natural de exibição. Uns poucos ricos podem ser proprietários de pinturas e estátuas; mas a grande e importante arte, sempre foi pública, e deve sê-lo. O museu, portanto, vem à existência.

Os problemas de exposição em um museu são muitos, e a eficácia de uma obra é com frequência gravemente prejudicada pela presença de outras peça ao seu redor. André Malraux apontou esse perigo em seu *Museu Imaginário*, em que elogiava, como um remédio promissor, a técnica cada vez melhor de reprodução, que dá aos apreciadores da arte o álbum, uma coleção particular de obras-primas. Isso, por sua vez, tem suas desvantagens, e elas são muitas; mas a perda real que a arte sofreu com sua secularização é comum ao museu real e ao "museu imaginário" das ilustrações impressas: as pessoas não veem, natural e constantemente, obras de arte. Ir a um museu não é uma ocorrência normal, regular, na vida média, como ir à Igreja ou ao Templo. O álbum fica numa estante de onde é retirado ocasionalmente para ser olhado; seus tesouros não avultam diante de nós em sua grandeza, como sucede com altares e janelas esplêndidas e estátuas. As artes plásticas tornaram-se estranhas a seu público.

Todas, isto é, menos uma, que floresce hoje, talvez com maior vigor nos Estados Unidos: a arquitetura. Todo mundo vê grandes edifícios, pontes, viadutos, elevadores de cereais, chaminés, navios e, consciente ou inconscientemente, sente o impacto deles em sua vida emocional e em sua *Weltanschauung*. É essa a educação do "olho interior", da imaginação criativa que guia a percepção.

Música, dança e drama, entrementes, puderam naturalizar-se inteiramente num reino que parece, à primeira vista, o exato oposto do sacro recinto onde nasceram; encontraram aceitação como entretenimento. Mas, como já disse antes, o entretenimento não é essencialmente frívolo, como a diversão. Esta é um estímulo temporário, o "incremento" de sentimento vital que normalmente é expressado no riso. É em geral agradável e, algumas vezes, é procurada, erradamente, como uma cura para a depressão. O entretenimento, porém, é qualquer atividade sem objetivo prático direto, qualquer coisa a que as pessoas se dedicam simplesmente porque esta lhes interessa. Interesse, não diversão nem mesmo prazer, é a palavra chave. Conversa social, bate-papo à mesa, é entretenimento. Pode ser o humor grosseiro do salão de fumar, a tagarelice do coquetel, a célebre conversa de café da manhã de Oliver Wendell Holmes ou a mais célebre conversa à mesa de Mohammed. O entretenimento não é, em si, uma categoria de valor. Ele inclui tanto o passatempo, quanto a satisfação de necessidades mentais imperiosas; mas, trivial ou sério, é sempre trabalho da mente. Whitehead definiu-o como "o que as pessoas fazem com sua liberdade"[16].

---

16. "Liberdade" é uma palavra melhor do que o termo mais comum "lazer", porque "lazer" conota relaxação, enquanto que a livre atividade é muitas vezes o máximo esforço de que nossas mentes são capazes.

420 SENTIMENTO E FORMA

O grau de refinamento dos indivíduos pode ser aferido por aquilo que os diverte (George Meredith sustentava que os alemães eram grosseiros demais para divertirem-se com a comédia); mas sua energia mental e força emocional mostra-se naquilo que os interessa – a seriedade e dificuldade a que pode chegar seu entretenimento, sem transformar-se em "trabalho" (como os grandes livros que são lidos apenas na escola, ou os concertos e peças a que se "deve" ir por razões educacionais). As tragédias de Shakespeare foram escritas para um teatro de entretenimento em que as pessoas procuravam não a diversão, mas a alegria da experiência artística, o teatro sobrepujante.

A arte está tão adequadamente à vontade no entretenimento, quanto na religião. Não é necessário interpretar Hamlet como o Édipo moderno, ou o palco elisabetano à luz do teatro coral ateniense, para compreender o poder do teatro trágico secular. Mas a semelhança com o ritual antigo que Francis Fergusson e alguns outros estudiosos[17] professam descobrir na tragédia shakespeariana, e mesmo na de Ibsen, indica efetivamente, acredito, o propósito *artístico* comum a todas essas obras – a visualização da existência individual como um todo, e de seu desenvolvimento completo até os limites de ação e paixão. Essa visualização, apresentada primeiramente na arte sacra, é uma necessidade para as pessoas que atingiram uma consciência amadurecida de si mesmos; uma vez que desponte em nós o senso da tragédia, somos perseguidos por ele, e ansiamos por vê-lo clarificado e composto. Poucas pessoas sabem por que a tragédia é uma fonte de profunda satisfação; elas inventam todo tipo de explanação psicológica, desde a catarse emocional até uma sensação de superioridade, porque as desgraças do herói não são as nossas próprias[18]. Mas a fonte real é a alegria da revelação, a visão de um mundo totalmente significante, da vida a despender-se a si mesma e a morte como a assinatura de sua completação. É simplesmente a alegria da grande arte, que é a percepção da forma criada de maneira totalmente expressiva, isto é, bela.

Tragédia, música difícil ou irresistível, a dança apaixonadamente séria de alguns balés modernos têm seu lugar no "entretenimento" porque nós nos entregamos à sua contemplação espontânea, impulsivamente, sem qualquer outra intenção do que a de ouvir, ver e ficar cativado. Nós os procuramos, porém, por aquela necessidade de arte que costumava ser aplacada de modo mais seguro e mais frequente pelos ofícios e objetos sacros.

---

17. Cf. Cap. 17, p. 332-333.

18. Lucrécio subscreveu essa teoria, na passagem inicial de *De Rerum Natura*.

A OBRA E SEU PÚBLICO   421

A mesma necessidade de arte, e não um desejo indiscriminado de diversão, é satisfeita pela comédia, música alegre, coreografia humorística; a solenidade não é necessária para a expressividade – nem mesmo para a grandeza. O critério da boa arte é seu poder de comandar nossa contemplação e revelar um sentimento que reconhecemos como real, com o mesmo "clique de reconhecimento" pelo qual um artista sabe que uma forma é verdadeira. Todas as formas de sentimento são importantes, e é preciso tornar o alegre pulsar da vida quase tão manifesto quanto as paixões mais complexas, se é que queremos dar valor a ele.

Uma das perguntas clássicas da sala de aula, e das pessoas que leem livros para "aprender sobre arte", é: "O que faz com que uma obra de arte seja melhor do que outra?" Acho que essa é uma pergunta errada. As obras de arte geralmente não são comparáveis[19]. Apenas júris de premiação têm de avaliá-las com referência a algum padrão, que é inevitavelmente arbitrário e em muitos casos inaplicável. Um júri competente não chega nem a definir um padrão. Se consistir de pessoas que desenvolveram seus poderes de percepção por uma longa prática com a espécie de arte (isto é, poesia, escultura, música etc.) na qual terão de pronunciar seus julgamentos, a intuição orientará o veredicto. Haverá desacordos – não porque obras boas e más não possam ser distinguidas, mas porque, dentre as obras bem sucedidas, não há um princípio seguro de seleção. Fatores pessoais ou sociais usualmente inclinam a balança; as "gradações" são triviais.

Isso não quer dizer, contudo, que as obras de arte não sejam passíveis de crítica. A apreciação – tenha a obra impressionado ou deixado frio – vem em primeiro lugar; mas o reconhecimento de como a ilusão foi feita e organizada e de como a sensação da significação é dada imediatamente por um exemplo vigoroso, embora o crítico em si possa ficar confuso por seu sentimento estranho – esse reconhecimento é um produto da análise, efetuada pelo raciocínio discursivo a respeito da obra e seus efeitos. Tais descobertas, entretanto, não são critérios de excelência; são explicações desta ou, inversamente, do fracasso. No momento em que são generalizadas e usadas como medidas de realização,

19. Exceções a essa regra podem ser encontradas, por exemplo entre as várias obras de um autor, se ele usa a mesma ideia principal em um certo número de peças. Os poemas "To Daffodils" e "To Blossoms", de Herrick, são essencialmente o mesmo; o último provavelmente seria mais famoso do que é, não fosse o primeiro um tratamento melhor realizado da mesma ideia poética. Böcklin pintou quatro versões de seu "Toteninsel"; essas quatro pinturas são obras comparáveis. Malraux, em *A Arte Criativa*, compara as quatro versões do "Cristo Expulsando os Vendilhões do Templo" de El Greco, com muito proveito.

422   SENTIMENTO E FORMA

tornam-se nocivas. No caso, por exemplo, de um poema que não medeia qualquer intuição, isto é, de um mau poema, um pequeno estudo pode remeter sua falta de "vida" ao uso de frases feitas, onde a presença delas como frases familiares não serve qualquer propósito artístico. O poema sugere outros poemas, e não os incorpora; é sintético, não tem corpo – não possui estrutura orgânica – próprio. Mas considerar a presença de frases emprestadas ou, efetivamente, de *quaisquer* materiais por desgastados que estejam, como, em si, um critério de imperfeição é perigoso[20]. Os materiais não são bons nem maus, nem fortes ou fracos. O juízo, portanto, deve ser guiado pelos resultados virtuais, o êxito ou malogro do artista, o que é conhecido intuitivamente ou não é conhecido em absoluto.

Nenhuma teoria pode estabelecer critérios de expressividade (isto é, padrões de beleza)[21]. Se pudesse, poderíamos aprender a fazer poesia ou a pintar quadros segundo regras. Porém, em virtude de cada artista ter de descobrir o meio de expressar sua própria "Ideia", ele só pode ser auxiliado pela crítica, não pelo preceito ou pelo exemplo; e a crítica, se for para desenvolver os poderes do artista, deve basear-se no sucesso parcial dele – isto é, o crítico deve ver a forma dominante da obra do discípulo, porque essa é a medida do certo e do errado na obra. Onde não há matriz de sentimento visualizado a ser articulada, não há problema técnico.

Talento é essencialmente a habilidade inata de manipular ideias tais como as que se tem, a fim de alcançar efeitos desejados. Parece estar intimamente ligado ao sentimento do corpo, sensitividade, controle muscular, memória verbal ou tonal, bem como ao grande requisito mental, a responsividade estética. Por causa de suas complexas alianças ora com um, ora com outro fator casual no organismo humano, tende a ser especializado e talvez hereditário, e a ocorrer em todas as gradações possíveis, como todos sabem. A pessoa comum possui um pouco de talento para cantar ou tocar música, um pouco de talento para escrever,

20. Cf. a discussão dos comentários de Tillyard sobre a Stabat Mater, no Cap. 13, p. 238.

21. David Prall, em sua *Aesthetic Analysis*, apontou todo tipo de dificuldades filosóficas semeadas no caminho de uma estética que poderia fornecer critérios intelectuais para julgar "obras-primas" artísticas, mas, aparentemente, não julgou a exigência em si pouco razoável (ver p. 26: "Se quisermos procurar um critério seguro para obras-primas, apenas uma estética sólida servirá para no-lo-dar"); ele só não tinha esperanças em sua praticabilidade. Contudo, mais tarde, como que por um *insight* súbito, ele diz: "A diferença entre perceber claramente e compreender distintamente não é a grande diferença que algumas vezes somos levados a supor. E o fato mais óbvio quanto ao conhecimento de obras de arte, é que a apreensão direta é o conhecimento final adequado que queremos" (p. 30). Que outro critério, então, deveria fornecer "uma estética sadia"?

A OBRA E SEU PÚBLICO 423

representar, dançar, sabe desenhar um pouco, plasmar uma escultura rudimentar (ao menos um boneco de neve) etc. A falta total de algum talento – inabilidade completa para cantar uma toada, por exemplo, ou para tomar parte em uma quadrilha – é bem pouco comum para que chame a atenção. E o que é conhecido como "talento médio" para uma arte pode ser desenvolvido em considerável extensão ao ser exercitado.

Por outro lado, geralmente se supõe que a genialidade não admite gradações, mas é considerada como um grau superlativo de talento. Nos vários sistemas de psicométrica que foram inventados para aferir aptidões e talentos, existe (ou costumava existir) um determinado ponto na escala conhecido como o "nível de gênio". Pensa-se que "um gênio" faz com facilidade o que outros conseguem apenas através de esforços longos e trabalhosos. Por essa razão, a precocidade é em geral tomada como sinal de gênio; e todo ano o palco de concertos, o rádio, a tela e, algumas vezes, até mesmo a galeria de pintura, aclamam como gênio indubitável alguma criança verdadeiramente espantosa, cujo talento supera as dificuldades da técnica como um gamo salta as cercas do pasto; e algumas vezes essa criança cresce para pôr fogo no mundo artístico (Mozart não foi o único), mas é muito mais frequente que sua vida adulta comprove ser a de um bom artista profissional sem distinção especial.

O gênio, de fato, não é de maneira alguma um grau de talento. O talento é uma habilidade especial de expressar o que se concebe; mas o gênio é o poder de concepção. Embora seja necessário algum grau de talento se não se quiser que o gênio seja natimorto, os grandes artistas nem sempre tiveram uma extraordinária habilidade técnica; frequentemente lutaram pela expressão, mas a urgência de suas ideias fazia com que desenvolvessem cada vestígio de talento até que estivesse à altura de suas exigências. Calvocoressi relata que Mussorgsky

criava trabalhosamente, desajeitadamente, imperfeitamente. Foi, na verdade, devido ao seu gênio que ele produziu páginas imortais: ele sempre o faria quando sua inspiração era suficientemente poderosa para registrar-se a seu próprio modo.[22]

Aqui a distinção entre gênio e talento está implícita.

Malraux, em sua grande *Psicologia da Arte*, reconhece-o explicitamente quando diz:

22. M. D. Calvocoressi: *Musorgski, the Russian Musical Nationalist*. Citado por J. T. Howard em seu artigo, "Inevitability as a Criterion of Art", *Musical Quarterly*, 9 (1923), p. 303-13.

424 SENTIMENTO E FORMA

Caravaggio acreditava firmemente no "real", e a tensão emocional de seu estilo, em seu melhor ponto, vem do fato de que, enquanto seu talento levava-o a ater-se a esse realismo, seu gênio o impelia a libertar-se dele.[23]

Aqui, talento e gênio parecem não só diferentes, mas opostos, embora pareçam estar combinados de modo mais equilibrado do que em Mussorgsky. Um caso interessante de grande talento sem qualquer gênio notável é refletido na crítica feita por Friedrich Ludwig Schöder sobre seu célebre colega, Iffland, cujos extraordinários dotes naturais haviam espantado Goethe e induzido Schiller a predizer que, nele, a Alemanha finalmente iria encontrar um verdadeiro grande ator:

> Iffland [escreveu Schröder, com mais percepção do que os poetas] não é um criador. Mesmo para seus papéis cômicos, ele sempre procura algum modelo que possa copiar. Meu princípio, que a experiência ainda não desmentiu, é: um grande ator não pode copiar.[24]

Quando, entretanto, o gênio recebe a dedicação exclusiva de um supremo talento, está livre para desenvolver-se, como sucedeu com Mozart e Rafael. Mas é um erro pensar que o gênio está completo desde o início. É muito mais provável que o talento o esteja, motivo pelo qual a criança prodígio é um fenômeno bem conhecido. O gênio, de fato, algumas vezes aparece apenas com a maturidade, como com Van Gogh, cujas primeiras pinturas são medíocres, e cresce e aprofunda-se a cada obra, como o de Beethoven, Shakespeare ou Cézanne, muito depois que a maestria técnica atingiu seu ponto máximo.

Uma vez que o gênio não é o talento superlativo, mas o poder de conceber realidades invisíveis – sensibilidade, vitalidade, emoção – em uma nova projeção simbólica que revela algo de sua natureza pela primeira vez, ele admite gradações; e um pequeno montante de gênio não é um dote raro. Seja qual for seu alcance, é a marca do verdadeiro artista e, embora seja um artesão por profissão, o gênio o coloca acima do puro artesão, do copista e explorador, na esfera da arte.

A arte é uma posse pública, porque a formulação de "vida sentida" é o coração de qualquer cultura, e molda o mundo objetivo para o povo. É a sua escola de sentimento, e sua defesa contra o caos interior e exterior. É só quando a natureza é organizada na imaginação, segundo linhas congruentes com as formas de sentimento, que podemos compreendê-la, isto é, achá-la

---

23. Vol. III, *The Twilight of the Absolute*, p. 226.

24. Citado em *Schauspielerbriefe aus zwei Jahrhunderten*, de Manfred Barthel.

racional (esse era o ideal de ciência de Goethe e o conceito de beleza de Kant). Então, intelecto e emoção não se acham em oposição, a vida é simbolizada por seu cenário, o mundo parece importante e belo e é "apreendido" intuitivamente.

Mas por que, se a arte é efetivamente a clarificação da vida emocional, é o "temperamento artístico" proverbialmente um temperamento perturbado, infrene, ou mesmo ligeiramente louco? Por que não é o próprio artista o principal beneficiário de seu gênio?

De uma certa maneira, é claro, ele o é; em cada obra bem sucedida, é fundamentalmente seu problema que resolveu, sua mente que ele esclareceu. Mas ele não repousa em suas criações, como o faz o público leigo; suas formulações e revelações são um produto acabado para ele. Sua recompensa é a imagem, não o uso dela, pois, enquanto outras pessoas contemplam-na e desfrutam dela e incorporam em suas vidas a visão que ele teve, o artista já está perseguindo outra[25]. Ele não tem tempo de colocar sua própria casa em ordem.

Uma palavra mais, pois a consideração da arte como uma herança cultural nos traz de volta a um conceito que fora posto de lado em uma relação anterior – o conceito de arte como um tipo de "comunicação". Ele apresenta seus perigos porque, com base numa analogia com a linguagem, espera-se naturalmente que a "comunicação" seja entre o artista e sua audiência, o que creio ser uma noção enganosa. Mas existe algo que pode, sem o perigo de excessiva literalidade, ser chamado de "comunicação pela arte", a saber, o informe que as artes fazem de uma época ou nação às pessoas de outra. Nenhum registro histórico poder--nos-ia contar em um milhar de páginas tanto sobre a mente egípcia quanto uma visita a uma exposição representativa da arte egípcia. O que conheceria o europeu da cultura chinesa, com sua vasta extensão no passado, se o sentimento chinês não tivesse sido articulado na escultura e pintura? O que conheceríamos sobre Israel sem sua grande obra literária – sem falar de seu registro de fatos? Ou de nosso próprio passado, sem a arte medieval? Nesse sentido, a arte é uma comunicação, mas não é pessoal, nem deseja ansiosamente ser entendida.

Os problemas levantados pela teoria do Símbolo de Arte, e passíveis de solução à sua luz, parecem inexauríveis, mas é pre-

---

25. Talvez seja por isso que as pessoas que, como se diz, "tem dentro de si apenas um livro", geralmente são melhor ajustadas do que o gênio fértil sem limites. Elas compõem a imagem de suas próprias vidas e clarificam seus próprios sentimentos nessa imagem e, tendo encontrado sua segurança mental, não são perseguidas por outras visões.

ciso que os livros tenham um fim; devo deixar o resto para o futuro[26], talvez para outros pensadores. A teoria em si, que expus aqui, não é na realidade obra de uma só pessoa. É um passo – e penso que seja um passo importante – para uma filosofia da arte sobre a qual muitos estetas já trabalharam, a teoria da forma expressiva. Apesar de todos os defeitos, becos sem saída ou erros que uns possam ver nas doutrinas dos outros, acredito que Bell, Fry, Bergson, Croce, Baensch, Collingwood, Cassirer e eu (não esquecendo críticos literários tais como Barfield e Day Lewis, bem como outros, a quem não nomeei e talvez nem haja lido) estiveram e estão, realmente, compromissados com um projeto filosófico. Foi Cassirer – embora ele jamais se tivesse considerado um esteta – quem talhou a pedra de toque da estrutura, em seu estudo amplo e desinteressado das formas simbólicas; e eu, de minha parte, colocaria essa pedra no lugar, para reunir e sustentar aquilo que até agora construímos.

26. A natureza da abstração artística, abordada apenas ligeiramente aqui, e a unidade de todas as artes, são uma sequência óbvia para o presente estudo, da qual espero tratar em um livro posterior.

Apêndice

UMA NOTA SOBRE O FILME

Eis uma nova arte. Por algumas décadas ela não pareceu ser mais do que um novo recurso técnico na esfera do drama, uma nova maneira de preservar e recontar desempenhos dramáticos. Mas, hoje, seu desenvolvimento já desmentiu essa suposição. A tela não é um palco e o que é criado na concepção e realização de um filme não é uma peça. É cedo demais para sistematizar qualquer teoria sobre essa nova arte, mas, mesmo em seu presente estado primitivo, ela exibe – penso que muito além de qualquer dúvida – não apenas uma nova técnica, mas um novo modo poético.

Muito do material das reflexões subsequentes foi coligido por quatro de meus antigos alunos de seminário[1], no Columbia Teachers College, que gentilmente me permitiram utilizar seus achados. Da mesma forma, fico obrigada a Mr. Robert W. Sowers, que (também membro daquele seminário) fez um estudo da fotografia que forneceu ao menos uma ideia de valor, a saber, que as fotografias, não importa quão posadas, cortadas ou reto-

---

1. Joseph Pattison, Louls Forsdale, William Hoth e Virgínia E. Allen. Mr. Hoth é agora Instrutor de Inglês no Cortland State Teachers College (New York); os outros três são membros do corpo docente do Colúmbia Teachers College.

428 SENTIMENTO E FORMA

cadas sejam, devem *parecer factuais* ou, como ele chamou isso "autênticas". Voltarei mais adiante à sugestão.

Os pontos significativos, para meu propósito, que foram demonstrados pelos quatro membros colaboradores foram: (1) que a estrutura de um filme não é a de um drama e está, de fato, mais próxima da narrativa do que do drama; e (2) que suas potencialidades artísticas tornaram-se evidentes apenas quando foi introduzida a câmara móvel.

A câmara móvel divorciou a tela do palco. A simples fotografia da ação no palco, anteriormente vista como a única possibilidade artística do filme, daí em diante apareceu como uma técnica especial. O ator de cinema não é governado pelo palco, nem pelas convenções do teatro, ele tem sua própria esfera e convenções; de fato, pode nem existir "ator" algum. O filme documentário é uma invenção fecunda. O desenho animado nem sequer envolve pessoas que estejam simplesmente "comportando-se".

O fato de que o filme pôde desenvolver-se em um grau relativamente elevado como arte muda, em que o discurso precisou ser reduzido e concentrado em legendas sumárias, bem espaçadas, foi outro indício de que não era meramente drama. Utilizava a pantomima, e os primeiros estetas do cinema consideravam-no essencialmente como pantomima. Mas não é pantomima; incorporou essa antiga arte popular da mesma maneira como incorporou a fotografia.

Uma das características mais notáveis desta nova arte é que ela parece ser onívora, capaz de assimilar os materiais mais diversos e transformá-los em elementos próprios. A cada nova invenção – montagem, trilha sonora, Technicolor –, seus apaixonados ergueram um brado de temor de que agora sua "arte" devia estar perdida. Visto que cada uma de tais novidades é, por certo, prontamente explorada, antes mesmo de ser tecnicamente aperfeiçoada, sendo exibida em estado dos mais crus como sensação popular, no fluxo de composições sem significado que o *show business* provê constantemente, existe em geral uma maré de refugos especialmente em associação com cada avanço importante. Mas a arte continua. Ela incorpora tudo: dança, patinação, drama, panorama, desenho, música (quase sempre requer música).

Com isso, ela continua sendo uma arte poética. Mas não é qualquer das artes poéticas que conhecíamos antes; realiza a ilusão primária – história virtual – de um modo próprio.

Este é, essencialmente, *o modo do sonho*. Não quero dizer que ela copia o sonho ou nos imerge em devaneios. De maneira alguma; não mais do que a literatura invoca a memória, ou nos faz crer que *nós* estamos relembrando. O modo de uma arte é *um modo de aparência*. A ficção é "como" a memória pelo fato de que é projetada para compor uma forma experiencial acabada, um "passado" – não o passado do leitor, nem o do escritor, embora este possa reivindicá-lo (isso, bem como o uso de memórias reais como modelo, é um recurso literário). O drama é "como" a ação por ser causal, criar uma experiência total iminente, um "futuro" pessoal ou Destino. O cinema é "como" o sonho no seu modo de apresentação: cria um presente virtual, uma ordem de aparição direta. Esse é o modo do sonho.

A característica formal do sonho mais digna de nota é que o sonhador está sempre no centro do sonho. Os lugares mudam, as pessoas agem e falam, ou modificam-se e desaparecem – fatos emergem, situações desenrolam-se, objetos surgem com estranha importância, coisas comuns infinitamente valiosas ou horríveis, e podem ser suplantadas por outras que estão relacionadas às primeiras essencialmente pelo sentimento, não pela proximidade natural. Mas quem sonha está sempre "ali", sua relação é, por assim dizer, equidistante de todos os eventos. Podem ocorrer coisas em torno dele ou desenrolar-se ante seus olhos; ele pode agir ou querer agir, ou sofrer ou contemplar; mas a *imediatidade* de tudo em um sonho é a mesma para ele.

Essa peculiaridade estética, essa relação com as coisas percebidas, caracteriza o *modo do sonho*: é isso que o filme incorpora e, assim, cria um presente virtual. Em sua relação com as imagens, ações, eventos que constituem a estória, a câmara está no lugar do sonhador.

Mas a câmara não *é* uma pessoa que sonha. Geralmente somos agentes em um sonho. A câmara (e seu complemento, a trilha sonora) não está em si no filme. Ela é o olho da mente e nada mais. E nem é provável que o filme (se for arte) seja como um sonho em sua estrutura. Ele é uma composição poética, coerente, orgânica, governada por um sentimento concebido de maneira definida, e não ditado por pressões emocionais reais.

A abstração básica pela qual cria-se história virtual ao modo do sonho é a imediatidade da experiência, a qualidade do "que é dado", ou, como Sowers o chama, "autenticidade". É isso que a arte do filme abstrai da realidade, de nossos sonhos reais.

A pessoa que percebe um filme vê junto com a câmara; sua perspectiva move-se com ela, sua mente está difusamente presente. A câmara é seu olho (como o microfone é seu ouvido – e não há razão para que o olho da mente e o ouvido da mente devam estar sempre juntos). *Ele toma o lugar de quem sonha*, mas em um sonho perfeitamente objetivado – isto é, ele não está na estória. A obra é a aparência de um sonho, uma *aparição* unificada, continuamente passante, significativa.

Concebido dessa maneira, um bom filme é uma obra de arte por todos os padrões aplicáveis à arte como tal. Sergei Eisenstein fala de filmes bons e maus como, respectivamente, "vitais" e "sem vida"[2]; fala das tomadas fotográficas como "elementos"[3], que se combinam em "imagens", que são "objetivamente inapresentáveis" (eu as chamaria de impressões poéticas), mas são elementos maiores compostos de "representações", quer pela montagem, quer pela representação simbólica, quer por quaisquer outros meios[4]. O todo é governado pela "imagem inicial geral que originalmente pairava frente ao artista criativo"[5] – a matriz, a forma dominante; e é isso (não, ressalte-se, a emoção do artista) que deve ser evocado na mente do espectador.

Contudo, Eisenstein acreditava que o espectador de um filme era, de alguma forma especial, chamado a usar sua imaginação, a criar sua própria experiência da estória[6]. Aqui temos, acho, um indício da poderosa ilusão que o filme realiza, não de coisas que estão acontecendo, mas da dimensão em que elas acontecem – uma imaginação criativa *virtual*; pois parece nossa própria criação experiência visionária direta, uma "realidade sonhada". Como a maioria dos artistas, ele tomou a experiência virtual pelo fato mais óbvio[7].

O fato de um filme não ser uma obra plástica, mas uma apresentação poética, explica seu poder de assimilar os materiais mais diversos e transformá-los em elementos não pictóricos. Como o sonho, ele cativa e mistura todos os sentidos; sua abstração básica – aparecimento direto – é feita não só por meios visuais, embora estes sejam de suprema importância, mas por palavras, que pontuam a visão, e por música, que sustenta a uni-

---

2. *The Film Sense*, p. 17.

3. *Ibid.*, p. 4.

4. *Ibid.*, p. 8.

5. *Ibid.*, p. 31.

6. *Ibid.*, p. 33: "o espectador é atraído para um ato criativo em que sua individualidade não está subordinada à individualidade do autor, mas que é explorada através do processo de fusão com a intenção do autor, da mesma forma em que a individualidade de um grande ator é fundida com a individualidade de um grande dramaturgo na criação de uma imagem cênica clássica. De fato, cada espectador [...] cria uma imagem de acordo com a orientação representativa, sugerida pelo autor, que o leva a compreender e experimentar o tema do autor. Essa é a mesma imagem que foi planejada e criada pelo autor, mas essa imagem é, ao mesmo tempo, criada também pelo próprio espectador".

7. Comparar a afirmação contida em *The Art of the Film*, de Ernest Lindgren, p. 92, a respeito da câmara móvel: "É a própria mente do espectador que se move."

APÊNDICE

dade de seu "mundo" mutante. Ele precisa de muitos meios, frequentemente convergentes, para criar a continuidade de emoção que o mantém unido enquanto suas visões vagueiam pelo espaço e pelo tempo.

É digno de nota que Eisenstein tenha extraído seus materiais para discussão da poesia épica, mais do que da dramática; de Púschkin, mais do que de Tchékhov, de Milton mais do que de Shakespeare. Isso nos traz de volta ao ponto observado por meus alunos de seminário, que o romance se presta mais prontamente à dramatização da tela do que o drama. O fato é que, penso eu, uma estória narrada não requer tanta "divisão" para tornar-se uma aparição cinematográfica, porque ela própria não tem uma moldura de *espaço* fixo, como tem o palco; e uma das peculiaridades dos sonhos, incorporada pelo cinema, é a natureza de seu espaço. Os eventos oníricos são espaciais – muitas vezes intensamente relacionados com o espaço – intervalos, caminhos intermináveis, precipícios sem fim, coisas excessivamente altas, excessivamente próximas, excessivamente distantes – mas não estão orientados dentro de algum espaço total. O mesmo se aplica ao cinema, e o distingue – apesar de seu caráter visual – da arte plástica: *seu espaço vai e vem*. Ele é sempre uma ilusão secundária.

O fato de o filme estar de alguma maneira relacionado com o sonho e está, efetivamente, de um modo semelhante, foi notado por várias pessoas, algumas vezes por razões artísticas, outras por razões não artísticas. R. E. Jones observou sua liberdade não só com respeito a restrições espaciais, mas também às temporais.

> Os filmes [disse ele] são nossos pensamentos tornados visíveis e audíveis. Eles fluem em uma rápida sucessão de imagens, precisamente como nossos pensamentos, e sua rapidez, com seus *flashbacks* – como repentinas irrupções de memória – e sua abrupta transição de um assunto para outro, aproxima-se muito de perto da velocidade com que pensamos. Têm o ritmo da corrente de pensamentos e a mesma estranha habilidade de mover-se para a frente ou para trás no espaço ou no tempo. [...] Projetam o pensamento puro, o sonho puro, a pura vida interior.[8]

A "realidade sonhada" na tela pode mover-se para a frente e para trás porque ela é, na realidade, um presente virtual eterno e ubíquo. A ação do drama vai inexoravelmente para a frente porque ele cria um futuro, um Destino; o modo do sonho é um Agora interminável.

8. *The Dramatic Imagination*, p. 17-18.

Bibliografia

(Os títulos precedidos de asterisco compõem uma lista selecionada de leituras sobre a filosofia da arte.)

*ADRIANI, Bruno. *Problems of the Sculptor*. New York: Nierendorf Gallery, 1943.

AMES, Van Meter. *Aesthetics of the Novel*. Chicago: University of Chicago Press, 1928.

ARMITAGE, Merle (ed.). *Modern Dance*. Compilado por Virginia Stewart. New York: E. Weyhe, 1935.

*BARFIELD, Owen. *Poetic Diction*: *A Study in Meaning*. Londres: Faber & Gwyer, 1928.

BARNES, A. C. *The Art in Painting*. New York: Harcourt, Brace & Co., 1928.

BARTHEL, Manfred. *Schauspielerbriefe aus zwei Jahrhunderten*. Munique: B. Funck Verlag, 1947.

BATESON, F. W. *English Poetry and the English Language*: *An Experiment in Literary History*. Oxford: Clarendon Press, 1934.

BEAUMONT, Cyril W. *A Miscellany for Dancers*. Londres: C. W. Beaumont, 1934.

BEETHOVEN, L. van. *Briefe und Gespräche*. Editado por M. Hürlimann. Zurique: Atlantis Verlag, 1944.

*BELL, Clive. *Art*. Londres: Chatte & Windus, 1914.

BENNETT, Arnold. *Things That Have Interested Me*. Terceira Série. Londres: Chatte & Windus, 1926.

*BERGSON, Henri. *Introduction to Metaphysics*. Traduzido por T. E. Huhne, New York: G. P. Putnam's Sons, 1912.

_____. *Matière et mémoire*. Paris, Presses Universitaires, 1946, traduzido como *Matter and Memory* por N. M. Paul e W. S. Palmer. New York: Macmillan Co., 1911.

434 SENTIMENTO E FORMA

_____. *La pensée et le mouvant*. Paris: Presses Universitaires, 1946.

BEST-MAUGARD, Adolfo. *A Method for Creative Design*. New York: A. A. Knopf, 1937.

BIRKHOFF, G. D. *Aesthetic Measure*. Cambridge (Mass.), Harvard University Press, 1933. BLAIR, Hugh. *Lectures on Rhetoric and Belles Lettres*. Londres: W. Strahan, 1783.

BORODIN, George. *This Thing Called Ballet*. Londres: MacDonald & Co., (1945).

*BOSANQUET, Bernard. *Three Lectures on Aesthetic*. New York: Macmillan Co., 1915.

BOURGUÈS, L. e DENÉRÉAZ, A. *La musique et la vie intérieure: Essai d'une histoire psychologique de l'art musical*. Paris: F. Alcan, 1921.

BOYNTON, H. W. *Journalism and Literature, and Other Essays*. Boston: Houghton Mifflin Co., 1904.

*BRADLEY, A. C. *Shakespearean Tragedy: Lectures on Hamlet, Othello, King Lear, Macbeth*. Londres: Macmillan Co., 1932.

BROWN, Calvin. *Music and Literature: A Comparison of the Arts*. Athens (Georgia): University of Georgia Press, 1948.

BUCK, Percy C. *The Scope of Music*. 2a.ed. Londres: Oxford University Press, 1927.

BUERMEYER, Laurence. *The Aesthetic Experience*. Merion (Pennsylvania): Barnes Foundation, 1924.

BYNNER, Witter e KIANG KANG-HU. *The Jade Mountain*. New York: A. A. Knopf, 1929.

CASSIRER, Emst. *An Essay on Man: An Introduction to a Philosophy of Human Culture*. New Haven: Yale University Press, 1944.

* _____. *Language and Myth* (1925). Traduzido para o inglês por S. K. Langer. New York: Harper & Bros., 1946. Traduzido para o português por J. Guinsburg e Miriam Schnaiderman como *Linguagem e Mito*, São Paulo: Perspectiva, 1972.

_____. *Die Philosophie der symbolischen Formen*. 3 vols., Berlim: B. Cassirer, 1923-29.

*CENTENO, Augusto (ed.). *The Intent of the Artist*. Princeton: Princeton University Press, 1941.

CÉZANNE, Paul. *Letters*. Editado por John Rewald, Londres: B. Cassirer, 1941.

CHEN, Jack. *The Chinese Theatre*. Londres: D. Dobson, 1949.

*COLLINGWOOD, R.G. *The Principles of Art*. Oxford: Clarendon Press, 1938.

*CROCE, Benedetto. *Aesthetic as Science of Expression and General Linguistic* (1901). Traduzido para o inglês por Douglas Ainslie. 2a.ed. Londres: Macmillan Co., 1922.

CUSHING, F. H. *Zuni Creation Myths* (Relatório do Bureau of American Ethnology). Washington, D. C: Government Printing Office, 1892.

DAICHES, David. *The Novel and the Modern World*. Chicago: University of Chicago Press, 1939.

_____. *A Study of Literature: For Readers and Critics*, Ithaca: Cornell University Press, 1948.

DANCKERT, Werner. *Ursymbole Melodischer Gestaltung*. Kassel: Bärenreiter Verlag, 1932.

DEANE, C. V. *Dramatic Theory and the Rhymed Heroic Play*. Londres: Oxford University Press, 1931.

*DEWEY, John. *Art as Experience*. New York: G. P. Putnam's Sons, 1934.

BIBLIOGRAFIA 435

DUCASSE, Curt. *The Philosophy of Art.* New York: Dial Press, 1929.

DUNCAN, Isadora, *My Life.* New York: Boni and Liveright, 1927.

DURKHEIM, Émile. *Les formes élémentaires de la vie religieuse: Le système tototémique en Australie.* Paris: F. Alcan, 1912.

EDMAN, Irwin. *Arts and the Man.* New York: W. W. Norton & Co., 1939; New American Library, 1950.

*EISENSTEIN, Sergei M. *The Film Sense.* Traduzido para o inglês e editado por Jay Leda. New York: Harcourt, Brace & Co., 1942.

ELIOT, T. S. *Selected Essays, 1917-1932.* New York: Harcourt, Brace & Co., 1932.

FAURÉ-FRÉMIET, Philippe. *Pensée et ré-création.* Paris: F. Alcan, 1934.

*FERGUSSON, Francis. *The Idea of a Theater.* Princeton: Princeton University Press, 1949.

FLACCUS, L. W. *The Spirit and Substance of Art.* 2. ed. New York: F. S. Crofts & Co., 1931.

FREUD, Sigmund. *Psychoanalytische Studien an Werken der Dichtung u. Kunst.* Leipzig: Internationaler Psychoanalytischer Verlag, 1924.

*_____. *Die Traumdeutung,* traduzido para o inglês por A. A. Brill como *The Interpretation of Dreams.* New York: Macmillan Co., 1913.

*FRY, Roger. *Vision and Design.* Londres: Chatto & Windus, 1925.

GEISSLER, Ewald. *Der Schauspieler.* Berlim: Bühnenvolksbundverlag, 1926.

GHYKA, Matila C. *Essai sur le rhytme.* Paris: Gallimard, 1938.

*GODDARD, Joseph. *The Deeper Sources of the Beauty and Expression of Music.* Londres: W. Reeves (1905).

GOETHE, J. Wolfgang von. *Maximen und Reflexionen über Kunst.* Weimar: Goethe-Gesellschaft, 1907.

*GOLDWATER, Robert e TREVES, Marco (eds.). *Artists on Art.* New York: Pantheon Books, Inc., 1945.

GOURMONT, Remy de. *Le problème du style.* Paris: Mercure, 1924.

HAMILTON, Clayton. *The Theory of the Theatre, and Other Principles of Dramatic Criticism.* New York: Henry Holt & Co., 1910.

*HANSLICK, Eduard. *Vom Musikalisch-Schönen, Ein Beitrag zur Revision der Aesthetik der Tonkunst.* 9.ed. Leipzig: J. A. Barth, 1896. Traduzido para o inglês por Gustav Cohen como *The Beautiful in Music,* 7a.ed., Londres: Novelio, 1891.

H'DOUBLER, Margaret. *Dance: A Creative Art Experience.* New York: F. S. Crofts & Co., 1940.

HENDERSON, W. J. *What Is Good Music?* 3a.ed. New York: Charles Scribner's Sons, 1920.

HENLE, Paul (ed.). *Structure, Method and Meaning: Essays in Honor of Henry M. Sheffer.* New York: Liberal Arts Press, 1951.

*HILDEBRAND, Adolf. *The Problem of Form in Painting and Sculpture.* New York: G.E. Stechert & Co., 1932.

*JAMES, D. G. *Skepticism and Poetry: An Essay on the Poetic Imagination.* Londres: G. Allen à Unwin, 1937.

*JAMES, Henry. *The Art of the Novel.* New York: Charles Scribner's Sons, 1934.

JEANNERET-GRIS, C.É. (Le Corbusier). *Toward a New Architecture.* Com uma introdução de F. Etchells. New York: Payson & Clarke, (1927). Trad, bras.: *Por uma Arquitetura,* 2a.ed., São Paulo: Perspectiva, 1977.

*JONES, R. E. *The Dramatic Imagination: Reflections and Speculations on the Art of the Theatre.* New York: Duell, Sloan & Pearce, 1941.

436 SENTIMENTO E FORMA

JUNG, C. G. *Contributions to Analytical Psychology*. Traduzido para o inglês por H. G. e C. F. Baynes. New York: Harcourt, Brace & Co., 1928.

KANT, Immanuel. *Critique of Aesthetic Judgment*. Traduzido para o inglês por J. C. Meredith. Oxford: Clarendon Press, 1911.

KEITH, B. A. *The Sanskrit Drama in its Development, Theory and Practice*. Oxford, 1924.

KÖHLER, Wolfgang. *Gestalt Psychology*. New York: H. Liveright, 1929.

KURTH, Ernst. *Musikpsychologie*. Berlim, M. Hesse, 1931.

LABAN, Dudolf von. *Die Welt des Tänzers: Fünf Gedankenreigen*. Stuttgart, 1922

LANGE, Konrad von. *Das Wesen der Kunst: Grundzüge einer realistichen Kunstlehre*. Berlim: G. Grote, 1901.

LANGER, S. K. *Philosophy in a New Key*. Cambridge (Mass.): Harvard University Press, 1942; 2a.ed., 1951; New York: New American Library, 1948. Traduzido por Janete Meiches e J. Guinsburg como *Filosofia em Nova Chave*. São Paulo: Editora Perspectiva, 1971.

_____. *The Practice of Philosophy*. New York: Henry Holt & Co., 1930.

LANGFELD, H. S. *The Aesthetic Attitude*. New York: Harcourt, Brace & Howe, 1920.

LEE, Vernon (Violet Page). *The Beautiful*. Cambridge University Press, 1913.

LÉVI, Sylvain. *Le theatre indien*. Paris: 1890.

*LEWIS, Cecil Day. *The Poetic Image*. New York: Oxford University Press, 1947.

LINDGREN, Ernest. *The Art of the Film*. Londres: Allen & Unwin, 1948.

LIPPS, Theodor. *Aesthetik*. Hamburgo, L. Voss, 1903.

*MACAN, R. W. (ed.). *Essays by Diverse Hands*. Atas da Royal Society of Literature, N. S. Vol. XII, 1933.

MAHLER, Elsa. *Die russische Totenklage: Ihre rituelle u. dichterische Deutung*. Leipzig: Harrassowitz, 1935.

*MALRAUX, André. *The Psychology of Art*. Traduzido para o inglês por Stuart Gilbert. 3 vols. New York: Pantheon Books, Inc., 1949-50.

MANN, Thomas. *Freud, Goethe, Wagner*. New York: A. A. Knopf, 1939.

*MARTINOVITCH, N. N. *The Turkish Theatre*. New York: Theatre Arts, Inc., 1933.

MATTHEWS, Brander. *A Book About the Theater*. New York: Charles Scribner's Sons, 1916.

MENDELSSOHN-BARTHOLDY, Felix. *Meisterbriefe*, editado por Emst Wolff. Berlim: Behr Verlag, 1907.

MEREDITH, George. *An Essay on Comedy and the Uses of the Comic Spirit*. New York: Charles Scribner's Sons, 1897.

MOHOLY-NAGY, László. *The New Vision*. Traduzido para o inglês por D. M. Hoffmann. New York: W. W. Norton & Co., 1938.

*MONTAGUE, C. E. *A Writer's Notes on His Trade*. Garden City: Doubleday, Doran & Co., 1930.

MOORE, George. *An Anthology of Pure Poetry*. New York: Boni & Liveright, 1924.

MOORE, John B. *The Comic and the Realistic in English Drama*. Chicago: University of Chicago Press, 1925.

MORRIS, Charles. *Signs, Language and Behavior*. New York: Prentice-Hall, Inc., 1946.

MOZART, Wolfgang Amadeus. *Briefe*. Editado por Albert Leitzmann. Leipzig: Insel-Verlag, 1910.

BIBLIOGRAFIA

MÜNZ, Bernhard. *Hebbel als Denker*. Munique, 1913.

*NIETZSCHE, Friedrich. *Die Geburt der Tragödie aus dem Geiste der Musik*. Nietzsches *Werke*, Klassiker Ausgabe, Vol. I. Leipzig: 1922; traduzido para o inglês por H. Zimmern como *The Birth of Tragedy*, 3a. ed. New York: Macmillan Co., 1924.

NOVERRE, J. G. *Lettres sur la danse, et sur les ballets*. Lyons, 1760.

_____. *Lettres sur les arts imitateurs en général et sur la danse en particulier*. Paris: L. Collin, 1807.

ORTEGA Y GASSET, José. *La Deshumanización del Arte*. Madrid: Revista de Occidente, 1925.

PAGNOL, Marcel. *Notes sur le rire*. Paris: Nagel, 1947.

PARKER, DeWitt. *The Analysis of Art*. New Haven: Yale University Press, 1926.

PEPPER, Stephen. *The Basis of Criticism in the Arts*. Cambridge (Mass.): Harvard University Press, 1945.

PERI, Noël. *Cinq nô: Drames lyriques japonais*. Paris: Bossard, 1921.

POINCARÉ, Henri. *Science et Méthode*. Paris: E. Flammarion, 1908; traduzido para o inglês por F. Maitland como *Science and Method*. Londres: T. Nelson & Sons, 1914.

PORTER, Evelyn. *Music Through the Dance*. Londres: B. T. Batsford, 1937.

*POTTLE, F. A. *The Idiom of Poetry*. Ed. rev., Ithaca: Cornell University Press, 1946.

*PRALL, David. *Aesthetic Analysis*. New York: Thomas Y. Crowell Co., 1936.

PRESCOTT, F. C. *The Poetic Mind*. New York: Macmillan Co., 1922.

*RADER, Melvin. *A Modern Book of Aesthetics*. 2a. ed., New York: Henry Holt & Co., 1952.

READ, Herbert. *The Meaning of Art*. Londres: Faber & Faber, Ltd., 1931.

RICHARDS, I. A. *Practical Criticism: A Study of Literary Judgment*. Londres: K. Paul, Trench, Trubner & Co., 1929.

_____. *Principles of Literary Criticism*. New York: Harcourt, Brace & Co., 1924.

RODIN, Auguste. *Art*. Conversas coligidas por Paul Grell e traduzidas por Mrs. Romely Fedden. Londres: sem data.

SACHS, Curt. *The Commonwealth of Art: Style in the Fine Arts, Music and the Dance*. New York: W. W. Norton & Co., 1946.

*_____. *World History of the Dance*. Traduzido por Bessie Schönberg. New York: W. W. Norton & Co., 1937.

SAKHAROFF, Alexandre. *Reflexions sur la danse et la musique*. Buenos Aires: Vian, 1943.

SANTAYANA, George. *Reason in Art*. Vol. IV de *The Life of Reason*. New York: Charles Scribner's Sons, 1905-6.

_____. *The Sense of Beauty*. New York: Charles Scribner's Sons, 1896.

SCHENKER, Heinrich. *Neue musikalische Theorien u. Phantasien*. Terceiro Volume. *Der Freie Satz*. Viena: 1935.

SCHILLER, Friedrich. *Die Braut von Messina; oder, Die Feindlichen Brüder*. Halle: Hendel, 1887.

*_____. *Briefe über die aesthetische Erziehung des Menschen*. Hall, M. Niemeyer, 1927; traduzido como *Letters on the Aesthetic Education of Man* em *Literary and Philosophical Essays*, Harvard Classics, 1910.

SCHILLINGER, Joseph. *The Mathematical Basis of the Arts*. New York: Philosophical Library, 1948.

438   SENTIMENTO E FORMA

_____. *The Schillinger System of Musical Composition*. New York: C. Fischer, Inc., 1946.

SCHUMANN, Robert. *Gesammelte Schriften über Musik und Musiker*, 2 vols. Leipzig: Breitkopf & Härtel, 1914.

SCHWEITZER, Albert. *J. S, Bach, le musicien-poète*. 2a. ed. Leipzig: Breitkopf & Häartel, 1905.

SCOTT, Geoffrey. *The Architecture of Humanism: A Study in the History of Taste*. 2a. ed. rev. Londres: Constable & Co., 1924.

SEYLER, Athene e HAGGARD, Stephen. *The Craft of Comedy*. New York: Theatre Arts, Inc., 1946.

SIDGWICK, Frank. *The Ballad*. New York: George Doran & Co., (1914).

SMITH, J. H. e PARKS, E. W. *The Great Critics: An Anthology of Literary Criticism*. New York: W. W. Norton & Co., 1932.

SOLLAS, William J. *Ancient Hunters and Their Modern Representatives*. 3a. ed. New York: Macmillan Co., 1924.

SONNER, Rudolf. *Musik und Tanz; von Kulttanz zum Jazz*. Leipzig: Quelle u. Meyer, 1930.

STOLL, Edgar. *Shakespeare and Other Masters*. Cambridge (Mass.): Harvard University Press, 1940.

*SULLIVAN, Louis H. *Kindergarten Chats* (1901). Ed. rev. New York: Wittenborn & Schultz, 1947.

THIESS, Frank. *Der Tanz als Kunstwerk*. 3a. ed. Munique, 1923.

THORBURN, John M. *Art and the Unconscious*. Londres: K. Paul, Trench, Trubner & Co., 1925.

THORNDIKE, Ashley. *Tragedy*. Boston: Houghton, Mifflin & Co., 1908.

*TILLYARD, E. M. W. *Poetry Direct and Oblique*. Londres: Chatto & Windus, 1934.

*TOVEY, Donald Francis. *Essays in Musical Analysis*. 6 vols. Oxford University Press, 1935-39.

UDINE, Jean d' (Albert Cozanet). *L'art et le geste*. Paris: 1910.

UNAMUNO Y JUGO, Miguel de. *The Tragic Sense of Life in Men and in Peoples*. Traduzido para o inglês por J. E. C. Flitch. Londres: Macmillan & Co., 1921.

*VALENTINER, W. R. *Origins of Modern Sculpture*. New York: Wittenborn & Co., 1946.

VEGA CARPIO, Lope de. *The New Art of Writing Plays*. Traduzido para o inglês por W. T. Brewster. New York: Dramatic Museum of Columbia University, 1914.

VÉRON, Eugène. *Aesthetics*. Traduzido para o inglês por W. H. Armstrong. Londres: Chapman & Hall, 1879.

VINCI, Leonardo da. *A Treatise on Painting*. Londres: 1796.

WAGNER, Richard. *Gesammelte Schriften u. Dichtungen*. Vol. III, *Oper und Drama*. 5a. ed., Leipzig: Breitkopf & Härtel, sem data.

WARD, A. C. *Foundations of English Prose*. Londres: G. Bell & Sons, 1931.

WEITZ, Moris. *Philosophy of the Arts*. Cambridge (Mass.): Harvard University Press, 1950.

*WHARTON, Edith. *The Writing of Fiction*. New York: Charles Scribner's Sons, 1925.

WHITEHEAD, A. N. *Symbolism, Its Meaning and Effect*. New York: Macmillan Co. 1927.

WRIGHT, Frank Lloyd. *Selected Writings, 1894-1940*. Editado com uma introdução de Frederick Gutheim, New York: Sloan & Pearce, 1941.

BIBLIOGRAFIA 439

ZAYAS, M. de e HAVILAND, P. B. *A Study of the Modern Evolution of Plastic Expression*. New York: publicado por "291", 1913.

ZUCKER, A. E. *The Chinese Theater*. Boston: Little, Brown & Co., 1925.

Este livro foi impresso na cidade de Cotia,
nas oficinas da Meta Brasil,
para a Editora Perspectiva.